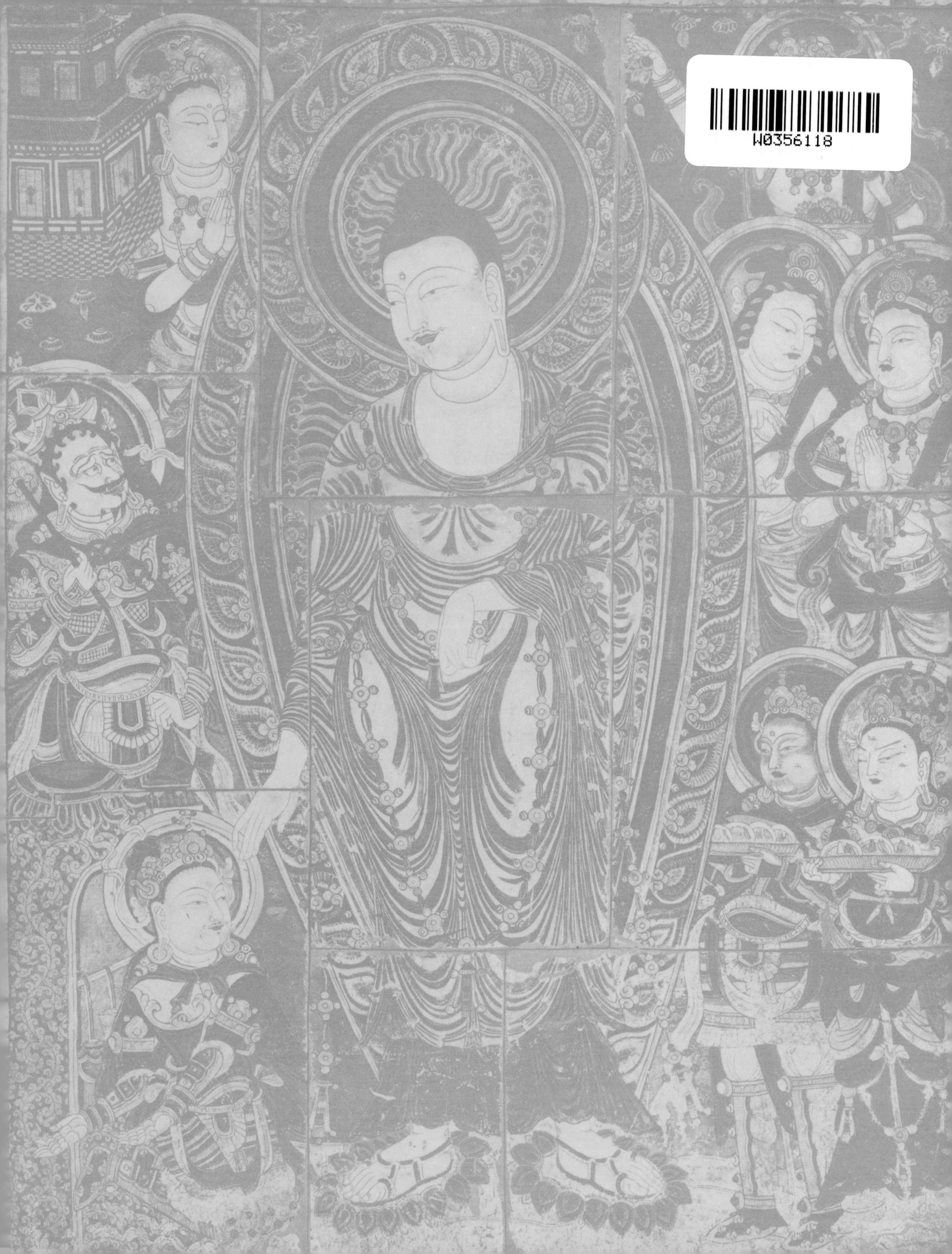

SEIDENSTRASSE

KUNST UND KULTUR ENTLANG DER

SEIDEN

STRASSE

Herausgegeben von H. G. Franz

AKADEMISCHE
DRUCK- u. VERLAGSANSTALT GRAZ

Herausgegeben
von
Heinrich Gerhard FRANZ

Mit Beiträgen von
Prof. Dr. H. G. Franz, Univ. Graz
Frau Prof. Dr. A. v. Gabain
Dr. K. Gratzl, Graz
Dr. A. Janata, Vôlkerkundemuseum Wien
Prof. Dr. H.-J. Klimkeit, Univ. Bonn
Dr. R. Kostka, Techn. Univ. Graz
Redaktionelle Betreuung
Dr. Andrea Loseries-Leick
Kartographisches Konzept
Dr. R. Kostka, Techn. Univ. Graz

Der geflügelte Drache entstammt dem Bruchstück einer Seidenstickerei, das sich mit anderen in dem manichäischen Bau „K" in Chotscho (Turfan-Oase) gefunden hat. Vermutlich aus der Zeit der Tang-Dynastie um 700 n. Chr. stammend, vielleicht aus China nach Zentralasien eingeführt. (Vgl. Le Coq, Chotscho, Taf. 6.)

Erstveröffentlichung

Satz: Fotosatzzentrum Süd-Ost Ges.m.b.H., Graz
Reproduktion, Druck und
buchbinderische Verarbeitung:
Akademische Druck- u. Verlagsanstalt, Graz

Printed in Austria
ISBN 3-201-1306-4
226.86

Inhalt

Einleitung

Nachdem China seine zentralasiatischen Provinzen, wenigstens in Teilen, wieder für den Reiseverkehr geöffnet und zugänglich gemacht hat, ergibt sich für die Forschung die Möglichkeit, in diese Ländereien erneut Zugang zu gewinnen, die schon vor dem 1. Weltkrieg wie auch zwischen den beiden Kriegen von zahlreichen Expeditionen verschiedener Länder durchforscht worden sind. Der Faden kann wieder aufgenommen und es kann versucht werden, an die Ergebnisse dieser Expeditionen anzuknüpfen bzw. sie einer neuen Sichtung und ihre Probleme einer neuen Durchleuchtung zuzuführen. Die Wüstenländer der chinesischen Provinz Sinkiang sind für Kunstgeschichte und Archäologie von außerordentlichem Interesse, weil in den Perioden, in denen florierende Handelswege Ostasien mit Mittel- und Westasien verbanden, d. h. im Späthellenismus und zur Zeit des römischen Kaiserreiches, hier eine Mischung der Kulturen erfolgte und zahlreiche Einflüsse aus Osten und Westen einander begegneten. Von besonders nachhaltiger Wirkung und Bedeutung für die Kunst waren die im Gefolge des Buddhismus bzw. parallel mit ihm seit Beginn unserer Zeitrechnung und zusammen mit dem Austausch von Handelsgütern erfolgenden kulturellen Schübe, die von Mittelasien aus nach Osten gingen. Aus den Ursprungsgebieten des Buddhismus kamen über Mittelasien – wenn wir damit die heutigen Ländereien von Russisch-Mittelasien, Afghanistan und dem nördlichen Pakistan verstehen – zusammen mit der religiösen Missionstätigkeit auch die Vorbilder für Kunst und Architektur, und die unmittelbaren Vorstufen zu der Kunst, die der Buddhismus mit dem Eintritt nach China in Ostasien ins Leben gerufen hat, lassen sich in dem großen an Mittelasien angrenzenden Durchzugsland von Zentralasien nachweisen, in der chinesischen Provinz Sinkiang. Den Begriff Zentralasien beschränken wir auf die zu China gehörenden Länder des Tarim-Beckens, die Provinz Sinkiang und die angrenzenden Landschaften. Diesen Territorien soll der vorliegende Band gewidmet sein.

Dabei gilt, wie der Titel des Buches bereits verdeutlicht, das Hauptinteresse der „Periode der Seidenstraßen" und der Kultur und Kunst, die sich im ersten nachchristlichen Jahrtausend in diesen Ländern entfalten konnten. Das wüstenhafte Klima und die trockenen Bodenverhältnisse haben in Zentralasien die künstlerischen und kulturellen Zeugnisse dieser Epoche in einzigartiger Weise konserviert. Seit ihrer Wiederentdeckung hat sich gezeigt, daß ihre Bedeutung weit über die provinziellen Grenzen Zentralasiens hinausreicht, und daß sich in ihnen das geistige Erbe der angrenzenden Kulturländer spiegelt, für das dort die Zeugnisse fehlen, die hier unter günstigen Umständen bewahrt geblieben sind. Diese überregionale Bedeutung von Kultur und Kunst der Seidenstraßenländer Zentralasiens hat schon zu Anfang unseres Jahrhunderts verschiedene Nationen auf den Plan gerufen. Neben England, Frankreich, Schweden, Rußland und

Japan haben sich deutsche Expeditionen besonders intensiv um die Erforschung der Kunstdenkmale bemüht. Vom Museum für Völkerkunde in Berlin gingen vor dem Ersten Weltkrieg mehrere Expeditionen („Königlich-preußische Turfanexpeditionen") nach Zentralasien, – „Ost-Turkistan" wurde das Land im damaligen Sprachgebrauch genannt – und haben unter teilweise unerhörten Strapazen die Ruinenstädte durchforscht, an denen sich die Oasensiedlungen im Zeitalter der Seidenstraßen zu blühenden Kulturzentren entfaltet hatten. Der Beitrag von K. Gratzl berichtet im einzelnen über die Arbeiten von A. von Le Coq und Albert Grünwedel, die gleichzeitig ein reiches museales Kunstgut zurückbrachten, das heute im Museum für Indische Kunst in West-Berlin aufgestellt ist, Skulpturen und Wandmalereien wie Objekte der Kleinkunst, die erstmalig eine anschauliche Vorstellung von der blühenden Kunst der Seidenstraßenländer vermittelten. Wenn heute dieser Abtransport und die Dislozierung von angestammten Kunstwerken kritisch angesehen wird – oder sogar als das Werk von „foreign devils", von „fremden Teufeln" – abgeurteilt wird, darf man darüber nicht vergessen, daß bei den mit größtem persönlichen Einsatz durchgeführten Forschungsarbeiten vieles entdeckt, ausgegraben und sichergestellt worden ist, was in der Zwischenzeit der Zerstörung anheimgefallen wäre. Das gilt in besonderem Maße von den Bauresten, deren Fotoaufnahmen erkennen lassen, wie viel von den damals noch aufragenden Ruinen heute verschwunden ist. Die nach Berlin gelangten Sammlungen sind schon mit den reichen Beständen an Wandmalerei und Plastiken sehr bald in großformatigen Bildbänden veröffentlicht und von A. von Le Coq, Albert Grünwedel und schließlich durch Ernst Waldschmidt wissenschaftlich bearbeitet worden, so daß die Berliner Museen zu einem Zentrum der Zentralasienforschung geworden sind, was auch heute noch gilt. Ein verheerendes Ereignis stellten natürlich die Bombenzerstörungen des Zweiten Weltkrieges dar, durch die fast 40% der unter größten Mühen zurückgebrachten Werke, vor allem großformatige Wandmalereien, für immer zerstört wurden. Die erhalten gebliebenen Teile stellen aber immer noch eindrucksvolle Bestände dar, die im „Museum für Indische Kunst" in Berlin-Dahlem von Prof. Dr. Herbert Härtel als Leiter des Museums und Frau Dr. Marianne Yaldiz betreut und bearbeitet werden, denen ich als Herausgeber zu danken habe, daß die Materialien und Fundstücke der Berliner Turfan-Expedition dem Band zugrunde gelegt werden durften. Die Akademische Druck- und Verlagsanstalt in Graz hatte bereits begonnen, die Großpublikationen von A. von Le Coq, Albert Grünwedel und Ernst Waldschmidt in Neudrucken wieder zugänglich zu machen, so daß im vorliegenden Band an diese Versuche angeknüpft wird, das wissenschaftliche Erbe der Berliner Forschung weiter zugänglich zu machen.

Der vorliegende Band soll gleichzeitig als ein Präsent an China betrachtet werden, in dem seither das Bewußtsein von der Bedeutung der zentralasiatischen Provinzen und das Interesse an deren künstlerischen Beitrag zur chinesischen Gesamtkultur wieder erwacht ist. Für die Herausgeber und Verfasser des Bandes bedeutet es eine lebhafte Genugtuung, mit der Vorlage der Publikation den Institutionen und Kollegen in China ihren Dank für die freundschaftliche

Unterstützung abzustatten, die den österreichischen Forschungsarbeiten in China zuteil geworden ist. Die Initiative auf österreichischer Seite ist dem Institut für Allgemeine Geodäsie und Photogrammetrie an der Technischen Universität in Graz und seinem Vorstand Prof. Rinner zu danken.

Einen Pionier der Zentralasienforschung hat auch Österreich-Ungarn in der Zeit der K. u. K. Monarchie in Aurel Stein hervorgebracht, der in Budapest geboren, dann in England als Sir Aurel Stein in einem Forscherleben von unvergleichlicher Intensität und Einsatzfreude die Länder Zentralasiens in zahlreichen Durchquerungen und dabei auch die archäologischen und Kunstdenkmäler noch vor Einsetzen der deutschen Expeditionen erschlossen und in seinen Publikationen bekanntgemacht hat. Ich sehe es als Herausgeber des vorliegenden Bandes noch immer als schicksalhaftes Omen an, daß mir während meiner Schulzeit 1930 am Gymnasium der Kreuzschule in Dresden der dort von Aurel Stein in Erinnerung an eine Etappe seines Lebensweges gestiftete Aurel-Stein-Preis für gute Leistungen in Alter Geschichte in Form eines Buchgeschenkes zugesprochen worden ist. Die von Aurel Stein zusammengetragenen Sammlungen bilden heute die Bestände des Museums für zentralasiatische Altertümer (National Museum of Central Asiatic Antiquities) in New Delhi und sind zum kleineren Teil ins Britische Museum in London gelangt. Beiden Museen muß ich für die Bereitwilligkeit danken, mit der mir die Sammlungsbestände zugänglich gemacht worden sind.

Herr o. Univ.-Prof. Dipl.-Ing. Dr. techn. Dr. Ing. E. H. Karl Rinner war als Vorstand des Instituts für Landesvermessung und Photogrammetrie der Technischen Universität Graz der maßgebende Initiator der Vermessungsarbeiten in Xinjiang. Dem Fonds zur Förderung der wissenschaftlichen Forschung in Wien und seinem Generalsekretär Dr. R. F. Kneucker gebührt der Dank für die Bereitstellung der finanziellen Mittel zur Durchführung von SINKIANG '82. Zu danken haben die Teilnehmer von SINKIANG '82 auch Herrn Dr. Werner Stenzel vom Bundesministerium für Auswärtige Angelegenheiten, in der österreichischen Botschaft in Peking dem Herrn Botschafter Dr. Wolfgang Wolte, Botschaftsrat Dr. Kurt Spallinger und Botschaftssekretär Dr. Hannes Skriwan, auf der chinesischen Seite Herrn Song Chengjiu vom Komitee für Kulturelle Beziehungen mit dem Ausland in Peking und Herrn Sabit, dem Vizedirektor des Museums von Urumtschi. Die Pläne der buddhistischen Tempelanlagen in Yar-Khoto (Jiaohe) zeichnete Herr Dipl.-Ing. Walter Kuschel, Graz.

Zentralasiens Wüsten- und Gebirgsregionen

Zu den naturräumlichen Gegebenheiten zwischen den großen Kulturbereichen im Osten und Westen Asiens

„Erst brachte mir Mollah einen Papierfetzen mit chinesischen Buchstaben und dann wurden Hunderte von kleinen vollgeschriebenen Papierstücken gefunden. Jetzt konnte man vielleicht Schwarz auf Weiß erfahren, wie alt diese Altertümer waren und wie der Ort früher geheißen hatte", schreibt Sven Hedin.[1]

Im Tarim-Becken im Bereich des Lop-Nor war er auf eine Ruinenstadt in der Wüste gestoßen. Die Funde konnten entziffert werden. Sie stammten zum Großteil aus der Zeit der chinesischen Kaiser Yüan Ti und Wu Ti aus den Jahren 264–270 unserer Zeitrechnung. Der Name der Ruinenstadt wird mit Lou-Lan am Lop-Nor angegeben.

Die Sammlung gibt Aufschlüsse über Ackerbau und Handelsbeziehungen, berichtet von der Einquartierung eines ganzen Kriegsheeres, von Jagd und Getreidelieferungen.

„Welche kolossalen Veränderungen sind in diesen 1600 Jahren hier vor sich gegangen? Damals gab es hier fruchtbare Felder, grünende Wälder, rauschende Kanäle, freundliche Dörfer, buddhistische Tempel und lebhafte Verkehrsstraßen längs des großen Sees Lop-Nor."

Soweit also Sven Hedin. Heute weiß man, daß eine der Hauptrouten des alten Handelsweges von Tunhuang über Lou-Lan zum nördlich der Takla Makan verlaufenden Zweig der Seidenstraße führte, also bereits im internationalen Welthandel, wenn man den Warenaustausch zwischen Europa/Afrika und Ostasien so bezeichnen will, eine Rolle spielte. Die Durchquerung des asiatischen Kontinents wurde auf sich genommen, um seltene und begehrte Waren auszutauschen. Es ist bekannt, daß zur Zeit der Tang-Dynastie (618–906 n. Chr.) offizielle Geleitzüge mit Parfumen und Elfenbein aus Schwarzafrika in China eintrafen.[2]

Seide hatte in Rom bereits vor der Zeitwende eine erhebliche Bedeutung. Die Herrscher der Han-Dynastie (206 v. Chr.–220 n. Chr.) wollten die Regionen des Westens systematisch nutzen und setzten dafür ungeheure Mengen von Arbeitskräften und Geldmitteln ein. Die Errichtung einer großen Straße, gesäumt von einer Kette von Versorgungsstationen am Nord- und Südrand der Wüste Takla Makan wäre ohne die militärische Macht und die administrative Tätigkeit der Han-Dynastie unmöglich gewesen, die diese Straße über den Pamir verlängerte, um sie an die Verkehrswege anzuschließen, die es bereits in West- und Südasien gab. Von da an wurden die Seidentransporte regelmäßig durchgeführt, während die Erzeugnisse Westasiens und Europas in großen Sendungen das Innere Chinas zu erreichen begannen.

Für den Bereich zwischen Kaspischem Meer und dem Huang-he-Bogen bei Lan-tschou sollen im Folgenden einige Angaben mitgeteilt werden, um eine Vorstellung der zu überwindenden Schwierigkeiten naturräumlicher Art zu vermitteln, um aber auch auf die Verhältnisse hinzuweisen, unter denen die einst blühenden Oasenstädte entstanden sind, die uns heute wegen ihrer historischen, zum Teil noch geheimnisvollen Bedeutung faszinieren.

1 – Trampeltier (Camelus bactrianus) oder Zweihöckeriges Kamel auf dem Weg zur Tränke. Im Hintergrund die schneebedeckten Berge des Tien-Schan.

Als Wildvorkommen findet sich das Trampeltier heute nur mehr in einer Herde in der Mongolei. Als Lasttier wird es heute nur mehr in geringem Ausmaß verwendet, so etwa im afghanischen Teil des Pamir oder Xinjiang oder Kansu. Früher, als die Seidenstraße von zahlreichen Karawanen benützt wurde, war es das am häufigsten verwendete Lasttier. 1971 gab es laut Auskunft des Dorfvorstehers (qariadar) von Sarhad im Wachan (NO-Afghanistan) etwa 60 und bei den Kirghisen Afghanistans 200–300 Trampeltiere (siehe GROSSER PAMIR, Graz 1978, S. 207).

2 – Benützt man die Straße von der Turfan-Oase in Richtung Osten, so kann man zur Linken eines der großen Naturdenkmäler Chinas bewundern, die „Flammenberge“. Es ist nicht die Höhe – die höchste Erhebung beträgt lediglich 851 m – sondern ihre Form, die sie berühmt gemacht hat, ihre Grate und Schluchten, die parallel zueinander von WNW nach OSO herabstreichen und sich schließlich in der Kieswüste verlieren. Wenn in der heißen Jahreszeit die Sonne auf die kahlen, rötlichen Felsklippen herabbrennt und die Luft über der Erdoberfläche zu flimmern beginnt, scheinen die Berge aus züngelnden Flammen zu bestehen.

3 – Inmitten der „Flammenden Berge“ haben sich einst die buddhistischen Mönche in die Einsamkeit des Gebirges zurückgezogen, um dort in den aus dem weichen Gestein herausgehauenen Höhlen ihren Meditationen und kultischen Handlungen nachzugehen. Eine dieser heute verfallenen, durch Erdbeben zerstörten Klosterstädte ist Sängim in der Nähe der Ruinenstadt Chotscho.

4 – Am orographisch rechten Ufer des Murtuq-Flusses liegt die Tempelsiedlung Bäzäklik, die heute wieder für Touristen zugänglich ist. Bäzäklik ist ein osttürkischer Name und bedeutet soviel wie „Ort, wo es Malereien (Verzierungen) gibt“. Fährt man flußaufwärts, erblickt man nach einigen Kilometern einen ummauerten Hof, von dem aus der Abstieg zu der in völliger Einsamkeit liegenden Klosterstadt erfolgt. Unterhalb des Hofes, dem Blick durch den steil abfallenden Berghang entzogen, verläuft eine heute zum Großteil zerstörte Terrasse, die den Zugang zu den Höhlen und kleinen Kuppelbauten gestattet. Wände und Decken dieser Höhlen waren meist mit prachtvollen Malereien ausgestattet, die zu einem erheblichen Teil von den deutschen Turfan-Expeditionen zu Beginn unseres Jahrhunderts nach Berlin geschafft worden sind.

5 – Die „Flammenden Berge“ bei Bäzäklik, wie sie sich dem Besucher von der Terrasse des Klosters im Licht der abendlichen Sonne zeigen.

1

3

4

5

Gebirge und Wüsten

Tektonische Schollen befinden sich in Bewegung. Sie können divergieren oder konvergieren, wobei die Relativbewegungen in der Größenordnung einiger Zentimeter pro Jahr liegen können. Bei diesem Vorgang wird dem Festland neues kontinentales Material zugeführt. Es können auch Gebirge entstehen, da ja eine Seite der Scholle gefaltet und nach oben gestoßen wird. Himalaya und Alpen sind Beispiele für diesen gebirgsbildenden Prozeß. Auch Erdbeben sind an die Plattentektonik gebunden. Durch die gegenseitige Lage dieser Platten im zentralen Asien, bei denen die Massen der alpidischen Gebirgsbildung über die älteren variskischen, im Norden gelegenen Berggebiete geschoben werden, kommt es im Bereich des Pamir zu einem direkten Kontakt und in weiterer Folge zu extremen Faltungserscheinungen der Erdkruste. Jüngere Forschungen ergaben, daß die indische Platte ebenso wie die iranisch-afghanische Platte mit beträchtlicher Eigenrotation hin an den Südrand der russisch-sibirischen Platte driftet. So kam es zum Knoten der großen asiatischen Gebirgsketten im Bereich des Pamir und es kam und kommt nach wie vor zu Hebungsvorgängen. Die Faltengebirge des Himalaya, Karakorum, Hindukusch, des Kun-Lun, des Pamir und Tien-Schan stiegen und steigen auf bis zu den höchsten Erhebungen der Erde. Eine heftige und für den Menschen unheilvolle Erdbebentätigkeit – man denke nur an die Geschichte der Stadt Taschkent – macht sich in diesem Grenzbereich tektonischer Platten mit ungewisser Regelmäßigkeit seit Menschengedenken bemerkbar.

Trotz z. T. geringer Niederschläge reichen, zufolge der großen Höhen der Gebirgszüge, die Gletscher bis an die gangbaren Paßübergänge heran, die in manchen Fällen nur kurze Zeit des Jahres überquert werden können. Die in der Abbildung (Profildarstellung Asiens) dargestellten Nord-Süd-Schnitte sollen eine Vorstellung von den Gebirgsmassiven vermitteln, die es zu überqueren oder zu umgehen gilt, will man die erwähnten Kontakte zwischen Ost und West herstellen. Zwischen den Gebirgsketten liegen zum Teil abflußlose Ebenen, in die die erodierten Gebirgsmassen abgelagert wurden und werden. Dies bewirken im Westen des Pamir die Ströme Syr Darya und Amu Darya und im Osten der Tarim mit seinen Quell- und Nebenflüssen. Da diese Flüsse in aride Gegenden entwässern, ist ihre abnehmende Wasserführung verständlich. Die Folge ist eine verminderte Transportkraft, so daß das grobe Sedimentmaterial aus den Gebirgen weiter oben abgelagert wird, während im Unterlauf der Flüsse nur noch feinste Sedimentpartikel ankommen.

Ausgedehnte Sandwüsten sind in den niederschlagsarmen, von der Sonne ausgedörrten Gebieten die Folge. Die graphische Darstellung der Trockengebiete (siehe Karte der Wüstengebiete Asiens) soll die Situation im zentralen Teil Asiens veranschaulichen.

Karakum und Kysylkum im Westen sowie Takla Makan und Gobi im Osten, zwischen denen sich die Barriere der Ketten des Pamir zufolge seiner Höhe gleichsam wie ein Dach der Welt

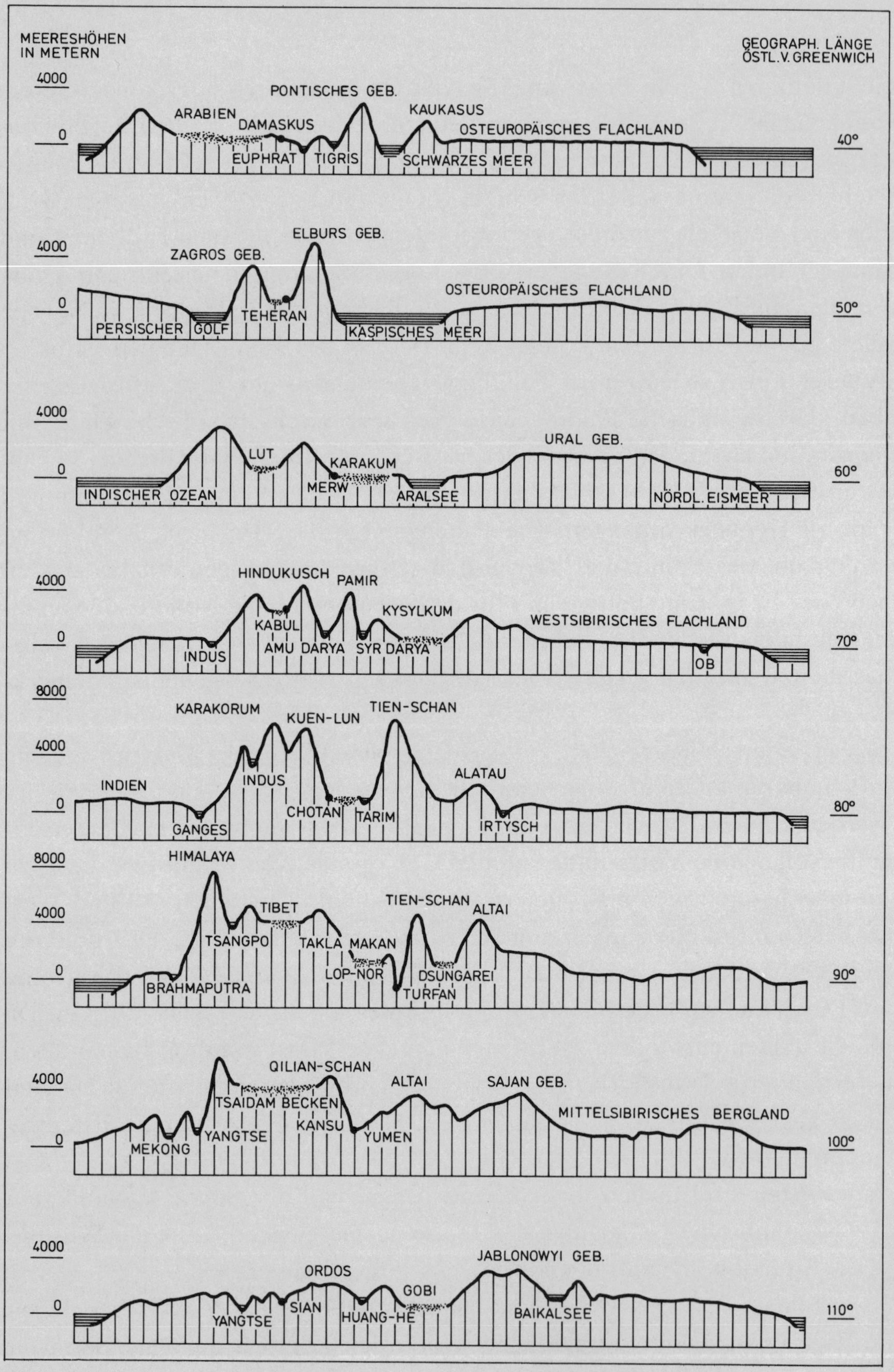

Nord-Süd-Profile durch den asiatischen Kontinent. Die Gebirge sind stark überhöht, um die Durchgangsmöglichkeiten besser veranschaulichen zu können. Zwischen den Gebirgsketten im Süden und den Wald- und Sumpfgebieten im Norden verbleiben nur wenige Möglichkeiten für Karawanenwege.

erhebt, erstrecken sich über mehrere tausend Kilometer. Diese Wüstengebiete waren bei der Durchquerung des asiatischen Kontinentes die gefährlichsten Hindernisse, die von den Handelskarawanen überwunden werden mußten.

Der afroasiatischen ariden Zone, die sich vom Atlantischen Ozean bis fast zum Pazifik erstreckt, sind auch die großen asiatischen Wüstengebiete zuzuordnen.[3]

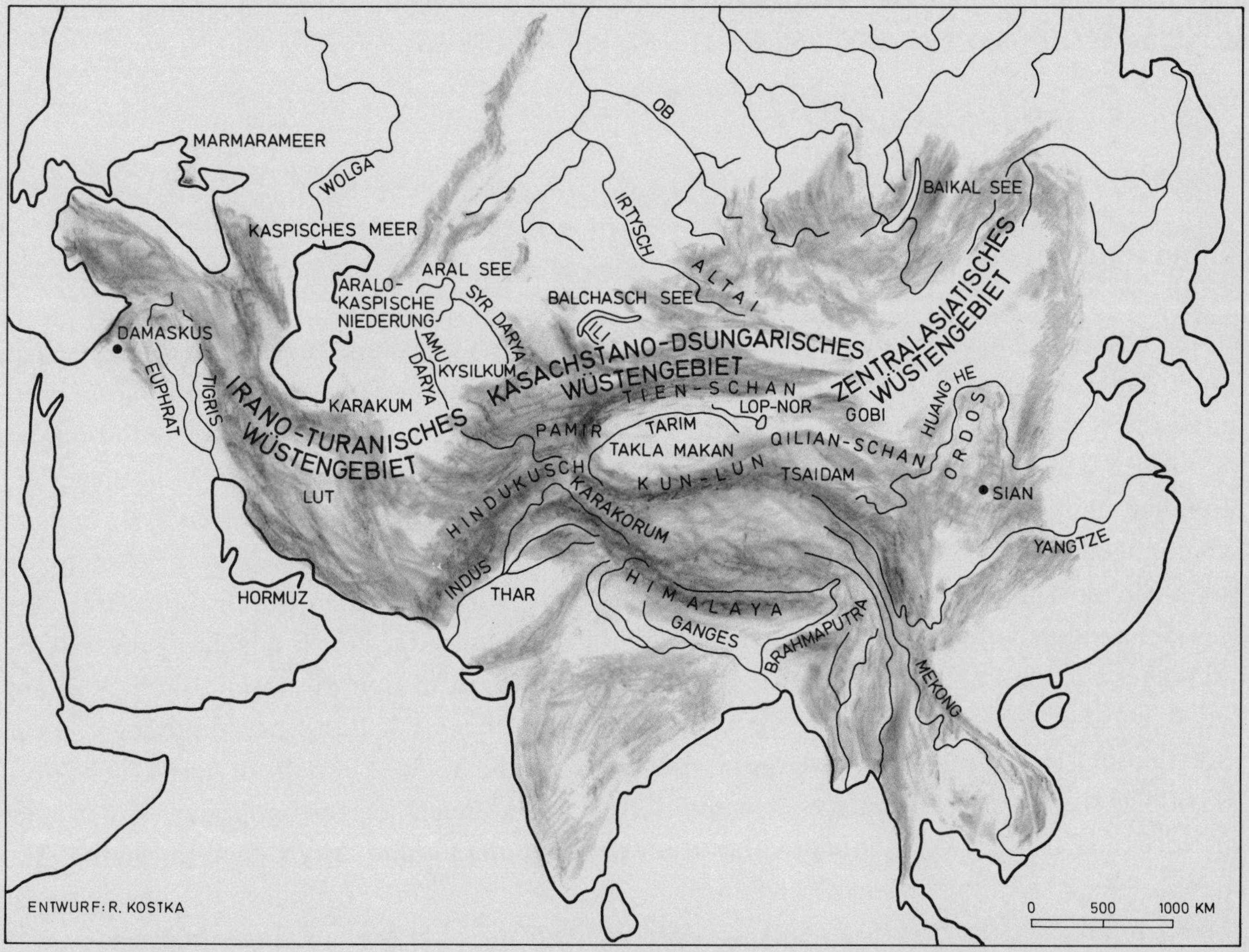

Die Trockengebiete – Wüsten –, die zwischen den Gebirgsketten eingebettet sind, erlauben im zentralen Teil Asiens nur wenig Spielraum für Karawanenrouten.

Naturwissenschafter gliedern die asiatischen Wüstengebiete der gemäßigten Zonen in das Irano-Turanische Wüstengebiet, das die Hochebene des nördlichen Irans und den südlichen Teil der Aralo-Kaspischen Niederung umfaßt, in das Kasachstano-Dsungarische Halbwüsten- und Wüstengebiet, das sich von der Kaspischen Niederung über den Aral- und Balchasch-See hinaus nach Osten erstreckt, und schließlich am weitesten im Osten das Zentralasiatische Wüstengebiet der Mongolei und Nordchinas, an das sich nach Süden die Hochgebirgswüsten Tibets anschließen. Diese werden durch die Gebirgsmauer des Himalaya und Karakorum nach Süden und das Hochland des Pamir im Westen so abgeschirmt, daß sie durch ihre Höhenlage über 4000 m als ausgesprochene Kältewüsten für nicht lokale Handelskarawanen praktisch unpassierbar waren.

Die mittelasiatischen Wüsten Karakum und Kysylkum erstrecken sich bis an die Ausläufer des Pamir, Alatau und Altai. Südlich des letzten befindet sich eine schmale, aber offene Verbindung zur Dsungarei und damit zu Zentralasien. Lediglich zwischen den Ost-West verlaufenden Ketten der Pamire und entlang den Quellflüssen des Amu Darya findet man ähnliche Verhältnisse, die eine Überwindung der Hochgebirgsregion ratsam erscheinen lassen.

Klima und Vegetation

In der Dsungarei machen sich noch die Wirkungen der zyklonalen Regen vom Atlantischen Ozean und dem Mittelmeerraum her bemerkbar. Der Einfluß des Monsuns von Süden wird durch die Ketten Hindukusch-Karakorum-Himalaya völlig ausgeschaltet. Hingegen kommen im übrigen Zentralasien die Niederschläge bereits mehr aus dem ostasiatischen Monsungebiet. Sie fallen hauptsächlich im Sommer, da sie aber auch hier durch Gebirgsketten z. B. Qilian-Schan abgehalten werden, ist ihre Ergiebigkeit sehr gering und sie nehmen nach Westen zur Takla Makan zunehmend ab. Niederschläge aus dem Norden werden durch die Ketten des Tien-Schan abgehalten, dies wirkt sich hier im Waldreichtum der Nordabdachung dieses Gebirgszuges aus. Weiter nach Süden dringen kaum feuchte Luftmassen vor. Somit ist der zentrale Teil Asiens auch der arideste. Das Tarim-Becken nimmt bei einer Längenausdehnung von ca. 1300 km und in Richtung der geographischen Breite von ca. 500 km nahezu eine Fläche von 400.000 km^2 ein. Es wird auf drei Seiten unmittelbar von hohen Gebirgen umgrenzt, Tien-Schan im Norden, Pamir im Westen und Karakorum sowie Kun-Lun und Altyn Tagh im Süden, die Höhen über 7000 und 8000 m erreichen. Der ganze zentrale Teil wird durch die unwegsame, praktisch unbesiedelte und in Asien extremste Sandwüste Takla Makan eingenommen.

Die Niederschläge betragen im Westen bei Kaschgar 65 mm im Jahr, im Osten in der Region um den Lop-Nor nur 9–11 mm.[4]

Die Luft ist meist mit Staub erfüllt, die Sommer sind extrem heiß. So werden in der Turfan-Oase, dem niedrigsten Teil des Tarim-Beckens und mit – 154 m dem tiefsten Punkt Chinas, im Sommer Temperaturen von über 47° C gemessen. Durch diese extremen Verhältnisse – vergletscherte Hochgebirge – glutheiße Wüstengebiete – kommt es zu Luftaustauschsituationen mit extremen Windgeschwindigkeiten. Durch die vegetationsarmen oder -losen Beckenlandschaften mit ihren staub- und sandartigen Talfüllungen entstehen die von Mensch und Tier gefürchteten Sandstürme, die auch heute noch den Reiseverkehr auf Schiene und Straße zum Stillstand bringen können.

Es wundert, daß Menschen in dieser unwirtlichen Region Existenzvoraussetzungen vorfanden und nördlich und südlich dieses Wüstengebietes Oasenstädte errichten und so die Voraussetzungen für die Bereisung der Routen der Seidenstraße schaffen konnten. Denn die Versorgung der Karawanen mit Wasser und Nahrung mußte gewährleistet sein.

Studiert man die heutigen klimatischen Verhältnisse, ist man geneigt, an Klimaänderungen auch in einem historischen Zeitraum zu denken. Dies scheint aber nicht der Fall zu sein, wie jüngste wissenschaftliche Untersuchungen im iranisch-turanischen Bereich und am Lop-Nor zeigten.[5]

Klimaschwankungen, wie sie für die Eiszeitalter typisch waren, kommen zufolge ihrer Dauer von Jahrzehntausenden bis Jahrhunderttausenden für den hier relevanten Zeitraum nicht in Frage. Die genannten Klimaschwankungen sind aber von solchen in der Dauer von einigen Jahrhunderten bis wenigen Jahrtausenden überlagert. Gletschervorstöße sind z. B. in Europa zwischen 1600 und 1850 bekannt. Als Klimaänderung können sie aber nicht bezeichnet werden. Derartige kühle und feuchte Abschnitte hat es in der Nacheiszeit, auch mit der Dauer von einigen Jahren und Jahrzehnten, immer gegeben. Bohrungen, die für Bodenuntersuchungen im Gebiet von Seistan im Südwesten Afghanistans, also im irano-turanischen Teil der asiatischen Wüstenregion und andererseits im Lop-Nor-Gebiet durchgeführt wurden, bestätigen diese Aussage.

Der Mensch hat durch seine kultivierende Tätigkeit auch die Randgebiete der Existenzmöglichkeit besiedelbar gemacht und im beschränkten Maß dem Boden Feldfrüchte abgerungen.

Die Nahrung für Reit- und Lasttiere der Handelskarawanen war somit kostbar. In den Gebirgsbereichen, den Hochtälern der Pamire waren Weideflächen im hohen Maß vorhanden und konnten nach Vereinbarung mit der nomadisierenden Lokalbevölkerung auch für die Zwecke der Versorgung der Nutztiere herangezogen werden. In den ariden Regionen hingegen war man auf die landwirtschaftliche Tätigkeit der Bevölkerung in den Oasen angewiesen. In der Han-Zeit im 1. Jahrhundert vor unserer Zeitrechnung wurden in Luntai, Korla, Aksu und Miran Regierungsämter errichtet, die für die Landerschließung verantwortlich waren.[6] In der Tang-Dynastie entwickelte sich die Landwirtschaft so schnell, daß der Chotan-Fluß durch die Ableitung zur Bewässerung austrocknete. So konnten den Reisenden neben Futter für die Tiere auch

Spezialitäten wie Weintrauben, Nüsse, Aprikosen und Melonen angeboten werden, Spezialitäten, die der gepflegte Pekingchinese auch heute noch zu schätzen weiß.

Bei den Versorgungsgütern spielte das Wasser die dominierende Rolle. Dabei nicht nur das von den Gletscher- und Schneeregionen an der Erdoberfläche abfließende oder stehende Gewässer, sondern auch das Grundwasser, an dem das Gebiet westlich und östlich des Pamir reich ist. Der Wüstensand schwimmt förmlich auf mit Wasser gesättigten alluvialen Ablagerungen. Man vermutet z. B. unter den zentralasiatischen Wüsten ausgedehnte Wasserreservoire mit nur in geringen Tiefen liegenden Wasserspiegeln. Sven Hedin konnte bei einer Durchquerung des östlichen Teiles der Takla Makan fast täglich beim Brunnengraben in 1,2 m bis 1,5 m Tiefe süßes oder salziges Wasser finden. Oder: der Mondsichelsee in einem Talkessel zwischen den Sanddünen südlich Tunhuangs erfreut jeden Liebhaber von Naturschönheiten durch sein klares, blaues Wasser zwischen den gelben, steil abfallenden Sanddünen. Die Astronauten der ersten Spacelabmission im Dezember 1983 waren überrascht, wie viele blaue Seen sie in der Gobi aus einer Flughöhe von 250 km erblicken konnten.

Weitere Bemerkungen zum Wasser

Während der Schnee in den Hochgebirgsregionen Oberflächenwasser nur jahreszeitlich begrenzt liefert, stehen die Gletscherabflüsse das ganze Jahr über zur Verfügung. Wasser, in Form der reißenden Gebirgsbäche oder in ihren naturbelassenen Flußläufen und Strömen, durch Schluchten oder in viel gegliederten Betten durch Schotter- und Sandbänke stellen für den Reisenden in den Gebirgsregionen oft ein nahezu unlösbares Problem dar.

Schneeschmelze oder die Tageserwärmung lassen die eine oder andere Furt unpassierbar werden. Andererseits erlauben breite und durch Untiefen und Ablagerungen gegliederte Flußläufe ein leichteres Weiterkommen.

Wasser ist in den Übergängen des Gebirges jedenfalls ausreichend vorhanden. Lediglich seine Verteilung auf der Erdoberfläche ist durch die topographischen und geologischen Verhältnisse im brauchbaren Maß nicht vorgegeben. Der Mensch konnte durch die Errichtung von Bewässerungskanälen hier steuernd eingreifen und so landwirtschaftliche Nutzflächen schaffen.

Auch Süßwasserseen waren allenthalben entlang der Reiserouten vorhanden und wurden von den Reisenden vielfach beschrieben. Um nur ein Beispiel zu nennen: der Zor Kol, ein Quellsee des Amu Darya an der Grenze der Sowjetunion zu Afghanistan liegt in einer Hochebene der Pamire in 4125 m Seehöhe. Von den chinesischen buddhistischen Mönchen mit Drachensee bezeichnet, wurden ihm im Laufe der Zeit verschiedenste Namen wie Victoria Lake, Sir-i-kol oder Sarigh-kol gegeben, bis er im Rahmen der anglorussischen Grenzvereinbarungen vom März 1895 den Namen Zor Kol erhielt.[7]

Seine Ausdehnung und seine Seehöhe waren Gegenstand ausgedehnter wissenschaftlicher Diskussionen, die zu eigenen Forschungsreisen führten. Der britische Abenteurer und Entdecker Wood konnte, als er im Februar 1838 mitten im Winter den See erreichte, lediglich feststellen, daß Land und Wasser gleichmäßig mit Schnee bedeckt waren und eine Unterscheidung der beiden praktisch unmöglich war.

Eine Überschreitung der Pamirpässe durch Handelskarawanen im Winter war in früheren Zeiten nahezu unmöglich.

Zwei Besonderheiten der Hydrologie Mittel- und Zentralasiens waren und sind für die westlich und östlich der Hochgebirgsregion vorgelagerten ariden Zonen von wesentlicher Bedeutung, um dem Menschen Existenzmöglichkeiten zu bieten. In diesem Zusammenhang spielen sie auch eine Rolle für die Versorgung der Karawanen. Die eine ist die der nomadisierenden Flüsse, die ihr Flußbett, ihr Delta oder die abflußlosen Endseen verlegen und die andere ist die bereits erwähnte geringe Tiefe des Grundwasserspiegels, die den Menschen eine interessante Art der Nutzwassergewinnung in den ariden niederschlagsarmen und evaporationsreichen Gebieten gestattet.

Der Aralsee liegt über einem geotektonischen Senkungsgebiet und wird heute durch die Flüsse Amu Darya und Syr Darya gespeist.

Dies war allerdings nicht immer so. Aus geologischen Befunden und archäologischen Quellen ist bekannt, daß der Amu Darya im älteren Quartär in den wesentlich größeren Kaspischen See floß. Aber nicht diese prähistorische Phase des 2500 km langen Amu Darya, dem Araxes der alten Griechen bei Herodot oder später dem Oxus, interessiert in diesem Zusammenhang. Quellenstudien kann man entnehmen, daß vor etwa 2500 Jahren der Aralsee der Endpunkt des Oxus wurde. Allerdings brachen immer wieder, zumindest Teilflüsse des Amu Darya, in der Folgezeit aus und nahmen den alten Weg, wie z. B. im 5. oder 6. Jahrhundert oder zwischen 1220 und 1570. Zu Beginn des 16. Jahrhunderts soll der Amu Darya nach Südwesten geflossen sein und am Ostrand der aufsteigenden Berggebiete seinen Lauf in westliche Richtung mit dem Ziel Kaspisches Meer genommen haben. Blühende Felder, Weingärten und Haine waren die Folge. Verursachten Naturereignisse das Verlöschen der Stadtkulturen Choresmiens am Unterlauf des Amu Darya auf seinem Weg durch die Wüstengebiete zum großen Delta des Aralsees? Sowjetische Forscher konnten nachweisen, daß sich ein eigentümliches Relikt eines seltenen Wirtschaftstyps aus dieser Region bis heute erhalten hat: hochentwickelter Bewässerungsbodenbau mit spürbarer Nomadentradition mit Kleinviehzucht und Fischfang. Auf diese Art entstanden Städte, die das Kerngebiet des choresmischen Reiches bildeten. Heute bietet sich dem Forscher hingegen folgender Anblick: „Und überall inmitten der erstarrten Wellen des Dünensandes liegen heute, bald dicht gedrängt, bald vereinzelt wie kleine Inseln, zahllose Ruinen von Burgen und Festungen von befestigten Gehöften und von ganzen großen Städten.“[8]

Dann griff der Mensch mit seiner technischen Macht der Jetztzeit ein. In der Nähe der Stadt

Kerki ist heute im Lauf des Amu Darya ein großer Wasserteiler eingebaut, durch den ein Teil des Stromes in Richtung prähistorisches Flußbett abgeleitet wird. Es entstand der Karakum-Kanal mit bemerkenswerten Dimensionen. 1962 waren es 800 km. Heute ist man bei 1100 km. Bis zum Kaspischen Meer sollten es 1400 km werden. Schwierigkeiten im ökologischen Haushalt im Deltabereich am Aralsee, Probleme bei der Schiffahrt und beim Fischfang haben sich eingestellt. Das Schicksal menschlichen Lebensraumes in diesem Bereich Mittelasiens ist somit nach wie vor ungewiß.

6 – Das Wasser fließt in einem unterirdisch angelegten Brunnen-Kanalsystem (Karez) oft über weite Strecken bis zur Oase. Der Tunnelausgang ist ca. 1,50 m hoch. Der hier gezeigte Karez hatte eine Länge von ca. 1 km, es gibt jedoch auch Kareze von 10 km Länge. Laut Auskunft des uighurischen Gewährsmannes soll es allein in der Turfan-Oase 1200 Kareze geben. Der Vorteil des unterirdisch geführten Wassers liegt vor allem darin, daß die Verdunstung nahezu ausgeschaltet wird. Zur Funktion des Karezsystems siehe S. 22.

7 – Erst unter dem schattenspendenden Dach der Oasen-Bäume fließt das Wasser an der Oberfläche, wo ein weitverzweigtes Netz von Kanälen für die Bewässerung der Felder sorgt.

8 – Bei diesem Brunnen war der das Loch verschließende Betondeckel in den Schacht gefallen und mußte mit Hilfe von Flaschenzügen wieder heraufgehievt werden. Das lockere Gestein rund um die Öffnung machte diese Arbeit sehr gefährlich.

9 – Der 65jährige Ruzi Selim war 1982 für die richtige Bewässerung des Baumgürtels der Turfan-Oase zuständig. Die sieben Reihen Pappeln des äußeren Ringes müssen so mit Wasser versorgt werden, daß jeder Baum alle drei Wochen einmal bewässert wird. Ruzi Selim erhielt für diese Tätigkeit 1,5 Yüan pro Tag von der Produktionsgruppe. Der Baumgürtel dient als Schutzwall gegen die häufigen Sandstürme.

10–17 – Sonntag in der Turfan-Oase. Ein buntes Gemisch von Chinesen, Uighuren und Kirghisen benützt den arbeitsfreien Tag zu einem Bummel auf der Hauptstraße. Das kleine Mädchen trägt stolz seine goldgestickte Haube, die Männer tragen die chinesische Einheitskleidung in Olivgrün und Blau. Am Straßenrand vergnügen sich Mädchen beim „Gummihupfen", während der Fleischhauer sein geschlachtetes Lamm zerlegt.

Zu den am häufigsten benützten Verkehrsmitteln der Oase gehören kleine Holzwägelchen (uigh. arba), die von Eseln gezogen werden. Komfortablere arbas sind sogar mit Sonnendach ausgestattet. Am Markt herrscht reges Treiben. Brot, Gemüse, Fleisch, Gewürze, Fruchtkerne, Filzteppiche, alles, was des Uighuren Herz erfreut, wird hier feilgeboten. Beim Anblick der Fremden klammern sich die Kinder ein bißchen stärker an die Mutter, und die Rufe der Bazarkaufleute werden lauter. Der Orient vergangener Zeiten ist hier noch lebendig, wenn man von den chinesischen Einheitskappen und den blauen Baumwollanzügen absieht. Um 30 Yüan konnte man hier 1982 schon einen bunten Filzteppich erstehen. (Für 100 österr. Schillinge erhielt man bei der chinesischen Nationalbank 11 Yüan.)

18–21 – Traditionelle Bauweise in den Randgebieten der Turfan-Oase. Der Baustoff ist Erde, die dem umliegenden feuchten Boden entnommen wird und mittels Holzstangenschalung zu festen Mauern gestampft wird. Das Dach des Wohnhauses wird mit luftgetrockneten Ziegeln frei, d. h. ohne Stützung aufgewölbt. Als Mörtel dient die mit Häcksel vermischte und zu einem Brei angerührte Erde des Bodens. Auf die in Schräglage befindliche Ziegellage wird der Mörtel mit der Hand aufgebracht und sodann die neue Ziegellage daraufgedrückt, wobei von beiden Seiten nach oben gearbeitet wird. Die Errichtung eines solchen Hauses kostete 1982 400–500 Yüan. Zur Errichtung der Hofmauer bei einer Grundstücksgröße von 8 fen (ca. 520 m^2) und des Hauses benötigen drei Männer ca. 10 Tage.

6
7

8
9

10
11

12
13

14

15

16

17

18
19

20
21

Ähnlich liegen die Verhältnisse östlich des Pamirhochlandes. Auch der Tarim zählt zu den nomadisierenden Flüssen. Er prägt maßgeblich das Schicksal des Lop-Nor. Sein Verhalten warf um die Jahrhundertwende viele rätselhafte Fragen auf, die durch die Publikationen Sven Hedins in Europa hinlänglich bekannt sind. Chinesische Forscher konnten in den letzten Jahren viele dieser Fragen klären.

Aber nicht nur die großen Ströme Mittel- und Zentralasiens liefern dem Menschen die Grundlagen zur Existenz. Auch die kleinen, von den Gletschern gespeisten Flüsse werden genützt. Sie führen allerdings nicht allzuweit aus den Gebirgsketten heraus und versickern am Rand der großen Wüsten. Wurde mehr Wasser benötigt, bediente man sich nicht der industriellen, aber doch handwerklichen Technik und nützte den Grundwasserspiegel in geringer Tiefe. Die Anlage von „Karezen", also einer Art von Horizontalbrunnen mit anschließenden unterirdischen Wasserbeförderungsstollen schuf die Möglichkeit, landwirtschaftliche Nutzflächen mit ausreichend Wasser zu versorgen. Hiedurch ist die Errichtung von Waldschutzzonen gegen Sandstürme möglich, können Felder mit begehrten Agrarprodukten bestellt und Nutzwasser für den Haushalt gewonnen werden. Sowohl im iranisch-turanischen Bereich, als auch entlang der Seidenstraßenrouten im Tarim-Becken ist diese Art der Wasserversorgung heute noch üblich. Der Mensch schuf sich somit die Lebensgrundlage in Gebieten, in denen ihm die Begrenztheit der natürlichen Resourcen immer vor Augen geführt wird.

Der Mensch und unwirtliche Randgebiete

Umweltbedingungen mit kaum extremer vorstellbaren Kontrasten bilden somit eine natürliche Barriere zwischen den großen Kulturbereichen in West und Ost. Diese Barriere galt es zu überwinden, wobei man bei der monatelangen Karawanenreise auf menschliche Hilfe angewiesen war. Außerhalb der großen Kulturbereiche waren dies lediglich die Oasen, in denen es der Bevölkerung gelungen war, sich einen Lebensraum zu schaffen, in den Randgebieten der Wüsten, an geschützten Stellen der naturbelassenen Flußläufe zwischen Schwemmkegeln oder an Abhängen und kargen Hochflächen der Gebirgsregionen.

Zwischen den Extremen von Wüsten, Eis und Gebirgen liegen die Gebiete, die unter naturbedingten Mängeln leiden, für die man drei Hauptursachen angeben kann, nämlich unregelmäßige, geringe oder keine Niederschläge und somit Wassermangel, große Kälte in den hochgelegenen Berggebieten und schließlich steiles, felsiges, humusarmes Gelände, das eine landwirtschaftliche Nutzung erschwert oder unmöglich macht. Alle diese Erscheinungen treffen wir entlang des zentralen Teiles der Seidenstraße. Der Mensch war und ist also gezwungen, sich an die vorliegenden Gegebenheiten anzupassen und sie für sich möglichst optimal zu nützen. Die

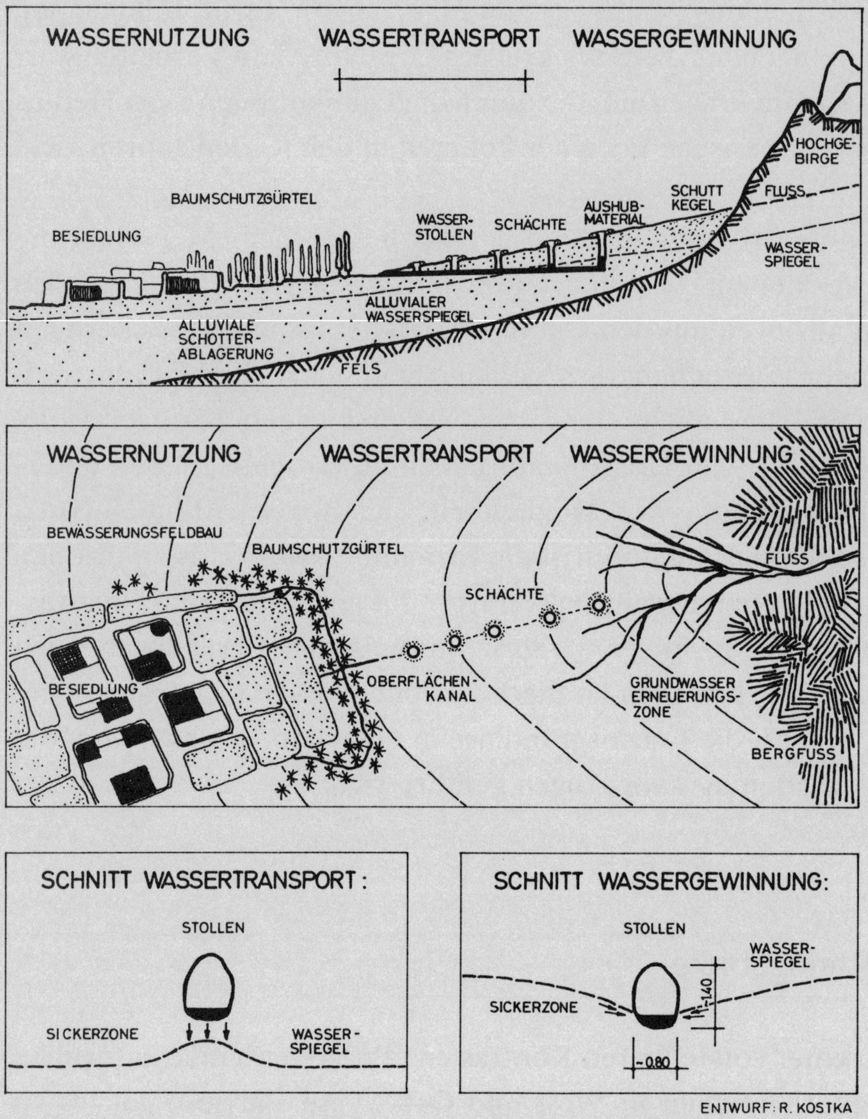

Das System der Kareze
Die graphische Darstellung zeigt die Versorgung einer Oase mit Nutzwasser von der Wassergewinnung über Transport bis zur Nutzung.

am Rande der Wüste und unterhalb von Bergpässen lebenden Menschen wußten diese Lage auszunützen. Bewässerungs- und Terrassenfeldbau, besondere Methoden der Nutzwassergewinnung, Schutz vor Kälte und Hitze durch spezielle Bauformen wie fensterlose Steinbauten oder Höhlenwohnungen und Gebäude mit überschütteten Tonnengewölben oder nomadisierende Lebensweise. Aber auch den Kontakt zu den nach Ost und West ziehenden Handelskarawanen nützte man aus. Straßen wurden den damaligen Bedürfnissen entsprechend errichtet. Noch heute kann man in Teilen des Wachan, Ostafghanistan oder in den Staubböden der Oasenbereiche Ostturkestans Überreste dieser Verkehrsbauten finden. Karawansereien boten den Reisenden Schutz und das nötige Angebot an Wasser und Nahrung. Es entstanden Städte, die Zentren des Handels wurden und in Verbindung mit den lokalen Erzeugnissen zu Wohlstand gelangten.

Aber noch eines können unwirtliche Randgebiete dem Menschen bieten. Rückzugsgebiete, um vor Feinden jegliche Art Schutz zu finden oder sich in Ruhe und Beschaulichkeit meditativen Ideen und Tätigkeiten hinzugeben. Höhlensiedlungen am Rande der Wüste, Burgen in schwer zugänglichen schluchtartigen Tälern. Ein idealer Umraum der Ruhe und Leere für kulturelle und kreative Betätigung. Zeugen hiefür findet man entlang der ganzen Seidenstraße, riesige in Fels gehauene Buddhafiguren wie z. B. in Bamiyan (Afghanistan), faszinierende Höhlenmalereien wie etwa in Bäzäklik in der Turfan-Oase oder in Tunhuang. Obwohl auch an diesen Kulturdenkmälern ein Verfall bemerkbar ist, sind diese bei weitem nicht so gefährdet, wie etwa die aus Lehm erbauten Tempelanlagen im Tarim-Becken oder die westlichsten Teile der großen Mauer, die zur Zeit der Han-Dynastie bis Yumen in den Kansu-Korridor hineinreichte. Auch für sie verwendete man Lehm als Baumaterial, so daß witterungsbedingt bis heute nur mehr einige wenige Türme in desolatem Zustand erhalten blieben. Die Erosion, in erster Linie durch den Wind hervorgerufen, hat ihre Wirkung unter Beweis gestellt.

Das Interesse des modernen Menschen an unwirtlichen Randgebieten scheint zur Zeit weniger darin zu liegen, Rückzugsgebiete zur Verinnerlichung, Meditation und künstlerischen Betätigung zu finden, vielmehr erhofft man sich auch in Zentralasien unter Zuhilfenahme der technischen Möglichkeiten, gewinnbringende Wirtschaftsformen entwickeln zu können.

Die Seidenstraße im Licht neuer Entdeckungen

Viele Fragen, die die Gebirgsregionen und Wüstengebiete entlang der Seidenstraße betreffen, sind im Laufe der Zeit aufgeworfen und entsprechend dem jeweiligen Stand des Wissens beantwortet worden. Durch Jahrzehnte beschäftigte das „Rätsel des Lop-Nor“ eine Reihe von Naturwissenschaften. In den Jahren 1980–81 wurde unter der Leitung der Sinkianger Zweigstelle eine Expedition der Chinesischen Akademie der Wissenschaften in das Lop-Nor-Gebiet entsandt. Dreimal bereisten Forscher das Gebiet und durchquerten das ausgetrocknete Seebecken. Denn als in den sechziger Jahren dieses Jahrhunderts mit umfangreichen Regulierungsarbeiten am Mittel- und Oberlauf des Tarim begonnen wurde und man den Fluß in ein Reservoir münden ließ, trocknete der Lop-Nor ganz aus und ist heute nur noch ein von welligen Salzkrusten bedecktes Becken.[9]

Das Ergebnis der chinesischen Expedition war ein vielfältiges. Man stellte u. a. fest, daß sich mit kurzen Unterbrechungen die Wassermassen des Tarim seit eh und je in den Lop-Nor ergossen. Die Datierung durch die C-14-Methode und Pollenanalysen lieferte den Beweis, daß der See in den 20.000 Jahren vor den sechziger Jahren dieses Jahrhunderts stets Wasser führte. Sven Hedins Behauptung vom Wanderzyklus des Lop-Nor widerspricht also dieser Tatsache.

Auch die Theorie, daß das Klima in Zentralasien zusehends trockener wird, konnte im Rahmen dieser Expedition widerlegt werden, wie bereits kurz angedeutet wurde. Es wurde ermittelt, daß das trockene Klima im Tarim-Becken, das sich Ende der Trias herausbildete, in der Periode der menschlichen Geschichte nur geringen Schwankungen unterworfen war und ein Trend zu größerer Trockenheit nicht erkennbar ist. Die hier gefundenen, wohlerhaltenen, etwa 3800 Jahre alten vertrockneten Leichname und die Kontinuität uralter und moderner Pflanzenarten werden als schlagende Beweise hiefür angegeben.

Über den Aufschwung und Niedergang der Zentren am Lop-Nor gibt es verschiedene, widersprechende Auffassungen. Nach dem 3. und 4. Jahrhundert verlagerte sich jedenfalls der Verkehr auf die Nordroute der Seidenstraße, die über Turfan führt, so daß die politische und wirtschaftliche Bedeutung der Lop-Nor-Städte verlorenging. Fa'hsien passierte im 4. Jahrhundert noch dieses Gebiet und hinterließ in seinen „Aufzeichnungen der Buddhistischen Königreiche" eine Beschreibung dieser Gegend: „In den Wüstenbecken gibt es viele böse Teufel und heiße Winde. Alle, denen sie begegnen, werden ausnahmslos sterben. Am Himmel sind keine Vögel und auf der Erde keine Tiere zu sehen. So weit das Auge reicht, ist kein Hauch von Leben. Das einzige Wegzeichen sind Knochen der Verstorbenen."

Heute ist das Gebiet durch die fortgesetzte Winderosion und die ständig wachsende Salzwüste keineswegs wirtlicher als vor 1600 Jahren und durch anthropogene Einflüsse sind zusätzliche Veränderungen eingetreten und zu erwarten. Die noch aufzufindenden Überreste als Zeugen einst blühender Handelswege zwischen Ost und West werden immer seltener werden. Das Studium dieser Relikte auch in Verbindung mit den naturräumlichen Gegebenheiten und Veränderungen ist somit von vordringlichem Interesse, um Aufschluß über eine wichtige Phase in der Entwicklung von Handel, Kultur, Geistesströmungen und Machtbereichen zu erlangen.

ANMERKUNGEN

1 In populärer Form berichtet Sven Hedin über die Funde am Lop-Nor. HEDIN, S.: Abenteuer in Tibet.
2 Handelsverbindungen von Europa nach Cathay. UNESCO-Kurier 5/1984.
3 Den innerasiatischen Trockengebieten ist in WALTER, H.: Die Vegetation der Erde in öko-physiologischer Betrachtung, II Die gemäßigten und arktischen Zonen. Stuttgart 1968; ein umfangreiches Kapitel gewidmet. Ebenso können Informationen hierüber in QI WEN: China, a General Survey. Peking 1981; entnommen werden.
4 Siehe wiederum WALTER 1968.
5 KEMPF, E.: Quartärgeologische Forschungen in Seistan. In: RATHJENS, C. (Hg.): Neue Forschungen in Afghanistan. Opladen 1981. Andererseits liegt ein Expeditionsbericht vor – HU WENKANG: Das Rätsel des Lop Nor gelöst. China im Bild 1/1984.
6 HU WENKANG: Das Einzugsgebiet des Tarim-Flusses. China im Bild 6/1984.
7 CURZON, G. N.: The Pamirs and the Source of the Oxus. Liechtenstein 1978.
8 MASSON, V. M.: Das Land der tausend Städte. Die Wiederentdeckung der ältesten Kulturgebiete in Mittelasien. München 1982.
9 Der Lop-Nor war Chinas zweitgrößter Salzsee und ist erst in den letzten 20 Jahren völlig ausgetrocknet, so daß das Seebecken mit welligen kristallinen Salzkrusten bedeckt ist. HU WENKANG: China im Bild 1/1984.

Zum Land des fliegenden Sandes

Entdeckungs- und Forschungsreisen in Ostturkestan

1100 v. Chr. – 220 n. Chr.

Wenn wir uns in der Folge mit der Geschichte der Entdeckung und Erforschung eines Teiles der heutigen Autonomen Region Xinjiang-Uygur beschäftigen, eines Gebietes, das man früher mit Ostturkestan, Sinkiang oder Serindien zu bezeichnen pflegte, so meinen wir damit lediglich das Tarim-Becken, das im Norden vom Tien-Schan, im Süden vom Kun-Lun und im Westen von den Pamiren umschlossen wird. Eigentlich sind es nur jene Oasenstädte zwischen den Gebirgen und der Wüste Takla Makan und deren Verbindungswege, die wir dem Thema des Buches zufolge hier behandeln wollen.

Damit ausgeklammert sind die Erforschung und Erschließung der Gebirge und der anderen Gebiete der Autonomen Region Xinjiang-Uygur.

Schon seit urdenklichen Zeiten zählt dieses unwirtliche Wüstengebiet zu den aufregendsten Landstrichen unserer Erde. Eroberungslust und Machtanspruch, Handelsgeist und Missionstätigkeit, Abenteuerlust und Forscherdrang sind seit Jahrtausenden die Triebfedern, die die Menschen dazu bewegen, Strapazen und Entbehrungen auf sich zu nehmen, um etwas zu erreichen, was anderen vor ihnen nicht gelungen war.

Schon vor nahezu dreitausend Jahren versuchten chinesische Herrscher ihre Macht auch nach dem Westen auszudehnen, wie beispielsweise Kaiser Mu-Wang aus der Zhou-Dynastie (ca. 1122–256 v. Chr.), der bereits zwei kleinere Unternehmungen hinter sich hatte, als er 965 v. Chr. mit einer großen Armee gegen die Kwan-Djung zog. Wir wissen darüber aus den Annalen der Bambusbücher, in denen es heißt:

„In dem 17ten Jahr seiner Regierung unternahm er eine Expedition zur Züchtigung nach dem Gebirge Kiun-lun . . . der König reiste auf seinen Expeditionen nach dem Norden 1000 li über das Land des fliegenden Sandes, und 1000 li über das der ‚aufgehäuften Federn‘ . . . westwärts verfolgte er seine Expedition bis dort wo die grünen Vögel ihre Federn abwerfen. Auf diesen Reisen legte er 190.000 li zurück.“[1]

Kein Wunder, daß sich an diesen Texten die Phantasie späterer Interpreten entzündete und man annahm, Mu-Wang habe sogar Persien erreicht. Wahrscheinlicher ist, daß er nur bis zum Kuku-Nor, einem 5000 km² großen Salzsee im Nordwesten Chinas in den Südketten des Nan-Schan in 3200 m gelegen, gelangte. Doch es wäre auch denkbar, daß der reiselustige Mu-Wang bis in das Tarim-Becken vorgestoßen ist. Wo das Land der ‚aufgehäuften Federn‘ zu suchen ist, wird sich kaum je exakt feststellen lassen und das ‚Land des fliegenden Sandes' trifft auf sehr viele Gebiete Nordwestchinas zu.

Schon sehr früh begann man sich auch in der westlichen Welt mit den Berg- und Wüstengebieten Zentralasiens zu beschäftigen, wenn auch nur sehr vage und mythische Berichte überliefert sind, wie etwa die von Herodot (um 430 v. Chr.) von dem im Tien-Schan lebenden Volk mit den Bockfüßen. Von ihm erfahren wir auch über die Gegend der Turfan-Oase und über die westlichen Teile des heute Kansu-Korridor genannten Gebietes, wo die Issedonen oder Serer wohnten. Das von den Chinesen Yüeh-chih oder Wu-sun genannte Volk war damals der Vermittler der Handelsgüter zwischen den Griechen und Iraniern auf der einen und den Chinesen auf der anderen Seite.

Eine besondere Rolle in unserem Wissen über die alten Handelsverbindungen spielen die umfangreichen Geschichtswerke der Chinesen. So enthalten die Annalen der frühen und der späten Han-Dynastie (206 v. Chr. bis 24. n. Chr., bzw. 25–220 n. Chr.) das geographische Material in Form von statistischen Angaben über den Verlauf der Straßen und der an ihnen liegenden Siedlungen. Den Abschluß dieser Annalen bilden die Beschreibungen der fremden Länder und Völker mit dem Titel: „Nachrichten über die Westländer" *(Si-yü-tshuan),* womit in der Han-Zeit Sinkiang gemeint war. Die Oasenstadt Turfan erscheint darin mit „Kiau-ho", was soviel wie „Flußvereinigung" heißt. Unschwer wird man erkennen können, daß sich darin der heutige Name „Jiaohe" für die Ruinenstadt bei Turfan verbirgt.

Weit weniger exakt war dagegen das damalige Wissen der Griechen und Römer über das Tarim-Becken. Noch Strabo (68 v. Chr.–24 n. Chr.) und Pomponius Mela (um 40 n. Chr.) teilen die Ansicht des Eratosthenes (276–196 v. Chr.), daß der asiatische Kontinent im Osten mit Indien, Baktrien und Skythien ende und sich dahinter der die Erde umschließende Okeanos ausdehne. Das westliche Wissen verbesserte sich erst mit dem zur größten Blüte gelangten Seidenhandel (100 n. Chr.). Als erster vermochte der große Geograph Marinus von Tyrus in seinem aus mehreren Karten bestehenden Werk „Berichtigung der geographischen Tafel" ein Itinerar vorzulegen, das den Weg zu den Serern beschrieb. Marinus hatte sein Wissen von den Agenten des Kaufmanns Maës bezogen. Das Werk des Marinus ist jedoch lediglich durch den großen Astronomen und Geographen Claudius Ptolemäus (um 150 n. Chr.) auf uns gekommen. Es ist damit die erste brauchbare Quelle über die „Seidenstraßen" aus westlicher Sicht.

Wie exakt das Wissen der Chinesen über die „Westländer" schon am Ende des 2. Jahrhunderts v. Chr. war, beweist der Bericht des chinesischen Gesandten Chang K'ién. Er steht am Anfang einer langen Kette von Reisenden, die geographische und historische Angaben auch über Sinkiang hinterlassen haben. 126 v. Chr. berichtet er von der Existenz der Völker im Westen Chinas und vor allem über den Weg vom chinesischen Kernland durch das Tarim-Becken und weiter über die Pamirpässe. In den folgenden Ausführungen stützen wir uns auf die von Friedrich Hirth vorgelegte Studie.[2] Hirth gibt dort die Übersetzung des 123. Kapitels von

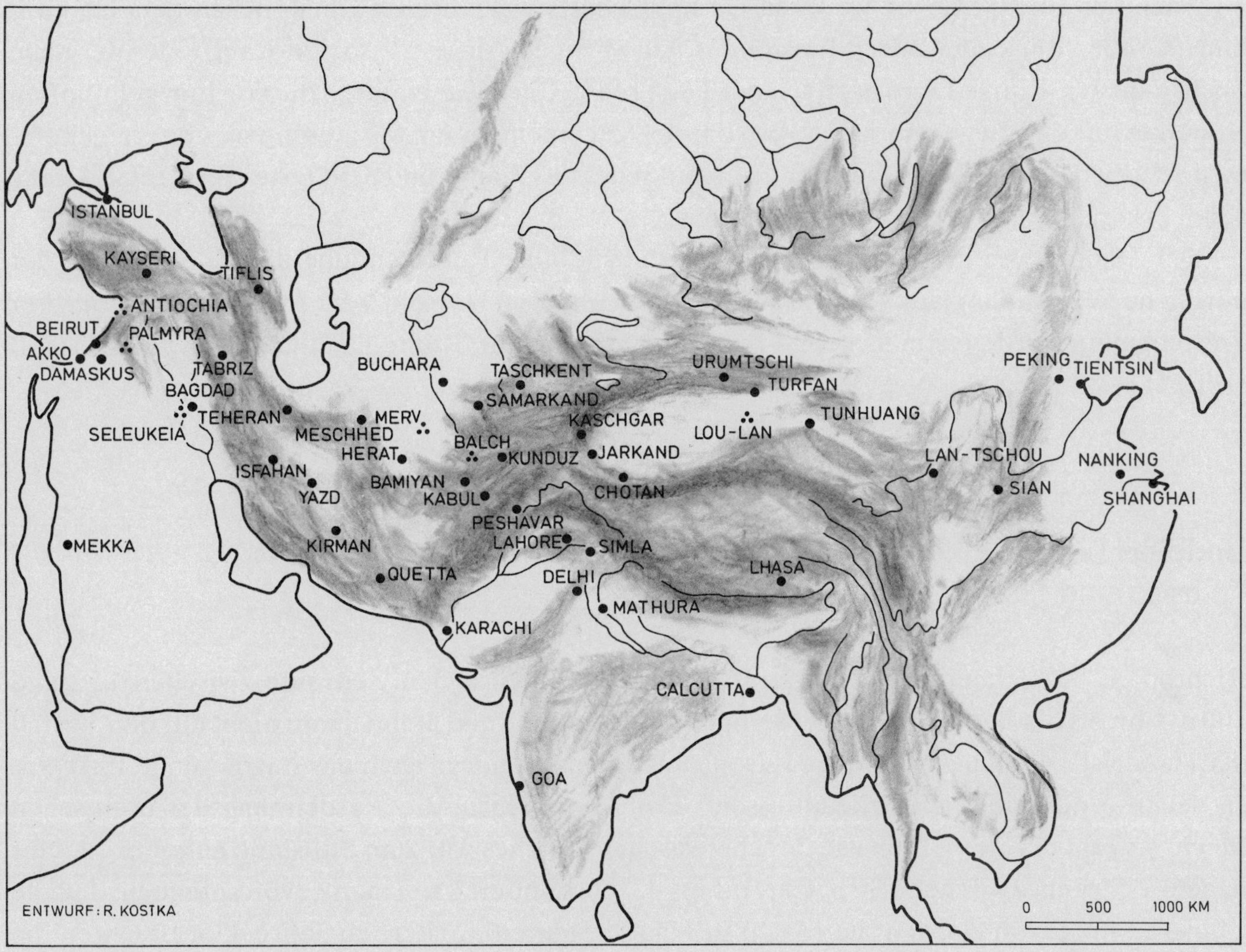

Die wichtigsten Städte und archäologischen Fundstätten entlang der Seidenstraßen.

Ssi-ma Ts'iéns *Shi-ki* wieder. Ssi-ma Ts'ién, den man mit dem Epitheton „Herodot Chinas"[3] belegt hatte, dürfte sein Werk etwa um 100 n. Chr. abgeschlossen haben.

Chang K'ién hatte es übernommen, eine Gesandtschaft zu den Yüeh-chih zu führen, war aber, als er das Gebiet der Hiung-nu (Hunnen) durchzog von diesen gefangengenommen worden. Nach zehn Jahren gelang ihm die Flucht nach dem Westen in das Land Ta-yüan (Ferghana), wo man Verständnis für seine Mission zeigte und ihn zu den Yüeh-chih geleitete. Auf dieser Reise lernte Chang K'ién auch Soghdien und Baktrien kennen. Für uns ist jedoch von besonderem Interesse, was er über Yü-tién (Chotan) berichtet:

„Alle Flüsse westlich von Yü-tién fließen in das Westliche Meer, alle östlich abfließenden Gewässer münden in den Salzsee (Lop-Nor). In diesem Gebiet gibt es viel Jade und die Mauern der Städte Lou-Lan und Ku-shi erheben sich in der Nähe des Salzsees."

Nach der Rückkehr von weiteren Gesandtschaftsreisen erhielt Chang K'ién den Titel Ta-hing (Großer Reisender oder Minister des Auswärtigen Amtes), also den Rang eines der neun Staatsminister. Einige Jahre nach seinem Tod (114 v. Chr.) war es durch die von ihm geknüpften Kontakte mit den Bewohnern der „Westländer" zu einem regen Austausch von Gütern gekommen. Wu-ti, der damalige Herrscher Chinas, nützte die Chance und belieferte nun die von Chang K'ién erkundeten Absatzmärkte im Westen.

Der Handelsweg der ersten Stunde war die südliche Route entlang des Kun-Lun, da der nördliche Weg entlang des Tien-Schan von den Hiung-nu bedroht war. Erst zu Beginn unserer Zeitrechnung wurde erstmals vom Yü-Tor ausgehend eine Route nach Gaochang (Chotscho) eröffnet.

Buddhas Lehren auf dem Weg nach China
Fa'hsien und Hsüan-Tsang

Richthofen bezeichnet in seinem großartigen China-Werk den Zeitraum zwischen 150 und 600 n. Chr. als die Periode der gegenseitigen Entfremdung und meint damit nicht nur den Verfall der Handelsbeziehungen zwischen Europa und China, sondern auch das stagnierende Interesse an neuen geographischen Erkenntnissen.[4] Der Motor dazu, die Ausdehnung der politischen Macht sowohl des römischen wie des chinesischen Reiches war zum Stillstand gekommen. Nur in dem Zeitraum zwischen 130 n. Chr. bis ins 4. Jahrhundert kann man davon sprechen, daß die Chinesen im Tarim-Becken die Macht in Händen hatten. Später, im Jahre 435, brachten die T'opa-Tataren das Gebiet unter ihre Kontrolle und wenige Jahre danach beherrschte Fu Chien aus dem ehemaligen Staat Ch'in die Oasen Ostturkestans. Turfan geriet unter die Herrschaft der Nördlichen Liang, und 448 fiel auch Kutscha den T'opa-Tataren anheim.

In den Beziehungen zu Indien war hingegen kein Einbruch zu verzeichnen, denn das treibende Element war hier seitens der Chinesen der Buddhismus und dessen Erforschung in seinem Ursprungsland.

Der erste dieser Reisenden, von dem ein ausführlicher Bericht auf uns gekommen ist, ist Fa'hsien. Erst vor ca. 150 Jahren wurde uns dieser Text durch die Ausgabe von Klaproth und Landresse zugänglich.[5]

Fa'hsien reiste 339 mit einigen Begleitern über Tunhuang und folgte dann der nördlichen Route der Seidenstraße, die ihn in das Reich der Uighuren brachte. Einige Mitglieder der Reisegesellschaft besuchten Gaochang (Chotscho). Die Weiterreise nach Yü-tién (Chotan) bewältigte man in einem Monat und fünf Tagen. Dort fanden sie den Buddhismus in voller Blüte, bestaunten die strenge klösterliche Ordnung und nahmen auch an einem Fest teil, das Fa'hsien ausführlich beschreibt. Nach einem dreimonatigen Aufenthalt in Chotan ziehen die Chinesen weiter entlang dem Kun-Lun und überschreiten auf ihrem Weg nach Süden den Yengidawan-Paß. Nach einem Marsch von ca. einem Monat über schneebedeckte Pässe erreicht die Gruppe den Indus, folgt dem Lauf des Ganges und schifft sich schließlich nach Ceylon ein. Im Jahre 414 kehrt Fa'hsien auf dem Seeweg in seine Heimat zurück. Sein Reisebericht machte auf seine chinesischen Zeitgenossen keinen nachhaltigen Eindruck. Ursache dafür wird wohl auch die Buddhistenverfolgung gewesen sein, die nach seiner Rückkehr gerade in vollem Gange war. In der Folge wurde jedoch der seit dem Ende der Han-Dynastie (220 n. Chr.) unterbrochene diplomatische Verkehr zwischen China und Indien wieder aufgenommen.

Etwa hundert Jahre nach der Rückkehr von Fa'hsien erhielten die Mönche Sung-yun und Hwei-seng von ihrem Kaiser den Auftrag buddhistische Bücher in Indien zu beschaffen und nach China zu bringen. Auch sie nahmen den Weg über die Pamirpässe und kehrten mit 172 Schriften zurück in ihre Heimat. Der bedeutendste dieser buddhistischen Mönche sollte jedoch erst mehr als ein Jahrhundert später zu seinem großen Abenteuer aufbrechen.

Im 7. Jahrhundert fiel das Tarim-Becken unter die Oberhoheit der nach dem Westen expandierenden Tang-Dynastie. Kutscha und seine buddhistischen Heiligtümer wurden 647 von den Chinesen zerstört, und 668 war mit der Eroberung von Karaschahr die Unabhängigkeit der indo-europäischen Königreiche zu Ende.

Für kurze Zeit konnten sich die Tibeter des Gebietes bemächtigen, wurden aber bald wieder verdrängt (690 n. Chr). Hsüan-Tsang, geb. 602 in Ho-nan, gest. 664, war eine Persönlichkeit, der wir einen Reisebericht von bisher nicht gekannter Exaktheit verdanken. Zwischen 630 und 645, also zur Zeit der Tang-Dynastie, bereiste er weite Teile Zentralasiens und Indiens. Sein Bericht inspirierte viele spätere Reisende, auch solche aus dem Westen, wie z. B. den berühmten britischen Archäologen Sir Aurel Stein, der ihn sogar als einen „Schutzpatron" bezeichnete.[6] Hsüan-Tsang war ein buddhistischer Mönch, dem es darum ging, möglichst viele heilige Schriften seiner Religion aus Indien nach China zu bringen und zu übersetzen. Wir wissen in zweifacher Hinsicht über Hsüan-Tsang Bescheid, einmal durch seinen eigenen Bericht und andererseits durch die Biographie von Shaman Hui Li.[7] Während der Reisebericht nüchtern und unpersönlich gehalten ist, ist die Biographie von großer Lebendigkeit und gibt Einblick in die Lebensumstände der Zeit: In einem Traum erblickt Hsüan-Tsang den göttlichen Berg Sumeru inmitten des Großen Meeres. Zunächst gelingt es ihm nicht diesen Berg zu bezwingen, erst ein starker Wirbelwind hebt ihn bis zum Gipfel empor, von wo er den endlos sich dehnenden Horizont erblickt. Aus dem Traum erwacht, beschließt er, zu einer großen Reise aufzubrechen. Allein macht er sich auf den Weg nach Westen, zieht durch die Gobi, den Spuren der Karawanen folgend. Skelette sind seine Wegweiser, Dämonen und die Geister der Wüste erschrecken ihn, er verdurstet beinahe, aber schließlich erreicht er doch die Oase Hami. Dort trifft er auf Gesandte aus Turfan und, obwohl er nicht vorgehabt hatte, diese Oasenstadt zu besuchen, folgt er der Einladung des dort herrschenden Königs und gelangt nach sechs Tagen in die Stadt, wo er ehrenvoll empfangen wird. Als ihn der König mit Gewalt an der Weiterreise hindern will, tritt Hsüan-Tsang in den Hungerstreik und überzeugt damit den König. Reich mit Seide, Gold und Silber beschenkt, zieht er weiter nach Karaschahr und Kutscha, dessen Bewohner er wegen ihrer Lauten- und Flötenspieler rühmt. Nachdem er das Tien-Schan-Gebirge überwunden hat gelangt er zum „blauschwarzen" Salzsee Issik-Köl.

Als er das Lager des Khans der Westtürken erreicht, übergibt Hsüan-Tsang Geschenke, die er selbst vom König von Turfan erhalten hat. Wie schon der König, so versucht auch der Khan ihn von der Weiterreise in das heiße Indien abzubringen, doch der Mönch läßt sich nicht beirren und zieht weiter nach Samarkand und Kunduz (Nordafghanistan), wo Tardu, der Schwager des Königs von Turfan, herrscht. Eine neue Barriere macht die Reise wieder zum großen Abenteuer: der Hindukusch. Dort hausen furchterregende Dämonen und lauern böse Räuber. Glücklich dem Ewigen Eis entronnen zu sein, gelangt Hsüan-Tsang nach Bamiyan, wo er ähnlich wie in Balch (Nordafghanistan) eine große buddhistische Gemeinde vorfindet. Die aus dem Stein gehauene Kolossalstatue Buddhas mit der exakten Höhe von 53,5 m[8] erstrahlte damals noch in Gold und hinterließ bestimmt einen ebenso gewaltigen Eindruck auf den Chinesen wie die tausend Mönche, die in den umgebenden Höhlen lebten. Über Peshawar (Pakistan) und Swat erreichte er Kaschmir und schließlich Indien.

Den Rückweg in seine Heimat nimmt Hsüan-Tsang wieder über den Pamir, wobei er dem Oberlauf des Amu Darya (Oxus) folgt und zum „Großen Drachensee", dem Lake Victoria der Engländer (heute Zor Kol) kommt. Dort beobachtet er Vögel von ungewöhnlicher Größe, deren Eier so riesig wie die des T'iao-chio, des Vogel Strauß sind. Daß es diesen Riesenvogel im Pamirgebiet gegeben hat, ist nicht so unwahrscheinlich, konnten doch dort als Strauße maskierte Menschen auf Felsbildern entdeckt werden.[9]

Über Kaschgar, die Jadestadt Chotan und Tunhuang gelangte Hsüan-Tsang schließlich nach Ch'ang-an, die damalige Hauptstadt des chinesischen Reiches. Beladen mit Reliquien, mit Buddhastatuen und mit 657(!) ausgewählten Büchern, die von 20 Pferden getragen worden waren, kehrt er heim. Fast 1300 Jahre später sollte ein ähnlicher Transport auf hundert Kamelen den umgekehrten Weg nach dem Westen und Süden finden. Doch dazu kommen wir später.

Die islamische Expansion

Ziehen wir die arabische Geschichtsschreibung heran, so erfahren wir von einer Expedition, die unter dem Kalifen Walīd I. (705–715) ausgeschickt und von Kutaiba geführt worden war. Er eroberte die Länder am Oxus und drang sogar bis Kaschgar vor. Sieht man ab von der von Kalif al-Wathik um 845 ausgeschickten Gesandtschaft unter der Führung von Sallam, deren Ziel es war, die Große Mauer zu erforschen und einen Bericht darüber zu verfassen, so tat sich bis zum Antritt der Mongolenherrschaft im 13. Jahrhundert nicht allzuviel. Über Sallam wissen wir, daß er mit 50 Begleitern über Samarkand der Nordroute folgte und dabei Aksu, Kutscha und Hami berührte. Nachdem die Gesandtschaft gut aufgenommen worden war, kehrte sie nach zweieinhalb Jahren auf derselben Reiseroute wieder zurück.[10]

Auch durch die Missionstätigkeit der nestorianischen Christen wurde in dem folgenden Zeitraum ab der Mitte des 7. Jahrhunderts das Wissen um die Westgebiete Chinas nicht vermehrt. Wenn auch um die Mitte des 8. Jahrhunderts die Chinesen ihre Macht in den „Westländern" eingebüßt hatten, so bestand der Landhandel dennoch fort. Auch die geographische Erforschung der dem Islam zugeführten Länder wurde fortgesetzt, systematische Aufzeichnungen scheint es jedoch erst seit Harun ar-Rashid und dessen Sohn al-Ma'mun gegeben zu haben.

Einen Bericht über den Landverkehr mit China besitzen wir von Ibn Khordadbeh (um 820–911), der am Hof des Kalifen al-Mu'tamid (870–892) lebte. Ibn Khordadbeh hat ein Routenbuch Kitāb al-Masālik wa'l-mamālik (das Buch der Reiserouten und der Königreiche) hinterlassen, in dem er Steuererträge und Entfernungen zwischen den bereisten Örtlichkeiten aufzeichnete. Von besonderem Interesse ist sein Bericht über die jüdischen Kaufleute, deren Aktivitäten sich bis in das östliche Tarim-Becken erstreckten. Ein halbes Jahrhundert später schrieb Abu Said einen Bericht, der uns darüber informiert, daß die Reise zwischen Soghdien und China zwei Wochen in Anspruch nähme und durch menschenleere Wüsten führe.

Eines der wichtigsten Werke aus dieser Zeit ist jedoch das des Masudi. Er erzählt uns, daß er viele Leute getroffen habe, die von Khorasan über Soghdien nach China gezogen seien. Man habe den Weg durch das Gebirge genommen, in dem das Ammoniaksalz gewonnen wird und wo Flammen aus der Erde lodern. Richthofen meint, daß diese Fundstelle des Ammoniaksalzes mit einer nördlich von Kutscha gelegenen Örtlichkeit identisch sei.[11]

Obwohl die arabische Welt in den folgenden Jahrhunderten zahlreiche großartige Geographen hervorgebracht hat, wie etwa Mukaddasi (der um 985 schrieb) oder al-Biruni (973–1050), einen der größten Gelehrten des islamischen Mittelalters, oder Idrisi (1100–1166), so besitzen wir doch keine wirklich exakten und brauchbaren Angaben über das Tarimgebiet. Auffallend ist jedoch, daß die Ortsnamen bei al-Biruni richtig wiedergegeben werden, hingegen bei dem einige Generationen nach ihm schreibenden Idrisi nicht eindeutig identifizierbar sind. Bei al-Biruni finden sich die Namen Kaschgar, Jarkand, Chotan und Uighur, „so als ob sie heutigen Tages niedergeschrieben wären."[12]

Die chinesische Macht hatte sich im 8. Jahrhundert bis zum Kaspischen Meer ausgebreitet und damit einen ausgedehnten Warenverkehr zwischen Ost und West ermöglicht. Durch das Vordringen der Araber mußten sich die Chinesen jedoch aus dem Tarim-Becken zurückziehen, worauf türkische Völker diesen Raum einnahmen. Islam und nestorianisches Christentum drangen zwar tief nach China vor, doch Europa selbst blieb bis zur Herausbildung der Mongolenherrschaft im 13. Jahrhundert von China getrennt.

Der Mongolensturm unter Dschingis Khan und seinen Nachfolgern brachte ganz Zentralasien unter eine Herrschaft. Neben den furchtbaren Zerstörungen und den schrecklichen Massakern auch unter der Zivilbevölkerung, die diese gewaltige Expansion mit sich brachte, ergab sich jedoch mit der folgenden „Pax Mongolica" fortan die Möglichkeit, das Gebiet relativ gefahrlos zu bereisen. Von beiden Seiten machen sich nun im frühen 13. Jahrhundert Reisende auf den Weg. Seitens der Chinesen hören wir 1219 von Ye-lü-ch'u-ts'ai, einem Minister Dschingis Khans, und ein Jahr später von einem Gesandten des Herrschers über Nordchina, der nach Persien zog, um dort Dschingis Khan zu treffen. Die interessanteste Persönlichkeit dieser Zeit dürfte jedoch der taoistische Mönch K'iu-ch'ang-ch'un gewesen sein, der über Urumtschi dem Weg südlich des Tien-Schan folgte. Da er seine Route nicht durch das Tarim-Becken, sondern nördlich davon nahm, verweisen wir hier lediglich auf den ausführlichen Bericht von Jeannette Mirsky.[13]

Marco Polo

Der bis dahin alle überragende Reisende war ein Venezianer: Marco Polo. Es besteht kein Zweifel, daß er einer der größten Entdeckungsreisenden aller Zeiten ist oder, wie ihn Alexander von Humboldt trefflich nannte: „der größte Landreisende aller Jahrhunderte". Drei Jahre nach seiner Rückkehr aus China, im Jahre 1299, diktierte Marco Polo seine Erlebnisse im Gefängnis von Genua seinem Mitgefangenen Rustichello de Pisa (auch Rusticiano genannt). Dieser erste Text wurde in französischer Sprache verfaßt, ging jedoch verloren. Somit beruhen alle späteren Ausgaben auf Übersetzungen. Schon früh wurde der Bericht in viele europäische Sprachen übersetzt, so haben wir z. B. aus dem 14. Jahrhundert zwei toskanische Übertragungen, deren ältere ins Lateinische und von da ins Deutsche übersetzt wurde. Diese deutsche Übertragung ist in einer Handschrift des Benediktinerklosters Admont (Steiermark) auf uns gekommen. Mit der Behandlung des Marco-Polo-Themas im europäischen Fernsehen sind in letzter Zeit etliche Neuausgaben erschienen, so eine deutsche Übertragung aus der toskanischen Ottimo-Fassung von 1309[14] sowie eine vorzügliche Biographie von Alvise Zorzi.[15] In dieser durch ihre Fülle von Fakten und die Vielfalt ihrer Aspekte faszinierenden Lebensbeschreibung wird nicht so sehr die Persönlichkeit des Venezianers beleuchtet und durchleuchtet, sondern es sind die herrschenden politischen Kräfte, die Exponenten der geistlichen und weltlichen Macht, die der Autor in den Vordergrund stellt.

In Akko und Lajazzo (Ayas) am Golf von Alexandrette, wo es überall von Kaufleuten aus Venedig, Genua und aus allen anderen Ländern wimmelte, betraten die Polos (Vater Nicolo, Onkel Maffeo und Marco) 1271 die große Karawanenstraße, die über Persien nach China führte. Die Route verlief durch Anatolien, nach Caesarea, dem heutigen Kayseri, und nach Sivas. Über Tabriz, Yazd und Kirman gelangten die Polos nach Hormuz am Persischen Golf, wo sie sich nach China einschiffen wollten. Diesen Plan gaben sie jedoch auf und zogen weiter über Land nach Khorasan, das Marco Polo „das Land des trockenen Baumes" nennt, und in das Gebiet des heutigen Afghanistan. Sie gelangten dabei in das einst glanzvolle Balch, das ein halbes Jahrhundert zuvor von Dschingis Khan in Schutt und Asche gelegt worden war, und erreichten schließlich jenes Gebiet, wo der Hohe Hindukusch und die Pamire aufeinandertreffen. Wohltuend ist Zorzis treffende Beschreibung der Landschaft am Oberlauf des Amu Darya (Oxus), die, im äußersten Nordosten Afghanistans gelegen, schon immer zu den unzugänglichsten Teilen unserer Erde gezählt hat. Nur wenigen Europäern war es bisher vergönnt, jene eindrucksvolle Bergregion persönlich kennenzulernen.

Nachdem der Große und der Kleine Pamir überquert waren, gelangten die Polos über Taschkurghan nach Kaschgar, das von Marco Polo wegen seiner Gärten und Weinberge gerühmt wird. Die weitere Route der drei Venezianer führt über Jarkand, Chotan, Tschertschen und schließlich an den Lop-Nor.[16] Die Wüste Takla Makan dürfte einen ähnlichen Eindruck auf unseren Venezianer gemacht haben wie einst auf Hsüan-Tsang, denn auch er spricht von Dämonen, die dort hausen:

„Sämtliche Wasserstellen sind jeweils einen Tag und eine Nacht auseinander gelegen. An drei oder vier Stellen ist das Wasser salzig und bitter, an allen anderen aber gut. Davon gibt es ungefähr achtundzwanzig. In der Wüste gibt es kein tierisches Leben, weil es nichts zu fressen gibt. Und doch muß ich euch sagen, daß sich hier so manches Wunderbare begibt. Wenn man nämlich nachts durch die Wüste reitet und einer zurückbleibt, um zu schlafen oder zu einem anderen Zweck, hört er, wenn er die Gefährten wieder einholen will, Stimmen in der Luft, die denen seiner Begleiter ähneln. Er wird mit seinem Namen gerufen und manchmal so vom Wege abgebracht, daß er sich nicht mehr zurechtfindet. So sind bereits viele Reisende umgekommen. Oft hört man auch Musikinstrumente, insbesondere Trommeln. Unter solchen Gefahren durchquert man die Wüste."[17]

Über Tunhuang, (Su-tschou) und Lan-tschou gelangten die Polos schließlich im Mai 1275 nach Schangtu, der Sommerresidenz Kublai Khans, Herrscher über Mongolen und Chinesen. Marco wurde von dem Groß-Khan gut aufgenommen und in den folgenden Jahren mit Verwaltungsaufgaben betraut. Weite Reisen führten ihn nach Jünnan und Fukien. Nach einem Aufenthalt von fast 20 Jahren kehrten die Polos auf dem Seeweg zurück nach Europa, da ihnen der Landweg wegen der andauernden Kriege zwischen Kublai und Khaidu zu unsicher erschien.

Gerade zu der Zeit, als die Polos in ihrer Heimat eintrafen, erreichte der Kampf zwischen

Venedig und Genua seinen Höhepunkt. Man hatte Marco eines der Kriegsschiffe anvertraut, jedoch verloren die Venezianer die Seeschlacht gegen die genuesische Flotte und Marco geriet in Gefangenschaft, wo er seinen Reisebericht diktierte.

Auch nach Marco Polo scheint der Landweg zwischen Europa und China offen gewesen zu sein, wie sonst ließe sich Francesco Balducci Pegolottis Handbuch für den reisenden Kaufmann erklären, das in zwei Kapiteln Ratschläge für den Chinareisenden gibt. Dieses Buch ist unter dem Titel „Pratica della mercatura" allgemein bekannt geworden.[18] Es wurde zwischen 1335 und 1343 veröffentlicht und enthielt für den damaligen Export-Import-Kaufmann wertvolle Tips, wo was zu kaufen und zu verkaufen wäre. Die wichtigsten Handelswege sind darin ebenso aufgeführt wie die Handelsusancen in den verschiedenen Ländern, die Währungen, Gewichte und Maße. Es enthält zwar namentlich keine Städte des Tarim-Beckens, jedoch ist anzunehmen, daß die europäischen Kaufleute der damaligen Zeit ihren Weg durch dieses Gebiet nahmen.

Schah Rukhs Gesandtschaft nach China

Erst vom Beginn des 15. Jahrhunderts an haben wir wieder eine Quelle vorliegen, die allerdings nicht von einem Europäer, sondern von einem aus Isfahan kommenden Teilnehmer der Gesandtschaft stammt, die der damalige Herrscher Persiens nach China geschickt hatte. 1397 hatte Timur, dessen Reich sich vom Irtysch bis zum Ganges und von der Gobi bis zum Marmarameer erstreckte, seinen Sohn Schah Rukh als Statthalter von Herat eingesetzt. Nach Timurs Tod im Jahre 1405 übernahm Schah Rukh nicht nur die Oberherrschaft, sondern verlegte auch die Reichshauptstadt von Samarkand nach Herat. In den beachtlichen 42 Jahren seiner Regierungszeit konnte er nur mit großer Mühe das Riesenreich zusammenhalten, an eine Expansion nach dem Osten, wie sie noch Timur vorschwebte, war nicht zu denken.

Die Vorbereitungen zu einem Kriegszug gegen China waren gerade in vollem Gange, als Timur der Tod ereilte. Als Schah Rukh an die Macht gelangt war, strebte er offensichtlich eine friedliche Kontaktnahme mit dem großen Nachbarn im Osten an und entsandte zu diesem Zweck eine große Delegation, der u.a. folgende bedeutende Persönlichkeiten angehörten: Emir Shad al-Khoja, Baisanqar (ein Sohn Schah Rukhs und Wesir seines Vaters in Herat). Sultan Ahmed und der Maler Giyāth-ad-dīn Khalila'llāh aus Isfahan. Diese Gesandtschaft verließ Herat im Jahre 1419 und kehrte 1422 wieder in die Timuridenhauptstadt zurück. Den Bericht darüber verfaßte der Maler, dem es vortrefflich gelang, die Größe und die Macht des Ming-Reiches zu schildern. Daß sich der Meister auch in seinen Werken, die er nach seiner Rückkehr aus China malte, von dem Gesehenen inspirieren ließ, liegt auf der Hand. Die angeblich 510 Personen umfassende Reisegesellschaft zog durch den Tien-Schan und wurde zwischen Turfan und Hami von chinesischen Beamten empfangen. Als man eigentliches chinesisches Kernland betrat, wurde der Gesandtschaft seitens der Chinesen ein festlicher Empfang bereitet, was bei den Persern einen gewaltigen Eindruck hinterließ. Ein Jahr hatte die Reise nach Peking in Anspruch genommen und fünf Monate hatte man sich dort aufgehalten, ehe man wieder die Heimreise antrat. Der Weg über die Nordroute war wieder einmal wegen dort herrschender Unruhen unpassierbar geworden, und so benützte man auf dem Rückweg die Südroute über Chotan und gelangte über den Paß Derek-dawan nach Andidschan und schließlich über Samarkand nach Herat zurück.

Der Bericht des Giyāth-ad-dīn blieb in der Folgezeit im Westen ebenso unbekannt wie der des Prinzen Mirza Haidar, einem Mitglied des Königshauses von Kaschgar und Zeitgenosse Baburs. Mirza Haidar schrieb um 1543 sein Werk mit dem Titel *Tarikh-i-Rashidi*, in dem er detailreich über Ostturkestan berichtet. Erst 1876 wurde diese Quelle durch R. B. Shaw in Form einer teilweisen Übersetzung ins Englische für den Westen zugänglich.[19]

Die Jesuiten

Erst zu Beginn des 17. Jahrhunderts ist es wieder ein Europäer, von dem wir Kunde haben, daß er durch das Tarim-Becken gezogen ist: Benedikt (Bento de) Goës. Er unternahm zwischen 1602–1605 von Indien aus seine Reise nach China, indem er den Weg über Afghanistan und – den Spuren Marco Polos folgend – die Pamire nahm. Benedikt Goës wurde auf San Miguel (eine der Azoreninseln) 1562 geboren, erlernte das Soldatenhandwerk und diente einige Zeit in Goa, wo er durch sein abenteuerliches und ausschweifendes Leben auffiel. Aber schon in seinem 26. Lebensjahr wurde ihm sein schändliches Leben bewußt, so daß er 1588 in den Jesuitenorden eintrat, ohne jedoch Priester zu werden. An den Hof des großen Mogul-Herrschers Akbar geschickt, verstand er es, sich dort in Szene zu setzen und die Wertschätzung des Großmoguls von Indien zu erwerben.

Die Jesuiten prüften damals die Frage, ob Kathai mit China und Kambalu mit Peking gleichzusetzen wären. Der Jesuit Matteo Ricci, der sich zu dieser Zeit in Peking aufhielt, hatte nämlich in Briefen an seine Ordensbrüder in Indien behauptet, daß die verschiedenen Namen ein und dieselbe Örtlichkeit bezeichneten. Die Jesuiten an Akbars Hof in Lahore behaupteten jedoch das Gegenteil. Sie stützten sich dabei auf die Aussagen muslimischer Kaufleute, die behaupteten, die Bewohner Kathais seien größtenteils Christen. Um die Frage endgültig zu klären, sollte eine Mission auf dem Landweg nach China geschickt werden. Die Erlaubnis dazu wurde von den Jesuiten in Goa sogar beim Papst eingeholt und auch der König von Spanien, der damals über Portugal herrschte, gab seine Zustimmung zu dem Unternehmen. Da Benedikt

Goës schon eine Reise nach Kaschmir (1598) erfolgreich durchgeführt hatte und Persisch sprach, fiel die Wahl auf ihn. Goës versicherte sich auch noch der Unterstützung Akbars und ließ sich von ihm Begleitbriefe an die benachbarten Herrscher ausstellen.

Mit reichen Geldmitteln ausgestattet, schloß sich Goës in Lahore einer Karawane an und brach 1602 als armenischer Kaufmann verkleidet zu seiner großen Reise auf. In seiner Begleitung befanden sich zwei Griechen und ein Armenier namens Isaak. Über Peshawar gelangte die aus 500 Kaufleuten bestehende Karawane nach Kabul, wo sich Goës acht Monate aufhielt. Dabei lernte er die Prinzessin Hadschi Hanem, eine Schwester des Königs von Kaschgar kennen sowie die Mutter des Königs von Chotan. Der Prinzessin war auf der Rückkehr aus Mekka das Geld ausgegangen und sie war daher hoch erfreut, als ihr Goës einen zinsenlosen Kredit von 600 Goldstücken gewährte, um ihre Reise fortsetzen zu können. Nach vielen Mühsalen – die Karawane ging immerhin im Spätherbst vermutlich durch das Wachan-Hochtal und über die Pamire – gelangte die Reisegesellschaft glücklich nach Jarkand in Ostturkestan. Nachdem Goës sein Geld von der Prinzessin zurückbekommen hatte, schloß er sich einer neu zusammengestellten Karawane an, die 1604 nach „Kathay" aufbrach und der Nordroute folgte. Über Aksu, Kutscha, Korla, Karaschahr, Turfan und Pitshang erreichte Goës Hami, durchquerte sodann die

22 – Ganz anders als im Herzen Xinjiangs ist der Landschaftscharakter bei Tunhuang im westlichen Teil des Kansu-Korridors. Hier dehnt sich über riesige Strecken die gefürchtete Gobi aus. Gobi ist ein mongolisches Wort und bedeutet „Wüste", die Chinesen sagen Scha-mo („Sandmeer") zu ihr. Ihre Längsausdehnung beträgt etwa 2000 km, begrenzt wird sie im Westen vom Pe Schan und im Süden durch den Nan Schan. Fährt man die 130 km von der Bahnstation Loyan nach Tunhuang, so kann man verschiedene Facetten der Gobi erkennen, einmal sind es dunkle spitze Hügel, dann wieder sockelartige, runde Erd- und Sandhaufen, dann wieder bietet sie sich als rötlichbraune Steppe mit niedrigem Pflanzenwuchs.

23 – Eine der Attraktionen, die Tunhuang dem Reisenden zu bieten vermag, sind die großen, ca. 5 km außerhalb des Zentrums der Oase liegenden Dünen, die die höchsten Chinas sein sollen. Um den höchsten Punkt zu erklimmen, benötigt man etwa eine Stunde.

24 – Einige Kilometer entfernt von den Sanddünen Tunhuangs erstreckt sich eine kiesbedeckte Hochebene mit spärlichem Pflanzenwuchs.

25 – Schön geformt schwingt sich der vom Wind messerscharf gezogene Grat der Düne zum blauen Maihimmel empor.

26 – Mitten in den mehr als 100 m aufgetürmten Sanddünen Tunhuangs liegt der Mondsichelsee.

27 – Rest eines Stupas in der Nähe der Höhlen von Tunhuang.

28 – Bemalte Fassade der Höhlen von Tunhuang. Hier gelang es dem berühmten französischen Sinologen Paul Pelliot zu Beginn unseres Jahrhunderts, eine große Anzahl von Handschriften in Chinesisch, Mongolisch, Tibetisch und Uighurisch aufzufinden. Der Fund war überwältigend: an die 15.000 Manuskripte waren dort seit dem 10. Jahrhundert eingemauert gewesen, von denen Pelliot die wissenschaftlich bedeutendsten käuflich erwarb und nach Frankreich brachte. Aber auch Sir Aurel Stein, der große britische Archäologe, konnte hier Handschriften erwerben. Der Japaner Zuicho Tachibana entdeckte 1910 weitere Manuskripte, die Stein und Pelliot entgangen waren.

Heute sind von den etwa 400 Höhlen, in denen sich Malereien und Skulpturen finden, nur etwa 10% für den Besucher zugänglich. Eine der Höhlen birgt eine 33 m hohe Buddhastatue, eine weitere große Höhle (Nr. 158) enthält eine Buddhastatue von 17 m Länge in Parinirvāṇa-Stellung, und in Höhle Nr. 130 kann man einen sitzenden Buddha von 26 m Höhe bewundern.

22

23

25

26

27

28

Gobi und traf schließlich Ende 1605 in Su-tschou ein. Schon vorher hatte er aus Peking zurückkehrende Kaufleute getroffen und von diesen erfahren, daß Kathai und China ein und dasselbe seien. Da ihm die Weiterreise nicht gestattet war – mittlerweile war er von den Muslimen längst als „Ungläubiger" entlarvt worden, schrieb Goës an den Ordensoberen Matteo Ricci nach Peking. Als die Nachricht in Peking eintraf, schickten die Jesuiten sogleich Fernandes, einen chinesischen Christen nach Su-tschou, um Goës nach Peking zu geleiten. Doch wenige Tage nach der Ankunft des Fernandes in Su-tschou starb Goës. Nur mit großen Mühen gelang es dem chinesischen Christen, Isaak, den Begleiter von Goës, vor den aufgebrachten muslimischen Fanatikern zu retten, die dessen Übertritt zum Islam forderten. Als Fernandes und Isaak schließlich Peking erreichten, brachten sie von dem Reisetagebuch, das Goës geführt hatte, nur mehr Fragmente mit. Aus diesen und mit den Aussagen des Armeniers Isaak setzte Ricci sodann den Reisebericht des Benedikt Goës zusammen.

Die Reise des Benedikt Goës wurde hier deshalb so ausführlich behandelt, weil dieses Gebiet bis zur Mitte des 18. Jahrhunderts von keinem europäischen Reisenden aufgesucht und beschrieben worden ist. Erst der österreichische Jesuit August Haller von Hallerstein (geboren 1703 in Laibach), der 1739 nach Peking gekommen war und dort als Astronom arbeitete, bereiste zusammen mit seinen Ordensbrüdern José d'Espinha und Felix d'Arocha Ostturkestan. Der Kaiser K'ien-Long hatte den Jesuiten den Befehl erteilt, astronomische Ortsbestimmungen durchzuführen, um auf diese Weise Karten der neu eroberten Gebiete im Westen zu erhalten. Hallerstein bestimmte u. a. die Lage von Jarkand und Chotan. Espinha folgte der Nordroute und traf in Su-tschou wieder mit seinen Ordensbrüdern zusammen. 1759 setzten sie dann ihre Vermessungsarbeiten in Ostturkestan fort und bestimmten von 43 Örtlichkeiten die geographische Breite.

Zu erwähnen ist noch ein anonymer Schriftsteller (vermutlich ein Chinese), der während der siebziger Jahre des 18. Jahrhunderts u. a. die Oasenstädte Hami, Pitshang, Turfan, Kutscha, Aksu, Jarkand und Chotan beschrieb.

Die Landvermesser

Zu Beginn der fünfziger Jahre des 19. Jahrhunderts war die politische Szene in China in Bewegung geraten. In mehreren Provinzen des Reiches waren Revolten ausgebrochen, wobei es das Ziel der Rebellion war, die unpopuläre Mandschu-Dynastie zu stürzen. Die Rebellen erklärten Nanking zur neuen Hauptstadt und der Regierung in Peking fiel es immer schwerer, die Zentralgewalt über das Reich zu behalten. Diese Zwangslage der Zentralregierung nützten auch die in Kansu, Schansi und Ostturkestan lebenden Muslime und revoltierten gegen Peking.

Der führende Mann im Tarim-Becken war Yakub Beg, den man auch Atalik Ghazi nannte. Er war 1864 an die Macht gelangt und übte diese praktisch in ganz Sinkiang aus.

Auch die Russen nützten die Schwäche der chinesischen Zentralregierung und besetzten 1871 die Dsungarei unter dem Vorwand, die chaotischen Zustände dortselbst beenden zu müssen. Der wahre Grund für diese Maßnahme wird wohl in der Angst begründet gewesen sein, die Briten könnten die Unabhängigkeitsbewegung des Yakub Beg unterstützen, um dadurch mehr Einfluß in Sinkiang zu gewinnen. Erst mit einer großen Auslandsanleihe und mit starkem militärischem Einsatz gelang es den Chinesen, Ostturkestan wieder unter ihre Kontrolle zu bringen. Man wird die Forschungsreisen dieser Zeit im Tarim-Becken im Lichte dieser politischen Ereignisse sehen müssen.

Den Reigen eröffnen weder Russen noch Briten, sondern die Deutschen, wenn auch im Dienste der Engländer. Es sind die drei Schlagintweit-Brüder: Adolf, Hermann und Robert, die im Auftrag der East India Company arbeiteten. Ihr großes Verdienst war es, weite Teile des Himalaya exakt vermessen zu haben, wobei sie ausgehend von Ladakh das vom Survey of India aufgebaute Triangulierungsnetz bis in das Tarim-Becken fortsetzten. Die von den Brüdern gemachten wissenschaftlichen Beobachtungen bildeten die Grundlage für die Karte eines bis dahin relativ unbekannten Gebietes unserer Erde. Adolf und Robert erforschten ab 1855 den westlichen, Hermann den östlichen Himalaya. Zu dritt besuchten sie Kaschmir, Ladakh und Baltistan. 1856 erforschten Hermann und Robert den Karakorum und überschritten anschließend den Kun-Lun. Allein ging Adolf 1857 weiter nach Sinkiang, während seine Brüder in der Zwischenzeit auf der Rückreise nach Europa waren. Adolfs Absicht war es, über Taschkent und Rußland ebenfalls nach Deutschland heimzukehren, aber dazu sollte es nicht kommen. Um seine Reise geheim zu halten, nimmt er nicht die normale Route über Leh, sondern überschreitet den Masimik-La, einen Paß, den 50 Jahre danach Sven Hedin begeht, und erreicht schließlich das Tarim-Becken, wo er vor dem belagerten Jarkand, dem Sitz des chinesischen Gouverneurs, in die Gewalt der Aufständischen gelangt und nach Kaschgar gebracht wird. Der Führer der Rebellen, Chodscha Wali Khan, vermutet in Adolf Schlagintweit einen chinesischen Spion und läßt ihn ohne Verhandlung erstechen und sodann enthaupten.

Infolge dieser Ereignisse ging ein Großteil seiner wissenschaftlichen Aufzeichnungen verloren, nur eine von ihm gezeichnete Karte blieb erhalten, die nach Indien gelangte. Die große Bedeutung der Brüder Schlagintweit besteht darin, daß es ihnen gelungen war, eine Vorstellung vom Verlauf der wichtigsten Gebirgszüge „Hochasiens“ zu geben, die sie ja nur in kleinen Bereichen aus eigenen Anschauungen kennenlernen konnten. Die Ermordung Adolf Schlagintweits empörte die wissenschaftliche Welt von damals. Die Engländer trösteten sich zwar damit, daß sich ihre Behörden in Indien gewiß Klarheit darüber verschaffen würden, wie es zu dem abscheulichen Mord kommen konnte und wo die wissenschaftlichen Aufzeichnungen verblieben sind, die kaiserliche russische geographische Gesellschaft errichtete Adolf am Ort des

Geschehens 30 Jahre danach sogar ein Denkmal, das jedoch bald darauf einem Hochwasser zum Opfer fiel.

Die Leistungen der Schlagintweit-Brüder sind zu einem großen Teil publiziert worden, die ersten vier Bände ab 1861 in Englisch unter dem Titel: „Results of a Scientific Mission to India and High Asia" und zwischen 1869 und 1880 in Deutsch: „Reisen in Indien und Hochasien". Eine besondere Würdigung fand ihre Arbeit erst kürzlich wieder durch mehrere Beiträge in dem Buch, das von C. C. Müller und W. Raunig unter dem Titel „Der Weg zum Dach der Welt" 1982 herausgebracht worden ist.

Zwei Jahre nach der Ermordung von Adolf Schlagintweit durchzog der aus Zentralasien stammende, aber nach westlichen Maßstäben erzogene Capt. Valikhanov als Kaufmann verkleidet das Tarim-Becken. Über sechs Oasenstädte berichtete er Näheres, so hätte Kaschgar 16.000 und Chotan zu dieser Zeit sogar 18.000 Häuser gehabt.

Im Dienste des Survey of India

Um zu den für die geographische Wissenschaft und wohl auch für den Geheimdienst erforderlichen Informationen zu gelangen, pflegte der Survey of India sogenannte Pundits oder Munshis einzusetzen, Einheimische, die mit den einfachsten Vermessungsmethoden vertraut gemacht und in Gegenden ausgesandt wurden, wo sich Europäer nicht frei bewegen konnten. Solch ein einheimischer Munshi war Mahomed-i-Hamid, der die Route zwischen Ladakh und Jarkand vermaß. Um nicht den Verdacht der einheimischen Bevölkerung zu erregen, führte er seine Arbeit bei Nacht aus. Aber nicht seine Vermessungsarbeit macht ihn für uns interessant, sondern die Tatsache, daß er der erste war, der über im Wüstensand verborgene Städte in Ostturkestan berichtete. Dies konnte bald darauf W. H. Johnson vom Indian Survey bestätigen, der ebenfalls ausgehend von Ladakh nach Chotan gelangte. Er hatte es leichter, denn er reiste auf Einladung von Khan Badsha von Chotan und konnte seine Vermessung mit Hilfe eines Meßtisches ausführen. Er brachte sogar ein Stück Tee aus einer der im Sand schlummernden Städte mit.[20] W. H. Johnson kann für sich in Anspruch nehmen, nach Marco Polo und den Jesuiten der erste Europäer gewesen zu sein, der im 19. Jahrhundert Chotan erreichte.

Die Jahre 1868 und 1869 sollten für die Erforschung des Tarim-Beckens besonders bedeutsam sein, befanden sich zu dieser Zeit doch gleichzeitig mehrere Forschungsreisende im Lande. Ende September 1868 begann J. W. Hayward seine Reise ausgehend von Ladakh. Er überquerte die Pässe Chang Lang (über die Hauptkette des Karakorum) und Kizil (1908 auch von Sven Hedin benützt) und traf Ende Dezember des gleichen Jahres in Jarkand ein, wo er einem anderen Engländer, Robert Shaw, begegnete. Bei einer zweiten Erkundungstour, bei der er die

Begehbarkeit einer Nordroute durch Tschitral und Yasin erkundete, ereilte auch ihn das Schicksal so vieler früher Forschungsreisender, er wurde 1870 in der Nähe des Darkot-Passes auf Betreiben des Herrschers von Yasin ermordet (gesteinigt). Auf einer Reise nach Ladakh hatte Robert B. Shaw 1868 einen Gesandten aus Jarkand kennengelernt, der gerade aus Kaschmir zurückkehrte und ihn in seine Heimatstadt einlud. Diese Chance ließ sich der Brite nicht entgehen. In der Rolle eines Kaufmannes reiste er nach Jarkand und verbrachte dort einige Zeit. Seine Schilderung dieser Stadt, die er auf ca. 100.000 Einwohner schätzte, fiel sehr lebendig aus, besonders interessierte er sich jedoch für den Handelsplatz als Absatzmarkt für Stoffe und Tee aus Indien.

29 – Adolf Schlagintweit (1829–1857). Deutscher Naturforscher, der zusammen mit seinen Brüdern Hermann und Robert im Auftrag der East India Company arbeitete. 1857 erreicht Adolf Jarkand, wo er, als Spion verdächtigt, von Aufständischen ermordet wurde.

30 – Ferdinand Stoliczka (1838–1874). Österreichischer Geologe. Im Dienste des Geological Survey of India beteiligte er sich an der britischen Forsyth-Expedition, die 1873 Kaschgar erreichte. Er starb auf der Rückreise nach Indien am 19. Juni 1874.

31 – Nikolai Michailowitsch Prschewalskij (1839–1888). Russischer General und Asienforscher. Er führte vier große Forschungsreisen in Zentralasien durch. Wahrscheinlich ist er der erste Europäer, der den Lop-Nor zu Gesicht bekam. Prschewalskij ist nicht nur der wissenschaftliche Entdecker mehrerer Gebirgsketten östlich des Tarim-Beckens, sondern auch des Wildkamels und des Wildpferdes (Equus przewalskii).

32 – Sir Thomas Douglas Forsyth (1827–1886). Englischer Zentralasien-Reisender schottischer Abkunft. Wurde berühmt durch die 1873 durchgeführte Mission an den Hof des Herrschers von Ostturkestan, Yakub Beg, der 131 Personen angehörten. Darunter befanden sich so erfolgreiche Forscher wie Ferdinand Stoliczka, John Biddulph und Robert B. Shaw. Forsyth berichtete als einer der ersten über im Sand der Takla Makan verborgene Städte.

33 – Pierre-Gabriel Bonvalot (1853–1933). Französischer Asien-Reisender, der in Begleitung des Prinzen H. d'Orléans und des belgischen Missionars C. Dedeken den Tarim abwärts bis Tscharklik, am Fuß des Altyn Tagh, und weiter nach Tibet und Jünnan reiste. 1890 erreichte er Hanoi.

34 – Sir Francis Edward Younghusband (1863–1942). Britischer Offizier und Forschungsreisender. 1903/04 führte er mit General Macdonald die Militärexpedition der Briten nach Tibet, wobei sie sich gewaltsam Zutritt nach Lhasa verschafften. Schon 1886 hatte er nur in Begleitung eines chinesischen Dieners die Gobi, von Osten kommend, durchquert und war auf der nördlichen Route der Seidenstraße über Hami, Turfan, Karaschahr und Aksu nach Kaschgar gezogen.

35 – Ferdinand Freiherr von Richthofen (1833–1905). Deutscher Geograph und einer der bedeutendsten Erforscher Chinas im naturwissenschaftlichen Sinne. Er legte, wie Sven Hedin schrieb, „einen unerschütterlichen Grund und nicht nur für die Kenntnis Chinas, sondern für die Kenntnis des ganzen asiatischen Erdteils . . ." (Sven Hedin, Große Männer, denen ich begegnete, 2. Auflage, Wiesbaden 1952, S. 96 f.) Richthofen war es, der den Begriff „Seidenstraße" prägte. In den Jahren 1868–1872 bereiste er China, 1885 war er Professor in Bonn, 1883 in Leipzig und 1886 in Berlin.

36 – Sven Hedin (1865–1952). Schwedischer Asienforscher. Hedin war Schüler des Geographen und Chinaforschers F. v. Richthofen. Sein großes Vorbild als Forschungsreisender war N. M. Prschewalskij, dessen Reiseberichte er ins Schwedische übersetzte. Er durchquerte als erster das Tarim-Becken an seiner breitesten Stelle. Am 28. März 1900 gelang ihm seine archäologisch bedeutsamste Entdeckung, die Auffindung der einst blühenden Oasenstadt Lou-lan an der südlichen Route der Seidenstraße.

29
30

31
32

33
34

35
36

Einzug nach Jarkand. Nach einer Skizze von R. B. Shaw in: „Reise nach der Hohen Tatarei, Yarkand und Kashghar“, 2. Auflage, Jena 1876.

Als er im Jänner 1870 von seiner Reise nach Jarkand nach England zurückkehrte und seinen Reisebericht zum Druck vorbereitete, las er in der Times, daß einige britische Offiziere an den Atalik Ghazi oder König von Ostturkestan geschickt werden sollten. Shaw bot sich sofort auf telegraphischem Wege an, bei dieser Expedition teilzunehmen, und schon fünf Tage später hatte er die Zusage in der Tasche. Diese erste Informationsreise erfolgte im Auftrag des Vizekönigs von Indien und wurde von T. D. Forsyth angeführt. Ausgehend von Lahore folgten sie im wesentlichen der Route Haywards. Der dritte Mann war George Henderson, ein britischer Naturforscher und Superintendent des botanischen Gartens von Calcutta. Er brachte die erste größere Pflanzen- und Tiersammlung von den Gebieten nördlich des Karakorum mit.[21] Am besten charakterisiert wird wohl die Leistung Shaws durch die Vorbemerkungen I.E.A. Martins in der deutschen Ausgabe des Reiseberichtes: „Er theilt uns mit was er sah und was er erlebte, und das bietet des Interessanten genug.“[22]

Die großen Erwartungen, die Sir H. Rawlinson in der Londoner Geographischen Gesellschaft äußerte, haben sich allerdings nicht erfüllt: „Der große praktische Wert der Forschungen des Herrn Shaw bestehe darin, daß sie das Mittel geworden, dem britischen Handel einen ausgedehnten Markt zu eröffnen, einen Markt, der fast grenzenlos sei . . .“[23]

Zu der Zeit, in der sich Hayward und Shaw in Jarkand aufhielten, war es einem von den Engländern ausgebildeten Einheimischen geglückt, ebenfalls nach Jarkand zu gelangen. Dem „Mirza“, wie er gemeinhin in der Literatur zur Entdeckungsgeschichte Afghanistans genannt wird, war es 1868 gelungen, ausgehend von Faizabad (Hauptstadt Badachschans) über Zebak,

Abendbesuch beim Atalik Ghazi, von dem R. B. Shaw freundlich aufgenommen wurde. Illustration aus „Reise nach der Hohen Tatarei, Yarkand und Kashghar", 2. Auflage, Jena 1876.

Qala-i-Pandja und über den afghanischen Pamir nach Taschkurghan und schließlich nach Kaschgar zu kommen, wo ihn der Atalik Ghazi freundlich aufnahm. Im Juni 1869 kehrte der Mirza dann über den Karakorum-Paß und Leh zurück nach Indien und damit zum Hauptquartier des Trigonometrical Survey. Offensichtlich hatten die Agenten des Atalik Ghazi, die das Gepäck des Mirza durchsucht hatten, keine Hinweise auf dessen wahre Tätigkeit im Auftrag der Briten gefunden.

Waren bisher die Sinkiangreisenden alle vom Westen, Norden oder Süden gekommen, so konnte der Engländer Ney Elias für sich in Anspruch nehmen, der erste gewesen zu sein, der vom Osten kam. Er begann seine Reise im Jahre 1872 in Peking, die ihn mehr als 2000 km durch die westliche Mongolei bis zur russischen Grenze führte. Seine astronomischen Ortsbestimmungen waren von solchem Wert, daß man ihm bei seiner Rückkehr nach England 1873 die „Founder's Medal" überreichte. 1885 reiste er im Auftrag des Vizekönigs von Indien, Dufferin, nach Jarkand und Kaschgar.

Die Forsyth-Mission

T. D. Forsyth (später Sir) hatte, wie wir oben erwähnt haben, bereits einen Versuch hinter sich, den Herrscher Ostturkestans zu sprechen, der sich damals gerade auf einem Kriegszug gegen die Dunganen in Kutscha, Turfan und Urumtschi befunden hatte. Im Herbst 1873 startete nun Forsyth seine zweite Expedition, u. zw. im Auftrag des damaligen Vizekönigs Lord Mayo. Diesmal gehörten der Mission eine ganze Reihe wichtiger Persönlichkeiten an, die sich auch bei der Erforschung Afghanistans einen Namen machen konnten: J. Biddulph, H. Trotter, Dr. H. W. Bellew und der Munshi Faiz Bakhsh. Die insgesamt 131 Personen umfassende Mission war zweifellos die bedeutendste britische Unternehmung in diesem Gebiet. War der Hauptzweck auch die Erreichung eines Handelsvertrages mit Yakub Beg, so wurde doch darauf Wert gelegt, neue wissenschaftliche Erkenntnisse über das Land zu gewinnen. Maßgeblich beteiligt an dem wissenschaftlichen Erfolg war ein österreichischer Geologe: Ferdinand Stoliczka. Der 1838 in Mähren geborene und nach Vollendung seiner Studien an der geologischen Reichsanstalt in Wien arbeitende Wissenschaftler war 1862 zum Geological Survey of India gekommen. 1864–65 hatte er eine Forschungsreise nach Ladakh unternommen und war schließlich 1873 zur Forsythschen Mission gestoßen. Er starb am 19. Juni 1874 auf der Rückreise der Mission nach Indien.[24]

Die Hauptgruppe der Forsyth-Expedition ging über Leh und den Karakorum-Paß nach Schahidulla, Kargalik, und erreichte im Dezember 1873 Kaschgar. Forsyth beauftragte sodann T. E. Gordon, J. Biddulph, H. Trotter und F. Stoliczka, über den Kleinen Pamir in den Wachan vorzudringen, was geographisch gesehen „die wichtigste Seitentour der ganzen Gesandtschaftsreise" darstellte.[25] Während Dr. Bellew in Kaschgar eine kleine medizinische Betreuungsstation für die Bevölkerung eröffnete, studierten andere Mitglieder der Expedition in der Umgebung die Ruinen der alten Stadt und deren Befestigungsanlagen, von denen sie annahmen, daß sie aus dem 14. Jahrhundert stammten.

Die Forsyth-Expedition war bestimmt ein ganz bedeutender Schritt vorwärts für die Archäologie dieses Gebietes. Auch der Bericht Forsyths über die im Sand verborgenen Städte wird sicherlich so manchen Altertumsforscher angeregt haben, sich gründlicher mit Sinkiang zu befassen.[26] 1874 kehrte die Forsyth-Expedition zurück nach Indien.

Die Russen werden aktiv

1875 wollten sich die Russen Klarheit über die Hintergründe des Dunganenaufstandes verschaffen und schickten ausgehend von Peking eine Gruppe von Experten in das fragliche Gebiet.

Diese brachten nicht nur politische Informationen mit nach Hause, sondern auch zahlreiche Fotos von Land, Leuten und Architektur. Sosnoffski vom Generalstab, der Topograph Matusofski und Dr. Piassetski sind die ersten Europäer, die seit den Jesuiten Hami und andere Oasenstädte des Tarim-Beckens besuchten.

Auf Befehl des damaligen Generalgouverneurs von Turkestan unternahm in den Jahren 1876–77 Aleksej Nikolajewitsch Kuropatkin, ein russischer Generalstabsoffizier eine Gesandtschaftsreise nach Kaschgar, um mit Yakub Beg Grenzfragen zu regeln. Kuropatkins Route führte von Osch nach Kaschgar, Maralbaschi, Aksu, Kutscha bis nach Korla, das er im Jänner 1877 erreichte. Sein Bericht, der 1882 auch in Englisch erschien – die russische Originalausgabe war 1879 in St. Petersburg herausgekommen – gehörte zum Besten, was bis dahin über Ostturkestan geschrieben worden war.

Als Yakub Beg 1877 starb, kam auch für Sinkiang das Ende der Unabhängigkeit vom chinesischen Mutterland. Nacheinander fielen die Städte Aksu, Jarkand, Kaschgar und Chotan in die Hände der chinesischen Armee. Angeblich sollen nach der Einnahme Kaschgars 1666 Anhänger Yakub Begs von den Chinesen hingerichtet worden sein.[27]

Während der westliche Teil des Tarim-Beckens durch die Aktivitäten der Engländer leidlich gut bekannt geworden waren, war der östliche Teil, wie etwa Turfan, weiterhin ein weißer Fleck auf der Landkarte. 1879 gelang es einem europäischen Naturforscher bis zu dieser Oasenstadt vorzudringen, es war der 1845 in Zürich geborene Johann Albert Regel. Nach Studien in Petersburg, Göttingen, Wien und Dorpat hatte er sich in Kuldscha, im russischen Teil Turkestans, als Arzt niedergelassen. Dort dürfte es ihm allerdings nicht besonders gut gefallen haben, denn alsbald (1876) begann er seine Forschungsreisen. Er ist zwar nicht der erste Europäer, der nach Turfan gelangte, aber zweifellos ist er der erste, der ausführlich über Oase und Stadt berichtet. Bei seinen Reisen widmete er sich in erster Linie der Botanik, wobei er zahlreiche Gattungen und Arten entdeckte und in den „Acta horti Petropolitani" veröffentlichte. Im November des Jahres 1879 besuchte er Chotscho (bei Regel: Kora-Gudsha), wo ihn die Ruinen der „Stadt des Takianus" faszinierten. Le Coq sagt dazu, daß der Name Dakianus im Volksmund gebräuchlich gewesen sei und die Stadt nach dem römischen Kaiser Decius, dem Christenverfolger, so genannt wurde.[28] Decius war der erste, der die Christen aufgrund von erlassenen Gesetzen planmäßig verfolgte und deren Ausrottung betrieb.

1876 begann der später berühmte Nikolai Michailovich Prschewalskij seine 2. Expedition, wiederum mit der Absicht, Lhasa, die Hauptstadt Tibets, von Norden her zu erreichen. Der Ausgangspunkt war wie bei Regel Kuldscha. In Begleitung von einigen Kosaken überquerte er den Tien-Schan und erreichte Korla sowie den Salzsee Lop-Nor, dessen Existenz man zu dieser Zeit ernsthaft anzweifelte. Prschewalskij war wahrscheinlich der erste Europäer, der den See zu Gesicht bekam. Auf dieser Reise entdeckte er nicht nur die Altyn Tagh-Kette, sondern auch das Wildkamel.

Lastkamel. Abbildung aus N. M. Prschewalskijs Werk: „Reisen in Tibet“, Jena 1874.

1879, bei seiner 3. Expeditionsreise, stieß er weiter nach Osten vor, bis Hami und Su-tschou, wo er von den Höhlen der Tausend Buddhas (Tunhuang) hörte. Er ist der wissenschaftliche Entdecker mehrerer Gebirgsketten östlich des Tarim-Beckens, von denen er eine „Ritter“ und eine andere „Humboldt“ benannte. Prschewalskij unternahm aber noch weitere Vorstöße in Richtung Tibet, so auf seiner 4. Expedition (1883–1885), auf der er etlichen Bergen des Kun-Lun Namen verlieh und von im Sand verschütteten Städten berichtete. Die fünfte, letzte und größte Expedition mit zahlreichen Wissenschaftlern (u. a. mit dem Geodäten und Geologen Bogdanowitsch und dem Entomologen M. L. Conradt) konnte er nur vorbereiten, denn am 1. November 1888 starb der große russische Naturforscher. Die Leitung der Expedition wurde nun seinem Weggefährten aus früheren Tagen, M. V. Pievtsov übertragen. Der alte Traum Prschewalskijs, Lhasa zu erreichen, blieb jedoch auch diesem Unternehmen versagt, dafür erbrachte es eine reiche wissenschaftliche Ausbeute in topographischer, botanischer und zoologischer Hinsicht, genug Material, um 40 Kamele zu beladen.

Buddhastatue in einer der Höhlen von Tunhuang. Illustration aus N. M. Prschewalskijs Werk: „Reisen in Tibet", Jena 1874.

Die erste Umrundung der Takla Makan

Zu der Zeit als Prschewalskij seine 4. Expedition durchführte, befand sich der britische Zentralasienreisende Arthur Douglas Carey im Tarim-Becken und berührte dabei auch öfter die von Prschewalskij begangenen Routen. Carey stand in den Diensten des Bombay Civil Service, finanzierte jedoch seine zwischen 1885 und 1887 durchgeführte Reise aus der eigenen Tasche. Als Begleiter hatte er sich Andrew Dalgleish gewählt, der ihm als Dolmetscher und Topograph diente. Wie schon so oft vorher und auch nachher war auch für Carey und Dalgleish der

Ausgangspunkt der Sinkiangreise Leh in Ladakh. Über Keriya und Chotan erreichten sie den Tarim und, dem Lauf des Flusses folgend, Korla. Bevor sie weiter zum Lop-Nor vordrangen, führte sie ein Abstecher nach Kutscha. Sie waren also damit die ersten Europäer, die den gesamten Lauf des Tarim-Flusses verfolgt hatten. Nach der Überwinterung in Tscharklik überquerten sie den Altyn Tagh und weitere Gebirgsketten und erreichten dabei den Rand des Tibetischen Hochlandes und bewegten sich meist auf Pfaden, die selbst von Einheimischen nur selten begangen wurden. So bekamen sie dort innerhalb von 82 Tagen keinen Menschen zu Gesicht. Schließlich durchzogen sie ebenfalls auf neuer Route die Gobi nach Hami und gingen weiter über Turfan, Karaschahr, Korla, Kutscha und Aksu nach Jarkand, das sie am 7. März 1886 erreichten.

Carey und Dalgleish hatten auf ihrer zweijährigen Reise nicht nur das Zentrum des Tarim-Beckens bereist, sondern hatten mit Ausnahme von Kaschgar alle wichtigen Oasenstädte auf der Süd- und Nordroute der Seidenstraße kennengelernt und somit die Takla Makan umrundet. Andrew Dalgleish wurde im März 1888 am Karakorum-Paß ermordet.

Der nächste britische Forschungsreisende, der Sinkiang besuchte, war Francis (später Sir Francis) Younghusband, der Careys Leistung zwar nicht zustandebrachte, jedoch zu größerer Popularität als jener kommen sollte. Er startete seine Reise in Peking am 4. April 1886, durchquerte die Gobi und erreichte nach 70 Reisetagen Hami. Weiter benützte er die Tien-Schan Nan Lu-Route, wobei er Turfan, Karaschahr, Aksu und Kaschgar berührte. Auch wenn er bekannten Wegen folgte, so muß seine Leistung anerkannt werden, reiste er doch ohne europäische Begleiter und nur umsorgt von seinem chinesischen Diener Liu Chung Shan. Nach Ney Elias ist Younghusband der zweite europäische Forschungsreisende, der vom Osten kam. Später unternahm Younghusband noch weitere Forschungsreisen in den Pamiren und führte zu Beginn unseres Jahrhunderts die aufsehenerregende Militärexpedition der Briten nach Lhasa, wo es am 7. September 1904 zum Abschluß des anglo-tibetischen Vertrages kam. Für seine Verdienste wurden ihm zahlreiche Ehrungen zuteil, 1919 wurde er zum Präsidenten der Royal Geographical Society in London gewählt. Younghusband starb hochbetagt im Jahre 1942.

Einer der russischen Forschungsreisenden jener Zeit, der es zwar nicht zu solcher Popularität brachte wie sein Vorgänger Prschewalskij, der aber doch einen beachtlichen Erfolg verbuchen konnte, war Grigorij Jefinowitsch Grum-Grschimailo. Er war gelernter Zoologe, der zunächst vier Reisen im Pamir-Gebiet unternahm (1885–1888), ehe er zusammen mit seinem Bruder Michail durch die Dsungarei zum Huang-he zog (1889–1890). Von Urumtschi aus erforschte er als erster gründlich die Bogdo-ola-Gruppe. Über den Builuk-Paß querte er auf die Südroute des Tien-Schan, wo er in der Nähe von Turfan eine bedeutsame geographische Entdeckung machte. Aufgrund von Luftdruckmessungen ergab sich eine absolute Höhe von –50 m. (Der tiefste Punkt der Senke wird heute mit –154 m angegeben). Man spricht heute von der Turfan-Depression oder von der Senke von Luktschun. Über den von Prschewalskij wiederentdeckten

Lop-Nor gelangten sie nach Hami, von wo sie die Felswüste des Pe Schan querten und nach Su-tschou gingen. Im September 1890 betraten sie neuerlich den Tien-Schan und erforschten auch die Turfan-Oase, im besonderen deren ausgeprägtes Karez-System. Dabei stellten sie fest, daß das Terrain nicht höher als 70–100 m über dem Meeresspiegel lag und schlossen daraus, daß es sich um den Grund eines ehemaligen Sees handeln mußte. Die Ergebnisse veröffentlichte Grum-Grschimailo in einem großen Reisewerk, von dem Henze sagt, daß es ebenbürtig dem Prschewalskijs sei.[29]

Aber Sinkiang war nicht nur eine Herausforderung für die russischen Wissenschaftler, auch andere Nationen begannen sich mehr und mehr mit diesem Gebiet zu befassen, so z. B. der Franzose Pierre-Gabriel Bonvalot, dessen Interesse jedoch mehr auf Tibet gerichtet war. Ausgehend von Kuldscha überschritt er in Begleitung des Prinzen H. d'Orléans und des belgischen Missionars C. Dedeken den Tien-Schan, erreichte Karaschahr und Korla, wo es Schwierigkeiten mit den örtlichen Behörden gab, und folgte sodann dem Tarim abwärts bis zu dem kleinen Ort Tscharklik am Fuß des Altyn Tagh. Bonvalot war kein Wissenschaftler, und so brachten seine Reisen wenig neue Erkenntnisse. Bewundernswert erscheint er uns heute wegen seiner Fähigkeit im Ertragen von Strapazen. Schon auf einer früheren Expedition, bei der er als erster den Pamir und den Hindukusch von Westturkestan nach Indien überquert hatte (über Sarhad und den Baroghil-Paß nach Tschitral), hatte er ungewöhnliche Härte bewiesen, führte er doch die Reise im Winter durch. Auch die Durchquerung Tibets auf neuer Route erfolgte im Winter bei Temperaturen von bis zu –40° C.

37 – Sir Mark Aurel Stein (1862–1943). In Budapest geborener britischer Archäologe. Mit ihm beginnt die systematische archäologische Erforschung Sinkiangs. Er studierte in Wien und Leipzig und erwarb sein Doktordiplom in Tübingen. Auf mehreren Expeditionen gelangen ihm sensationelle Funde, die heute im British Museum in London und in New Delhi aufbewahrt werden.

38 – Petr Kusmitsch Koslov (1863–1935). Russischer Asienforscher. Er nahm an mehreren Zentralasien-Expeditionen teil (u. a. 1883–85 mit N. M. Prschewalskij). 1889–1901 und 1907–09 forschte er im mongolischen Altai und in der Gobi. Koslov ist der Entdecker der einst bedeutenden und auch von Marco Polo beschriebenen Stadt Kara Khoto, der „Schwarzen Stadt".

39 – Wilhelm Filchner (1877–1957). Deutscher Forschungsreisender. 1900 unternahm er einen Ritt über den Pamir, 1903 zusammen mit A. Tafel eine Forschungsreise nach Ost-Tibet. 1926 finden wir ihn in Sinkiang, um erdmagnetische Messungen durchzuführen.

40 – Albert v. Le Coq (mit Stiefeln) in einer der erstmals von ihm erforschten Höhlen Ostturkestans. Über die anderen Personen liegen vom Besitzer des Fotos keine Angaben vor. Foto B 1074 Berlin (West), Museum für Indische Kunst.

41 – Albert Grünwedel (1856–1935). Deutscher Indologe. Die Ergebnisse seiner Reisen in Ostturkestan (Turfan-Expeditionen 1902/03 und von 1905 bis 1907) waren für die zentralasiatische Kultur- und Sprachgeschichte grundlegend. Foto KB 23,59 Berlin (West), Museum für Indische Kunst.

42 – Albert v. Le Coq (1860–1930). Deutscher Ethnologe und Forschungsreisender. Leiter mehrerer Expeditionen zu den Oasenstädten Ostturkestans, vornehmlich zu den Ruinenstädten bei Turfan. Ab 1925 Direktor am Museum für Völkerkunde in Berlin. Le Coq war auch Herausgeber der siebenbändigen Monumentalausgabe „Die Buddhistische Spätantike in Mittelasien" und anderer Bücher über Ostturkestan. Foto KB 23/69 Berlin (West), Museum für Indische Kunst.

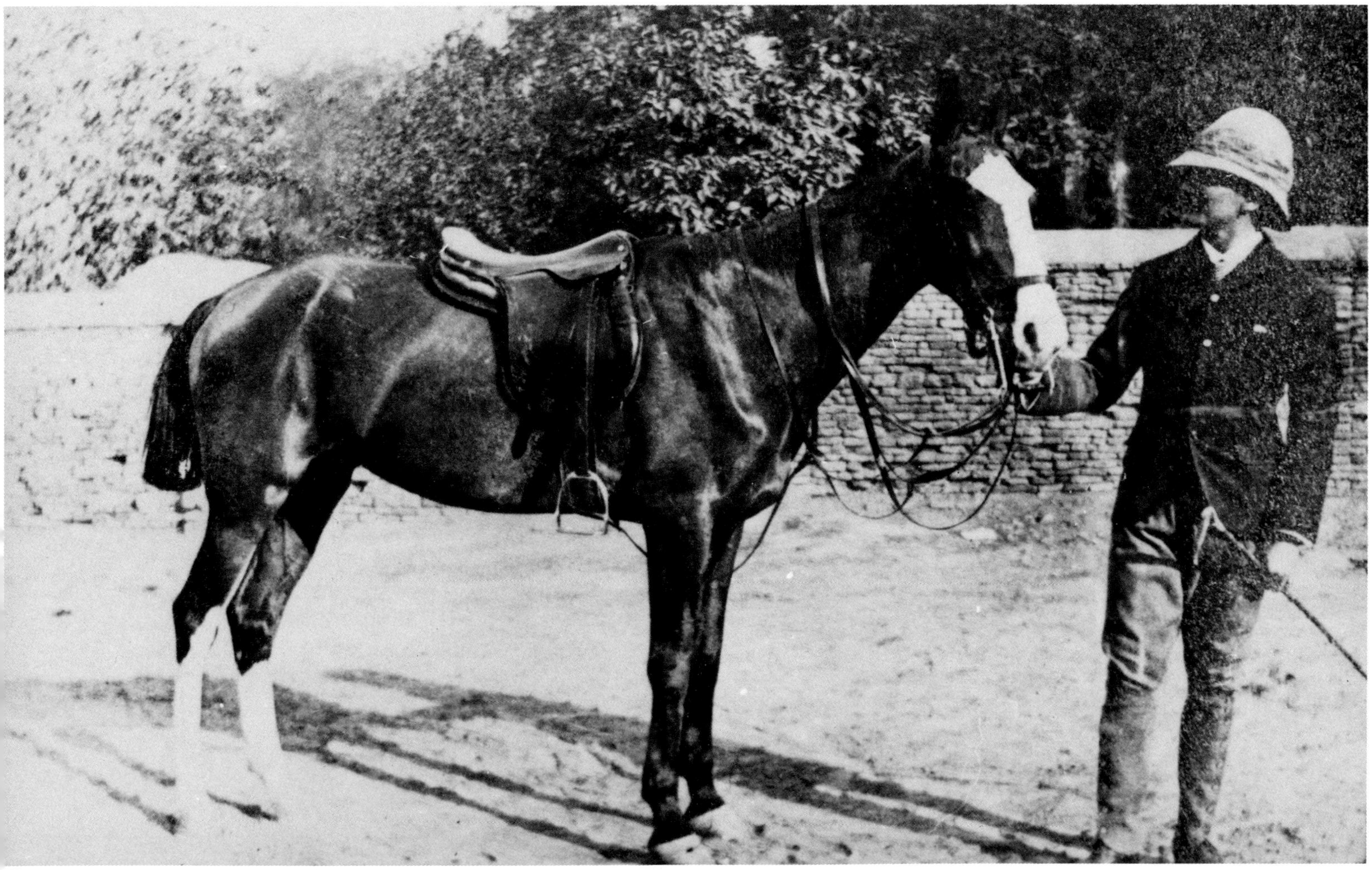
37

38
39

40

41

42

Das „Bower-Manuskript“ und die ersten archäologischen Funde

Für die archäologische Erforschung Sinkiangs sollte jedoch ein Engländer einen entscheidenden Anstoß liefern, der Kavallerieoffizier Hamilton Bower. Er hatte sich für ein Jahr dienstfrei stellen lassen und war nach Sinkiang gegangen. Bei seinem Aufenthalt in Jarkand wurde ihm ein Brief von Capt. Ramsay (British Joint Commissioner) überbracht, in dem ihm der Auftrag erteilt wurde, den Mörder von Dalgleish, Dad Mohammed, aufzuspüren. Bower ging daraufhin nach Kutscha, wo er diesbezüglich Nachforschungen anstellte. Eines Tages erzählte ihm ein Einheimischer von einer in der Nähe befindlichen Stadt, die vom Sand der Takla Makan zugeweht worden war. Ein Freund habe dort ein altes Buch gefunden und sei gewillt, es dem Engländer zu zeigen. Es bestand aus Birkenrindenblättern mit Sanskrittexten, die sofort die Neugier Bowers erweckten. Er brachte es fertig, von dem Einheimischen zu jener Stelle geführt zu werden, wo dieser den Fund gemacht hatte und untersuchte dort die Überreste einer alten Stadt, von der nur mehr verwitterte Holzpfähle zu sehen waren. Als Bower das Manuskript nach Indien brachte, wurde dort sein Wert sogleich erkannt und als eine der bedeutendsten Entdeckungen, die bisher in Zentralasien gemacht werden konnten, eingestuft. Es stellte sich heraus, daß das „Bower-Manuskript“ eines der ältesten erhaltenen Bücher überhaupt ist und aus dem 5. Jahrhundert n. Chr. stammte. Es sollte in der Folge ein ganz neues Gebiet der Linguistik eröffnen und die besondere Aufmerksamkeit eines Mannes erwecken, der später sensationelle archäologische Entdeckungen in Sinkiang machte: Mark Aurel Stein.

Ähnliche Funde gelangen den beiden Franzosen Jules-Léon Dutreuil de Rhins und Fernand Grenard, die 1891–1894 Zentralasien durchquerten. Am 7. Juli 1891 trafen sie in Chotan ein, das sie für die nächsten zwei Jahre als ihr Hauptquartier benutzten. Auf mehreren Einzelreisen berührten sie einige Orte der südlichen Route der Seidenstraße, so Niya, Keriya und Tschertschen, wo sie archäologisch interessante Funde machen konnten. Dutreuil de Rhins ganzes Sinnen und Trachten galt jedoch Tibet. In der Folge überschritt er den Altyn Tagh und den Arka Tagh und gelangte auf neuer Wegroute durch Zentraltibet bis zum westlichsten Quellarm des Mekong. Am 5. Juni 1894 wurde Dutreuil de Rhins durch die Bewohner des Dorfes Tong-bumdo ermordet. Sein Begleiter Grenard konnte entkommen und erreichte im Dezember des gleichen Jahres Peking. Die Aufzeichnungen Dutreuils konnten glücklicherweise durch einen chinesischen Kommissar sichergestellt und dem französischen Gesandten in Peking übergeben werden. Die wissenschaftlichen Ergebnisse veröffentlichte Grenard in einem dreibändigen Werk, von dem Henze sagt, daß es „unstreitig den wichtigsten französischen Beitrag zur Erhellung Zentralasiens im 19. Jahrhundert“ darstellt.[30] An anderer Stelle stuft Henze es als eines der „Meisterstücke des Asiens-Schrifttums“ ein.[31] Auch die archäologischen Funde Dutreuils erreichten zumindest zum Teil Frankreich und wurden in französischen Fachzeitschriften publiziert. Manuskripte in Brāhmī und Kharoṣṭhi[32] aus dem 6. und 7. Jahrhundert wurden auf diese Weise der wissenschaftlichen Welt zugänglich.

1890 war Bower mit seinem Manuskript nach Simla gekommen, wo es in die Hände des Indologen Rudolph Hoernle gelangte. Schon kurze Zeit später war dieser sensationelle Fund auch über die Fachkreise hinaus bekannt. Mr. und Mrs. George R. Littledale, die mit der Legende von der Unzugänglichkeit Sinkiangs aufräumen wollten, wußten auch schon von dem Bower-Manuskript. Von Kaschgar waren sie 1892 durch die Wüste zum Tarim gezogen und diesem bis zum Lop-Nor gefolgt. Sie gingen weiter bis Lan-tschou, wo sie sich auf einem Floß den Huang-he hinuntertreiben ließen. Mrs. Littledale ist damit die erste Europäerin, die Zentralasien auf dieser Route durchzogen hat. In Kutscha hatte ihr Mann versucht zu den Höhlen zu gelangen, wo das Bower-Manuskript gefunden worden war, doch erst nach längerem Verhandeln mit dem örtlichen Amban gelang es ihm, die offizielle Genehmigung für die Besichtigung der Ming-Öi zu bekommen. Die tausenden Buddhafiguren an den Höhlenwänden erregten zwar das große Staunen Littledales, die Jagd nach Relikten der großen Vergangenheit Sinkiangs war jedoch nicht seine große Leidenschaft, ihm hatten es mehr die wilden Kamele und das Altai-Schaf angetan, von denen er etliche erlegte.

Aber nicht nur Großwildjäger fühlten sich angezogen von den Wüsten Sinkiangs, es gab auch andere, mehr dem Jenseits zugewandte Interessen. So finden wir im Jahre 1892 Henry Lansdell in Sinkiang, der seine Erkundungstour aus missionarischem Eifer unternahm. Ausgehend von der damaligen Kopfstation der Eisenbahn, Kuldscha, ging Lansdell über den Muzart-Paß nach Ladakh. Er hatte sich ausführlich mit der Geschichte der Erforschung dieses Gebietes befaßt und eine exzellente Zusammenfassung darüber veröffentlicht.[33]

1893 war wieder ein Jahr der Russen. Zwei große Expeditionen hielten sich damals in Sinkiang auf, eine unter der Leitung von Roborowski und unter Begleitung von Petr Koslov, einem ebenfalls erfahrenen Forschungsreisenden. Bei Luktschun errichteten sie eine meteorologische Station, wo sie zwischen 1893 und 1895 Beobachtungen anstellten. In der bereits erwähnten Luktschun-Senke, die wir schon bei Grum-Grschimailo erörtert haben, beobachteten sie, daß nirgendwo auf der Welt der Sommer heißer und der Winter kälter und der Luftdruck so extrem hoch wäre. Neben diesem naturwissenschaftlich interessanten Phänomen berichtete diese Expedition von der von den Teilnehmern beobachteten Zerstörung altbuddhistischer Kultstätten durch fanatisierte Muslime. Während die Roborowski-Expedition den östlichen Teil Sinkiangs erforschte, arbeitete die zweite russische Expedition unter der Leitung von Obruchev im Grenzgebiet zu Tibet und im östlichen Teil des Tien-Schan. Auf der Rückreise nach Rußland zog diese Gruppe auch durch Turfan und Urumtschi.

Sven Hedin

Mit dem Jahr 1894 tritt erstmals ein Mann in Erscheinung, der für die Aufhellung des bis dahin noch immer relativ unerforschten Gebietes unserer Erde Unschätzbares geleistet hat: Sven Hedin. Vor allem seine zahlreichen, für das breite Publikum gedachten Reiseberichte machten nicht nur ihn populär, sondern auch die von ihm erforschten Länder. Sein großes Vorbild als Forschungsreisender war Prschewalskij, dessen Reiseberichte er ins Schwedische übersetzte. Was die geographischen Probleme betraf, erkannte er bald die überragende Bedeutung des deutschen China-Forschers Ferdinand Freiherrn von Richthofen, dessen Schüler er in Berlin wurde. Hedin studierte bei Richthofen Geologie, doch es hielt ihn nicht lange in Berlin, denn stärker war die innere Berufung, die unbekannten oder wenig bekannten Teile Asiens einer systematischen Erforschung zu unterziehen.

Der eigentliche Beginn seiner Sinkiang-Forschung ist mit seinem Aufbruch im September 1890 von Teheran anzusetzen. Über Meschhed, Buchara, Samarkand, Taschkent und Osch reisend, erreichte er am 7. Dezember 1890 die chinesische Grenze und eine Woche danach Kaschgar, das auf späteren Reisen zu einem „Stern erster Ordnung" für ihn und sein weiteres Wanderleben werden sollte. Er hielt sich jedoch nicht lange dort auf, sondern kehrte über den Tien-Schan zurück in seine Heimat, mit der Überzeugung, damit seine Lehrjahre abgeschlossen zu haben und nunmehr befähigt zu sein, wissenschaftlich „ganz Asien erobern zu können, vom Westen bis zum Osten."[34]

Hedins erste große Expedition dauerte vom 16. Oktober 1893 bis 10. Mai 1897, führte ihn ins Alai-Gebirge und in den Pamir zum Großen Kara Kul und zum „Vater der Eisberge", zum Mustag-Ata, dem heiligen Berg der Kirgisen. Am 1. Mai 1894 erreichte er Kaschgar. Nach dem Pamir wandte sich Hedin nun Tibet zu und brach 1895 von Kaschgar auf, um die Wüste Takla Makan auf neuem Weg zu durchqueren. Über Maralbaschi, Lailik und Merket (am Jarkand Darya) zog Hedin mit vier einheimischen Begleitern und acht Kamelen los und geriet bald in große Schwierigkeiten. Ein Sandsturm und Wassermangel kosteten Hedin beinahe das Leben, und zwei seiner Begleiter blieben verschollen, sein Karawanenführer Islam Bai und ein weiterer Begleiter kamen mit dem Leben davon. Im Juni erreichte Hedin wiederum Kaschgar, von wo aus er eine neue wissenschaftliche Ausrüstung aus Europa bestellte, denn die alte war auf der Strecke geblieben.

Zwischen 14. Dezember 1895 und 5. Jänner 1896 unternahm Hedin eine neue Tour in Sinkiang. Der Weg von Kaschgar nach Chotan war zwar längst von Europäern beschrieben worden, doch Hedin war genau und sammelte ca. 500 geographische Bezeichnungen auf dieser Strecke, die für die westliche Erdkunde neu waren.

Ausgehend von Chotan unternahm Hedin am 14. Jänner 1896 seine nächste Tour, wobei ihm die erste Durchquerung des Tarim-Beckens an seiner breitesten Stelle gelang. Schon zehn Tage nach seinem Aufbruch stieß er auf die Ruinen einer alten Stadt, die seine Begleiter „Takla Makan“ nannten. Aus Funden schloß Hedin, daß es sich um eine buddhistische Anlage gehandelt haben mußte. Die Auffindung einer weiteren Ruinenstadt namens „Kara dung“ gelang ihm wenig später. Am 22. Feber überquerte er bei Tschimen den Tarim, der an dieser Stelle 156 m breit war. Dann beschloß der Schwede weiter zum Lop-Nor zu ziehen. Den Chinesen war dieses Gewässer seit der Han-Zeit bekannt, aber auch schon im Abendland durch das bereits erwähnte Itinerar des Marinus von Tyrus. Auch Marco Polo nennt den Namen Lop, wie wir aus der Ottimo-Fassung wissen (siehe Anm. 16). Auf europäischen Karten erscheint der Name „Lop“ erstmals im 16. Jahrhundert, jedoch nicht als Bezeichnung für das Gewässer, sondern für die den See umgebende Wüste. Bis Hedin war die Lage des Lop-Nor ein geographisches Problem. Als Prschewalskij 1876 die beiden Süßwasserseen Kara-buran und Kara-koschun als Endseen des Tarim entdeckt hatte, war er der Ansicht, es handle sich um den alten Lop-Nor. Richthofen hatte aber dagegen aus geologischer und historischer Sicht Bedenken. Erst Hedin löste das Problem, indem er jene Örtlichkeit aufsuchte, wo nach den Angaben der alten Chinesen der Lop-Nor zu liegen habe. Er erkannte die Eigentümlichkeit dieses Sees, was ihn dazu veranlaßte, einem seiner Bücher den Namen „Der wandernde See“ (Leipzig 1937) zu geben. Hedin erfaßte als erster das hydrographische Wechselverhältnis zwischen Kara-buran und Kara-koschun (südlicher Takla Makan) und dem alten oder nördlichen Lop-Nor.

Im Juni 1896 begann Hedin von Chotan aus eine große Reise durch Nordtibet, Kansu und Ordos, die ihn bis Peking führte, wo er im März 1897 eintraf. Damit war seine erste große Expedition abgeschlossen. Bis zum Beginn seiner zweiten Expedition im Juni 1899 war jedoch Sinkiang Schauplatz weiterer Unternehmungen europäischer Gelehrter.

Man kann ihn zwar nicht als Entdecker und Erforscher Sinkiangs einstufen und doch hat er zur Erschließung dieses Gebietes Wesentliches beigetragen: Nikolai Petrowski, russischer Konsul in Kaschgar und Freund Sven Hedins. Petrowski war es, der als erster eine größere Sammlung von Funden anlegte, die in der Umgebung dieser Stadt gemacht und in den Handel gekommen waren. Er brachte diese Objekte nach Rußland, wo sie das Interesse der Wissenschaftler erweckten und Dmitri Klements dazu inspirierten, selbst Forschungen anzustellen.

1898 war die Klements-Expedition nach Rußland zurückgekehrt, die im Altai und in der westlichen Gobi meteorologische, zoologische und botanische Studien betrieben hatte. Daneben hatte Klements sich noch Zeit genommen, die alten Ruinenstädte bei Turfan, Kara Khoja (Chotscho) und Toek Mazar zu besuchen. In 130 buddhistischen Höhlentempeln fand er Inschriften in Chinesisch, Sanskrit, etc., von denen er einige von den Wänden ablöste und nach Rußland transportierte. Von ihm stammen auch die ersten Fotos der buddhistischen Ruinenstätten von Schortschuk, und auch einige Manuskripte brachte er mit nach Europa. Schon ein Jahr später erschien sein Bericht.[35]

Aber nicht nur Sven Hedin wurde um diese Zeit von der überragenden Wissenschaftlerpersönlichkeit Frh. von Richthofens angeregt und angespornt, auch der deutsche Professor für Geologie an der Technischen Hochschule in Karlsruhe Karl Futterer. Er folgte der Einladung seines ehemaligen Studienkollegen Holderer zu einer Zentralasienexpedition, die die beiden 1898–99 gemeinsam ausführten. Wenn auch kaum Neuland von ihnen betreten wurde, so sind ihre ergänzenden Beobachtungen zu jenen ihrer Vorgänger doch von großem Wert. Bemerkenswerterweise begannen sie ihre Reise in Wien, die sie über Tiflis, Samarkand und Taschkent zum Alai-Gebirge führte. Über den Derek-dawan gelangten sie nach Kaschgar und folgten dann der nördlichen Route der Seidenstraße, wobei sie die Oasenstädte Aksu, Karaschahr, Turfan und Hami besuchten. Sodann durchzogen sie die Gobi nach Su-tschou und auf neuen Wegen über die fünf Ketten des Pe-Schan. Das Ende ihrer Asienreise bildete Shanghai, wo sie sich nach Europa einschifften. Besonders wertvoll sind die Fotos von der Physiographie der innerasiatischen Steppen und Gebirge, die Futterer mitbrachte. Der Deutsche interessierte sich jedoch nicht nur für die Geologie, sondern auch für das Leben in den Oasen Sinkiangs, so berichtet er z. B. über das Karez-System, das er mit jenem Irans vergleicht.

1899 ist auch das Jahr, in dem Sven Hedin seine zweite große Asienexpedition beginnt. Es ging ihm nun darum, die offen gebliebenen Fragen, die sich aus der ersten Expedition ergeben hatten, zu beantworten. Am 17. August 1899 trifft er wieder in Kaschgar ein und drei Wochen später startet er von Lailik aus zu einer Befahrung des Tarim auf einer für seine Zwecke adaptierten Fähre. Durch seine exakten Vermessungen, die er auf 80 großen Blättern niederlegte, wurde dieser Fluß zum bestbekannten Zentralasiens. In Yangi Köl war die Flußreise zu Ende, aber gleichzeitig auch Ausgangspunkt für seine weitere Erforschung der Takla Makan und der Lop-Wüste. In einem 19 Tage währenden Marsch durchzog er auf einer Länge von 285 km neuerlich die Wüste bis Tschertschen. Das nächste Ziel war die Lop-Wüste, wo ihm am 28. März 1900 die Entdeckung der alten chinesischen Stadt Lou-Lan gelang, die archäologisch bedeutsamste Entdeckung Hedins. Eine genauere Untersuchung der Ruinen war ihm jedoch damals nicht möglich, da der Wasservorrat seiner Expedition zu klein war. Ein Jahr später kehrt er nach Lou-Lan zurück, zeichnet nicht nur einen Plan des Ruinenfeldes, sondern führt auch die ersten Grabungen durch. Holzschnitzereien beweisen ihm das hohe Kulturniveau der ehemaligen Bewohner, Papierreste und Stäbchen aus Tamariskenholz mit chinesischen Schriftzeichen lassen ihn auf den Namen der Stadt und auf ihr Alter schließen. Lou-Lan war eine ehemalige Garnison und ein Knotenpunkt der Seidenstraßen und der erste Stützpunkt für die Reisenden, die aus Tunhuang (Su-tschou) kamen. Für Hedin war es klar, daß diese Stadt ehemals am Lop-Nor gelegen hatte und durch eine exakte Vermessung gelang ihm auch der Beweis dafür. Das Lop-Nor-Problem war für ihn gelöst: der Endsee des Tarim verlagere sich zwischen einer nördlichen Einsenkung (alter Lop-Nor) und einer südlichen Einsenkung (Kara-koschun). Hedin sagte voraus, daß durch die Auffüllung der südlichen Senke (Sedimentation) der Tarim in sein nördliches Bett zurückkehren werde, was dann auch 1921 eintraf.

Geologen, Geographen, Missionare, Großwildjäger, Botaniker und Zoologen hatten im letzten Viertel des 19. Jahrhunderts das Tarim-Becken im Westen, zumindest hinsichtlich der naturwissenschaftlichen Seite, gut bekannt gemacht, wenig wußte man jedoch noch über die Geschichte und die Kultur jener Menschen, die einst entlang der Seidenstraßen gelebt hatten.

Forsyth hatte von den Ruinenfeldern in der Nähe von Kaschgar berichtet, Regel hatte die Ruinen Chotschos besucht, Bower ein Buchmanuskript aus Kutscha nach Indien gebracht, Dutreuil de Rhins Manuskripte in Brāhmī und Kharoṣṭhī gefunden, Littledale bei Kutscha die Ming-Öi besucht, Klements von Turfan und seinen Altertümern berichtet und Hedin die Ruinenstadt in der Lop-Wüste entdeckt. Aber bisher hatte kein qualifizierter Altertumswissenschaftler in Sinkiang gearbeitet. Erst mit Dr. Mark Aurel Stein (später Sir M. A. Stein) beginnt die systematische Erforschung im archäologischen Bereich. Stein wurde 1862 in Budapest geboren, ging dortselbst und in Dresden zur Schule, studierte dann in Wien und Leipzig und erwarb seinen Doktorgrad in Tübingen, wo er bei Rudolf von Roth Persisch und Indische Altertumswissenschaft hörte. Im Jahre 1884 kam er nach England, studierte in Oxford klassische und orientalische Archäologie und Sprachen, hielt sich aber auch zeitweise in London am British Museum auf. 1888 ging er dann nach Indien, wo er zehn Jahre am Oriental College in Lahore und als Archivar (registrar) der Punjab University arbeitete. 1899 trat er in den „Indian Education Service" ein, entschloß sich jedoch bald darauf zu seiner ersten großen Zentralasienexpedition.[36]

Ausgehend von Srinagar überquerte er den Kilik-Paß nach Taschkurghan und zog weiter über Kaschgar nach Chotan, das er am 2. Oktober 1900 erreichte. Dort hatte er Begleiter ausgeschickt, die Informationen über mögliche Fundstätten einholen sollten. Aus dem Angebot wählte er Dandan-Oilik, von dem schon Sven Hedin als der Stadt „Takla Makan" gesprochen hatte. Er fand Stuckplastiken, Wandbilder, hölzerne Tafeln und ein reiches Sortiment an Geräten des täglichen Lebens, aber auch zahlreiche Sanskrittexte aus dem 6. und 7. Jahrhundert.

Im Jänner des Jahres 1901 begann er mit Grabungen in Niya und war auch dort erfolgreich. Es fanden sich Holztafeln mit Kharoṣṭhī- und Sanskrittexten sowie Plastiken, die den Einfluß griechischer Kultur zeigten. Mit 12 großen Kisten, vollgepackt mit seinen Funden, trat er noch im gleichen Jahr die Rückreise an und erreichte am 2. Juli London und das British Museum.

Gleich nach der Veröffentlichung von Steins Ergebnissen begannen mehrere Länder Expeditionen nach Sinkiang auszurüsten. Als einer der ersten dürfte der japanische Graf Kozui Otani von Steins Erfolgen gehört haben, da er sich gerade in London aufhielt, als Stein von seiner Reise aus Zentralasien zurückkehrte.

Die Otani-Expedition begann im August 1902 und reiste über Osch nach Kaschgar und Taschkurghan. Da der Graf zu Beginn des Jahres 1903 wieder in Japan sein mußte, blieben nur seine Begleiter Hori und Watanabe in Ostturkestan. Ihr Forschungsschwerpunkt lag in Kutscha, wo sie die benachbarten Höhlentempel untersuchten und Ausgrabungen durchführten. Dabei machten sie wertvolle Handschriftenfunde, die später in das Museum der Universität von Kyoto gebracht wurden.

Zur gleichen Zeit begannen die deutschen Wissenschaftler sich intensiv mit Chinesisch-Turkestan zu befassen, unter ihnen Albert Grünwedel vom Museum für Völkerkunde in Berlin. Im August 1902 starteten er und sein Assistent G. Huth ihre Expedition, die sie über Kuldscha nach Turfan führte, wo das Hauptquartier aufgeschlagen wurde. Schon bei den ersten Grabungen in der Nähe von Turfan gelangen ihnen u. a. reiche Handschriftenfunde. Mit 46 Kisten zu je 37,5 kg traten sie im März 1903 die Heimreise nach Berlin an. Jede der untersuchten Höhlen war von Grünwedel exakt vermessen und die gefundenen Objekte in Plänen eingetragen worden. Als die Erfolge Grünwedels in Deutschland publik geworden waren, begannen sich zahlreiche weitere Wissenschaftler näher mit Sinkiang zu befassen, darunter der Sanskritforscher H. Pischel und der Linguist F. W. K. Müller. So rüstete man bald zu einer zweiten Expedition, die auch diesmal wieder z. T. von dem Stahlmagnaten Friedrich Krupp finanziert wurde. Aber auch Kaiser Wilhelm II., der ein persönliches Interesse an der Sache hatte, griff tief in die Privatschatulle, um das Unternehmen zu ermöglichen. Die Leitung wurde Albert von Le Coq übertragen, und die Expedition war zwischen September 1904 und Dezember 1905 unterwegs. Wieder lag das Arbeitsgebiet bei Turfan und auch bei Hami. Die Ausbeute waren 103 Kisten zu 100–160 kg.

Bei dem dritten Unternehmen schloß sich Grünwedel der Le Coqschen zweiten Expedition in Kaschgar an. Die Arbeiten wurden von Dezember 1905 bis Juni 1907 in Kutscha, Karaschahr, Turfan und Hami durchgeführt, und wieder waren die Ergebnisse enorm: 128 Kisten zu 70–80 kg.

Die vierte Expedition wurde von Le Coq geleitet und dauerte vom Jänner 1913 bis Feber 1914. Diesmal war die Ausbeute 156 Kisten zu 70–80 kg.

Die Beurteilung der neuen Erkenntnisse, die auf diesen Expeditionen gewonnen wurden, kommt vielleicht am besten durch den folgenden Vergleich zum Ausdruck, den Le Coq selbst anstellt:

„Seit der Erforschung der Ruinen von Niniveh durch Sir Austen Henry Layard ist kein anderes Unternehmen durchgeführt worden, welches sich an Wichtigkeit der Ergebnisse mit diesen mittelasiatischen Forschungsreisen vergleichen könnte. Denn hier fand man Neuland! Anstatt eines Türkenlandes . . . entdeckten wir, daß überall an den Seidenstraßen bis zur Mitte des 8. Jahrhunderts Völker indogermanischer Zunge, Iranier, Inder und sogar Europäer gesessen haben. Ihre Sprachen, die zum Teil dem Namen nach, zum Teil überhaupt nicht bekannt waren, wurden in zahlreichen Manuskripten gefunden. Sie wurden alle in Berlin entziffert, übersetzt und wissenschaftlich behandelt . . . Es finden sich nicht weniger als 17 verschiedene Sprachen in 24 verschiedenen Schriftarten.“[37]

Wir haben vorhin schon der Zeit etwas vorgegriffen, als wir die Grünwedel-Le-Coqschen-Unternehmungen aufzählten. Doch kehren wir zurück in das Jahr 1906. Auch die Franzosen wollten nicht nachstehen und rüsteten eine Expedition aus, die von der Societé Geographie de Paris und der Académie des Inscriptions et Belles Lettres gemeinsam ausgerichtet wurde. Als Leiter bestellte man den führenden französischen Orientalisten und Professor für Chinesisch in Hanoi Paul Pelliot. Nach einer einjährigen Vorbereitungszeit verließ die Gruppe Paris im Juni 1906. Der Expedition gehörten Dr. Louis Vaillant, der naturwissenschaftliche Aufgaben erfüllte und Charles Nouette als Photograph an. Von Kaschgar reisten die Franzosen über Maralbaschi, Aksu nach Kutscha und Karaschahr, wo sie acht Monate lang Ausgrabungen durchführten wie schon vor ihnen die Deutschen, Russen und Japaner. Trotzdem waren die Funde außerordentlich reichhaltig. Über Turfan, Hami und Su-tschou zogen sie dann weiter nach Tunhuang, wo es Pelliot gelang, eine große Zahl von Handschriften in Chinesisch, Mongolisch, Tibetisch und Uighurisch aufzufinden und nach Paris zu bringen. Vaillant hatte eine reiche naturwissenschaftliche Sammlung zusammengetragen und anthropologische Messungen durchgeführt. Die heute hauptsächlich in der Bibliothèque Nationale in Paris aufbewahrten Handschriften versetzten die französischen Wissenschaftler in die Lage, nun ebenso wie die deutschen und englischen Kollegen sich an der Entzifferung neu entdeckter Schriften und an dem Studium der alten Sprachen Ostturkestans zu beteiligen. Paul Pelliot gilt auch heute noch als der hervorragendste Sinologe des 20. Jahrhunderts.[38] Seine enorme Sprachbegabung erregte überall Aufsehen und öffnete ihm auch im Expeditionsgebiet die Herzen der Menschen. Durch seine umfassende Bildung und seine Sprachgewandtheit hatte er Zugang zu der gebildeten Schicht Urumtschis gefunden. Ein dorthin verbannter chinesischer Prinz namens Lan schenkte Pelliot sogar eine Handschrift, die aus Tunhuang stammen sollte und deren Wert der Franzose sofort erkannte. Man erzählte, daß ein Mönch von Tunhuang in einem der Höhlentempel Manuskripte gefunden hätte, und es ist daher verständlich, daß Pelliot danach trachtete, möglichst rasch dorthin zu gelangen, um mit diesem Mönch Kontakt aufzunehmen. Und tatsächlich gelang es dem Franzosen, durch diesen taoistischen Mönch Zugang zu der Höhle zu erhalten. Der Fund war überwältigend: an die 15.000 Manuskripte in verschiedenen Sprachen waren dort seit dem 10. Jahrhundert eingemauert gewesen, von denen nun Pelliot die wissenschaftlich bedeutendsten käuflich erwarb und nach Frankreich brachte. Diese Handschriftensammlung ersten Ranges brachte ihm Ruhm und Anerkennung. 1911 erhielt er den Lehrstuhl für Zentralasiatische Geschichte am Collège de France und mit 43 wurde er zum Mitglied der Académie des Inscriptions et Belles Lettres gewählt. Pelliot starb am 26. Oktober 1945.

Zu der Zeit, in der sich Pelliot in Sinkiang aufhielt, befand sich Mark Aurel Stein neuerlich auf dem Weg dorthin. Von Tschitral kommend zog er über den Hindukusch oxusaufwärts zum Wakdschir-Paß und weiter nach Taschkurghan und Kaschgar, das er am 8. Juni 1906 erreichte. Im Herbst des gleichen Jahres wechselte er nach Chotan und fand dort in der Nähe unter einem großen buddhistischen Heiligtum zahlreiche Manuskriptblätter in Sanskrit und in der bis dahin unbekannten Sprache Chotans aus dem 8. Jahrhundert. Im November ging Stein weiter nach Endere und Tscharklik, von welchem Ort er annahm, daß es sich um das alte Lou-Lan handelte. Am 17. Dezember fand er die Ruinenstätte, die Sven Hedin bereits kartiert hatte und begann sogleich mit Ausgrabungsarbeiten. Wieder gelangen ihm Handschriftenfunde, darunter solche in Kharoṣṭhī.

In Miran, seiner nächsten Station, entdeckte er neben tibetischen Handschriften solche in Kök-Türkisch, der ältesten türkischen Schrift. Aber auch Stein zog es zu den Höhlen von Tunhuang, wo er ebenso wie Pelliot einige Handschriften erwerben konnte. Auf der Rückreise nach Westen passierte Stein Turfan zu einem Zeitpunkt, da weder Le Coq noch Pelliot dort arbeiteten. Er mußte zur Kenntnis nehmen, daß die beiden schon vor ihm die Ruinenstätten aufs sorgfältigste durchforscht hatten und für ihn somit nichts mehr zu holen war. Über Aksu kehrte er zurück nach Chotan und nach Ladakh, das er mit erfrorenen Zehen Ende 1906 erreichte. Damit war seine zweite große Expedition zu Ende.

1908 finden wir wieder Japaner in Ostturkestan, wieder unter der Patronanz des Grafen Kozui Otani. Der Leiter dieses neuerlichen Forschungsunternehmens war diesmal B. Aoki. Über Urumtschi und Turfan ging die Gruppe zum Lop-Nor, wobei sie auch Lou-Lan einen Besuch abstattete und dort einige Manuskripte aus dem Sand barg. Über Tschertschen, Keriya und Chotan trafen die Japaner im Juli 1908 in Kaschgar ein.

Aber auch die Russen beteiligten sich an der Suche nach Altertümern, die in den sandverwehten Städten der Gobi schlummerten. Zur Zeit der 3. Le-Coq-Expedition (1905–1907), als die Deutschen in Kutscha arbeiteten, trafen sie mit dem russischen Ausgräber Berezowski zusammen.[39] Im Jahre 1905 hatte das russische Außenministerium ein Komitee zur Erforschung Zentral- und Ostasiens gegründet und die Entsendung von Expeditionen beschlossen. Eine dieser Unternehmungen wurde von Petr Koslov geleitet und führte über die eigentlichen Grenzen Sinkiangs hinaus, an die Grenze Chinas mit der Mongolei. Koslov entdeckte dabei die wichtige und einst auch von Marco Polo besuchte „Schwarze Stadt" Karakhoto (nicht zu verwechseln mit Kara Khoja). In den wenigen Tagen seines Aufenthaltes grub Koslov zahlreiche Handschriften und Münzen aus dem Sand der Gobi, so daß sich zehn Kisten füllten. Ein Jahr später kehrte er wieder, wobei er diesmal im Grab einer Prinzessin gut erhaltene buddhistische Malereien auf Seide, Leinen und Papier fand. 1909 kehrte Koslov wieder nach Rußland zurück.

Eine ausschließlich archäologisch ausgerichtete Expedition war die des russischen Kunsthistorikers und Indologen Sergei Oldenburg. Er verbrachte sechs Monate in Karaschahr, Kutscha und Turfan, wo er die Ruinen von Chotscho untersuchte. Besonders die photographische Ausbeute war enorm, so hatte Dudin, der eigentlich Maler war, für die Expedition 8000 Photos gemacht. Die Funde der Klements-, Koslov- und Oldenburg-Expeditionen sind heute in der

Eremitage in Leningrad zu bewundern. 1910 hatte Oldenburg seine Expedition mit der Rückkehr nach St. Petersburg abgeschlossen.

Der dritte Versuch der Japaner in Sinkiang erfolgte im Jahre 1910. Zuicho Tachibana, der schon an der oben erwähnten Aoki-Expedition beteiligt war, arbeitete wieder in Turfan und danach in Chotscho, wo er zahlreiche buddhistische Texte fand. Er grub auch in der Stadt am Yar (Yar-Khoto oder Jiaohe) und nach Überquerung des Kuruk Tagh in Lou-Lan. Von Tscharklik zog er weiter nach Tschertschen, durchquerte die Takla Makan bis Kaschgar. Die Rückreise erfolgte über Tunhuang, wo er in den „Höhlen der tausend Buddhas" Manuskripte entdeckte, die Stein und Pelliot entgangen waren.

In der Folgezeit wurde es für wissenschaftliche Expeditionen immer schwieriger, Arbeiten in Chinesisch-Turkestan durchzuführen. Ende 1911, Anfang 1912 hatte in China ein Aufstand gegen die herrschende Mandschu-Dynastie stattgefunden. Die kaiserliche Familie wurde aus dem Land vertrieben und die Republik ausgerufen. In Sinkiang war dieser Wandel relativ friedlich verlaufen, dort lag die Macht nun in den Händen von Yang Chun-Shun (Yang Tseng-Hsin), der diese unabhängig von der Zentralregierung bis 1928 ausübte.

1912 entsandten die Italiener unter der Führung von F. de Filippi eine Expedition nach Ostturkestan, die jedoch nur naturwissenschaftliche Ziele verfolgte.

1913 beginnt die dritte und längste von Steins Zentralasienexpeditionen. Sieben Jahre waren seit Beendigung seiner letzten Reise verstrichen, in denen er seine Sammlungen im British Museum ordnete und u. a. sein fünfbändiges Werk „Serindia" schrieb. Finanziert wurde dieses neue Unternehmen durch die indische Regierung mit der Auflage, daß alle Fundstücke dem neuen Museum of Indian Art and Ethnography übergeben werden. Ausgehend von Srinagar folgte Stein einer neuen Route, um den alten Weg wieder zu finden, auf dem zur Zeit der Tang-Dynastie die Kaschmir-Prinzen ihren Tribut nach China geliefert hatten. Über den Darkot-Paß, Hunza und das Taghdumbasch-Tal abwärts erreichte er Taschkurghan, von wo er weiter über Kaschgar nach Chotan ging. Wieder begab er sich nach Niya, um dort seine Grabungen fortzusetzen, und wieder wurde er fündig: diesmal entdeckte er ein Archiv mit Berichten in Kharoṣṭhī. Nachdem er auch Endere, Tschertschen, Tscharklik und Miran besucht hatte, ging Stein zum Kuruk Darya, um dort nach der chinesischen Route zu suchen, die einst von Lou-Lan nach China geführt hatte. Im März 1914 finden wir ihn wieder in Tunhuang, von wo aus er die Reste der Großen Mauer untersuchte, die nach An-hsi geführt hatte.

In Europa tobte schon ein halbes Jahr der Erste Weltkrieg, als Stein sich entschloß, den Winter in Turfan zu verbringen. Drei Monate grub er in Chotscho und kaufte alte Handschriften von den Einheimischen. Diese hatten rasch herausgefunden, daß man damit eine Menge Geld verdienen konnte und hatten auf eigene Faust Grabungen durchgeführt. Auch in Toyuk und in Murtuk (in der Nähe von Turfan) gelangen Stein wertvolle Funde, so daß seine Expedition schließlich mit 50 Kamellasten beladen nach Kaschgar abgehen konnte. Stein selbst blieb noch in Yar-Khoto und folgte dann über Kutscha und Aksu seiner Karawane nach Kaschgar. Von dort zog er allein weiter über den Alitschur-Pamir nach Roschan, Samarkand, Meschhed und Quetta, wo er die britisch-indische Eisenbahnlinie erreichte.

Die Seidenstraße wird befahrbar

1926 unternahm der Deutsche Wilhelm Filchner seine erste Forschungsreise nach Sinkiang, um erdmagnetische Messungen durchzuführen. 1927 studierte die ebenfalls deutsche Trinkler-Expedition die geologischen Verhältnisse in der Takla Makan. In den folgenden Jahren war die wissenschaftliche Erschließung Sinkiangs zum Stillstand gekommen. 1931 hatte der muslimische General Ma Chung-ying (Das große Pferd) den chinesischen Gouverneur Chin Shu-jen angegriffen, der die Sowjetunion um Hilfe bat, um sein Regime zu retten. Er war jedoch nicht erfolgreich und mußte 1934 Sheng Shi-Ts'ai weichen, der nun über weite Teile der Provinz die Kontrolle ausübte. Nun griff die Sowjetunion massiv in Sinkiang ein, um der Rebellion Herr zu werden. Sogar Kampfflugzeuge wurden dabei eingesetzt. Schließlich brach die Revolte, die hauptsächlich von den Dunganen und Kasachen getragen worden war, zusammen, und General Ma mußte sich nach Kaschgar zurückziehen, wo er schließlich gefangengenommen und über die Grenze in die Sowjetunion geschafft wurde. Mitten in diese Kampfhandlungen geriet Sven Hedin mit seiner Sinkiang-Expedition der Jahre 1933/34. Ihm war es gelungen, das Vertrauen der in Nanking sitzenden Kuomintang-Regierung zu gewinnen, die daran interessiert war, die Verkehrsverbindungen mit dem Tausende Kilometer entfernten Sinkiang und damit die politische Kontrolle über die westlichste Provinz zu verbessern. Zweck des Unternehmens war es, die Möglichkeit einer für Automobile befahrbaren Route entlang der alten Seidenstraße ausfindig zu machen. Nicht mehr wie früher auf Kamelen oder Pferden reitend, sondern mit vier Lastwagen und einer Limousine wurde dieses Unternehmen durchgeführt. Es war Hedins Plan bis Kaschgar vorzudringen, doch bereits hinter Turfan gelangte er mit seinen Leuten mitten in die zurückflutenden Dunganentruppen und wandte sich daraufhin nach Süden. Bald jedoch wurde der Treibstoff knapp, und die Expedition mußte nach Urumtschi, wo sie monatelang von den Truppen des General Ma festgehalten wurde. Mit dieser Fahrt bricht in Sinkiang ein neues Zeitalter an, auch wenn nach wie vor die Karawanen mit Hunderten Kamelen, beladen mit Fellen, Wolle, Heilkräutern und Opium unterwegs sind.

Die neue Zeit war auch im Postwesen eingezogen, das damals z. B. in Urumtschi von Europäern organisiert wurde. 1933 traf Hedin dort auch einen mit Weitblick ausgestatteten jungen deutschen Kaufmann namens Dorn, der die weite Reise nicht gescheut hatte, um in Sinkiang Autos zu verkaufen.[40]

In Turfan trifft Hedin auf einen anderen Europäer, einen russischsprechenden Polen mit dem Namen Leszcynski, „ein sogenannter Doktor der Medizin“ und in Kutscha auf das „siebzigjährige Fräulein Engwall“, das dort im Dienste des schwedischen Missionsbundes eine Station betreute.[41]

Drei Jahre danach, im Jahre 1937, wagte sich der bereits erwähnte Wilhelm Filchner wieder nach Sinkiang, um seine beim erstenmal wenig erfolgreichen erdmagnetischen Messungen neuerlich anzustellen. Über Tschertschen reiste er nach Chotan, das damals unter der Herrschaft des Generals Ma Hushan (Ho-san) stand. Dieser hielt Filchner sieben Monate gefangen, bevor er ihn weiter nach Ladakh ziehen ließ. Beim Survey of India konnte der Deutsche sodann seine Messungen überprüfen, die diesmal zu seiner Zufriedenheit ausgefallen waren.

In den Jahren danach wurden die Karawanenwege Sinkiangs zu primitiven Straßen ausgebaut, auf denen Lastautos fahren konnten. Bereits 1939 konnte man von Kaschgar auf der Nordroute über Hami in das Zentrum Chinas mit dem Auto reisen. Einen großen Anteil an dieser Entwicklung hatte die Sowjetunion, die ihren Handel durch Sinkiang, Kansu und Lantschou bis Chunking abwickelte.

Mit der stärkeren Bindung Sinkiangs an das chinesische Mutterland und der damit verbundenen besseren Kontrolle über die Westprovinz kam auch die Feldforschung der Europäer und Japaner zum Erliegen. Ein Versuch der Amerikaner unter dem Orientalisten Langdon Warner vom Fogg Art Museum (Harvard) archäologische Lorbeeren in Sinkiang zu gewinnen, fiel bereits in jene Zeit, als die Chinesen den Wert dieser Kunstschätze erkannten und sie nicht mehr ins Ausland abwandern lassen wollten.[42]

Erst in den letzten Jahren, als sich die VR China dem Tourismus öffnete und Sinkiang in das Programm europäischer, amerikanischer und japanischer Reiseveranstalter einbezogen wurde, gab es wieder die Möglichkeit, die Ruinenstätten entlang der alten Seidenstraßen aufzusuchen. Eine wissenschaftliche Feldforschung ist aber nach wie vor nur den Chinesen selbst vorbehalten. Um so höher ist die Tatsache einzuschätzen, daß es einer österreichischen Gruppe unter der Leitung des Ordinarius für Kunstgeschichte an der Universität Graz, Prof. Dr. H. G. Franz, vom Denkmalamt der VR China gestattet wurde, zumindest Vermessungsarbeiten an buddhistischen Heiligtümern Sinkiangs durchzuführen. Einen Überblick darüber findet der Leser in dem Abschnitt über die photogrammetrischen Arbeiten in Yar-Khoto.

Bei unserer Betrachtung mußten zahlreiche ebenfalls verdiente Persönlichkeiten, die in Ostturkestan gereist sind und unser Wissen um das Land vermehrt haben wegen der gebotenen Kürze unerwähnt bleiben. Dazu gehören vor allem jene, die sich hauptsächlich in den umrahmenden Gebirgen des Tien-Schan, der Pamire, des Kun-Lun und Nan-Schan bewegt haben, oder die wissenschaftliche Ziele nur am Rande verfolgten. In dem vorgegebenen Rahmen sind also Bergsteiger-, Jagd-, Auto- oder Luftfahrtexpeditionen auf der Strecke geblieben, wenngleich sie ebenfalls zur Erschließung des Gebietes beigetragen haben. Dazu zählt z. B. Prinz

Arnulf von Bayern mit seiner Jagdexpedition der Jahre 1907/08 im Tien-Schan, der der deutsche Alpinist Gottfried Merzbacher[43] und der aus Eisenerz in der Steiermark stammende Jäger Fritz Berger angehörten. 1925 bereisten auch zwei berühmte Amerikaner Teile des Tien-Schan: Theodore Roosevelt jr. und sein Bruder Kermit (Söhne des 26. Präsidenten der Vereinigten Staaten von Amerika). Sie waren ausgezogen, um für das Field Museum of Natural History in Chicago seltene Tiere aufzuspüren, darunter das dort vorkommende Marco-Polo-Schaf, das größte Wildschaf der Erde. Die Morden-Clark-Expedition verfolgte übrigens 1926 dasselbe Ziel. Auch die Citroën-Expedition des Jahres 1931 ist in die Geschichte Sinkiangs eingegangen, von der jedoch der Beweis für die Befahrbarkeit der Seidenstraße mit Automobilen zwischen Beirut und Peking nicht vollständig erbracht werden konnte. Die Leiter dieses spektakulären Unternehmens waren Georges-Marie Haardt und Louis Audoin-Dubreuil. Dieser Expedition gehörte übrigens der berühmte französische Paläontologe, Philosoph und Theologe Teilhard de Chardin, der Entdecker des Sinanthropus Pekinensis an.

Wenn auch heute die Ruinenstädte Chotscho und Yar-Khoto oder die buddhistischen Höhlentempel in Kutscha und Bäzäklik nur mehr einen schwachen Eindruck von der einstigen Blüte von Kunst und Kultur entlang der Seidenstraßen vermitteln können, so ist dennoch die Faszination dieses Landes als Drehscheibe einstigen Welthandels und religiöser Begegnung geblieben. Mögen auch heute Asphaltstraßen die Oasenstädte Sinkiangs verbinden, die Wüste zu Nukleartests mißbraucht werden, die Touristen die für sie errichteten Leitern zu den einstigen Heiligtümern in Scharen erklimmen und der Wind der Wüste die letzten Reste der noch aufragenden Tempel hinwegfegen, all das vermag unsere Hoffnung nicht zu zerstören, daß es der westlichen Wissenschaft, den Archäologen und Philologen, den Kunsthistorikern und Religionswissenschaftlern wieder gestattet wird, die Forschungen in Sinkiang dort fortzusetzen, wo sie im ersten Drittel unseres Jahrhunderts so erfolgreich begonnen haben. Nationales Prestigedenken sollte hier ebenso der Vergangenheit angehören wie die Verbringung von Kunst- und Kulturgütern in fremde Länder.

Anmerkungen

1 RICHTHOFEN (1877) 1971: 432, Anm. 3.
2 HIRTH, F.: The Story of Chang K'ien. China's Pioneer in Western Asia. In: Journal of the American Oriental Society, 37, New Haven 1917.
3 Nach RICHTHOFEN soll das Remusat gewesen sein.
4 RICHTHOFEN (1877) 1971: 511.
5 Foe Koue Ki ou Relation des Royaumes bouddhiques: Voyage dans la Tartarie, dans l'Afghanistan et dans l'Inde, exécuté, à la fin du IVe Siècle, par Chy Fa Hian. Traduit du Chinois et commenté par M. Abel REMUSAT. Ouvrage posthume revu, complété, et augmenté d'éclaircissements nouveaux par MM. KLAPROTH et LANDRESSE. Paris MDCCCXXXVI.
6 STEIN, A.: On Ancient Central-Asian Tracks. London 1933: 62.
7 BEAL, S.: Buddhist Records of the Western World. London 1906 – The Life of Hiuen-tsang by the Shaman Hui Li. London 1911.
8 Die exakte Vermessung wurde im Jahre 1970 durch R. Kostka durchgeführt, siehe den Bericht in AFGHANISTAN JOURNAL, Jg. 1, Heft 3: 65ff.

9 GRATZL, K.: Petroglyphen im Wakhan und im „Großen Pamir“. In: GROSSER PAMIR. Graz 1978: 327.
10 HENNIG, R.: Terrae incognitae. II, Leiden 1944^{2}: 116ff.
11 RICHTHOFEN (1877) 1971: 560.
12 RICHTHOFEN (1877) 1971: 566.
13 MIRSKY 1965: 119ff.
14 KÖPPEN, U.: Die Reisen des Marco Polo. Bergisch Gladbach 1983.
15 ZORZI, A.: Marco Polo – Eine Biographie, Düsseldorf 1983.
16 Die entsprechenden Namen in der Ottimo-Fassung aus dem Jahr 1309 lauten: Casciar (Kaschgar), Carcam (Jarkand), Cotam (Chotan), Ciarcia (Tschertschen), Lop Lop (Stadt am Lop-Nor).
17 KÖPPEN 1983: 52f.
18 Der exakte Titel lautet: Libro di divisamenti di paesi e di misuri di mercatanzie e d'altre cose bisognevoli di sapere a'mercatanti; von diesem Buch ist nur eine Handschrift mit 241 Folien in Florenz erhalten.
19 SHAW, R. B.: Mirza on the Geography . . . In: Journal of the Royal Geographical Society, 40, London 1876.
20 Tee wurde bekanntlich in gepreßten Blöcken transportiert und aufbewahrt. Noch heute kann man in Sinkiang Tee in Blockform gepreßt im Laden kaufen.
21 HENZE 1983: 566.
22 SHAW, R. B.: Reise nach der Hohen Tatarei, Yarkand und Kashgar. Jena 1876^{2}: IX.
23 SHAW 1876^{2}: IX.
24 BALL, V.: Memoir of the Life and Work of Ferdinand Stoliczka. London 1886.
25 HENZE 1983: 266.
26 FORSYTH, T. D.: On the Buried Ruins . . . In: Journal of the Royal Geographical Society, 47, London 1877.
27 HEDIN, S.: Die Flucht des Großen Pferdes. Leipzig 1940^{8}: 14.
28 LE COQ, A. v.: Auf Hellas Spuren in Ostturkistan. Leipzig 1926. 41.
29 HENZE 1983: 408.
30 HENZE 1983: 144.
31 HENZE 1983: 396.
32 „Bekanntlich wurde die Kharoṣṭhi-Schrift in Nordwest-Indien und in dem heutigen Afghanistan vom 1. Jh. v. Chr. bis zum, 2. Jh. n. Chr. angewendet . . . Die Funde von einheimischen Sanskrit-Texten in Brāhmī-Schrift besagen keine indische Besiedlung des Landes, da Sanskrit die Sprache der buddhistischen Religion und Brāhmī die dafür übliche Schrift in Zentralasien war.“ (GABAIN 1979: 65).
33 LANSDELL, H.: Chinese Central Asia. A Ride to Little Tibet. London 1893.
34 HEDIN, S.: Mein Leben als Entdecker, Leipzig 1928: 70.
35 KLEMENTS, D.: Turfan und seine Altertümer. In: Izvestija Imperatorskoj Akademii Nauk . . . (Nachrichten über die von der Kaiserlichen Akademie der Wissenschaften zu St. Petersburg im Jahre 1898 ausgerüstete Expedition nach Turfan, Heft 1, St. Petersburg 1899).
36 Dictionary of National Biography, London 1941–50: 832.
37 LE COQ 1926: 10.
38 HAMBIS, L.: Die berühmten Entdecker und Erforscher der Erde (Ed. A. Leroi-Gourhan), Köln o. J.: 193.
39 LE COQ 1926: 10.
40 HEDIN, S.: Die Seidenstraße, Leipzig 1940^{6}: 131.
41 HEDIN 1940^{8}: 69, 242.
42 WARNER, L.: The Long Old Road in China. Arrowsmith 1927.
43 MERZBACHER, G.: Die Gebirgsgruppe Bogdo-Ola im östlichen Tian-Schan. In: Abhandlungen der kgl. bayer. Akademie d. Wissenschaften, 27, München 1916.

Rankenborte. „Kinnarihöhle“, Kumtura (nach Grünwedel).

BIBLIOGRAPHIE:

DABBS, J. A: History of the Discovery and Exploration of Chinese Turkestan. Vol. VIII der Reihe CENTRAL ASIATIC STUDIES. The Hague 1963.

GABAIN, A. von: Einführung in die Zentralasienkunde. Darmstadt 1979.

HAUSSIG, H. W.: Die Geschichte Zentralasiens und der Seidenstraße in vorislamischer Zeit. Darmstadt 1983.

HENZE, D.: Enzyklopädie der Entdecker und Erforscher der Erde, Graz (I) 1973, (II) 1983.

HERRMANN, A.: Die alten Seidenstraßen zwischen China und Syrien. In: Beiträge zur alten Geographie Asiens, I. Abt., Berlin 1910.

HOPKIRK, P.: Foreign Devils on the Silk Road. London 1980.

MIRSKY, J.: The Great Chinese Travellers. Woking – London 1965.

RICHTHOFEN, F. von: China. Ergebnisse eigener Reisen und darauf gegründeter Studien, Bd. I, Berlin 1877 (Nachdruck Graz 1971).

ROWLAND, B.: Zentralasien. Baden-Baden 1979[2].

Wertvolle Anregungen zu dem hier vorgelegten Beitrag erhielt ich von Herrn Prof. Dr. Heinz Grünert und von dem Herausgeber der Enzyklopädie der Entdecker und Erforscher der Erde, Herrn Dr. Dietmar Henze. Beiden Herren möchte ich hiermit meinen herzlichen Dank aussprechen.

Kuppel des Tempels Nr. 6 in Sängim. Rekonstruktion (nach Grünwedel).

Die Weltreligionen in Sinkiang in vorislamischer Zeit

Unter den zahlreichen schriftlichen Zeugnissen, die aus dem Tarim-Becken und aus Kansu auf uns gekommen sind, finden sich so gut wie keine schamanistischen oder volksreligiösen Texte. Fast alle religiösen Dokumente sind den großen Weltreligionen, insbesondere dem nestorianischen Christentum, dem Manichäismus und dem Buddhismus, zuzuordnen. Aus einem manichäischen Dokument erfahren wir etwas über die Konkurrenzsituation zwischen einem „Schamanen" (*qam*) und einem manichäischen „Lehrer", aber schon die Quellenlage macht deutlich, wie diese Konkurrenz ausgegangen ist. Im Gegensatz zu Westturkestan, zum Gebiet von Baktrien und Soghdien, wo sich regionale Formen der iranischen Volksreligion, des Zoroastrismus, bis zur islamischen Zeit im 8./9. Jahrhundert hielten, ja sogar vor dem Eindringen islamischer Heere eine Wiederbelebung erfuhren, haben jene Völkerschaften, die sich in den Oasenstädten östlich des Pamir niederließen, weitgehend ihre früheren Stammesreligionen aufgegeben und sich der Botschaft der genannten Weltreligionen geöffnet. Während wir von der vorbuddhistischen Religion der Chotan-Saken und der Tocharer kaum etwas wissen, verweisen uns vor allem archäologische Funde einschließlich mancher Malereien im Gebiet zwischen Oxus und Yaxartes auf die angestammte Religion der Soghder. Auch wenn diese keine Verbreitung im Gebiet von Sinkiang fand, ist mit einem soghdischen Hintergrund bei dem von den Soghdern vermittelten Manichäismus und Buddhismus zu rechnen; dies läßt sich auch sprachlich nachweisen. Was die Türken angeht, so haben wir in den türkischen Runeninschriften aus der Steppe nördlich der Gobiwüste Zeugnisse für ihre frühe Stammesreligion, in der neben Himmel und Erde auch der Geist des heiligen Ötükän-Gebirges angerufen wurde. Einige Elemente dieser Stammesreligion bleiben nach Niederlassung der uighurischen Türken in den Oasenstädten im Volksglauben lebendig, so wenn in einem manichäischen Text der (schamanistische?) Geist des Ötükän-Gebirges immer noch angerufen wird, wenn der – freilich buddhisierten – Geister (*qut vaxšiklar*) des Himmels und der Erde gedacht wird oder wenn die Idee, im Mittelpunkt des Kosmos zu wohnen, auf Chotscho übertragen wird. Ansonsten aber haben die Weltreligionen dem religiösen Leben in den östlichen Zentralen der Seidenstraße ihren Stempel aufgedrückt. Um ihren Einfluß auf das Gebiet von Sinkiang sichtbar zu machen, muß allerdings auch das historische und geographische Umfeld einbezogen werden.

Nachdem sich die nestorianische Kirche im Jahre 424 verselbständigt hatte, nahm 484 diese „ostsyrische" (offiziell „apostolische") Kirche im sassanidischen Persien auf der Synode von Seleukeia den Namen „Kirche des Ostens" an. Im Gegensatz zur Reichskirche im Westen wurde sie weder in sassanidischer noch in islamischer Zeit staatlich begünstigt. Dennoch hat sie eine bemerkenswerte Missionstätigkeit im Osten bis nach China hin entfaltet.[1] Ohne auf die christologischen Auseinandersetzungen zur Zeit des Nestorius einzugehen,[2] sei bemerkt, daß sich diese Ostkirche von den im Römischen Reich sich ausbildenden Formen des Christentums, der kirchlichen Orthodoxie und ihren Lehrmeinungen, abgrenzte und daß die westlichen dogmatischen Formulierungen seit dem 5. Jahrhundert für sie belanglos blieben. Es waren Literatur und Theologie des syrischen Christentums, die für sie maßgebende Bedeutung hatten. Die syrische Sprache sollte bei ihrer Ausbreitung bis zum Fernen Osten als Kirchensprache jene Rolle übernehmen, die das Lateinische im Westen gewann.

Theologisch wurden wesentliche Weichen in der Synode von 612 gestellt, wo die christologische Formel Bākais des Großen (gest. 628) angenommen wurde. Nach dieser Formel vereinigt Christus zwei Naturen oder Hypostasen in einer einzigen Person (gr. *prosopon*); die Einheit der Naturen ist also „prosopisch", nicht „hypostatisch". In Anlehnung an Nestorius, der als einer der „griechischen Lehrer" der Kirche gilt, wurde für Maria der Begriff „Gottesmutter" vermieden. Damit trug man der menschlichen Natur Christi in besonderer Weise Rechnung. Dennoch verweist das von den Nestorianern verwendete und auch im Tarim-Becken gefundene Kreuz – es ist das Kreuz des Erhöhten – darauf, daß der auferstandene Christus im Mittelpunkt ihres Glaubens steht. Die Betonung der Auferstehung ist dann auch ein roter Faden, der sich durch die Auseinandersetzung mit den Religionen in Zentralasien hindurchzieht.[3]

Das östliche Nestorianertum hat nicht nur eine eigene Lehre über die Kirche und die Sakramente entwickelt, die für das Verständnis mancher soghdisch erhaltener Texte aus Turfan bedeutsam ist,[4] sondern auch eine eigene kirchliche Organisationsform. Diese räumte den Metropoliten der „äußeren Kirchenprovinzen" insofern relative Freiheit ein, als sie nur brieflichen Kontakt mit dem kirchlichen Mittelpunkt im Zweistromland aufrechterhalten mußten. Dieser Mittelpunkt war zunächst Seleukeia-Ktesiphon, Sitz des „Katholikos-Patriarchen", dann seit dem 8. Jahrhundert Bagdad. In islamischer Zeit hat der Katholikos Timotheus I. (780–823) auch die von den Metropoliten geweihten Bischöfe von der Verpflichtung entbunden, sich in ihren Ämtern vom Katholikos persönlich bestätigen zu lassen. Diese Verbindung von Zentralismus und Autonomie in der Verwaltung geographisch weit entfernt liegender Gebiete erwies sich als eine durchaus tragfähige Grundlage für die Ausbreitung des christlichen Glaubens bis nach China und Südindien hin.[5] Die Ausbreitung nach dem Osten wurde auch dadurch erleichtert, daß infolge der Reform von 484/86 das Priesteramt – trotz aller koinobitischen Tendenzen in der Kirche – die Ehe nicht ausschloß, ja die nestorianischen Priester sogar verheiratet sein sollten. Diese Reformen hatten auch zur Folge, daß einerseits die am Fernhandel beteiligten Kaufleute zu Trägern der Mission werden konnten, andererseits aber auch Priester in Ausübung ihrer missionarischen Aufgabe weltlichen Tätigkeiten nachgehen konnten, um ihren Lebensunterhalt zu sichern.

Die Ausbreitung des Nestorianismus nach dem Osten zeigte bereits im 5. Jahrhundert bedeutsame Erfolge. Schon 424 gab es eine Metropolitie in Rēv Ardashīr (in Chuzistan) und Bistümer in Rajj, Seistan, Merv und Herat. Ob es auch einen Bistumssitz in Balch gegeben hat, ist umstritten. Merv und Herat, die im 6. Jahrhundert zu Metropolitien wurden, bildeten Ausgangspunkte einer erfolgreichen Innerasien-Mission, in deren Rahmen wahrscheinlich vor dem 8. Jahrhundert eine Metropolitie in Samarkand entstand. Es gab bis in die islamische Zeit hinein ferner christliche Gemeinden in Buchara, Otrār und Talas. Verhältnismäßig lange hat sich das nestorianische Christentum unter türk-tatarischen Völkern in Westturkestan gehalten, um erst endgültig im ausgehenden 14. Jahrhundert unter Timur ausgemerzt zu werden. Das alte Zentrum Merv blühte noch im 13. Jahrhundert auf, und am Oberlauf des Oxus gab es noch im 14. Jahrhundert eine Metropolitie für das Türk-Volk der Chalatsch.

Die christlichen Gemeinden im Tarim-Becken, die im Gefolge der ersten Missionierungswelle entstanden – sie ist von einer zweiten Welle zu unterscheiden, die im 12. Jahrhundert einsetzte und in der Mongolenzeit (13. Jahrhundert) fortgeführt wurde –, dürften im 9. und 10. Jahrhundert ihre Blüte erlebt haben. Über ihre Verbreitung können wir uns nur ein unvollständiges Bild machen.[6] Lediglich punktuell ist die Präsenz von Nestorianern archäologisch oder literarisch bezeugt. Der zweifellos bedeutendste Fundort ist die Turfan-Oase, wo Reste einer Kirche in Chotscho und darüber hinaus wichtige textliche Zeugnisse auf Syrisch, Persisch, Soghdisch und Türkisch in Bulayik gefunden wurden. Zu Beginn des 8. Jahrhunderts herrschte in Kaschgar ein christlicher Fürst. Zeugnisse der Präsenz von Christen finden sich ferner südlich des Tien-Schan in Jarkand, Chotan und Lou-Lan (8./9. Jahrhundert) am südlichen Zweig der Seidenstraße und in Aksu, Bai und Hami am nördlichen Zweig. Auch Tunhuang ist hier zu nennen. Nördlich des Tien-Schan fanden sich archäologische Reste bei Navekath am Issik-Köl (seit dem 10. Jahrhundert) und im Gebiet der im 9. Jahrhundert teilweise bekehrten Qarluqen im Siebenstromland (südlich des Balchasch-Sees) sowie der ebenfalls teilweise vom Christentum erfaßten Qara Qitai (südlich des Issik-Köl). Die zahlreichen im Siebenstromland gefundenen Grabsteine mit syrischen und z. T. auch türkischen Inschriften sowie die christlichen Zeugnisse aus Almalygh im Ili-Tal, der Residenz der tschagataischen Khane des 13. und 14. Jahrhunderts, stammen zum großen Teil aus der zweiten Missionierungsepoche und sind der Mongolenzeit zuzuordnen.[7]

Auf die Ausbreitung des nestorianischen Christentums in die Nachbarländer des Gebietes von Sinkiang, das gewöhnlich von Ostasien-Missionaren durchquert werden mußte, kann hier

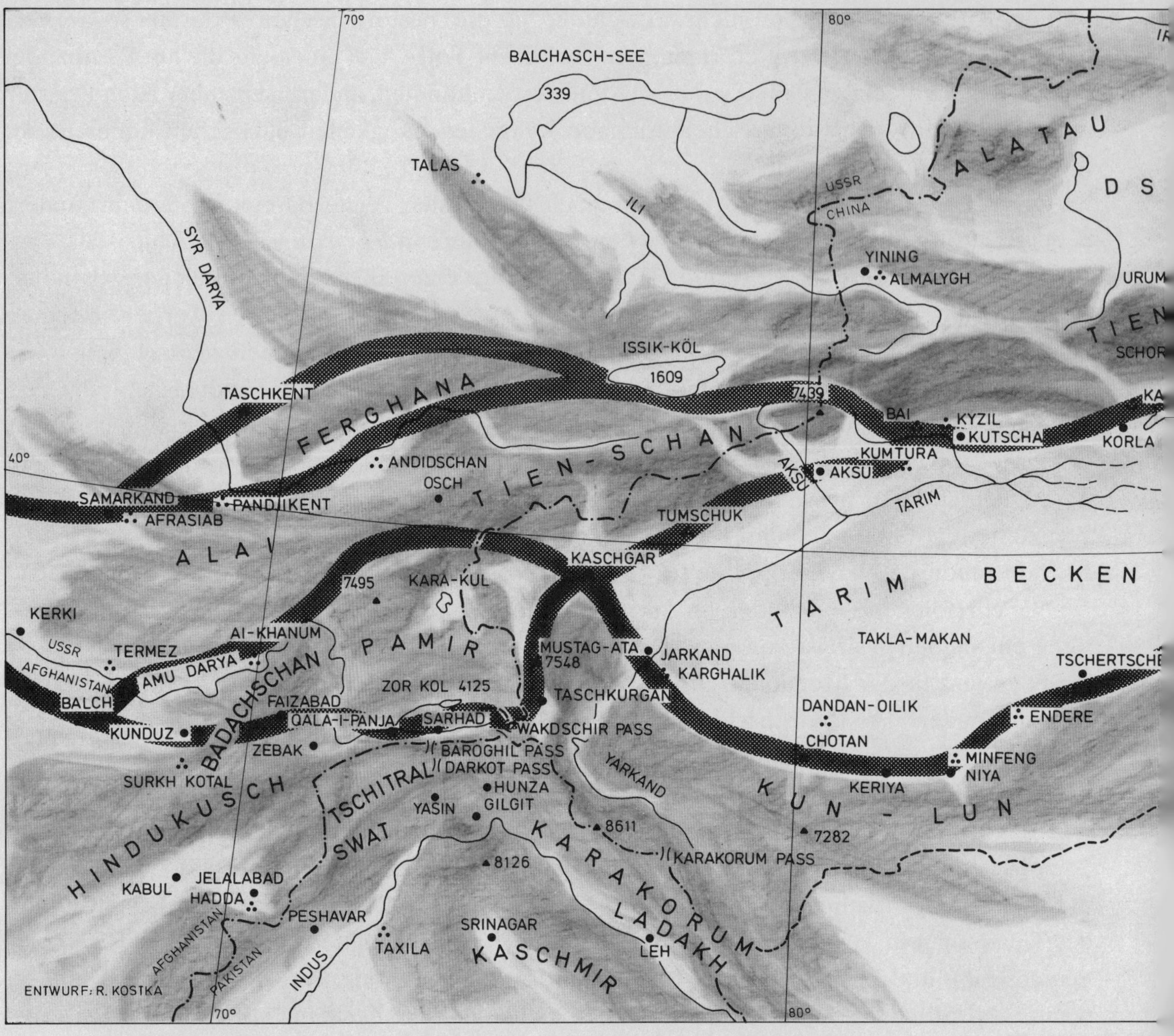

nur verwiesen werden. Immerhin wirft sie ein indirektes Licht auf die Berührung Sinkiangs mit dem Christentum. Nach dem Zeugnis der 781 errichteten nestorianischen Inschrift von Hsian-fu (der damaligen chinesischen Hauptstadt Ch'ang-an) ist ein christlicher Missionar, der Mönch A-lo-pen (Abraham), 635 am chinesischen Hofe empfangen worden. Der Tang-Kaiser Kao-tsung (649–683) erteilte die Erlaubnis, ein christliches Kloster in der Hauptstadt zu gründen. Das Anwachsen der christlichen Gemeinde im 7. und 8. Jahrhundert im Reich der Mitte führte dazu,

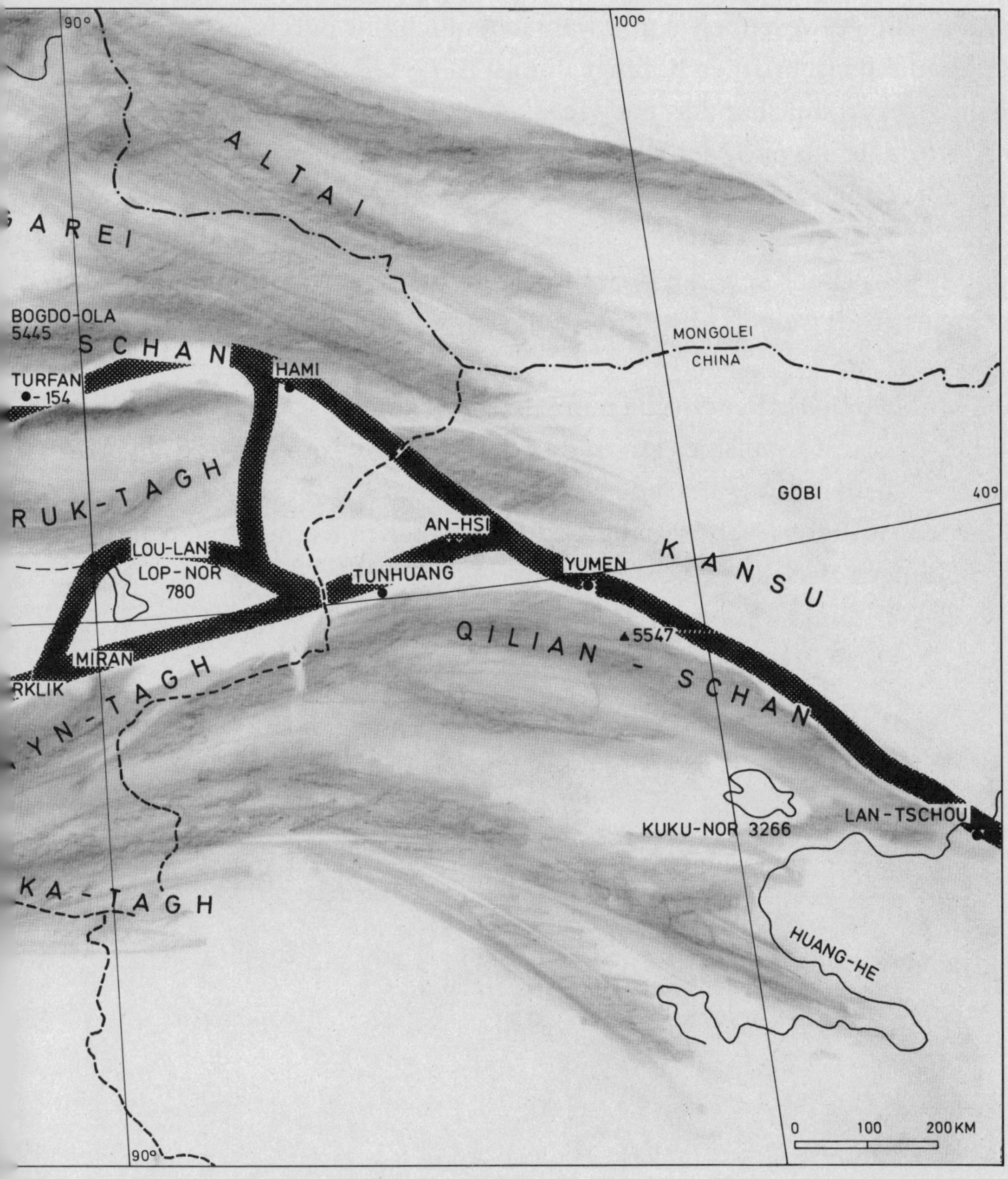

Der Verlauf
der Seidenstraßen
zwischen Samarkand
und Lan-tschou.

daß um 720 ein erster Metropolit für China ernannt wurde.[8] Dieses „monastisch geprägte Kirchenwesen“ (W. HAGE) fiel allerdings dem Gesinnungswandel der chinesischen Herrscher zum Opfer, wie er sich in einem Edikt des Jahres 845 ausdrückt, das sich gegen alle Fremdreligionen wandte. In der zweiten Hälfte des 10. Jahrhunderts war das ostsyrische Christentum in China praktisch erloschen, um erst in der Mongolenzeit neue Wurzeln zu schlagen, dann aber auch mit dem Ende der Mongolenzeit wieder zu verschwinden.

Für den tibetischen Raum ist die Anwesenheit von – wahrscheinlich nur durchreisenden – Christen im 8. Jahrhundert in Ladakh inschriftlich bezeugt. Jüngst ist G. URAY den Nachrichten über tibetische Christen im 8. bis 10. Jahrhundert nachgegangen. Er hat festgestellt, daß sich jedenfalls die Kenntnis des Nestorianismus und Manichäismus unter den Tibetern in dieser Zeit literarisch belegen läßt.[9] Das paßt zeitlich gut zu den Nachrichten über die Missionstätigkeit des Patriarchen Timotheus I. (780–823), der von Christen „bei den Indern und Chinesen, bei den Tibetern und den Türken und in allen Bezirken, die diesem patriarchalischen Thron unterstehen", spricht und darüber hinaus in derselben Quelle hervorhebt, daß auch ein „König der Türken" sich bekehrt habe.[10]

Ein eigenes Kapitel bildet schließlich die Bekehrung mongolischer Stämme wie der Naiman und Kerait, das Wiederaufleben des Nestorianismus vor und in der Mongolenzeit und die dann einsetzende katholische Mission in der Mongolei und in China, worauf u. a. die Berichte westlicher Reisender Licht werfen.[11] Auf das Nebeneinander der christlichen Konfessionen und auf die synkretistischen Verbindungen zwischen Christentum und Schamanismus, die zu dieser Zeit zustande kamen, hat W. HAGE hingewiesen.[12]

Wandmalerei aus der Nestorianischen Kirche in Chotscho: Nestorianischer Glaubensbote hoch zu Roß. Grünwedel, *Kultstätten*, Fig. 677 (S. 33a).

Wenden wir uns den christlichen Zeugnissen aus dem Tarim-Becken zu, so ist an Hand der Turfan-Funde festzustellen, daß hier vornehmlich Soghder tragende Gemeindeglieder waren, sich aber auch Türken zum nestorianischen Christentum bekannten. Die amtliche Kirchensprache ist durch zahlreiche Texte auf Syrisch repräsentiert, ferner durch syrisch-soghdische Bilinguen mit Satz-für-Satz-Übersetzungen. Es zeugt von der Präsenz auch persischer Christen, wenn sich unter den Funden eine mittelpersische Psalterhandschrift findet, ferner sogar ein neupersisch geschriebener Text. Die soghdische Literatur erweist sich zum großen Teil als eine Übersetzungsliteratur, die sich relativ eng an die syrischen Vorlagen anschließt.[13] Zum Teil werden auch persische Werke die Vorlage gebildet haben, wie mittelpersische Wortentlehnungen erkennen lassen. Inhaltlich haben wir es zunächst mit Übersetzungen der Psalmen und von Teilen des Neuen Testaments zu tun, ferner mit Resten theologischer, liturgischer und hagiographischer Werke. Diese Literatur, deren soghdische Sprache nicht unbedingt die der führenden Schicht war, weist aber auch eigenständige Passagen auf, die das Bestreben erkennen lassen, sich vom zunehmend vorherrschenden Buddhismus zu distanzieren.[14] Das steht ganz im Gegensatz zu den Nestorianern in China, die in ihren Übersetzungen um eine bewußte Buddhisierung ihrer Texte bemüht waren. Die wenigen Zeugnisse türkisch-christlicher Literatur, die aus Turfan auf uns gekommen sind, machen jedenfalls deutlich, daß die nestorianischen Uighuren voll in die Gemeinde integriert waren.

Der Manichäismus

Die von dem Religionsstifter Mani (216–276) gegründete gnostische Religion, die sich als Zusammenfassung und Überhöhung aller anderen Religionen, insbesondere des Christentums, Zoroastrismus und Buddhismus, verstand, hat sich in wenigen Jahrhunderten ohne Feuer und Schwert bis zum Atlantik einerseits und bis zum chinesischen Meer andererseits ausgebreitet. Sie kann von ihrer inneren Struktur wie auch von ihrer Ausbreitung her zu den großen Weltreligionen gerechnet werden, obwohl ihre Existenz auf einen Zeitraum von ca. 1500 Jahren begrenzt blieb und sie endgültig im 16. und 17. Jahrhundert in China untergegangen ist. Trotz des immensen Ausbreitungsgebietes der Religion, trotz ihrer Anlehnung an christliche Formen und Formeln im Westen, an zoroastrische im Sassanidenreich und an buddhistische in Zentral- und Ostasien weist sie dennoch eine bemerkenswerte innere Einheit auf, so daß koptische, griechische und lateinische Quellen herangezogen werden können, um Licht auf die iranischen, türkischen und chinesischen Texte aus Zentralasien zu werfen. Die ältesten westlichen und östlichen Originalquellen gehen z. T. auf ostaramäisch-syrische Texte zurück, die leider verlorengegangen sind, die aber jene innere Einheit verständlich machen. Ein Werk Manis, *Šābuh-*

ragān, das dem sassanidischen Herrscher Šāpuhr (Šābuhr) I. gewidmet war und von dem Reste in Turfan erhalten geblieben sind, wurde auf Mittelpersisch verfaßt. Bemerkenswert ist, daß das dogmatische System hinter den östlichen Texten trotz ihrer äußeren sprachlichen Buddhisierung z. T. dem westlichen System näher steht als das der iranischen Texte, zu denen das *Šābuhragān* gehört. Hier haben wir wohl ein Indiz dafür, daß Mani selbst bei seiner Missionstätigkeit im Iran sich die Freiheit nahm, stärker an zoroastrischen und speziell zurvanistischen Sprachgebrauch anzuknüpfen, als dies sein Jünger, der Ostmissionar Mār Ammō, getan hat, der im Stammland der Parther und im Gebiet des ehemaligen Reiches der Kuschan (skr. Kuṣāṇa) missionarisch tätig war. Dies geschah, obwohl Mār Ammō schon den Prozeß der Übernahme buddhistischer Begriffe einleitete, der der Entwicklung im Osten seinen Stempel aufdrücken sollte. Auf ihn berufen sich dann auch jene Dīnāwarīya, die Anhänger der wahrscheinlich um 600 von Šād-Ohrmizd gegründeten Schule,[15] deren textliche Zeugnisse in Turfan auf uns gekommen sind.

Gottheit in der Mondsichel, von zwei verehrenden Gestalten flankiert. Links und rechts Heilsgestalten, die mit dem Lebensbaum identifiziert werden, aus: Klimkeit, *Manichaean Art und Calligraphy,* Taf. XXV.

Freilich versteht sich die zentralasiatische Dīnāwarīya-Gemeinde als Erbin und Hüterin der Lehre Manis; dessen Lehre müssen wir hier in gebotener Kürze skizzieren, da der Manichäismus die wohl am wenigsten bekannte Weltreligion ist.

Aus einem neugefundenen griechischen Mani-Kodex aus Ägypten wissen wir, daß Mani in der judenchristlichen Täufersekte der Elchasaiten aufgewachsen ist und daß er mit etwa 24 Jahren diese Gruppe verließ, um mit einer eigenen gnostischen Lehre hervorzutreten.[16] Der Name des Gründers dieser Sekte, Elchasaios, ist in den parthischen Turfantexten erhalten. Man kann davon ausgehen, daß Mani mit gnostischen Ideen aus dem syrisch-mesopotamischen Raum vertraut wurde, ehe er seine eigene synkretistisch anmutende, aber in sich durchaus geschlossene Lehre konzipierte. Freilich ist noch immer nicht klar zu erkennen, was genau seine eigene Doktrin, was die Weiterbildung derselben durch die frühe Gemeinde darstellt. Sollte der parthische „Sermon vom Lichtnous", von dem Fragmente aus Turfan auf uns gekommen sind und dessen freie chinesische Übertragung (um nicht von einer Übersetzung zu sprechen) aus Tunhuang bekannt ist („Traktat Pelliot"), tatsächlich auf Mani selbst zurückgehen, so hätten wir hier eine wesentliche Quelle der urmanichäischen Lehre, die hinter dem „buddhistischen Sprachgewand" (H. SCHMIDT-GLINTZER) des chinesischen Textes greifbar würde.[17]

Der wesentliche Grundgedanke der manichäischen Lehre wird durch die Formel von den „zwei Prinzipien und den drei Zeiten" zum Ausdruck gebracht. Sie besagt, daß sich uranfänglich zwei Prinzipien, Licht und Dunkelheit, einander gegenüberstanden. Diese verkörpern sich in zwei „Reichen", dem „Reich des Lichts" und dem „Reich der Finsternis", die scharf voneinander abgegrenzt sind. Im Lichtreich herrscht der Lichtvater, umgeben von seinen „Äonen", Gottheiten, die aus ihm „hervorgerufen" wurden. Im Land der Finsternis herrscht jener Teufel, der der iranischen Tradition gemäß Ahriman genannt und der in buddhisierten Texten als Māra bezeichnet wird. Er steht an der Spitze von bestialischen Dämonen, die – von Gier und anderen Leidenschaften angetrieben – in Unfrieden und Uneinigkeit leben.

Diese Urzeit der anfänglichen Trennung beider Reiche geht in die zweite Periode der „Vermischung" über, als die Finsternismacht, auf die Schönheit des Lichtreichs neidisch, einen Angriff vorbereitet, der zur Auseinandersetzung zwischen beiden Reichen führt. Da die zwei Prinzipien geradezu stofflich gedacht sind, kommt es im Zuge der Auseinandersetzung zu einer Vermischung beider Substanzen, und eben dieser Zustand ist es, der das gegenwärtige weltliche Dasein des Menschen kennzeichnet. Der manichäische Mythos legt in epischer Breite dar, welche Aktionen des Finsternisreichs und welche Gegenaktionen des Lichtreichs erstens zu dieser die Welt kennzeichnenden Vermischung geführt haben und zweitens dazu angetan sind, das in der Finsternis, und das heißt in der Materie, festgehaltene Licht wieder zu befreien und seiner ursprünglichen Heimat zuzuführen. Wesentlich ist, daß das große kosmische Geschehen, das eingeleitet wird durch die Entsendung des „Urmenschen" zum Kampf gegen die Finsternis und das seine Fortsetzung finden muß, weil dieser nach seiner Gefangennahme zwar befreit wird, seine fünf Söhne aber in die Gewalt der Finsternismacht geraten, seine Entsprechung im Anthropologischen hat. Die fünf Söhne des „Urmenschen", das gefangene und von den Dämonen zerrissene und in den Körper gebannte Licht, stellen die fünf „Seelenglieder" des Menschen dar, die „gesammelt" und befreit werden müssen. Das so zu befreiende Licht ist das „lebendige Selbst", das den göttlichen Funken im Menschen darstellt und das in unerlöstem Zustand sich seines Ursprungs nicht bewußt ist. Der Mensch wird durch die Botschaft von Erlösergestalten, unter denen „Jesus der Glanz", ein himmlisches Lichtwesen, eine vornehmliche Rolle spielt, aus dem „Schlaf der Vergessenheit" geweckt. Ihm verleihen sie das Bewußtsein, daß seine Heimat nicht in dieser Welt, sondern im Lichtreich ist. Dieses Wissen, das auch das Wissen um die kosmologischen Ereignisse impliziert, verbürgt die Erlösung. Dabei bedarf es aber auch einer strengen asketischen Lebensführung und fortwährender Buße, um den hohen, ja überweltlichen religiösen Idealen gerecht zu werden. Das bedeutet, daß in der Regel nur der „Erwählte" (*Electus*), der eine mönchische Lebensform auf sich nimmt, nach dem Tode ohne Wiedergeburt ins Lichtreich eingehen kann. Manche Texte sehen aber auch die Erlösung für den frommen „Hörer" (*Auditor*) vor, der zum Kreis der Gemeindeglieder zählt, die im Laienstand verbleiben. Das Ideal des „vollkommenen Hörers" besteht in dauernder Läuterung von Gedanken, Worten und Werken sowie in ständiger Buße. Die Wichtigkeit der Buße erhellt daraus, daß kein Turfantext in so vielen Exemplaren gefunden wurde wie das *Xvāstvānīft* genannte Beichtgebet für Hörer.

Manichäische Hängerolle aus Ruine K in Chotscho mit Heilsgestalt auf Lotosthron sitzend, Stab mit Kreuz haltend. Es handelt sich wahrscheinlich um „Jesus den Glanz" im Gespräch mit dem Knaben, der die Erlösung suchende Seele darstellt. Höhe ca. 60 cm. Berlin (West), Museum für Indische Kunst.
Le Coq, *Chotscho,* S. 8.

Die zunehmende Ausläuterung des Lichtes aus der Welt im Zuge des Erlösungsprozesses führt nach manichäischer Anschauung in der Endzeit zur Zunahme von Haß und Streit und schließlich zu einem großen Krieg, in dessen Gefolge das Reich der Finsternis überwunden und die ursprüngliche Trennung beider Reiche wiederhergestellt wird. Die Endzeit ist zugleich mit einem eschatologischen Gericht verbunden, in dem Jesus als Weltenrichter eine maßgebliche Rolle spielt.[18]

Während Mani seine Lehre im sassanidischen Reich unter Šāpuhr I. (242–273) relativ unbehelligt verbreiten konnte, spitzten sich die Gegensätze zur sassanidischen Staatskirche unter Führung des zoroastrischen Oberhaupts Kirdēr zunehmend zu. Auf dessen Einfluß geht es zweifellos zurück, wenn Vahrām (Bahrām) I. Mani im Jahre 276 einkerkern ließ; an den Folgen dieser Haft ist er gestorben. Dieses gewaltsamen Todes gedenkt die manichäische Gemeinde beim Bēma-Fest. In den manichäischen Bēma-Hymnen aus Turfan wird der Tod des vergöttlichten Stifters als sein Eingehen ins Parinirvāṇa beschrieben.

Die manichäische Ostmission wurde durch das erfolgreiche Wirken des schon genannten Mani-Jüngers Mār Ammō eingeleitet, der im parthischen Stammland bis hin nach Merv und ins ehemalige Kuschan-Reich Anhänger unter Reichen und Vornehmen gewann. Die nach Manis Tod einsetzende Verfolgung der Manichäer führte im Osten zu einer Verlagerung des Schwerpunktes der Gemeinde in zentralasiatische Gebiete. Hierbei dürfte neben Parthern den Soghdern eine maßgebliche Rolle in der Tradierung und Ausbreitung der Lehre zugefallen sein. Ihre Kaufleute gelangten bis nach China, zu den Türkstämmen im Gebiet der heutigen Mongolei und sogar bis nach Sibirien. Das Erstarken einer vermutlich vorwiegend von Soghdern getragenen manichäischen Gemeinschaft in China nach dem ersten Auftreten eines hohen manichäischen Geistlichen am chinesischen Hof im Jahre 694 wurde für Zentralasien von entscheidender Bedeutung. Denn als der Herrscher des uighurischen Steppenreichs, Bögü Khan, im Jahre 762 in Lo-yang manichäische Electi traf, die ihn zu ihrem Glauben bekehrten, erhob er die „Religion des Lichts“ zur Staatsreligion seines Reichs. Nicht aus dem Westen, sondern aus dem Osten erfolgte also die entscheidende Missionierung. Inwiefern die zum offiziellen Glauben erhobene Religion wirklich auch das Volk erfaßte, läßt sich schwer sagen. Die Zerstörung des uighurisch-manichäischen Reiches durch die Kirgisen im Jahre 840 war zwar Anlaß für die Auswanderung der Uighuren nach Kansu und in die Oasenstädte des Tarim-Beckens, bedeutete aber nicht das Ende des Manichäismus in Zentralasien. Die zu ihren Glaubensbrüdern geflohenen Uighuren, die hier das Reich von Chotscho (ca. 850–1250) gründeten, führten die Tradition fort, und der Manichäismus fand zeitweilig königliche Förderung. Welche Herrscher in dem sich zunehmend dem Buddhismus aufschließenden Reich von Chotscho Anhänger der Lehre Manis waren, läßt sich nicht genau sagen. Der Manichäismus dürfte hier zu Anfang der Mongolenzeit (13. Jahrhundert) untergegangen sein; in Tunhuang ist er vermutlich schon im 11. Jahrhundert zur Zeit des Einfalls der Tanguten (Hsi-hsia) ausgestorben.

Die zahlreichen textlichen Zeugnisse des Manichäismus aus Turfan und Tunhuang, die schon vor dem Ersten Weltkrieg in den Westen gelangten, sind bis heute nicht alle ediert und übersetzt. Während die wichtigen, relativ gut erhaltenen chinesischen Texte aus Tunhuang (u. a. die „Londoner Hymnenrolle“ und der „Traktat Pelliot“) schon früh eine Bearbeitung erfuhren,[19] ist der noch unveröffentlichte Rest türkischer Manichaica erst vor kurzem publiziert worden.[20] Die in den letzten Jahren erfolgreich wiederaufgenommene Erforschung der iranischen Manichaica, die Texte auf Mittelpersisch, Parthisch und Soghdisch umfassen,[21] verspricht, noch wesentliche neue Materialien zur Erforschung der untergegangenen Weltreligion zu liefern.

Unter den bisher veröffentlichten Dokumenten nehmen neben Lehrtraktaten liturgische Texte und Hymnen einen breiten Raum ein. Die letzteren vor allem zeugen von der lebendigen Religiosität, die die Anhänger Manis in Zentralasien beseelte.

Die bildlichen Quellen zum Manichäismus an der Seidenstraße, die leider nur in fragmentarischen Resten erhalten sind, werfen ein Licht auf das von Manichäern in Ost und West hochgeschätzte und selbst von ihren Gegnern bewunderte künstlerische Schaffen. Die turfanischen Miniatur- und Wandmalereien sind die einzigen Zeugnisse der Kunst dieser Weltreligion, die auf uns gekommen sind.[22]

43 – Wandmalerei aus der Nestorianischen Kirche in Chotscho: Persisch-nestorianischer Prediger vor türkischen Gemeindemitgliedern. 70 x 63 cm. Berlin (West), Museum für Indische Kunst. Le Coq, Chotscho, Taf. 7a.

44 – Wandmalerei aus der Nestorianischen Kirche in Chotscho: Türkische Nestorianerin. 42 x 21 cm. Berlin (West), Museum für Indische Kunst. Le Coq, Chotscho, Taf. 7b.

45 – Zwei Manichäische Tempel- oder Votivfahnen aus Chotscho: Links die Gestalt einer *Electa,* die durch die Inschrift als „die Fürstin Bosusch“ identifiziert ist, rechts ein *Electus,* von verehrenden Laien umgeben. Die Heilsgestalten am oberen Bildrand könnten Mani oder „Jesus den Glanz“ darstellen. Nat. Größe. Berlin (West), Museum für Indische Kunst. Le Coq, Chotscho, Taf. 3a und b.

46 – Fragment einer manichäischen Prunkhandschrift. Links von Blumenranken umgeben eine Anrufung des „vierfältigen Gottes“, d. h. Gott, Licht, Kraft, Weisheit. Aus Ruine K in Chotscho. Berlin (West), Museum für Indische Kunst. Le Coq, Chotscho, Taf. 5, rechts.

47 – Fragment einer manichäischen Miniatur: Manichäische Feier des Bēma-Festes. Aus Chotscho. Berlin (West), Museum für Indische Kunst. Le Coq, Spätantike II: Manichäische Miniaturen, Taf. 8a.

48 – Fragment einer manichäischen Miniatur: Manichäische Feier des Bēma-Festes. Aus Chotscho. Berlin (West), Museum für Indische Kunst. Le Coq, Spätantike II: Manichäische Miniaturen, Taf. 8b.

49 – Manichäisches Wandgemälde aus Ruine K in Chotscho. 168 x 88 cm. Dargestellt ist vermutlich Mani im Kreise von *Electi, Electae* und Laienanhängern (rechts). Berlin (West), Museum für Indische Kunst. Le Coq, Chotscho, Taf. 1.

43

44

49

Der Buddhismus

Ausgangspunkt der buddhistischen Mission in die Gebiete des heutigen Afghanistan, Ostiran, Sowjetisch-Mittelasien und Sinkiang war jener nordwestindische Raum, in dem vom 1. bis 4. Jahrhundert die Gandhāra-Kunst blühte. Aber schon lange vor dem Auftreten dieser Kunst hatte der Buddhismus hier Fuß gefaßt. Archäologische Zeugnisse verweisen uns auf buddhistische Kultstätten im nordwestlichen Indien zur Zeit des Maurya-Reichs (um 330–150 v. Chr.). Es war die Mission des großen Maurya-Herrschers Aśoka, die durch mehrere Inschriften in Nordwestindien und Afghanistan bezeugt ist und maßgeblich zur Verbreitung der Buddha-Lehre in diesem Raum beigetragen hat. Seine Inschriften sind z. T. in Kharoṣṭhī-Schrift geschrieben und in der Sprache des Nordwestens, Gāndhārī, verfaßt. Sie stehen neben zweisprachigen Inschriften, die auch griechische und aramäische Texte enthalten und ein frühes Zeugnis für die Begegnung des Buddhismus mit iranischem und hellenistischem Geist im indisch-iranischen Grenzgebiet sind. Die bedeutende Stellung des Buddhismus zur Zeit des Maurya-Reichs bezeugen u. a. zahlreiche archäologische Reste von Stūpas, zu denen auch der Dharmarājika-Stūpa in Taxila gehört. Der chinesische Pilger Fa'hsien, der das Gebiet um 400 n. Chr. besuchte, beschreibt den Zustand der buddhistischen Zentren zu seiner Zeit und verweist dabei auch auf die Periode Aśokas.[23]

Als das Maurya-Reich zusammenbrach, beherrschten indisch-griechische Könige dieses Gebiet.[24] Zwar läßt sich schwer sagen, inwiefern sie sich dem Buddhismus öffneten, aber ein bedeutender Pāli-Text, der *Milindapañha* („Die Fragen des Königs Milinda"), zeugt von dem Interesse jedenfalls dieses Herrschers an der buddhistischen Lehre. Die Religionspolitik der hellenistischen Könige in Mittelasien dürfte durch Toleranz, aber nicht durch ausgesprochene Förderung der Buddha-Lehre gekennzeichnet gewesen sein.

Zwar wurde die Entwicklung des Buddhismus im indischen Nordwesten durch die Eroberungen der iranischen Śakas (Skythen) und der auf sie folgenden Pahlavas (Parther) unterbrochen, doch haben sich beide Völkerschaften nach anfänglichen Zerstörungen buddhistischer Heiligtümer der Lehre des Erhabenen zugewandt.[25] Das im 1. Jahrhundert v. Chr. gegründete Kuschan-Reich[26] bot vom 1. Jahrhundert n. Chr. an günstige Voraussetzungen für die Ausbreitung der indischen Religion bis in den ostiranischen Raum, in das Gebiet zwischen Oxus und Yaxartes und ins Tarim-Becken. Obwohl die Kuschan-Herrscher teils an zoroastrischen Traditionen festhielten, teils eigene synkretistische Glaubensformen zum Programm erhoben, erfuhr die Buddha-Lehre unter manchen Herrschern königliche Unterstützung.[27] Wenn in der Tradition Kaniṣka, der wohl bedeutendste Herrscher des Reichs, als der große Förderer des Buddhismus gefeiert und als zweiter Aśoka hingestellt wird, so geht dies zweifellos auf einen historischen Sachverhalt zurück, auch wenn nicht mehr erkennbar ist, inwiefern frommer Glaubenseifer und inwiefern religionspolitische Erwägungen sein Handeln bestimmten.

Was die buddhistischen Schulen angeht, die in der Zeit des Kuschan-Reichs Ausbreitung erfuhren, so haben wir uns diese relativ mannigfaltig vorzustellen. Eine bedeutende Rolle in der anfänglichen Missionierung bis hin ins Tarim-Becken übernahm die Dharmaguptaka-Sekte, deren Kanon auf Gāndhārī verfaßt war. Auf die Wichtigkeit dieses Dialekts als der Sprache früher buddhistischer Gelehrsamkeit in Zentralasien und auf das missionarische Wirken der genannten Schule hat F. BERNHARD aufmerksam gemacht.[28] Die Dharmaguptaka-Schule ist bis auf kleine Reste erst im 7. Jahrhundert in Zentralasien untergegangen, nachdem sie selbst unter dem Einfluß der mächtigen Sarvāstivādin-Schule das Sanskrit als Gelehrtensprache angenommen hat.

Weiterhin haben wir mit Vertretern der Mahāsaṃgikas, der Sarvāstivādin- und der Yogācāra-Schule zu rechnen. Daß sich in den ersten Jahrhunderten n. Chr. der Mahāyāna-Buddhismus nicht nur auf indischem, sondern auch auf kuschanischem Gebiet entwickelte, ist heute deutlich.[29]

Die große Bedeutung des Kuschan-Reichs für die Verbreitung der Buddha-Lehre im Sinkiang benachbarten Westturkestan (Sowjetisch-Mittelasien) haben die archäologischen Grabungen sowjetischer Wissenschaftler gezeigt. Obwohl auf afghanischem Boden relativ wenige Klöster ausgegraben wurden, sind die Zeugnisse aus dem parthischen, baktrischen und auch soghdischen Raum bemerkenswert. So ist ein großes buddhistisches Heiligtum in Merv (Margiana) gefunden worden, das spätestens auf das Ende der parthischen Zeit (also vor 224 n. Chr.) datiert wird. Zum Zentrum gehörte ein Stūpa, vor dem eine hohe Buddhafigur gestanden haben muß.[30] Dieses wichtige Zeugnis für einen parthischen Buddhismus wird ergänzt durch linguistische Beobachtungen. Die frühesten manichäischen Texte auf Parthisch, die ins 3. Jahrhundert zurückreichen, weisen bereits indisch-buddhistische Lehnwörter auf.[31] Beispiele für einen blühenden Buddhismus im kuschanischen Baktrien sind die Klosteranlage Kara Tepe bei Termez nördlich des Oxus sowie andere buddhistische Heiligtümer in diesem Gebiet.[32]

Die Einverleibung des Kerngebiets des Kuschan-Reichs durch die Sassaniden tat dem Buddhismus nicht wesentlichen Abbruch. Der erste sassanidische „Kuschan-Schah“, Pērōz, Bruder Šāpuhrs I., ließ Münzen mit der Buddhafigur und mit zoroastrischen Symbolen prägen und erwies sich darüber hinaus als Förderer des Manichäismus. Die manichäischen kirchengeschichtlichen Berichte, die von den Erfolgen der manichäischen Mission in „Kušān“ berichten, lassen den dortigen Einfluß des Buddhismus zu Anfang der Sassanidenzeit deutlich werden. Die zeitweilige Verfolgung von Nicht-Zoroastriern im Sassanidenreich, von der wir gesprochen haben, dürfte auch den Buddhismus berührt haben, obwohl sonst mit dem Nebeneinander von Zoroastrismus und Buddha-Lehre zu rechnen ist.

Im nordwestlichen Indien und in manchen Gegenden Afghanistans entstanden auf dem Boden des zerfallenden Kuschan-Reichs kleinere Königreiche, deren Herrscher sich dem Buddhismus zuwandten und die Errichtung von Tempeln, Klöstern und Stūpas förderten. So wurden zwischen dem 3. und 5. Jahrhundert die Stūpas von Hadda errichtet und die Höhlenklöster von Bamiyan ausgeschmückt. Die nun einsetzende Blüte des Buddhismus im Gebiet der westlichen Seidenstraßen erlitt zwar durch den Einfall der Weißen Hunnen oder Hephthaliten einen regional unterschiedlichen Rückschlag, dauerte aber grundsätzlich bis zur islamischen Zeit. Der beginnende Verfall der Gemeinde im nordwestlichen Indien, den Hsüan-tsang im 7. Jahrhundert beobachtete, geht nicht nur auf politische, sondern auch auf wirtschaftliche Gründe zurück. Hinzu kommt für Indien, daß dort seit der Gupta-Zeit der Hinduismus wieder größere Geltung gewann. In einigen Tälern des oberen Indus und seiner Nebenarme wie in Gilgit pflegte man aber noch im 7. und 8. Jahrhundert regen Kontakt zu Glaubensbrüdern im Tarim-Becken, z. B. in Chotan. Bei Gilgit gefundene Handschriften wie auch buddhistische Felsinschriften und Felsmalereien an der über den Karakorum führenden Handelsstraße zeugen von der Lebendigkeit dieser Verbindung. Auch blühte noch zu dieser Zeit der Buddhismus nördlich des Oxus, wie die aus dem 7. und 8. Jahrhundert stammenden Klosterruinen von Adzhina Tepe im unteren Vakhsh-Tal zeigen.[33]

Fragment einer Wandmalerei aus Tempel Nr. 9 in Bäzäklik bei Turfan: Dämonischer Lampenträger des Kubera. 64,2 x 25,7 cm. Berlin (West), Museum für Indische Kunst. MIK III, 6875.
Le Coq, *Chotscho,* S. 15.

Das Schicksal der Buddha-Lehre westlich und nördlich des Pamir kann hier im einzelnen nicht erörtert werden.[34] Deutlich ist, daß ein wiedererstarkender Zoroastrismus – zweifellos in einer regionalen Ausprägung – in Soghdien in der Zeit des 7. und 8. Jahrhunderts z. T. zur völligen Zurückdrängung des buddhistischen Einflusses geführt hat, da wir keine buddhistischen Spuren in den soghdischen Malereien finden. Dennoch wird es auch hier einige Zentren der Buddha-Lehre gegeben haben. Daß die arabischen Eroberungen in Westturkestan nicht zu einem abrupten Ende des Buddhismus geführt haben, darauf machte schon vor längerer Zeit W. BARTHOLD aufmerksam.[35]

Im Tarim-Becken haben wir zu unterscheiden zwischen den buddhistischen Zentren an der südlichen und denen an der nördlichen Handelsstraße. Hauptträger der frühen buddhistischen Mission waren neben Mönchen auch Kaufleute, wobei zweifellos indischen und soghdischen Handelsleuten eine besondere Bedeutung für die Verbreitung der Lehre zukam. Die Präsenz indischer Händler ist vor allem an der Südstraße bezeugt, wo es auch indische Kolonien gab. Die Soghder verfügten über eine ganze Kette von Handelsstützpunkten zwischen ihrem Stammgebiet und China. Obwohl die Anfänge der Buddhisierung des Tarim-Beckens weitgehend im Dunkeln bleiben, zeigt die Rolle zentralasiatischer Mönche bei der Übertragung indisch-buddhistischer Texte ins Chinesische, daß mehrsprachige Gelehrte von der Seidenstraße schon in den ersten Jahrhunderten eine wichtige Funktion als Vermittler der Buddha-Lehre nach China übernahmen. Wenn wir selbst von einem bedeutenden parthischen Gelehrten aus Buchara, An Shi-kao, wissen, daß er nach seinem Eintreffen in Lo-yang 148 n. Chr. eine rege Übersetzungstätigkeit entfaltete, so liegt es nahe, anzunehmen, daß auch die Zentren zwischen seiner ursprünglichen und seiner neuen Heimat vom Buddhismus berührt waren. In zunehmendem Maße waren es dann Gelehrte aus Baktrien, Chotan und Kutscha neben Indern und Soghdern, die eine missionarische Rolle als Übersetzer buddhistischer Werke im Reich der Mitte übernahmen.

Zur Zeit An Shi-kaos dürfte der Buddhismus Kaschgar erreicht haben, wo er zur offiziellen Religion wurde. Wahrscheinlich schon gegen Ende des 1. Jahrhunderts war die buddhistische Religion in Chotan eingeführt worden. Daß hier zunächst Gāndhārī die Sprache der Missionare war, zeigt u. a. die Tatsache, daß ein hier erworbenes und wohl auch gefundenes Fragment des *Dharmapada* in jenem Dialekt abgefaßt ist. Östlich von Chotan deuten die von Sir Aurel STEIN in Miran gefundenen buddhistischen Malereien, die einen stark iranischen Einfluß aufweisen, aber auch indische Elemente erkennen lassen und die ins 3. Jahrhundert datiert werden, auf die Präsenz buddhistischer Mönchsgemeinden im weiteren Gebiet jenes stark von indischer Kultur beeinflußten Reiches von Lou-Lan (Schan-Schan oder Kroiriana) hin, das im späten 4. Jahrhundert unterging. Dieses Gebiet war ein bedeutendes Durchgangsland für Chinareisende auf der südlichen Straße, ehe dieser Weg vom 4. Jahrhundert an durch zunehmende Austrocknung immer weniger passierbar wurde. Zahlreiche archäologische Reste von Stūpas und Klöstern in

Niya und anderen Orten an der Südstraße unterstreichen die Wichtigkeit des südlichen Handelsweges, dem Fa'hsien um 400 nur noch teilweise gefolgt ist.

Das bedeutendste buddhistische Kulturzentrum an der Südstraße war zweifellos Chotan. Sowohl Fa'hsien, der die Oase um 400 besuchte, wie auch Hsüan-tsang, der um 630 auf seinem Weg nach Indien einen Monat in der Stadt haltmachte, beschreiben in lebendigen Farben das rege religiöse Leben in der Stadt mit ihren zahlreichen Klöstern, die Tausende von Mönchen beherbergten. Hier lösten etwa im 7. Jahrhundert die iranische Lokalsprache der Chotan-Saken wie auch das schon vorher verbreitete Sanskrit die Gāndhārī-Sprache ab. Es entstand eine bedeutende literarische Überlieferung in der Regionalsprache in der Zeit vom 7. bis 10. Jahrhundert. Daß der Buddhismus hier durchaus eigenständige Formen schuf, zeigt jenes bedeutende „Buch des Zambasta", das nach einem chotanesischen Stifter benannt ist und wohl keine Übersetzung aus dem Sanskrit, sondern eher eine chotanesische Kompilation darstellt.[36] Was die Pflege des Sanskrit betrifft, so war dies nicht nur eine literarische Angelegenheit. Diese Sprache wurde auch zu rituellen Zwecken verwendet, etwa zur Rezitation des *Pratimokṣasūtra.* Dem literarischen Schaffen steht eine zwar an Indien orientierte, aber doch eigenständige buddhistisch-künstlerische Tradition zur Seite, die durchaus autochthone Formen aufweist.[37] Literatur und Kunst spiegeln einen blühenden Mahāyāna-Buddhismus. Aus späterer Zeit sind einige wenige Vajrayāna-Texte auf Chotanisch erhalten. Daß in der Gegend von Chotan keine Höhlenklöster gefunden wurden, mag mit örtlichen geologischen Verhältnissen zusammenhängen; es weist uns aber auch darauf hin, daß die hiesigen Mönche dem weltlichen Leben offener gegenüberstanden als manche ihrer Glaubensbrüder an der nördlichen Seidenstraße.[38]

Wandmalerei im Tempel am Nordende der Terrasse, Bäzäklik bei Turfan. Länge: ca. 195 cm. Śivaitische Schutzgottheiten mit furchterregendem und freundlichem Aussehen vor dem Podest einer Buddhafigur. In den Toren links und rechts Lokapālas (Weltenhüter), vor denen Bodhisattvas knien.
Le Coq, *Chotscho,* Skizze, S. 17 unten.

Die Zentren der eine indogermanische Sprache sprechenden Tocharer, nämlich die Oasen von Kutscha und Karaschahr, wo die Dialekte B bzw. A gesprochen und geschrieben wurden, sind ebenfalls durch ihre literarischen und künstlerischen Traditionen bedeutsame Stätten buddhistischen Mönchslebens und buddhistischer Gelehrsamkeit gewesen. Ob der von Fa'hsien besuchte Ort Wu-e, der zu seiner Zeit 4000 Hīnayāna-Mönche beherbergte, mit Karaschahr zu identifizieren ist oder zwischen den beiden genannten tocharischen Zentren liegt, ist noch nicht geklärt. Vor allem Kutscha, das wie Chotan ein die Gemeinde stützendes Königtum besaß, hat ein beachtliches Klosterleben aufgewiesen. Die Oase, die vermutlich im 1. Jahrhundert n. Chr. buddhisiert wurde, war lange ein Zentrum des Hīnayāna.[39] Von der reichen Ausstattung der Klöster und der königlichen Förderung der Buddha-Lehre zeugen nicht nur chinesische Berichte, sondern auch die bedeutenden archäologischen Funde der Preußischen Turfanexpeditionen. Die Wandmalereien in den zahlreichen Höhlen von Kyzil bei Kutscha zeugen ebenso wie die Anlagen der Felsheiligtümer von einer eigenständigen Kunsttradition, die jedenfalls bis 640 n. Chr. bestand, als ein chinesisches Heer die Stadt besetzte. Danach treten in zunehmendem Maße ausgesprochen sinisierte Formen in der Malerei auf, wie vor allem die neuesten Grabungen chinesischer Archäologen erweisen. Diesen Malereien können wir entnehmen, daß auch die bis nach China hin bekannte kutschäische Musik eine Rolle im Kultus spielte.

Die in Kutscha aufgefundenen buddhistischen Texte sind im wesentlichen auf Sanskrit und Tocharisch B abgefaßt, obwohl wir Anhaltspunkte dafür haben, daß die Gāndhārī-Sprache bis ins 7. Jahrhundert in Gebrauch war. In erster Linie aber pflegte man die Sanskrit-Tradition. Auch hier wurde die heilige indische Sprache im Kult und bei Rechtsakten der Gemeinde verwendet. Zahlreiche Vinaya- und Sūtra-Texte, in Brāhmī-Schrift geschrieben, sind aus Kutscha erhalten. Dazu kommen Übersetzungen aus dem Sanskrit ins Tocharische, wobei neben Lehrtexten jene *Jataka*- und *Avadāna*-Erzählungen übertragen wurden, auf die die tocharischen Künstler bei der Ausgestaltung der Höhlen zurückgriffen. Da diese Texte im wesentlichen der Zeit zwischen dem 6. und 8. Jahrhundert zugewiesen werden müssen, wird deutlich, daß der tocharische Buddhismus auch nach 640 lebendig blieb. Viel Eigenständiges hat die bisher publizierte tocharische Literatur allerdings nicht aufzuweisen.[40] Manche Texte sind aber insofern interessant, als ihre Sanskrit-Vorlagen bis heute noch nicht aufgefunden worden sind. Dies gilt z. B. für das bruchstückhaft erhaltene Werk *Udānalaṃkāra* („Schmuck des Udāna"), das einen Kommentar zum *Udānavarga* darstellt. Das in Turfan gefundene Manuskript des Werkes *Maitreyasamiti* („Das Zusammentreffen mit Maitreya"), das auf Tocharisch A abgefaßt ist, gibt vor, aus dem Sanskrit übersetzt zu sein, doch hat sich auch in diesem Fall bisher kein Sanskrit-Urtext entdecken lassen. Auch wenn das Werk auf ein indisches Original zurückgeht, muß es erst in Zentralasien abgefaßt worden sein.

Den speziellen Charakter des tocharischen Buddhismus wird man eher im Künstlerischen als im Literarischen suchen müssen.[41] Eine wesentliche Bedeutung der tocharischen Zentren liegt ferner darin, daß sie den Buddhismus nach dem Osten vermittelten und daß von ihnen wichtige Impulse zur Übertragung indisch-buddhistischer Werke ins Chinesische ausgingen, wofür der Name des großen Übersetzers Kumārajīva aus Kutscha (gest. um 415) beispielhaft genannt sei.

Das wohl geistig bedeutsamste Zentrum des Tarim-Beckens an der Nordstraße war die Oase Turfan, ein Ort kultureller Begegnungen, wie man sie sich nicht mannigfaltig genug vorstellen kann. Auf die ethnische Vielfalt der Einwohner und Besucher der Oase verweist etwa jene Parinirvāṇa-Darstellung in Bäzäklik, die die Trauernden um das Sterbelager des Buddha in ihrer völkischen Eigenheit zeigt, wobei die diversen Völker, die sich an der Seidenstraße zusammenfanden, repräsentiert sind. Dieses Motiv kennen wir auch aus Tunhuang. Der seit der zweiten Han-Zeit (vor 220 n. Chr.) u. a. von Chinesen besiedelte Ort, der natürlich auch seine Vor- und Frühgeschichte hat, zählte zu seinen Einwohnern auch Tocharer, Soghder und Türken. Vor allem nach der Zerschlagung des uighurischen Steppenimperiums siedelten türkische Uighuren in Turfan und gaben der Kultur der Oase ein zunehmend türkisches Gepräge, zumal sich in Chotscho ein türkisches Königtum etablierte, das ca. 850–1250, also bis in die Mongolenzeit hinein, bestand. Auch wenn manche Herrscher dieses Königreiches Manichäer waren, wandten sich die Könige des kleinen Reichs ebenso wie das Volk immer mehr dem Buddhismus in seiner Mahāyāna-Form zu. Unübersehbar ist aber auch der Beitrag chinesischer Mönche zum Gemeindeleben.

Fragment einer Wandmalerei aus den Höhlen von Kyzil/Kutscha: Das *Śaśa-Jātaka.* Geschichte von dem Hasen, der in ein Feuer springt, um sich für einen Brahmanen als Nahrung hinzugeben.
Le Coq, *Spätantike* VI, Fig. 188 (S. 58).

Das früheste Auftreten des Buddhismus in Turfan läßt sich nicht feststellen. Fa'hsien, der die Oase um 400 durchquerte, erwähnt das spätere Chotscho (Kao-ch'ang) nur, ohne über einen Aufenthalt hier zu berichten. Eine von O. FRANKE bearbeitete chinesische Tempelinschrift, die auch die Kenntnis taoistischer und konfuzianischer Werke verrät, gilt dem Ruhme Maitreyas und eines kurz zuvor verstorbenen türkischen Fürsten. Sie führt uns in die Zeit zwischen dem beginnenden 5. und 7. Jahrhundert.[42] Zweifellos war der Buddhismus aber schon wesentlich früher in der Oase vertreten. Die Türken der Steppe scheinen offiziell in der Mitte des 6. Jahrhunderts mit der Buddha-Lehre in Berührung gekommen zu sein, [43] und bei der Einführung des Manichäismus ins Steppenreich im Jahre 762 hatte die indische Religion schon im Volke Wurzeln geschlagen. Eine ausgesprochene Zuwendung zu ihr erfolgte allerdings erst nach Auswanderung aus der Steppe und Niederlassung in den Oasenstädten.

50 – Wandgemälde aus Tempel „Russisch Z" in Chotscho. 95 x 63 cm. Meditierender Buddha auf Lotos-Thron sitzend; eine aus einer Reihe zahlreicher ähnlicher Figuren. Berlin (West), Museum für Indische Kunst. Le Coq, Chotscho, Taf. 11a.

51 – Wandmalerei von Tempel Nr. 9 in Bäzäklik bei Turfan (seitlich vom Eingang der Cella). Uighurische Würdenträger als Stifter. 59 x 57 cm. Berlin (West), Museum für Indische Kunst. Le Coq, Chotscho, Taf. 30a.

52 – Fragment einer Wandmalerei aus Tempel Nr. 6 in Bäzäklik bei Turfan. Stifterbilder uighurischer Fürsten. Über den Stifterfiguren finden sich Namenkartuschen. 114 x 102 cm. Berlin (West), Museum für Indische Kunst. Le Coq, Spätantike III, Taf. 14.

53 – Wandmalerei aus Tempel Nr. 9 in Bäzäklik bei Turfan. Praṇidhi-Szene Nr. 6. 325 x 280 cm. Stifter in der Gestalt soghdischer Kaufleute bringen dem Buddha Gaben dar und erhalten von ihm die Verheißung zukünftiger Buddhaschaft. Berlin (West), Museum für Indische Kunst. Le Coq, Chotscho, Taf. 22.

54 – Fragment einer Wandmalerei aus Tempel Nr. 9 in Bäzäklik bei Turfan (jüngerer Doppelraum auf der Südseite des Tempels). Tantrisches Bild einer dreiköpfigen Ḍākinī. In der oberen Inschrift Anrufung des Maheśvara. 152 x 104 cm. Berlin (West), Museum für Indische Kunst. Le Coq, Chotscho, Taf. 34.

50

51

52 54

Waren zunächst die Tocharer und Soghder die Lehrmeister der buddhistischen Türken, wovon nicht nur Wortentlehnungen im Uighurischen zeugen, sondern auch Übersetzungen ganzer Schriften wie des vorher genannten Werkes *Maitreyasamiti* ins Türkische, so eigneten sich in den Mönchsstand eingetretene türkische Geistliche auch eine Sanskrit-Bildung an; es wurde eine bedeutsame Sanskrit-Gelehrsamkeit gepflegt, wovon die zahlreichen Sanskrit-Texte aus Turfan Zeugnis ablegen, die zum großen Teil der Sarvāstivādin-Schule zuzuordnen sind. In zunehmendem Maße orientierte man sich auch am chinesischen Buddhismus und übertrug die heiligen Texte aus dem Chinesischen ins Türkische. Die Übersetzungsarbeit umfaßte allerdings nicht alle Bereiche der buddhistischen Literatur. Man scheint die Vinaya-Texte, die Texte der Ordenszucht, im wesentlichen auf Sanskrit tradiert zu haben. Ansonsten aber muß die uighurische Übersetzungsliteratur umfangreich gewesen sein, wie Hinweise auf nicht mehr erhaltene Werke in auf uns gekommenen Fragmenten vermuten lassen. Daß in später Zeit auch aus dem Tibetischen übersetzt wurde, zeigen vor allem tantrische Texte. Mit einem gewissen Einfluß der Tibeter seit der kurzzeitigen nördlichen Machtausdehnung Tibets im 8. Jahrhundert ist zu rechnen, obwohl die fragmentarischen, großenteils säkularen Turfan-Tibetica sich nicht mit den buddhistischen Tibetica aus Tunhuang messen lassen können.

Ist der größte Teil der buddhistischen Literatur auf Türkisch (Sūtras, Kommentare, Erzählungen, Beichttexte, Zaubertexte) eine Übersetzungsliteratur, die nicht nur in Turfan, sondern auch in Tunhuang und in China selbst entstand, so haben wir doch auch Zeugnisse einer eigenständigen literarischen Tätigkeit der Uighuren.[44] Sie zeigt sich vor allem in der türkisch-buddhistischen Dichtung.[45] Auch kann man vermuten, daß manche Beichtformeln für Laien erst auf zentralasiatischem Boden entstanden sind, zumal sie keine Vorbilder im indischen Buddhismus haben. Der spezifische Charakter des türkischen Buddhismus kommt u. a. in den z. T. umfangreichen Kolophonen zum Ausdruck, in denen sich vielfach eine undogmatische Stifterfrömmigkeit spiegelt.[46] Schließlich verweist auch die religiöse Kunst auf Eigenständiges, trotz mancher Anlehungen an chinesische Formen, mit denen sie aber nicht die Beschwingtheit und Gelöstheit teilt, die uns in Tunhuang entgegentritt. Diese religiöse Kunst, oder was von ihr erhalten ist, ist in erster Linie eine klösterliche, wie sie uns in den Malereien der Höhlen von Bäzäklik entgegentritt. Wie wohl überall an der Seidenstraße verstand man das Heiligtum als Abbild eines „Buddhalandes" (*buddhakṣetra*), ohne daß man es allerdings wie in Tunhuang wagte, ein solches Land perspektivisch auf einer Wand wiederzugeben. Es wird meistens nur durch Symbole angedeutet. Neben Buddha- und Bodhisattva-Figuren, neben Erzähldarstellungen und Predigtszenen, nehmen auch hier die Stifter eine auffällige Rolle ein, was von der Bedeutung und auch der religiösen Hochschätzung des Laientums zeugt. Erst in einer relativ späten Phase treten in dieser Kunst auch tantrische Elemente auf.

Die Tatsache, daß keineswegs nur Türken der buddhistischen Gemeinde in Turfan angehörten und neben Uighuren vielfach auch chinesische Mönche dargestellt sind, ferner der Umstand,

Fragment einer Wandmalerei aus der Schluchthöhle in Kyzil/Kutscha: Das *Saṅkhapāla-Jātaka.* Der fromme Schlangenkönig Saṅkhapāla läßt sich ohne Gegenwehr von Leuten mißhandeln und schleifen. Ein vorbeikommender Kaufmann löst ihn aus.
Le Coq, *Spätantike* VI, Fig. 203 (S. 60).

daß der Kreis der Verehrer und Förderer sich aus Vertretern verschiedener Völkerschaften zusammensetzte, verleiht dem turfanischen Buddhismus einen „internationalen" Charakter, was nicht zuletzt durch die Vielzahl der benutzten Schriftformen zum Ausdruck kommt.

Versuchen wir zum Schluß, einige kennzeichnende Aspekte des Buddhismus an der Seidenstraße hervorzuheben, so orientieren wir uns an den sichtbaren Objekten der Verehrung. Im Mittelpunkt des Gemeindelebens stand nicht nur die abstrakte Lehre, sondern die Gestalt des Buddha. Zwar wußte der Glaubensdenker um das Grunddogma, das den sichtbaren Buddha nur als Konkretisierung jenes „Leibes der Lehre" (*dharmakāya*) begreift, der letztlich nicht vorstellbar ist. Dennoch hat sich die Frömmigkeit an der sichtbaren Gestalt orientiert und sie in den Mittelpunkt ihrer Heiligtümer gestellt. Wird aus manchen Stiftungsurkunden deutlich, daß der Buddha unseres Zeitalters, Śākyamuni, den Bezugspunkt bildet, den voraufgegangene Buddhas für Gestalten aus der buddhistischen Erzählung darstellen, so ist es doch keineswegs nur der historische Buddha, der Gegenstand der Darstellung ist. Neben diesem und dem in Vairocana verkörperten kosmischen Buddha ragen aus dem Kreis der Erleuchteten vor allem jene heraus, die eine „mystische" oder „eschatologische" Frömmigkeit auf sich gezogen haben, vor allem Amitābha und Maitreya. Die Kulte beider Gestalten erfreuen sich besonderer Beliebtheit in

Wandmalerei aus der Maya-Höhle, 3. Anlage, Kyzil/Kutscha: Verbrennung der Leiche des Buddha. 346 x 379 cm. (= 2. indo-iranischer Stil). Berlin (West), Museum für Indische Kunst. IB 8861. Le Coq, *Spätantike* VI, Taf. 15

Zentralasien. Daß das ersehnte Reich des Amitābha dabei keineswegs nur als ein fernes Anderswo verstanden wurde, sondern auch als Sinnbild für den von Befleckungen gereinigten Geist aufgefaßt werden konnte, darauf verweist ein aus dem Chinesischen übersetzter Turfantext. An Maitreya, den in Zukunft Kommenden, haben sich die Frommen u. a. in Zeiten der Not und der Gefahr orientiert; seine Schutzfunktion erstreckt sich aber auch auf die Gegenwart, und es ist auffällig, wie ausgeprägt seine Gestalt in Kunst und Literatur der Chotan-Saken, Tocharer und Uighuren war. Wenn seine Gestalt dadurch historisiert wird, daß man von seinem irdischen Wirken zur Zeit des Śākyamuni berichtet (so in der *Maitreyasamiti*), so scheinen sich iranische Vorbilder von einem Erlöser geltend zu machen, der schon erschienen ist, dessen abermaliges Kommen man jedoch erwartet.

Werden die Buddhas als Kultbilder in absoluter Ruhe verharrend oder predigend dargestellt, so erweisen die Bodhisattvas, die in leichter Bewegtheit erscheinen können, dadurch ihre Nähe zum Frommen, ja zu allen Lebewesen überhaupt, daß die von ihnen ausgeübte Verdienstübertragung diesen zugute kommt. Die Idee der Verdienstübertragung ist dann auch die Grundlage für die Praxis der Stifter. Sie wenden der Gemeinde nicht nur Gaben im materiellen Sinne zu, sondern begeben sich damit auf den Bodhisattva-Pfad und wenden das aus der Stiftung erwachsene Verdienst Göttern, Herrschern und lebenden sowie verstorbenen Verwandten zu. Ihre Zuwendungen sind orientiert an der Opferbereitschaft des Bodhisattva, was augenfällig exemplifiziert wird durch die zahlreichen Darstellungen von Themen, die sich auf das Wirken des Bodhisattva vor seiner Erleuchtung beziehen. Unter den göttlichen Bodhisattvas ist es vor allem Avalokiteśvara in seiner männlichen oder weiblichen, sinisierten Form, der in allen Lebenslagen angerufen wird. Er schützt die Gläubigen in Not und Gefahr und geleitet sie in das Reich seines geistigen Vaters Amitābha. In Turfan erfreute sich darüber hinaus der von China eingeführte Kṣitigarbha-Kult besonderer Beliebtheit.

Die Vielzahl der aus Indien kommenden *devas* und Schutzmächte schließlich, die sich nach dem in Turfan gefundenen *Mahāsamājasūtra* der Botschaft des Buddha unterstellen und in der Kunst z. T. in auffallender Dynamik erscheinen, wird schließlich ergänzt durch lokale Gottheiten, die wir z. T. aus Kolophonen kennen, deren bildliche Identifizierung aber nicht immer eindeutig ist. So macht sich mutatis mutandis auch in Zentralasien ein Prinzip in der religiösen Kunst geltend, daß SECKEL als bestimmend für die chinesische Kunst, wie sie uns in Tunhuang vor Augen tritt, erkannt hat. Es besteht darin, daß jene Heilsgestalten, die der Ruhe des Nirvāṇa am nächsten sind, auch in größter Ruhe dargestellt werden können, während die Dynamik der Figuren in dem Maße zunimmt, in dem man der geistlichen Hierarchie nach unten folgt.[47]

Der Untergang des Buddhismus an der Seidenstraße vollzog sich in langen Etappen und geht vor allem auf das Vordringen des Islam zurück. Nach ihrer Besiegung der Sassaniden in der Mitte des 7. Jahrhunderts stand den arabischen Heeren der Weg nach Westturkestan offen. Es gibt zweifellos zahlreiche Zeugnisse für die Rabiatheit der Islamisierung unter einzelnen islamischen Heerführern, dennoch bestanden beide Religionen eine Zeitlang nebeneinander. Die Buddhisten mußten die Oberherrschaft islamischer Potentaten anerkennen, aber nicht dies, sondern der Entzug königlicher Unterstützung höhlte den Bestand der Gemeinde aus. Die Klöster wurden nicht überall dem Erdboden gleichgemacht, sondern gerieten vielerorts einfach in Verfall und Vergessenheit. Nach dem Übertritt des Herrschers von Bamiyan zum Islam im 8. Jahrhundert z. B. bestand dort die Buddha-Lehre noch mindestens ein Jahrhundert weiter. Und in Merv gab es noch im 13. Jahrhundert eine bemerkenswerte, wenn auch kurzfristige Wiederbelebung des Buddhismus. Für Westturkestan hat BARTHOLD auf eine Zeit des Nebeneinanders beider Religionen hingewiesen.[48] Dieser Sachverhalt kann dazu geführt haben, daß manche buddhistische Elemente Eingang vor allem in den mystischen Islam fanden. Die Übernahmen im Äußeren lassen sich aber eher verfolgen. Immerhin scheint die Anlage der theologischen Schule (*madrasah*) von der des buddhistischen Klosters inspiriert gewesen zu sein. Und noch im 14. Jahrhundert wurden buddhistische Texte von einem islamischen Autor ins Persische übersetzt. Dennoch markierte die Jahrtausendwende das Ende eines lebendigen Buddhismus in Westturkestan, wie wir den Beobachtungen des Historikers al-Biruni (973–1050) entnehmen.

Nach Ostturkestan hat sich der Islam weitgehend auf friedlichem Weg ausgebreitet. Waren einige chotanesische Mönche nach den beunruhigenden Erfolgen der Araber in Westturkestan bereits im 8. Jahrhundert nach Tibet geflohen, so ist die Religion des arabischen Propheten hier erst 950 eingeführt worden, als der Herrscher der Oase den Islam annahm. Das Jahr 1000 dürfte auch hier die Wende markieren. An der Nordstraße konnte sich der Buddhismus wesentlich länger halten, trotz des Umstandes, daß die chinesische Regierung am Ende des 10. Jahrhunderts den Mönchen auferlegte, ins weltliche Leben zurückzukehren. Nach dem Bericht Marco Polos lebten Moslems neben einigen Christen und zahlreichen Buddhisten in der Turfan-Oase, als er diese im 13. Jahrhundert besuchte. Hier kam die entscheidende Wende erst im Jahre 1469, als der Herrscher von Chotscho den Titel eines Sultans annahm. Zwar hat der Wüstensand manche textliche und künstlerische Zeugnisse bewahrt, doch zeigt deren Vergleich mit den Zeugnissen von Tunhuang, das von einer Islamisierung verschont blieb, welche Folgen der religiöse Umschwung hatte. Das Bewahrte aber, obgleich vielfach fragmentarisch, ist von entscheidender Bedeutung für die Rekonstruktion der buddhistischen Epoche.

Anmerkungen

1 Eine Zusammenfassung dieser missionarischen Tätigkeit bietet HAGE, W.: Der Weg nach Asien: Die ostsyrische Missionskirche. In: SCHÄFERDIEK, K. (Hg.): Die Kirche des frühen Mittelalters, II, 1. Halbband. München 1978: 360–393. S. auch die von diesem Autor erstellte Karte über die östliche Ausbreitung des Christentums vor dem 15. Jahrhundert: Das orientalische Christentum in Asien bis zum 14. Jahrhundert. In: JEDIN, H., K. S. LATOURETTE und J. MARTEN (Hg.): Atlas zur Kirchengeschichte. Die christlichen Kirchen in Geschichte und Gegenwart. Freiburg 1970: 27. S. ferner GENSICHEN, H. W.: Asien, christliche Kirchen. In: TRE, 4, Sp. 173–195, Lit. in Sp. 194f. KAWERAU, P.: Ostkirchengeschichte, I. (Corpus scriptorum Christianorum orientalium 451). Löwen 1983: 39–52.

2 S. dazu LEYS, R.: Nestorianismus. In: LThK, 7, Sp. 885–888.

3 KLIMKEIT, H.-J.: Christentum und Buddhismus in der innerasiatischen Religionsbegegnung. In: ZRGG 33 (1981): 208–220.

4 Dies gilt z. B. für jene soghdischen Fragmente, für die u. a. M. SCHWARTZ syrische Vorlagen aufgewiesen hat: SCHWARTZ, M.: Studies in the Texts of the Sogdian Christians. Doctoral Thesis. Berkeley 1968.

5 SPULER, B.: Die nestorianische Kirche. In: Religionsgeschichte des Orients in der Zeit der Weltreligionen. (Handbuch der Orientalistik, 1. Abt., VIII, 2). Leiden 1961: 139.

6 S. die in Anm. 1 genannte Karte.

7 S. dazu DŽUMAGULOV, Č.: Die syrisch-türkischen (nestorianischen) Denkmäler in Kirgisien. In: Mitteilungen des Instituts für Orientforschung (Berlin), 14, 1968: 470–480.

8 So SPULER 1961: 140.

9 URAY, G.: Tibet's Connections with Nestorianism and Manichaeism in the 8th–10th Centuries. In: STEINKELLNER, E. and H. TAUSCHER (ed.): Contributions on Tibetan Language, History and Culture I. Wien 1983: 399–429.

10 Lateinische Übersetzung des syrischen Briefs LXI nebst syrischem Text in: BIDAWID, R. J.: Les lettres du patriarche nestorien Timothée I. Vatikanstadt 1956 (91–123): 84ff.

11 Diese sind ausgewertet in HAGE, W.: Untersuchungen zum Leben der Christen Zentralasiens im Mittelalter. (Unveröffentlichte Habilitationsschrift). Marburg o. J.

12 HAGE, W.: Das Nebeneinander christlicher Konfessionen im mittelalterlichen Zentralasien. In: ZDMG Supplementa I, XVII. Deutscher Orientalistentag vom 21. bis 27. Juli 1968 in Würzburg. Vorträge, hg. von W. VOIGT, Teil 2. Wiesbaden 1969: 517–525; DERS.: Christentum und Schamanismus. In: Traditio – Krisis – Renovatio aus theologischer Sicht. Festschrift W. Zeller zum 65. Geburtstag, hg. von B. JASPERT und R. MOHR. Marburg 1976: 114–123.

13 Vgl. HANSEN, O.: Über verschiedene Quellen der christlichen Literatur der Sogder. In: Iranian Studies Presented to Kaj Barr. Ed. J. P. ASMUSSEN and J. LAESSØE. Copenhagen 1966: 95–102; SCHWARTZ 1968; ASMUSSEN, J. P.: The Sogdian and Uighur-Turkish Christian Literature in Central Asia. In: HERCUS, L. A. et al. (ed.): Indological and Buddhist Studies. Canberra 1982: 11–29; SIMS-WILLIAMS, N.: The Christian Sogdian Manuscript C 2. (Berliner Turfantexte XII). Berlin 1985.

14 KLIMKEIT 1981: 214ff.

15 Vgl. SUNDERMANN, W.: Mitteliranische manichäische Texte kirchengeschichtlichen Inhalts. (Berliner Turfantexte XI). Berlin 1981: 141.

16 S. dazu HENRICHS, A., L. KOENEN: Ein griechischer Mani-Codex. In: ZPE 5 (1970): 97–216.

17 S. dazu SUNDERMANN, W.: Der chinesische Traité Manichéen und der parthische Sermon vom Lichtnous. In: Altorientalische Forschungen 10. Berlin 1983: 231–242.

18 Zur manichäischen Lehre s. PUECH, H.-C.: Le manichéisme. Son fondateur – sa doctrine. Paris 1949; WIDENGREN, G.: Mani und der Manichäismus. Stuttgart 1961.

19 Eine neue deutsche Übersetzung der chinesischen Manichaica von H. SCHMIDT-GLINTZER, die auf frühere Arbeiten verweist, befindet sich im Druck [Wiesbaden 1986].

20 ZIEME, P.: Manichäisch-türkische Texte. (Berliner Turfantexte V). Berlin 1975; Verweis auf andere Arbeiten zu den türkischen Manichaica auf S. 10–12.

21 SUNDERMANN, W.: Mittelpersische und parthische kosmogonische und Parabeltexte der Manichäer. (Berliner Turfantexte IV). Berlin 1973; DERS. 1981; hier Verweis auf frühere Arbeiten zu den iranischen Manichaica auf S. 10ff.

22 LE COQ, A. von: Die buddhistische Spätantike in Mittelasien II: Die manichäischen Miniaturen. Berlin 1923, Neudr. Graz 1973; KLIMKEIT, H.-J.: Manichaean Art and Calligraphy. (Iconography of Religions XX). Leiden 1982.

23 LEGGE, J.: Record of Buddhistic Kingdoms. Being an account by the Chinese Monk Fa-Hien of his travels in India and Ceylon (A. D. 399–414) in search of the Buddhist Books of Discipline. New York 1965: 30ff.

24 Zur Zeit ihrer Herrschaft und Ausdehnung ihrer Macht s. GOLZIO, K.-H.: Kings, Khans and other Rulers of Early Central Asia. Chronological Tables. (Arbeitsmaterialien zur Religionsgeschichte, Bd. 11). Köln 1984: 2ff.

25 Zur Herrschaftszeit der Śakas und Indo-Parther s. GOLZIO 1984: 12ff. Zu archäologischen Funden aus ihrer Zeit s. ROSENFIELD, J. M.: The Dynastic Arts of the Kushans. Berkeley, Los Angeles 1967: 121ff.

26 Für die Daten der Herrscher dieses Reiches sei nochmals verwiesen auf GOLZIO 1984: 12ff.

27 Zum Buddhismus in der Kuschan-Zeit im Spiegel der Kunst s. ROSENFIELD 1967: 215ff.

28 BERNHARD, F.: Gandhārī and the Buddhist Mission in Central Asia. In: Añjali. Papers on Indology and Buddhism. A Felicitation Volume presented to Oliver Hector de Alwis Wijesekera on his sixtieth birthday. Peradeniya 1970: 55–62.

29 ZELINSKY, A. N.: The Kushans and Mahāyāna. In: Abstract of Papers by Soviet Scholars. International Conference on the History, Archaeology and Culture of Central Asia in the Kushan Period, Dushanbe 1968. Moscow 1968: 27–29.

30 S. dazu KOSHELENKO, G.: The Beginning of Buddhism in Margiana. In: Acta Antiqua Academiae Scientiarum Hungaricae 14 (1966): 175–183.

31 Zu den indischen Lehnwörtern in den parthischen Texten s. SIMS-WILLIAMS, N.: Indian Elements in Parthian and Sogdian. In: RÖHRBORN, K., W. VEENKER (Hg.): Sprachen des Buddhismus in Zentralasien. Wiesbaden 1983: 132–141.

32 S. dazu STAWISKI, B.: Mittelasien – Kunst der Kushan. Leipzig 1979: 106ff. („Die buddhistischen Heiligtümer in Baktrien").

33 S. dazu LITVINSKIJ, B. A., T. I. ZEJMAL: Adžina-Tepa. Moskau 1971 (mit englischer Zusammenfassung).

34 S. die Zusammenfassung der sowjetischen Forschungen bei LITVINSKY, B. A.: Outline History of Buddhism in Central Asia. (International Conference on the History, Archaeology and Culture of Central Asia in the Kushan Period, Dushanbe 1968). Moscow 1968.

35 BARTHOLD, W.: Der iranische Buddhismus und sein Verhältnis zum Islam. In: Oriental Studies in honour of Cursetji Erachji Pavry. Ed. J. D. C. PAVRY. London 1933: 29–31.

36 Zur chotanesischen Literatur s. EMMERICK, R. E.: A Guide to the Literature of Khotan. (Studia Philologica Buddhica, Occasional Paper Series, III). Tokyo 1979. Edition und englische Übersetzung des „Buches von Zambasta" in: EMMERICK, R. E.: The Book of Zambasta. (London Oriental Series, 21). London 1968.

37 S. dazu GROPP, G.: Archäologische Funde aus Khotan, Chinesisch-Ostturkestan. Bremen 1974.

38 HINÜBER, O. von: Buddhistische Kultur in Zentralasien und Afghanistan. In: BECHERT, H., R. GOMBRICH (Hg.): Die Welt des Buddhismus. München 1984: 107.

39 Zum frühen Kutscha s. LIU MAU-TSAI: Kutscha und seine Beziehungen zu China vom 2. Jh. v. bis zum 6. Jh. n. Chr. 2 Bde. (Asiatische Forschungen, 27). Wiesbaden 1969.

40 S. zur tocharischen Literatur THOMAS, W.: Die tocharische Literatur. In: EINSIEDEL, W. von (Hg.): Die Literaturen der Welt in ihrer schriftlichen und mündlichen Überlieferung. Zürich 1965: 967–973. Zur tocharischen Übersetzungspraxis s. SCHMIDT, K. T.: Zum Verhältnis von Sanskritvorlage und tocharischer Übersetzung. In: RÖHRBORN/VEENKER 1983: 125–131.

41 Zur stilistischen und zeitlichen Einordnung der Malereien von Kutscha s. WALDSCHMIDT, E.: Gandhara, Kucha, Turfan. Leipzig 1925.

42 FRANKE, O.: Eine chinesische Tempelinschrift aus Idikutšahri bei Turfan (Turkistan). (Abhandlungen der Preuß. Akademie der Wissenschaften 1907). Berlin 1907. Hier findet sich zugleich ein Abriß über die frühe Geschichte Turfans.

43 GABAIN, A. von: Buddhistische Türkenmission. In: Asiatica. Festschrift Friedrich Weller. Leipzig 1954: 162ff.

44 Zur türkisch-buddhistischen Literatur s. GABAIN, A. von: Die alttürkische Literatur. In: BAZIN, L. et al. (ed.): Philologiae Turcicae Fundamenta, Bd. II. Wiesbaden 1964: 221ff.

45 S. dazu ZIEME, P.: Die Stabreimtexte der Uiguren von Turfan und Dunhuang: Studien zur alttürkischen Dichtung. (Maschinenschriftl. Habilitationsschrift). Berlin 1983; DERS.: Buddhistische Stabreimdichtung der Uiguren. (Berliner Turfantexte XIII). Berlin 1985.

46 KLIMKEIT, H.-J.: Der Stifter im Lande der Seidenstraßen: Bemerkungen zur buddhistischen Laienfrömmigkeit. In: ZRGG 35 (1983): 289–308.

47 SECKEL, D.: Die buddhistische Kunst Ostasiens. Stuttgart 1957: 102ff.

48 BARTHOLD 1933.

Abkürzungen

LThK	Lexikon für Theologie und Kirche
TRE	Theologische Realenzyklopädie
ZDMG	Zeitschrift der Deutschen Morgenländischen Gesellschaft
ZPE	Zeitschrift für Papyrologie und Epigraphik
ZRGG	Zeitschrift für Religions- und Geistesgeschichte

55 – Wandmalerei aus Tempel Nr. 9 in Bäzäklik bei Turfan. Türkisch-buddhistische Mönche, die durch Brāhmi-Inschriften namentlich ausgewiesen sind. 168 x 104 cm. Berlin (West), Museum für Indische Kunst. Le Coq, Chotscho, Taf. 16b.

56 – Buddhistische Tempelfahne aus Yar-Khoto/Turfan-Oase. Der Lokapāla (Weltenhüter) Kubera. 59 x 20 cm. Berlin (West), Museum für Indische Kunst. Le Coq, Chotscho, Taf. 42b.

57 – Wandmalerei vom Sockel einer zerstörten Buddha-Statue aus Tempel Nr. 12 in Bäzäklik bei Turfan. Symbol des Rades der Lehre auf einem fünfbeinigen Ständer. Links und rechts Stiftergestalten. 118 x 36 cm. Berlin (West), Museum für Indische Kunst. Le Coq, Chotscho, Taf. 38c.

58 – Rest eines zweiten Bildes aus Yar-Khoto/Turfan-Oase. Der elfköpfige Avalokiteśvara, Bodhisattva des Mitleids. Berlin (West), Museum für Indische Kunst. Le Coq, Chotscho, Taf. 45c.

59 – Miniaturmalerei aus einer buddhistischen Schriftrolle, gefunden im „Handschriftenraum" der Kloster-Ruine auf dem linken Ufer. Toyuk/Turfan-Oase. Der Bodhisattva Kṣitigarbha. Malerei auf Papier. Berlin (West), Museum für Indische Kunst. Le Coq, Chotscho, Taf. 47e.

60 – Wandmalerei aus der Māyā-Höhle, 2. Anlage in Kyzil/Kutscha. Der zukünftige Buddha Maitreya mit Begleitfiguren. 286 x 131 cm. (Lünette über der Eingangstür der Cella.) Berlin (West), Museum für Indische Kunst. IB 8836. Le Coq, Spätantike VI, Taf. 17.

60

Sprachen und Völker im Tarim-Becken entlang der Seidenstraßen

Die Verbindung von der Hauptstadt Chinas über das Tarim-Becken mit dem Vorderen Orient, bzw. Byzanz[1] wird in der Neuzeit auf Chinesisch Tien-Schan beilu und Tien-Schan nanlu „der Weg nördlich", bzw. „südlich des Tien-Schan" genannt. Als östlicher Ausgang ist der in der Provinz Kansu bei Su-tschou gelegene berühmte buddhistische Wallfahrtsort Tunhuang anzusehen. Von dort[2] führt der Nordweg über Hami, Turfan (Chotscho), Karaschahr, Kutscha, Kumtura, Aksu, Tumschuk, Ütsch-Turfan, nach Kaschgar, wobei es auch Abzweigungen über den Tien-Schan gab, um weiter zum Issik-Köl und nördlich des Aral-Sees und nördlich des Kaspi-Meeres zu ziehen. Der Südweg entlang dem Kun-Lun führte von Tunhuang, südlich von dem sich zuweilen verlagernden Lop-Nor mit den einstigen Orten Cadota am Niya-Fluß und Lou-Lan über Miran, Schan-Schan (zwischen Niya-Fluß und Lop-Nor), Tscharklik, Tschertschen, Endere, Niya, Balawaste, Keriya, Chotan mit den Außenbezirken Rawak und Dandan-Oilik, Jotkan, Jarkand, von dort über die Berge nach Indien, oder weiter nach Kaschgar, über den Pamir nach Ferghana, Soghdia, Persien und weiter. Ein einheimischer Name von Tunhuang war Droana. Der Südweg galt schon seit dem frühen Mittelalter für beschwerlich. Seit der Entdeckung des Seewegs nach Ostasien haben aber die Seidenstraßen an Bedeutung verloren.

Diese hier genannten Oasenstaaten lagen durch weite, unbewohnte Steppen- und Wüstengebiete von einander getrennt. Das Tarim-Becken mit der nördlich davon gelegenen Dsungarei nennt man Sinkiang oder Ost-Turkestan. Das Land ist heute von muslimischen Türken, den Uighuren, bewohnt, deren Dialekte man als Ost-Türkisch bezeichnet. Infolge der Beschwerden und Gefahren auf den Wegen von einer Oase zur benachbarten bestand früher wenig Gemeinsamkeitsgefühl unter diesen Türken, sie nannten sich nur nach ihrem jeweiligen Heimatort. Die Entdeckung der gemeinsamen mittelalterlichen Kultur schenkte diesen Türken erst jetzt ein einigendes Band.

Durch eine rege Expeditions- und Ausgrabungstätigkeit, die vor etwa 100 Jahren begann, haben sich Wissenschaftler aus aller Welt bemüht, die kostbaren Zeugen einer versunkenen Kultur vor weiterem Verfall zu retten und in Museen und Bibliotheken zu bringen, wo sie nun der Forschung zugänglich sind. Besonders erfolgreich waren die Expeditionen von P. Pelliot[3,4], Sir Aurel Stein[5], sowie die vier „Preußischen Turfan-Expeditionen" von A. Grünwedel[6] und A. v. Le Coq (1901–1914)[7,8] (Siehe Kapitel: Entdeckungs- und Forschungsreisen in Ostturkestan).

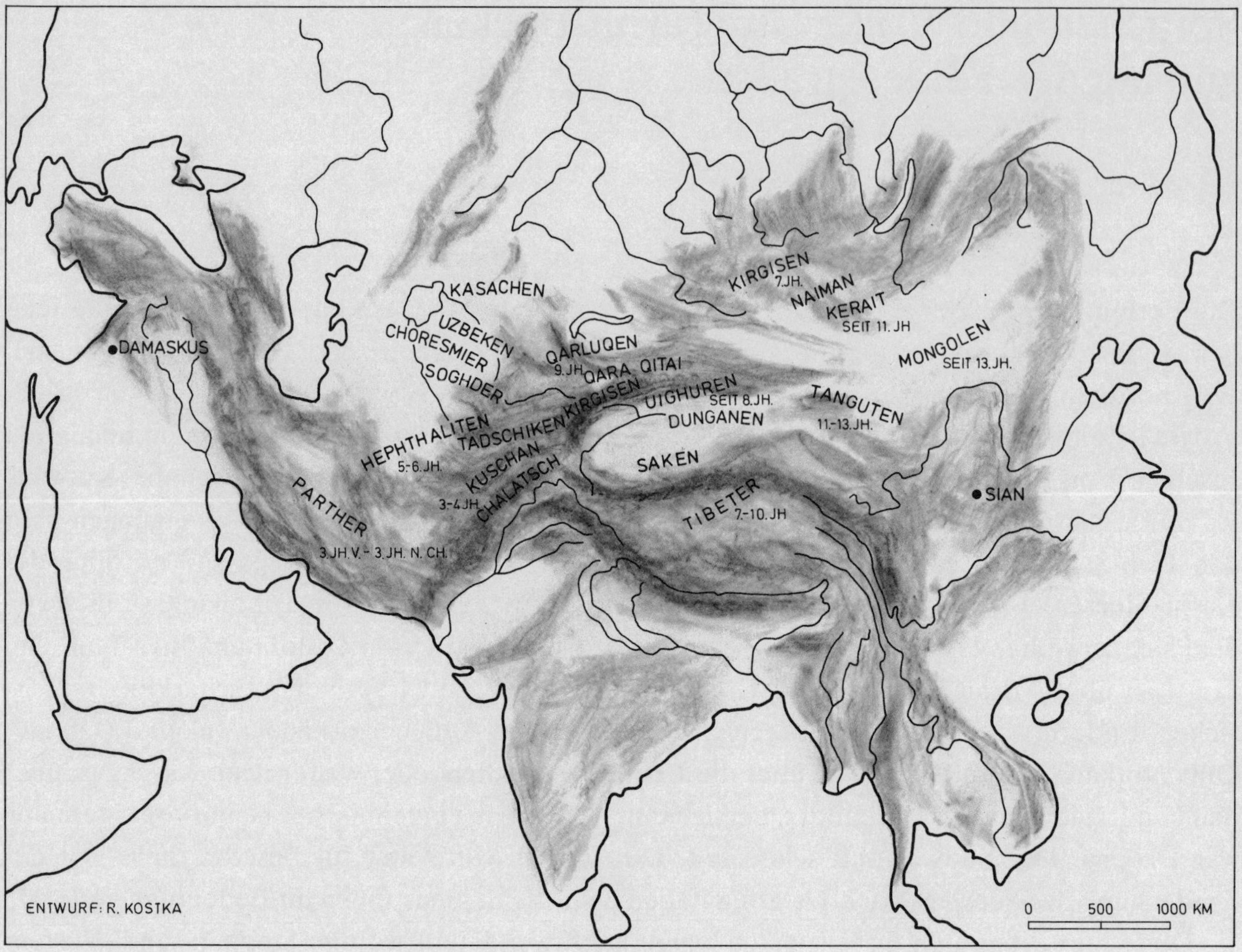

Die Verteilung der wichtigsten Völker und Stämme Zentralasiens zwischen dem 3. und 11. Jahrhundert.

Diese Oasenstaaten wurden zuweilen von durchziehenden Völkern bedrängt oder von benachbarten Nomaden gebrandschatzt. Andererseits wurden sie wohlhabend durch Einhebung von Durchgangszoll oder durch Lagerspesen für gestapelte Kaufmannsgüter. Kulturell wurden sie ständig durch die Anregungen verschiedener Religionen wie des Buddhismus, des Manichäismus und des nestorianischen Christentums bereichert, deren Anhänger im Lande Gemeinden gründeten und die nach Richtung Ostasien strebten. Zeitweilig unterstand das Tarim-Becken einer türkischen Oberhoheit oder einer chinesischen Herrschaft. Allerdings pflegte die Besetzung durch ein Fremdvolk keinen grundsätzlichen Sprach- und Kulturwandel hervorzurufen, sondern nur eine gewisse Verwaltung einzuführen und Steuern zu erheben.

In der offiziellen chinesischen Reichsgeschichte sind Nachrichten über die Staaten und Völker des Tarim-Beckens vermerkt, die Angaben beschränken sich aber auf Militärisches und Kommerzielles. Außerdem sind die angegebenen Orts- und Völkernamen in chinesischer Umschrift nicht immer leicht zu identifizieren. Die Angaben griechischer Schriftsteller[9] wiederum leiden unter der großen Entfernung von dem beschriebenen Land, so daß auch sie kaum die vorhandenen Verhältnisse klar schildern können. Um so bedeutungsvoller sind deshalb die Funde der erwähnten Expeditionen, da Texte in vielen Sprachen entdeckt wurden, aufgrund deren man feststellen konnte, welche Völker einstmals im Land gelebt und kulturell gewirkt haben.

Es sei an den Zug von Alexander und an die Diadochenstaaten erinnert, in der frühen Blütezeit der Seidenstraßen. Jedoch sind keine griechischen Söldnerkolonien im Osten gefunden worden; ebenso sind griechische Lehnwörter in den zentralasiatischen Sprachen nur vereinzelt gefunden worden, selbst hellenistische Formelemente in der einheimischen Kunst erweisen nur kulturelle Einflüsse, aber keine griechische Besiedlung des Landes.

In Anbetracht der Vielzahl von Sprachen, die uns in den gefundenen Manuskripten entgegentreten, ist zu fragen, welche von ihnen waren Umgangs-, welche waren etwa Kanzleisprachen und welche waren sakrale Sprachen, die also speziell dem Lehrgut des Buddhismus, Manichäismus oder des nestorianischen Christentums für ihre heiligen Texte und Liturgien vorbehalten waren, ohne eine Besiedlung vorauszusetzen.

Der Buddhismus, der in Indien – bis auf Sri Lanka – erloschen war, wurde von Missionaren über Gandhara, die Himalaya-Länder und Zentralasien nach China und den weiteren Fernen Osten tradiert.[10] Die Indologen haben erkannt, daß nicht Sanskrit, das klassische Idiom Indiens, in den älteren Texten vorlag, sondern die Gāndhārī oder eine andere, noch nicht regulierte Prakrit-Sprache. Sie ist es, die in zahllosen Handschriften in Brāhmī-Schrift im Tarim-Becken gefunden worden ist. Kennzeichnend für den Missionsweg ist es, daß die ältesten buddhistischen Texte auf Chinesisch nicht von Indern, sondern von Saken, Soghdern oder anderen westturkestanischen Mönchen[11] ins Chinesische übersetzt worden sind.

Die Anhänger Manis und die von Nestorius, des einstigen Patriarchen von Byzanz, konnten sich in Ost-Europa nicht halten, sondern Vertreter beider Religionen wandten sich nach dem Iran, der Byzanz gegenüber meistens feindlich gesonnen war, also Flüchtlinge aus diesem Reich freundlich aufnahm. Schon Mār Ammō, ein Schüler Manis, wirkte hier, und so wurde im Osten das Parthische eine Kirchensprache des Manichäismus. Das Christentum ist schon 635 bis China gelangt, wie wir in der christlichen Inschrift von Hsian-fu (781) sehen (siehe Kapitel: Die Weltreligionen in Sinkiang in vorislamischer Zeit). Seine Kirchensprache war das Syrische, das in Estrangelo-Schrift notiert wurde.

Es ist problematisch, Kultureinflüsse nomadischer Völker auf der Seidenstraße festzustellen, etwa von den Hiung-Nu, den Chienbi, den tungusischen Dschurtschen, den Rouran oder den

Türken aus ihrer Frühzeit, denn Gräberfunde aus deren Bereich könnten Importgut sein. In chinesischen Texten umschriebene Wörter ihrer Sprachen sind schwer zu interpretieren, wenn nicht zugleich ihre Bedeutung angegeben ist. Daher soll bei der Frage nach der Besiedlung der Länder entlang der Seidenstraßen zumal auf literarisch bezeugte Völker Bezug genommen werden. Damit ist also auch das Altertum ausgeschaltet, das ja für die Wirkenszeit der Seidenstraßen kaum von Bedeutung ist.

Dabei mögen die besonderen Verhältnisse der Oasenländer bedacht werden: Das Umland der Oasen bestand aus Steppe oder sogar aus Wüste, das nur wenig wirtschaftliche Vorteile erbrachte. Gegen die dort schweifenden oder weidenden Nomaden mußten sich die Seßhaften durch kostspielige Befestigungen vor Überfällen schützen. Die Oasenstaaten und auch China selbst pflegten regelmäßig Märkte zu veranstalten, auf denen die Nomaden und die Halbnomaden der Nachbarschaft ihre Pferde, Kamele, Schafe, Leder, Lederartikel, Wolle und Filz anbieten konnten. Wenn der Bedarf der Nomaden an städtischen Erzeugnissen groß war, erhöhten sie die Preise – in Baumwollen- oder Seidenballen – für ihre Güter, bis die Einheimischen ihnen den Markt sperrten. Damit „zwangen" – nach Meinung der Nomaden – die Städter diese Fremden zu Überfällen, weil sie ja auf die Güter der Seßhaften nicht verzichten wollten. Unter diesen nicht ganz reibungslosen Handelsbeziehungen gelangten Dinge nomadischer, materieller Kultur in die Oasenstaaten. An literarischen Werten bestehen nur die durch Sänger übermittelten Wandermärchen, Epen und die Musikarten.

Auf jedem Markt wird übrigens außer den Handelswaren dem Volk auch allerlei Lustbarkeit angeboten. Die dabei angewendeten Tricks werden von einem Ort zum benachbarten weitergegeben, und so gelangen sie schließlich über ganze Kontinente. Auf dem Markt Dunganshichang in Peking erlebte ich 1930 manche Darstellungen mit mechanischer Handhabung, die ich schon 1908 auf dem „Dominik", dem jährlichen Markt in Danzig, bestaunt hatte. Dergleichen ist also nicht kennzeichnend für ein Volk, sondern nur dessen spezielle Ausgestaltung.

61 – Saken: aus Paitava; publ. Exhibition of ancient art of Afghanistan, Tokyo 1963. Kuschanische Verehrer von Maitreya.

62 – Vorderer ~~Orient~~: aus Miran, Ende des 3. Jahrhunderts, von einem zugewanderten Maler namens Tito; publ. M. Bussagli, S. 25.

63 – Hephthaliten: ein Fürst nach B. Brentjes: vielleicht Peroz, aber von hephthalitischem Maler, da aus einem hephthalitischen Fund bei Çilek.

64 – Tocharer: aus Kyzil/Kutscha, ca. 500 n. Chr.; Schwimmer in Not.

65 – Hsi-hsia: Blockdruck aus Karakhoto.

61

62

63

64

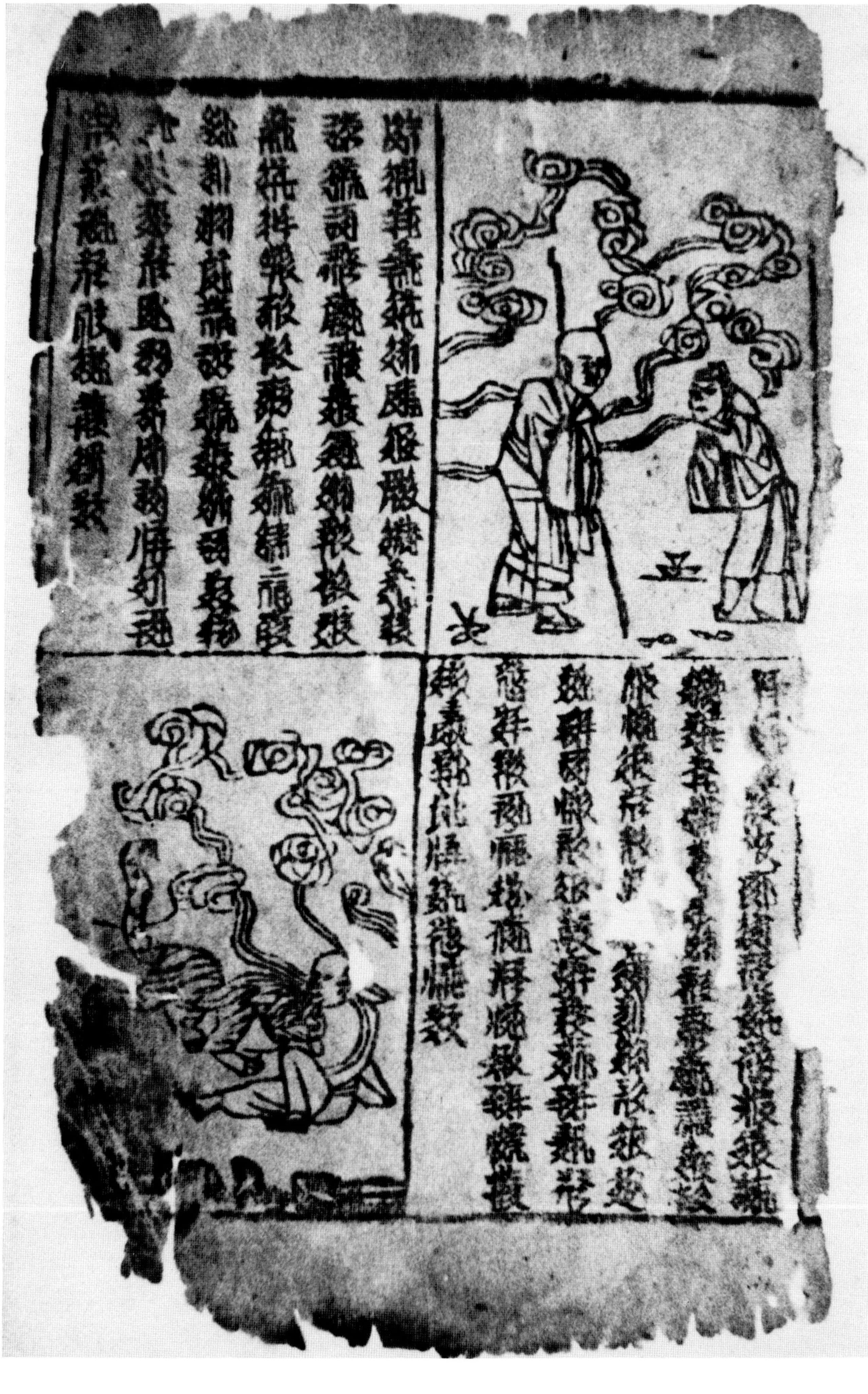

Bei der Entfernung eines Oasenstaates vom nächsten ist nicht nur der reale Abstand in Kilometern zu erwägen.[12] Es ist zu bedenken, daß es einstmals keine geebneten Wege gab, daß keine bewirtschafteten Rasthäuser, bzw. Karawanserais zur Verfügung standen, in denen man übernachten konnte, in denen man nachts die Tragtiere und die Handelsgüter in Sicherheit aufbewahrte und in denen es jederzeit Wasser und eine Herdstelle gab. Für Menschen kann man im Bedarfsfall Schläuche mit Wasser mitführen, für die Tragtiere genügt dergleichen aber nicht. Man war darauf angewiesen, über die Wasserstellen am Weg Kenntnis zu erlangen. In den chinesischen Provinzen war daran meistens kein Mangel, soweit das Land gut bevölkert und daher mit Brunnen versorgt war, nicht so in Zentralasien: Man denke an die Not, die der chinesische, buddhistische Pilger Hsüan-tsang im Jahre 629 schon bald nach Überschreiten der chinesischen Grenze zu erleiden hatte.[13] – Gelangte man nach ermüdendem Weg endlich in einen der zentralasiatischen Oasenstaaten, dann fühlte man sich wohl einigermaßen gesichert; aber man mußte nun die dortigen Bräuche bedenken, wie die Erhebung von Durchgangszöllen. Im 10. Jh. – so verzeichnen die chinesischen Historiker – sperrten die Qitai und auch die Fürsten von Tocharestan den Durchgangshandel. Zur Tang-Zeit beklagte sich oftmals der chinesische Hof, daß Gesandte mit Tributgeschenken im Staat Chotscho aufgehalten wurden. So wählte die Karawane zuweilen einen anderen Weg, der aber vielleicht von Staubstürmen aus der benachbarten Wüste behindert wurde. – Nach dem beschwerlichen Marsch zwischen zwei Oasenstaaten wurde eine Ruhepause für das Vieh eingelegt, während die Kaufleute sich am Ort über den „Markt" erkundigten und ob es angemessen war, die Waren an einem weiteren Ort anzubieten. Ehe das festgestellt war, wurde ein Teil der Waren gegen eine Abgabe im Land gestapelt. Aber kamen die Kaufleute in einen Staat, der mit dem soeben durchzogenen verfeindet war, so erhoben sich diplomatische Schwierigkeiten, und man war froh, wenn man trotzdem weiterziehen konnte.

Bis zum nächsten Oasenstaat ging aber der Weg durch Niemandsland: Banden von verarmten Leuten lauerten den Karawanen auf, und niemand würde Zeuge sein von einem Überfall und einer Beraubung. Es war also angemessen, eine möglichst große Karawane auszurüsten, die auch einige Bewaffnete mit sich führte. War aber die Zahl der Räuber größer als die der bewaffneten Begleiter, dann liefen diese letzteren unter Umständen zu den Räubern über, um die eigene Haut zu retten.

Nachdem manche Einschränkungen über den Wert vorgefundener Kulturzeugen des frühen Mittelalters erwogen worden waren, sollen im Folgenden die Sprachen aufgeführt werden, die in Handschriften und Blockdrucken im Tarim-Becken gefunden worden sind und die eine Besiedlung, durch das sie sprechende oder schreibende Volk, beweisen oder eine bestimmte literarische Betätigung erkennen lassen.

Die Kuschan[14]

In Stadtstaaten auf dem Südweg der Seidenstraßen im 3. Jh. n. Chr. wie in Schan-Schan wurden Dokumente der altertümlichen Kharoṣṭhī-Schrift und in der Gāndhārī-Form des Prakrit gefunden, ebenso in Caḍota am Niya-Fluß und in Lou-Lan (Kroraina). Diese hält man für eine kulturelle Ausstrahlung des bedeutenden Staates der Kuschan. Dieser Staat bestand vom Ende des 1. Jh.s v. Chr. bis ins 3. Jh. n. Chr.; er wurde im 5. Jh. von den Hephthaliten endgültig vernichtet. Er umfaßte den größten Teil des heutigen Afghanistans und einen Teil von Nordwest-Indien. Das besagt eine Übernahme des nordwest-indischen Kanzleiwesens der Kuschan. Die in diesen Dokumenten erwähnten Königsnamen und Titel sind weder indisch noch iranisch, sondern sie entsprechen der Kuschan-Tradition.

Die Großmacht der Kuschan war schon früh für die kleinen Staaten auf dem Südweg maßgeblich. Ihre Dynastie und die Oberschicht der Bevölkerung stammte von den Yüeh-chih aus Nordwestchina, von wo sie im 1. Jh. v. Chr. durch die Hiung-nu verdrängt worden waren. In langem Wanderweg waren sie über Tien-Schan Beilu in ihre neuen Gebiete gezogen, wo sie sich einer mitteliranischen Sprache bedienten. Es ist nicht bekannt, ob sie diese aus ihrer östlichen Heimat mitgebracht haben, oder aber die Sprache des Landes übernommen haben. Hier, im Westen, haben sie in starkem Grade kulturelle Elemente des Hellenismus und Vorderen Orients aufgenommen, die sie nun auf den Südweg ausstrahlten.

Welche war wohl die frühere Bevölkerung auf dem Südweg? F. Bergmann fand in Gräbern aus der Zeit vom 1. Jh. v. Chr. bis zum 4. Jh. n. Chr. Skelette sowohl von chinesischem Typ, als auch nicht-mongolide Skelette, was auch die Funde von Sir Aurel Stein ergaben. In der Hand eines nicht-mongoliden Skeletts fand man einen Tamariskenzweig von 52 cm Länge. Vielleicht lag eine Sitte vor, an die die iranischen Barsam-Zweige und die Blumenstengel in der Hand verstorbener Stifter auf Gemälden in Turfan anknüpften. Ein Wandgemälde aus Miran[15], das auf das 3.–4. Jh. datiert wird, zeigt einen Fries, der als Girlandenträger viele Büsten mit tendenziös stark verschiedenen ethnischen Merkmalen aufzeigt – ein Hinweis vielleicht auf die Vielfalt der ansässigen Ethnien. Oder sollte damit nur ausgedrückt werden, daß „alle Welt“ den Buddha verehrt? Als Maler ist ein „Tita“, also wohl ein Titus verzeichnet.

Die lingua franca auf dem Südweg dürfte in früher Zeit das Chotan-Sakische, später das Soghdische gewesen sein. Die Iranisten unterscheiden Indo-Skythisch, Indo-Iranisch, Sakisch oder Chotan-Sakisch neben Soghdisch, Parthisch und Hephthalitisch als mitteliranische Sprachen, von denen einige im Tarim-Becken zum ersten Mal in Erscheinung getreten sind.

Die Sprache der Kuschan oder Indo-Skythen, ehemals auch Nord-Arisch genannt, war dem Idiom der Saken, der einstigen Bewohner von Chotan (ehemals Kustana)[16] nahe verwandt. Einer Lokalsage nach sollen sie von indischen, oder später von chinesischen Verbannten stammen. Chotan, von 685 bis ins 8. Jh. unter China, gehörte mit Tokmak, Kaschgar und Kutscha zu den vier Garnisonen. Der Buddhismus soll im Jahre 84 v. Chr. hier eingeführt worden sein. Seit dem frühen Mittelalter und bis zur muslimischen Besetzung im 10. Jh. war Chotan als Hochburg buddhistischer Gelehrsamkeit berühmt. Die Handschriften auf Chotan-Sakisch stammen aus dem 7.–10. Jh.[17] Die Saken übernahmen die indische Brāhmī-Schrift leicht modifiziert, nämlich

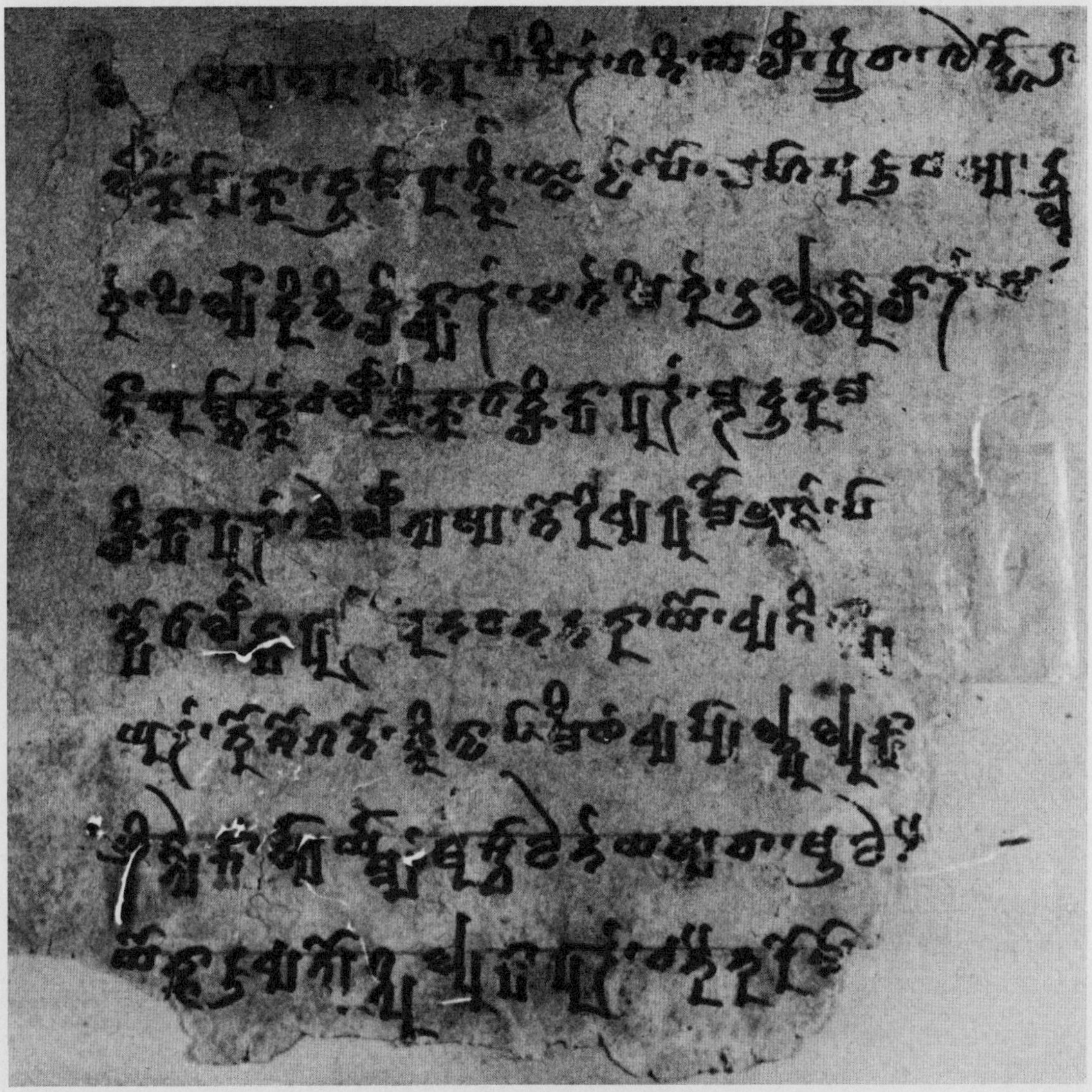

Brāhmī-Schrift, angewendet für Sanskrit, Sakisch, Tocharisch und selten auch für Alt-Türkisch; publiziert A. v. Gabain, Türkische Turfantexte VIII, Text G, Z. 55–63.

in „aufrechter“ Form für religiöse, in schräger Form für weltliche Texte. Das Chotanische gehörte mit dem Soghdischen und dem Hwarezmischen zur Ostgruppe des Mittel-Iranischen. Manuskripte dieser Sprache in Brāhmī-Schrift wurden in großer Zahl in Chotan, in dessen Umgebung, in Tunhuang und in Tumschuk, und vereinzelt auch in Turfan gefunden. Auf einigen wenigen Fragmenten fand sich noch die altertümliche Kharoṣṭhī-Schrift, die in Nordwest-Indien üblich gewesen ist (von 200 v. Chr. bis 200 n. Chr.), derer man sich aber in Zentralasien etwa 400 Jahre länger bedient haben mag. Die große Zahl von Manuskripten auf Chotan-Sakisch beweist, daß in Chotan Saken angesiedelt waren. – In Tunhuang findet sich als Wandgemälde das Porträt eines Königs und einiger Prinzessinnen aus Chotan, die wahrscheinlich eine Pilgerfahrt zu diesem berühmten Tempelkomplex vollführt hatten. Die Handschriften sind meist buddhistische Texte, neben Dokumenten, Lyrik und medizinischen Schriften. Die „Stael-Holstein-Rolle“, ein in Tunhuang gefundenes Manuskript mit sakischem und tibetischem Text, kann auf 865 datiert werden. In Chotan wurden Münzen gefunden, die auf einer Seite die indische Prakrit-Sprache in Kharoṣṭhī-Schrift, und auf der anderen Seite chinesische Zeichen aus dem 1. Jh. trugen.

Die Soghder

Eine weitere mittel-iranische Sprache, deren Handschriften im Tarim-Becken gefunden worden sind, ist das Soghdische. Die Soghder sind bereits in der Inschrift von Darius erwähnt. Sie stammen aus Soghdien, ein Land, das im frühen Mittelalter 30 große Städte und etwa 300 kleinere Orte umfaßte. Seine Fürsten sollen von den Yüeh-chih abstammen, die mit ihrem Volk von den Türken verdrängt über den Pamir gezogen sind. Ihre Sprache ist heute bis auf das Yagnobī im nördlichen Pamir erloschen. Das Soghdische gehört wie das Chotanische zur Ostgruppe des Mittel-Iranischen. Berühmte Kulturzentren der Soghder im frühen Mittelalter waren Pandjikent „Fünfstadt“, Afrasiab = Alt-Samarkand und Varahscha, wo u. a. Kanzleidokumente und Münzen in soghdischer Sprache gefunden worden sind. Die dort auf Wandgemälden dargestellten Helden sind schmalgesichtig, schlank und hochgewachsen. Chinesische Historiker berichten, daß jeder Soghder mit 20 Jahren begann, sich dem Fernhandel zuzuwenden. Die Soghder haben im Tarim-Becken keinen bedeutenden Staat gegründet, sondern sie durchzogen das Land bis nach China, ihrem Handel dienend. Diese Diaspora-Soghder unterscheiden sich kulturell von ihrer Heimat, sie waren es wohl, die Einfluß auf die Uighuren und auf die muslimischen Samaniden ausgeübt haben. In Tunhuang fanden sich soghdische Briefe merkantilen Inhalts aus dem 4. Jh. Sie enthalten indische Ausdrücke für „Preis“, „Pfeffer“, „Maßeinheit“, „Karawane“ u. a., die man für Lehnworte aus der Sprache indischer Bewohner von Lou-Lan hält. Das spricht somit für eine gewisse indische Besiedlung in früher Zeit in dieser

Gegend, wo die soghdischen Kaufleute persönliche, geschäftliche und kulturelle Beziehungen gehabt haben müssen.

Die übrigen, entdeckten Handschriften[18,19,20] werden auf das 8.–10. Jh. datiert; sie wurden außer auf dem Südweg auch in Tunhuang, Turfan und Kutscha gefunden.

Literarisch bewirkte das Soghdische eine starke Ausstrahlung, so haben z. B. die Alt-Türken, die Uighuren, die soghdische Schrift zur uighurischen gewandelt und für alle Bereiche – religiös und weltlich – verwendet. Dann ist diese Schrift von den Mongolen und später von den Mandschu übernommen worden.

Soghdische Schrift, angewendet für Soghdisch und in alter Zeit auch für Alt-Türkisch; Sammlung des Museums für Indische Kunst, Berlin-Dahlem, Signatur TII 821a.

Neue Ausgrabungen beweisen, daß der Buddhismus bereits im 2. Jh. n. Chr. in Soghdien verbreitet war. Die dort gefundenen Texte sind aber nicht auf Soghdisch, sondern nur in indischer Sprache und Brāhmī-Schrift abgefaßt. Die soghdische Schrift wurde zuerst von Buddhisten verwendet und erst nachher auch von anderen Religionsgemeinschaften. Buddhistische Texte auf Soghdisch gelten als Übersetzungen aus dem Chinesischen, weil sie ohne Kenntnis der chinesischen Vorlage nicht zu verstehen sind. Tatsächlich sind aber manche buddhistisch chinesische Texte schon im 3. Jh. durch Soghder übersetzt worden (B. Nanjio). Allerdings arbeiteten manche Übersetzer für mehrere Religionen. Viele der gefundenen soghdischen Buddhica sind aus dem Chinesischen übersetzt. Man datiert diese wirksame Tätigkeit auf die Zeit von 400 bis 600 n. Chr.

Die mittel-iranischen Manichaica sind in einer Variante der Palmyrener Schrift, der sog. manichäischen Schrift geschrieben, die auch die Alt-Türken für diese Religion übernommen haben. Von den Inschriften abgesehen ist dies die älteste erhaltene Literatur der Iraner. Diese Manichaica sind nur in Turfan gefunden worden und gelten als Übersetzungen aus dem West-Iranischen nämlich dem Parthischen u. a. Soghdische Manichaica sind z. T. auf Grund von älteren Vorbildern noch im 10. Jh. oder sogar später verfaßt worden.

Christliche Texte sind auf Soghdisch[21], Mittelpersisch und Syrisch gefunden worden, sie werden auf das 5.–6. Jh. datiert.

Parthisch

Parthisch ist die mittel-iranische, offizielle Spache der Arsakiden gewesen, deren Herrschaft von ca. 247 v. Chr. bis 226 n. Chr. bestanden hat. Aber man bezeichnet nicht nur die Sprache der Inschriften der Arsakiden und der Sassaniden als „parthisch“, sondern auch die Sprache der manichäischen Texte aus Zentralasien.[22] Diese west-iranische Sprache blühte im Osten des Iran und an der Grenze zum Kuschan-Reich. Die manichäischen Texte vertreten eine östliche Form

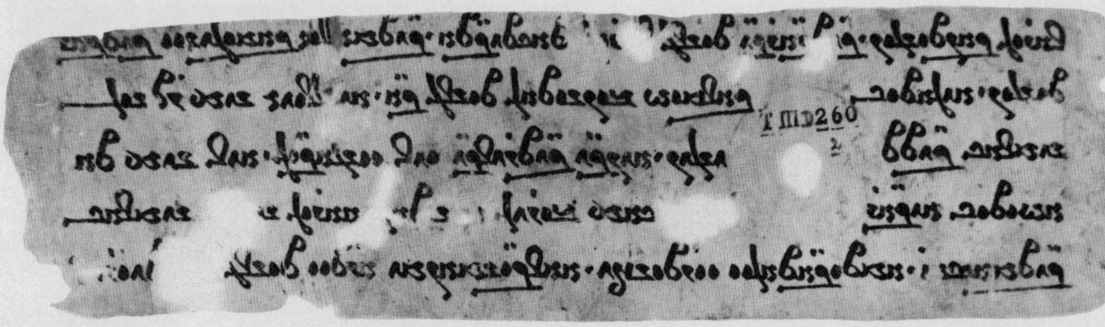

Manichäische Schrift, von Manichäern angewendet für Parthisch und Alt-Türkisch; publiziert Bang v. Gabain, Türkische Turfantexte III, Z. 61–65.

des Parthischen. Das Partherreich, einer der hellenistischen Staaten, reichte im Osten bis über Afghanistan hinaus; seine Kunstelemente waren hellenistisch beeinflußt, dieses Reich übte auch einen Einfluß auf die Staaten entlang des Südweges aus. Schon im 2. Jh. n. Chr. bemühten sich die Parther um Übersetzungen buddhistischer Texte ins Chinesische (B. Nanjio, II, Nr. 4, 6; 3. Jh. Nr. 17; 4. Jh. Nr. 25).

Hephthalitisch, Baktrisch

In Toyuk (Turfan-Oase) fand man u. a. 7 Handschriftenfragmente, sowie ein weiteres Blatt in Tumschuk, deren Schrift F. W. K. Müller als die gleiche wie die auf Münzen der „Weißen Hunnen" oder Hephthaliten erkannte. Sie hat sich aus der griechischen Schrift entwickelt. In Lou-Lan hatte Sir Aurel Stein ein Manuskript mit ähnlicher Schrift gefunden, das etwa aus dem 4. Jh. stammen soll, aber noch nicht interpretiert worden ist. Die Hephthaliten, von Ili und Talas

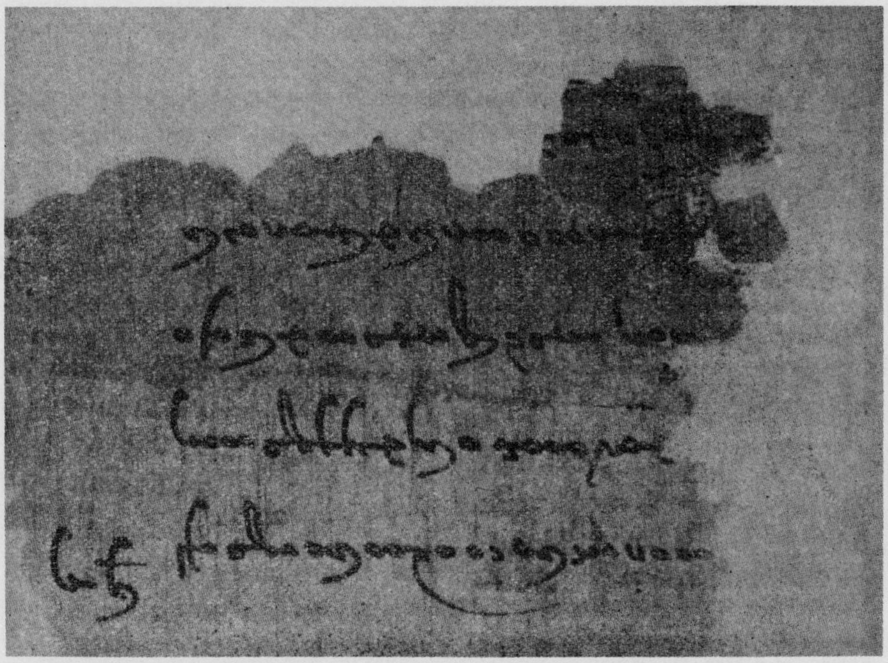

Hephthalitische Schrift, publiziert O. Hansen, Die Berliner Hephthaliten-Fragmente, ‚La Nouvelle Clio', Bd. III,

kommend, eroberten im Jahre 413 Ost-Iran und Indien. Im Jahre 454 besiegten sie die Sassaniden und herrschten danach von deren bisheriger Hauptstadt Kunduz aus über Badachschan.

Ihr Staat wurde im Jahre 562 vernichtet, im 7. Jh. unterstehen sie den West-Türken. R. Göbl hat in einem vierbändigen Werk die Münzen der Hephthaliten interpretiert.[23] Die Prägungen der von ihm untersuchten Münzen beginnen im Jahr 484 und enden um 700 n. Chr. Er kam zu der Meinung, daß mindestens eine Schicht des Volkes iranisch war. Es bleibt die Frage offen, ob Mittel-Iranisch die Umgangssprache aller Hephthaliten oder nur eine Kanzleisprache war. Hansen konnte die 8 Bruchstücke als Mittel-Iranisch interpretieren, er datiert sie auf das 9.–10. Jh. Diese Sprache scheint dem Chotan-Sakischen nahe zu stehen. Die Beziehungen der Hephthaliten zum Tarim-Becken bleiben jedoch unbekannt.

Indische Schriftarten und Sprachen fanden mit dem Buddhismus Eingang nach Zentralasien. Es fragt sich aber, ob mit den Handschriftenfunden auch eine indische Bevölkerung erwiesen ist.

Die Transmission des Buddhismus nach Zentralasien und China[24] erfolgte nicht über das klassische Sanskrit, sondern über verschiedene Prakrits, d. h. künstlich regulierte indische Schriftsprachen, zumal das Gāndhārī. Sanskrit-Versionen indischer Texte sollen erst sekundär im 5. Jh. aus einem Prakrit verbessert worden sein. Die dafür angewendete Schrift ist das Brāhmī, selten und nur in früher Zeit die Kharoṣṭhī. In Chotan war es in den ersten Jahrhunderten n. Chr. üblich, Gāndhārī in Kharoṣṭhī-Schrift zu gebrauchen. Es gab übrigens auch ein in Niya entdecktes spezielles Prakrit, ein nordwestliches Prakrit und andere Sonderformen. Es wurde erwähnt, daß in Schan-Schan Prakrit in Kharoṣṭhī-Schrift aus dem 3. Jh. als Verwaltungssprache gefunden wurde, und daß in einer besonders alten Siedlung in Jotkan bei Chotan Münzen mit chinesischer und Prakrit-Sprache sowie Kharoṣṭhī-Schrift aus dem 1. Jh. entdeckt wurden. Es sei hier nur beiläufig erwähnt, daß neuere Grabungen in Westturkestan ebenfalls indisches Schrifttum ergeben haben, nämlich in Hybridem Sanskrit in Brāhmī-Schrift, in Kharoṣṭhī und Baktrischer Schrift.

Ich habe bereits die Dokumente aus Lou-Lan erwähnt im Zusammenhang mit dem Kuschaner Kanzleiwesen. Einige indische Manuskripte auf Birkenrinde dürften Importgut aus Himalaya-Klöstern sein.

Selbst chinesische und tibetische Versionen buddhistischer Texte gehen oft auf einen alten Prakrit-Text zurück.

66 – Tibeter: Tibetischer König, aus Tunhuang, 8. Jahrhundert, wohl von chinesischem Maler.

67 – Syrer (?): Fremde Kaufleute; Bäzäklik bei Turfan.

68 – Uighuren, Alt-Türken: Laien: Bäzäklik bei Turfan.

69 – Chinesen: chinesische Hofdame von einem Wandgemälde eines Grabes, 706 n. Chr.; publ. Murals in the tomb of Princess Yung-tai of the T'ang-Dynasty, Peking 1963.

70 – Mongolen: Kaiser Ögedey, 1209–41, wohl von chinesischem Maler.

67
68

69
70

Sollten Inder im Tarim-Becken ansässig gewesen sein? Im Abschnitt über die Saken wurde eine Lokalsage erwähnt, derzufolge dort ausgewanderte Inder gelebt haben sollen. Ebenso lassen die Handelsausdrücke indischen Ursprungs in den soghdischen Alten Briefen auf persönlichen Kontakt mit dort ansässigen Indern schließen. Übrigens stellte H. Lüders[25] eine Reihe von indischen Ortsnamen im Tarim-Becken fest: Als solche nimmt er auf dem Nordweg an: (von West nach Ost aufgezählt) Hecyuka, Bharuka, Kuci, Agni (= Karaschahr); auf dem Südweg Pima und Roruka. Vielleicht hätten also manche Buddhisten ausVerehrung für die Urheimat ihrer Religion deren Ortsnamen übernommen. Sollten sie aber nicht Namen aus dem Leben des Buddhas gewählt haben? Eher ist anzunehmen, daß tatsächlich Inder hier im Norden manchen Städten oder Ländern die Namen ihrer alten Heimat gegeben haben. Diese fremden Ortsnamen lassen in früher Zeit eine gewisse Besiedlung des Tarim-Beckens durch Menschen aus dem westlichen Indien vermuten.

Tocharer, *Tocharisch*

In verfallenen buddhistischen Tempeln und Klöstern der Oasen von Kutscha (zumal in Kyzil), von Turfan und in Karaschahr (der Übersetzer des umfangreichen Textes „Maitreyasamiti“ ins Tocharische stammte aus Agnideśa=Karaschahr) fand man Handschriften in einem indischen Alphabet, der Brāhmī und in zwei Dialekten einer indogermanischen Sprache mit westlichen Elementen, die ein uighurischer Kolophon als Tughri bezeichnete. F. W. K. Müller[26] definierte diesen Namen als „tocharisch“. Das einstmals „Tocharestan“ benannte Land erwähnten griechische und chinesische Historiker im 4.–8. Jh. als togara, bzw. tu-huo-lo. Es lag ihnen zufolge zwischen Soghdien und Bamiyan, d. h. im alten Baktrien, im Südwesten des heutigen Afghanistan, also sehr fern von den Fundstätten dieser Handschriften. Daher erhob sich gegen diese Definition von F. W. K. Müller eine lebhafte Kontroverse. Vergleichsweise mag aber daran erinnert werden, daß „Alemannen“ sich auch nicht mit dem französischen „allemand“ deckt. Ebenso mag angenommen werden, daß ein Volk namens Tocharer sich einmal im Tarim-Becken niedergelassen, und dort eine recht eigentümliche Kultur entwickelt hat, obwohl es außerdem im fernen Südwesten eine Landschaft des gleichen Namens gab. Unerklärt ist es weiterhin, daß Hsüan-tsang im 7. Jh. nördlich des Kun-Lun eine Landschaft „Klein-Tochara“ verzeichnet. Die Dynastie der Tocharer von Kutscha nannte sich „die Weißen“. Das Land unterstand zeitweilig den West-Türken, seit 648 China, das die Zentrale der Vier Garnisonen nach Kutscha verlegte. Die Selbstbezeichnung des Volks in Tocharisch A ist *ārśi.* Dagegen hat der König von Tocharesten in Baktrien den Titel Yabghu, und dessen Dynastie war die der türkischen Aschina; um 755 wird einer dieser Könige mit dem türkischen Namen Kutlugh verzeichnet. Im Land

Kutscha gab es reichlich Gold, man erzeugte Hanf, Weizen, Reis (in Trockenkultur) und Weintrauben.

In den zu Kutscha gehörenden Höhlentempeln von Kyzil fanden sich nicht nur tocharische Handschriften, sondern auch Abbildungen von Stiftern in einer für sie kennzeichnenden Tracht und mit dem für sie charakteristischen Gesichtsschnitt. Dieser Menschentypus aus einer relativ alten Periode trat nur ebenfalls in Turfan auf. Die Sprachwissenschaftler[27,28] unterscheiden einen Dialekt A für sakrale Texte, und einen Dialekt B, der auch als Umgangssprache diente. Im letztgenannten Dialekt sind Karawanenpässe, Medizinisches, Magisches, Geschäftliches, Klosterrechnungen, Rand- und Bildbeischriften verfaßt, im Dialekt A ist zumal die große Anzahl an buddhistischen Texten verfaßt, die zum überwiegenden Teil Übersetzungen aus dem Indischen sind. Liebesgedichte und Schreiberzusätze sind bald auf A und bald auf B verfaßt. Die tocharischen Manuskripte datiert man auf etwa 450 bis 750 n. Chr.

Bemerkenswert ist ein Hymnus auf Mani auf Tocharisch B und Alttürkisch in manichäischer Schrift[29], während ja sonst die Religion der Tocharer der Buddhismus und die Schrift die Brāhmī war. In tocharischen Manuskripten gibt es manche alt-türkische Glossen, anderseits sind im Alt-Türkischen nicht wenige termini technici aus dem Sanskrit in tocharischer Verderbnis gefunden worden. Alt-türkische Manuskripte in Brāhmī-Schrift verwenden die von den Tocharern geschaffenen Zusatzzeichen. Also müssen starke literarische Beziehungen zwischen den Tocharern und den Alt-Türken bestanden haben. Unbekannt ist weiterhin, wann dieses Volk mit einer indogermanischen Sprache und mit westlichen Elementen, also mit einer *kentum* Sprache, ins Tarim-Becken eingewandert ist und welche Landessprache es dort vorfand.

Tibeter, *Tibetisch*

Zur Zeit ihrer größten Machtentfaltung, im 8. Jh., drang Tibets Herrschaft ins Tarim-Becken vor, sogar bis zum Fuß des Tien-Schan. Im Jahre 865 besiegte der aus Kansu stammende Feldherr Dschang Itschao die Tibeter, der damit in Tunhuang eine von der chinesischen Zentralmacht relativ unabhängige Provinzmacht gründete. Tibetische Beziehungen friedlicher Art haben aber weiter im Tarim-Becken bestanden, und seit der Yuan-Zeit und dem Aufkommen des Lamaismus in Tibet und in der Mongolei sind religiös-literarische Verbindungen nur intensiver geworden. In Tunhuang sind viele buddhistische Texte auf Tibetisch gefunden worden, in Turfan nur Fragmente von Handschriften und Blockdrucken. Die religiöse Verbindung der Alt-Türken zu den Tibetern dokumentiert sich durch den Fund eines buddhistischen Textes auf Uighurisch in tibetischer Schrift, der in Tunhuang entdeckt worden ist. Abgesehen von lamaistischem Bereich dürften tibetische Siedlungen und kulturelle Einflüsse im Tarim-Becken nur gering gewesen sein.

Tibetische Schrift, für Tibetisch, selten auch für Uighurisch, publiziert T. Moriyasu, Etude sur un catéchisme bouddhique ouigour en écriture Tibétaine, Mem. Fac. Letters, Osaka University, Bd. XXV, 1985, Facsimile Z. 1–3.

Hsi-hsia

Im Nordwesten des Huang-he-Bogens bestand von 1032 bis 1227 ein Staat mit dem Namen Hsi-hsia „Westliches Hsia", dessen Bevölkerung eine tangutische, also dem Tibetischen verwandte Sprache hatte.[30] Das Gebiet dieses Staates reichte im Osten bis über das Ordos-Gebiet, im Süden bis nach Schansi, im Westen bis Kua-tschou und Su-tschou. Die Uighuren von Kansu unterstellten sich diesem Staat im Jahre 1030. Das Beamtenwesen war nach chinesischem Vorbild organisiert. Zu den Sung bestanden zeitweilig gute Beziehungen, den Qitai war der Staat gelegentlich unterworfen. Uighurische Mönche aus Kansu waren die buddhistischen Lehrmeister der Hsi-hsia, in deren Gebiet zahlreiche buddhistische Gemälde und Skulpturen gefunden worden sind.

Hsi-hsia, für die
Sprache der Hsi-hsia.
Blockdruck, Signatur III 15,
Museum für Indische Kunst,
Berlin-Dahlem.

Die Schrift der Hsi-hsia ist im Jahre 1036 aus der chinesischen entwickelt worden. Es sind Handschriften und viele Blockdrucke in dieser Sprache in Karakhoto, Tunhuang und wenige Fragmente auch in Turfan gefunden worden. Die Hsi-hsia haben ihre Bücher als Faltbücher im 11.–14. Jh. gedruckt. Es wurden buddhistische, taoistische und historische sowie profane Texte gefunden. Die berühmte sechssprachige Inschrift von Juyung-guan, 60 km nördlich von Peking im Jahre 1345 errichtet, enthält auch eine Version auf Hsi-hsia.[31] Manches Schrifttum stammt aus dem Tibetischen. Unter mongolischer Aufsicht wurde im Jahre 1302 ein Druck in 3620 Kapiteln des buddhistischen Kanons beendet. Von bewundernswerter Qualität ist die Edition des „Lotos des guten Gesetzes" in Goldschrift auf blauem Grund. In Lan-tschou existiert eine Inschrift auf Hsi-hsia datiert 1094. Ebenso gibt es Münzen dieses Staates aus der Zeit von 1075 bis 1226. Auf den Seidenstraßen jedoch mag dieses Volk und seine Kultur keinen größeren Einfluß ausgeübt haben.

Chinesen, *Chinesisch*

Der Name Sinkiang = Ost-Turkestan ist nicht alt: er bedeutet „Neue Grenzgebiete", besagt also, daß das Tarim-Becken und die Dsungarei nicht altchinesische Bereiche waren. Zur Han-, zur Tang- und zur Mandschu-Zeit war das Land zeitweilig von China besetzt, und damit dürften dort einige Militärkolonien bestanden haben. Seit 630 gab es im Tarim-Becken eine chinesische Verwaltung, wie vorgefundene Haushaltslisten beweisen. Sie waren zum Zweck von Steuererhebungen angelegt worden. Mit den Steuern war auch eine Verpflichtung zum Militärdienst auferlegt.[32] In Tunhuang waren Grund und Boden nicht persönliches Eigentum, sondern Eigentum des Haushaltes. Ebenso verhielt es sich in Turfan, wie aus uighurischen Dokumenten zu erschließen ist. Tunhuang und ein Teil Sinkiangs waren im 8. Jh. von Tibet besetzt worden, bis beide Länder durch Dschang Itschao im Jahre 851 befreit wurden. Im Jahre 751 erlitt das chinesische Heer eine schwere Niederlage durch die Muslim bei Talas. Dadurch gerieten chinesischer Einfluß und jegliche Siedlungspolitik auf einen Tiefpunkt. Zumal zur Sung-Zeit war Chinas Einfluß auf Sinkiang sehr gering, obwohl manche sinnvolle Verwaltungsformen beibehalten wurden. Chinesische Künstler – Maler und Schriftsteller – dürften jedoch in ihrer Heimat gewirkt haben und nicht in den ihrer Meinung nach „provinziellen" Verhältnissen von Sinkiang. In Sinkiang fand man chinesische Handschriften, Blockdrucke und Münzen, wovon nur die beiden letzteren Import gewesen sein dürften. Buddhistische Texte auf Chinesisch sind im ganzen Land reichlich gefunden worden, so daß mit chinesischen Lehrmeistern dieser Religion in Sinkiang gerechnet werden kann. Hsüan-tsang erwähnt in Chotscho ein einziges Kloster für Chinesen. Übrigens sind auch einige lyrische, konfuzianische, taoistische und nestorianisch-christliche Texte gefunden worden. Diese Sinica stammen etwa aus dem 5. Jh. bis in die Mongolen-Zeit. Auf dem Südweg, nördlich des Kun-Lun sind chinesische Texte meist ziemlich alt, da diese Route offenbar aus klimatischen Gründen später nicht mehr benutzt wurde. In der Abgeschiedenheit der Bibliothekshöhle von Tunhuang sind manche vollständigen Texte gefunden worden, während die aus dem Tarim-Becken fast alle nur fragmentarisch sind. Besondere Verehrung der chinesischen Kultur bezeugt der Fund einer Kopie des *Qian-zi-wen,* die einige Zeichen aus der Zeit der Wu-Ze-tian Anfang des 8. Jh.s enthält, obwohl das Manuskript zur Zeit der Qara-Qitai, also zwischen 1178 und 1211 in Yar-Khoto (Turfan-Oase) geschrieben worden ist. Der Herausgeber der Studie darüber (Thilo) vermutet als Schreiber einen Uighuren, der des Chinesischen mächtig war.

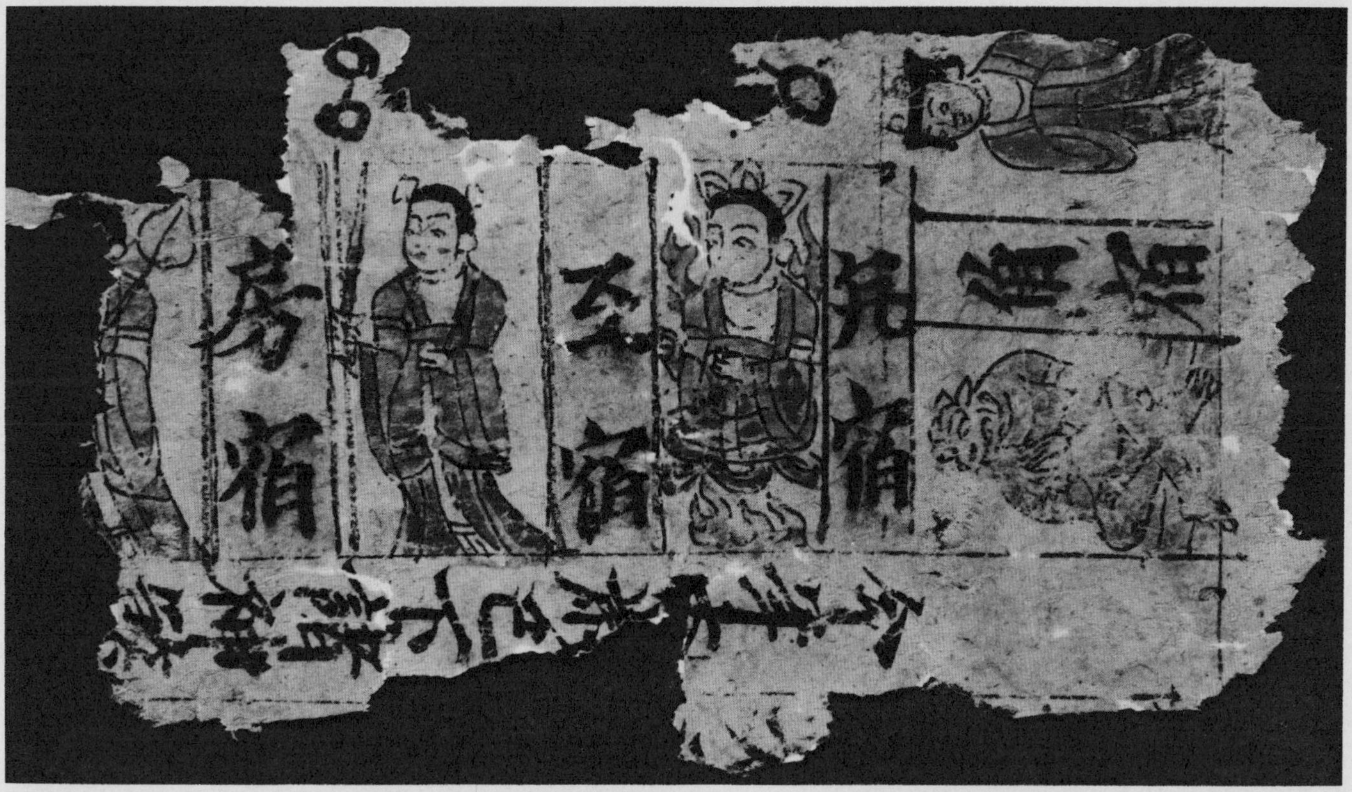

Chinesisch, für Chinesisch, selten auch zur Umschreibung der Laute des Uighurischen und des Mongolischen; publiziert W. Eberhard, Turfantexte VII, S. 84ff. ‚Bilder von Sterngruppen der 28 Mondstationen‘.

Die indische Buchform mit Blättern und Schnürloch wurde in Sinkiang nach und nach von der chinesischen Buchrolle verdrängt und von einigen Völkern übernommen. Seit dem 8. Jh. schuf man in China Blockdrucke, sowohl als Einblatt-Texte als auch als Faltbücher, zum Teil sogar mit Holzschnitten verziert. Uighuren, Mongolen, Hsi-hsia und Tibeter haben diese Kunst übernommen, wobei sich besonders uighurische Blockdrucke vorzüglicher Qualität rühmen.

Heute ist Sinkiang im wesentlichen von Türken bewohnt[33], die sich im Stolz auf die Kultur ihrer Vorfahren im Mittelalter „Uighuren“ nennen, während sie sich noch bis vor kurzem nur nach ihrer städtischen Heimat bezeichneten. Sie sind Muslim, haben also keine direkte Beziehung mehr zum einstigen Geist des Landes, der buddhistisch war. Für das Jahr 552 verzeichnen chinesische Historiker die Befreiung der Türken von ihren bisherigen Oberherren, den Rouran. Es ist nicht bekannt, welche Sprache dieses Volk gehabt hatte.

Die chinesischen[34] Texte bringen die Alt-Türken in eine gewisse Beziehung zu den nomadischen Hiung-nu, deren Heimat im Huang-he-Bogen und westlich davon war. Die Alt-Türken sollen südlich des „Goldenen“ Gebirges gelebt haben, anderseits erwähnen sie selbst in ihren Inschriften voll Verehrung den „Ötükän“, die Muttergottheit, als ihren heiligen Berg. „Goldener“ und „Muttergottheit“ können Bezeichnungen von mehreren Gebirgen gewesen sein, denn J. P. Roux[35], erwähnt, daß Türk- und Mongolvölker meistens einen Berg kultisch verehrten. So gibt es heute südlich von Urumtschi den Bogdo-Ola. Dschingis Khan verehrte den Burhanhaldun u. a. Die frühe Erwähnung jener verehrten Berge genügt also nicht zur Lokalisierung einer Urheimat. Da die Alt-Türken Nomaden waren, ist jedenfalls mit einer Steppe und einem Bergrefugium zu rechnen, unbekannt, ob in der Nachbarschaft der Hiung-nu. Von der Sprache dieses Volkes sind nur wenige Wörter überliefert, die für eine Sprachvergleichung nicht ausreichen. Schon im 4. Jh. n. Chr. erwähnen chinesische Texte die Stämme der Tingling und der Tiele in der Mongolei. In späterer Zeit haben diese Völker eine türkische Sprache, wie aber haben sie im Altertum gesprochen? Bisher ist erst das von den Chinesen Tujue genannte Volk mit Sicherheit als türksprachig zu definieren, wie uns dessen Inschriften zu Ende des 6. Jh.s beweisen.

Diese Tujue lebten als Nomaden in der Mongolei. Sie verfügten bereits über einige Fähigkeiten der Seßhaften, dem Schmiedehandwerk. Sie errichteten ein Steppenimperium, und mit einer unglaublichen Expansionskraft verbreiteten sie sich alsbald nach dem Westen und dem Südwesten, bis an die Grenzen Indiens! Im Jahre 643 berichtet Hsüan-tsang von ihrer Oberhoheit über Tocharestan und weitere Länder. Eine solche Herrschaft über Völker mit einer städtischen Kultur pflegte aber weder deren Organisation und Lebensweise zu verändern, noch reichte sie aus für eine Anpassung an die Beherrschten.

Doch ist es beachtlich, daß Wukung[36], zwischen 759 und 764 in Kaschmir den Tempel einer türkischen Fürstin und den eines türkischen Tegin gesehen hat.

Das Steppenimperium der Alt- oder Kök-Türken[36,37] wurde im Jahre 741 von den ihnen verwandten Uighuren zerschlagen, und auch deren Nachfolgestaat ging schon um 840 durch Angriffe der Kirgisen zugrunde. Ein Teil des uighurischen Volkes suchte Zuflucht im Kansu-Korridor und gründete dort ein kleines Königreich.[38] Die Mehrzahl der Uighuren aber wandte sich nach Turfan (Chotscho), wo sie sich der Kultur der bisherigen Einwohner anpaßten. Ihr Königreich reichte im Osten bis Hami, wo schon zur Han-Zeit Kaufleute der Hu (Iraner?) gewirkt hatten. Im Norden ging die Grenze bis Beshbalik „Fünfstadt". Den Handschriftenfunden nach zu urteilen war die bisherige Bevölkerung von Chotscho soghdisch und tocharisch gewesen. Weder die heutigen Uighuren noch die Stifterbilder aus alt-uighurischer Zeit lassen eine Verwandtschaft mit den ebenfalls türksprachigen Kasachen erkennen: Die Uighuren waren nicht schwarzhaarig, sondern dunkelbraun. Sie sind kaum mandeläugig, ihre Wangen sind nicht nach kasachischem Ideal vollmondartig rund, sondern ziemlich schmal. Auch sind sie schlanker und höher gewachsen als ihre westlichen Verwandten. Daher ist anzunehmen, daß sie sich mit den Vorbewohnern ihrer neuen Heimat, zumal mit den Soghdern, vermischt haben. Sie ähneln den Typen, die auf Wandgemälden in Soghdien dargestellt worden sind, ohne ihnen zu gleichen. Die Sprache dieser Türken ist aber – abgesehen von Fachausdrücken – nicht überfremdet. Beshbalik, der Name der Sommerresidenz der uighurischen Könige, ist eine Übersetzung von soghdisch Pandjikent, es trägt also den gleichen Namen wie die berühmte Stadt in Soghdien, und es ist wohl auch mit Hilfe der Soghder erbaut worden, wie eine uighurische Inschrift andeutet.

Bis zum Jahre 507 hatte ein halb-chinesisches Fürstenhaus, die Qu aus Kansu, über Chotscho geherrscht, zeitweilig die Tiele, seit 630 aber China. Zu dieser Zeit zählte man im Lande 22 Städte und 8000 Haushalte, die Residenz war Jiaohe. Man baute Baumwolle, und die Obsterzeugung des Landes war von hoher Qualität. Chotschos Bodenreichtum stammte von den Schmelzwässern der Tien-Schan-Flüsse, die durch kunstvolle Arbeit vermittels Karezen (unterirdische Kanalsysteme) wie ehemals so auch noch heute an die Oberfläche geschafft werden. Im Herbst wurden die Reisfelder überflutet. Grundbesitz war nicht persönliches, sondern Familieneigentum, wie zahlreiche im Land gefundene Dokumente erkennen lassen.[39] Zu einem Grundbesitz gehörte immer auch der Boden für ein Haus und den Garten.

Der Wohlstand eines Oasenstaates wie dem von Chotscho beruhte nicht nur auf seinen Produkten, sondern zu einem großen Teil auf dem, auf den Seidenstraßen getätigten Fernhandel: Man erhob Durchgangszölle und auch Lagergeld. Es ist zu bedenken, daß die Tragtiere der Karawanen nach langer Steppenwanderung eine Ruhepause brauchten. Und die fremden Kaufleute mußten am Ort erst feststellen, für welche Waren es Absatzmöglichkeiten gab.

Bereits zu Ende des 6. Jh.s n. Chr. errichteten die Alt-Türken in der Mongolei Inschriftsteine zur „Verewigung" verstorbener Helden. Als der lingua franca der Zeit bedienten sie sich dafür anfangs der soghdischen Sprache, wie die Inschrift von Bugut in den Mongolei für Muhan Kaghan (553–572)[40] erwies, später aber schrieben sie in der eigenen Sprache und mit köktürkischen Runen. Handschriften auf Alt-Türkisch und Blockdrucke sind in großer Zahl in Turfan gefunden worden, ein umfangreiches Manuskript in Hami; aus der Gegend von Kansu und dem buddhistischen Wallfahrtsort Tunhuang stammt die dortige literarische Hinterlassenschaft der Uighuren des Königreichs von Kansu, also aus dem 10.–12. Jh. Einige Fragmente in

Runenschrift, für Alt-Türkisch;
Museum für Indische Kunst, Berlin-Dahlem, Signatur III 35b.

Runenschrift und mit militärischem Inhalt aus Miran bezeugen wohl nur kriegerische Ereignisse der Alt-Türken im 8. Jh. Auch in Tunhuang, dem berühmten Wallfahrtsort, sind Uighurica gefunden worden. Wenn weitere Fundorte im Westen von Sinkiang fehlen, ist anzunehmen, daß sie vielleicht existiert haben, aber in muslimischer Zeit vernichtet worden sind. Die Uighuren dürften bei ihrer Übersiedlung nach Chotscho dort nicht nur Soghder und Tocharer vorgefunden haben, sondern auch Angehörige eines anderen Türkvolks[41], denn die gefundenen Handschriften weisen zwei verschiedene Dialekte auf. Einstmals hatten sich die Türkvölker in einen westlichen und in einen östlichen oder nördlichen Zweig gespalten, sich aber zu Ende des 7. Jh.s wieder vereinigt. Zu den ersteren gehören u. a. die Basmïl und die Qarluq.

Die entdeckten Handschriften und Blockdrucke sind also nicht einfach als „uighurisch" zu definieren, sondern als alt-türkisch in zwei Dialekten. Es waren vielleicht die „Nicht-Uighuren", die sich auch in Turfan noch zuweilen der Runenschrift bedienten. Ebenfalls nur selten sind alt-türkische Handschriften in soghdischer Schrift und buddhistischem Inhalt. Nur Manichäer bedienten sich der aus der Estrangelo entwickelten manichäischen Schrift. Die Mehrzahl der Handschriften in allen Religionen und auch mit profanem Inhalt ist in uighurischer Schrift geschrieben. Auf den Gebrauch der Buddhisten beschränkt sind alt-türkische Texte in Brāhmī Schrift.[42] Nur ausnahmsweise und zwar bloß von nestorianischen Christen wurde für alt-türkische Texte die Estrangelo-Schrift[43] verwendet; auch die Anwendung der tibetischen Schrift für Uighurica in buddhistischen Texten[44,45] ist eine Seltenheit. Es gibt zweisprachige Texte: Sanskrit-uighurisch in Brāhmī Schrift, chinesisch-uighurisch in chinesischer und uighurischer Schrift für buddhistische Texte[46], ein manichäischer Hymnus auf Tocharisch B und Uighurisch in manichäischer Schrift.[29] Die uighurischen Blockdrucke aus Chotscho sind von ausgezeichneter Qualität und zuweilen von hübschen Holzschnitten geziert. Sie dürften eine einheimische Leistung darstellen, etwa aus dem 11.–14. Jh. stammen und sind alle buddhistischen Inhalts in uighurischer Schrift gestaltet. Die meisten von ihnen sind Faltbücher.

Uighurische Schrift, für Alt-Türkisch (Uighurisch), Mongolisch, Mandschu; Blockdruck, Museum für Indische Kunst, Berlin-Dahlem, Signatur III 22; vgl. Chavannes, Contes Nr. 58.

Den Buddhismus hatten die Uighuren wahrscheinlich durch die Soghder empfangen, weil die Ausdrücke vieler Grundbegriffe in ihren Texten nicht aus dem Sanskrit stammen, sondern formal soghdisch verderbt sind. In etwas späterer Zeit dürften die Chinesen ihre buddhistischen Lehrmeister gewesen sein. Den Manichäismus haben die Uighuren bereits im Steppenimperium (im Jahre 752) als Staatsreligion angenommen. Als sie um 840 in die Turfan-Oase zogen, dürften sie sich für diese Religion weiterhin ihres Dialekts bedient haben. Aber es gibt auch recht altertümliche, manichäische Texte in einem abweichenden Dialekt, so daß zu vermuten ist, daß schon unabhängig von ihnen auch ein anderes Türkvolk in Sinkiang den Manichäismus angenommen hatte. So wurde diese Religion ja auch bei den Soghdern in Turfan praktiziert. Ein Teil der Alt-Türken wiederum hatte sich dem nestorianischen Christentum zugewandt, wovon eine geringe Anzahl von türkischen Texten zeugt. Profane Texte – Kalendarisches, Medizinisches, Dokumente u. a. auf Alt-Türkisch – sind ebenfalls in Turfan gefunden worden.

Dieses vielfältige Schrifttum der Alt-Türken in Turfan läßt eine starke, türkische Besiedlung in der Oase erkennen. Es ist beeindruckend, daß über lange Zeiträume hinweg in diesem Land an der Seidenstraße mit jenem regen Verkehr kulturfreudiger Völker gelehrte Abhandlungen des Buddhismus, Manichäismus und (begrenzt auch) des Christentums gepflegt wurden. Dank der Intensität dieser literarischen Betätigung hat sich das Uighurische im ganzen Land endgültig als Umgangssprache durchgesetzt.

Die Qara-haniden

Auf der älteren Kultur der Uighuren beruht die der Qara-haniden, die seit dem Ende des 10. Jh.s in Kaschgar unter ihrem Fürsten Satug Bugra han den Islam angenommen haben. Im Jahre 1006 wurde auch die Bevölkerung von Chotan muslimisch. Die türk-sprachigen Qara-haniden benutzten anfangs die uighurische Schrift, später die arabische. Kulturell sind sie die Erben der Samaniden. Seit 1047 spaltete sich dieser Staat in eine Osthälfte mit der Hauptstadt Balasaghun, später Kaschgar, und eine Westhälfte, die anfangs von Öz-kent, später von Samarkand aus regiert wurde. Mit dem Jahr 1130 übernahmen aber die mongolischen Qara-Qitai die Herrschaft, die von Kaschgar bis Chotan regierten. Von ihrer Residenzstadt Kuz-Ordu aus scheinen sie sogar eine gewisse Oberhoheit über die Südstraße ausgeübt zu haben.

Syrer, *Syrisch*

Missionare und persische Kaufleute brachten früh das nestorianische Christentum nach dem Osten (635), davon zeugt u. a. die Inschrift von Hsian-fu (781). Es wurde erwähnt, daß viele Soghder sich im Tarim-Becken als Fernkaufleute betätigten. Männer dieser Berufsklasse sind auf den Praṇidhi-Szenen in Bäzäklik (Turfan-Oase) dargestellt worden. Aber ihre Gesichter sind weniger soghdisch gestaltet, als vielmehr semitisch, syrisch. Die Kirchensprache der östlichen Christen war das Syrische, daher sind ihre heiligen Texte, die *Pešitta,* die in der Turfan-Oase gefunden worden sind, in dieser Sprache und in Estrangelo Schrift verzeichnet. Selten einmal haben uighurische Christen sich ebenfalls dieser Schrift bedient. In Turfan wurden nur in Bulayik christliche Texte und auch 2 Wandgemälde dieser Religion gefunden. Übrigens wurde auch am Issik-Köl eine syrische Inschrift gefunden.

Estrangelo-Schrift, für Syrisch und, im Tarim-Becken von Christen, für Soghdisch und selten auch für Alt-Türkisch: Museum für Indische Kunst, Berlin-Dahlem, Sign. III 60a.

Hebräisch

Es ist im Tarim-Becken sogar eine jüdisch-persische Handschrift gefunden worden, nämlich in Dandan-Oilik. Sie soll nach dem 8. Jh. entstanden sein. Über ihre Herkunft ist nichts bekannt.

Mongolen, *die Mongolen-Zeit*

In früherer Zeit waren die Mongolen Nomaden, eine Periode, die ich hier übergehen möchte. Seit der Gründung der Yuan-Dynastie aber, 1260–1367 (gemäß offizieller Zählung; tatsächlich war aber Nordchina schon seit etwa 1215 in mongolischer Hand), bemühten sich viele Mongolen um die Kulturform der Seßhaften, viele von ihnen hatten zur Zeit dieser Dynastie im ganzen Reich höhere Amtsstellen in China inne. Auch Syrer, Soghder, Uighuren und andere erhielten verantwortungsvolle Stellen, Chinesen aber hatten nur geringe Möglichkeiten im Amtswesen. Die durch den größten Teil Asiens herrschende pax mongolica wirkte sich auch auf das Tarim-

Becken aus, der Handel nahm zu. Chinas materielle Kultur breitete sich aus, wie die Anwendung des Blockdrucks, der im Tarim-Becken immer vollkommener ausgeführt wurde. Dazu wurde nun die lamaistische Form des Buddhismus nicht nur bei den Tibetern und Mongolen, sondern auch bei den Uighuren beliebt.

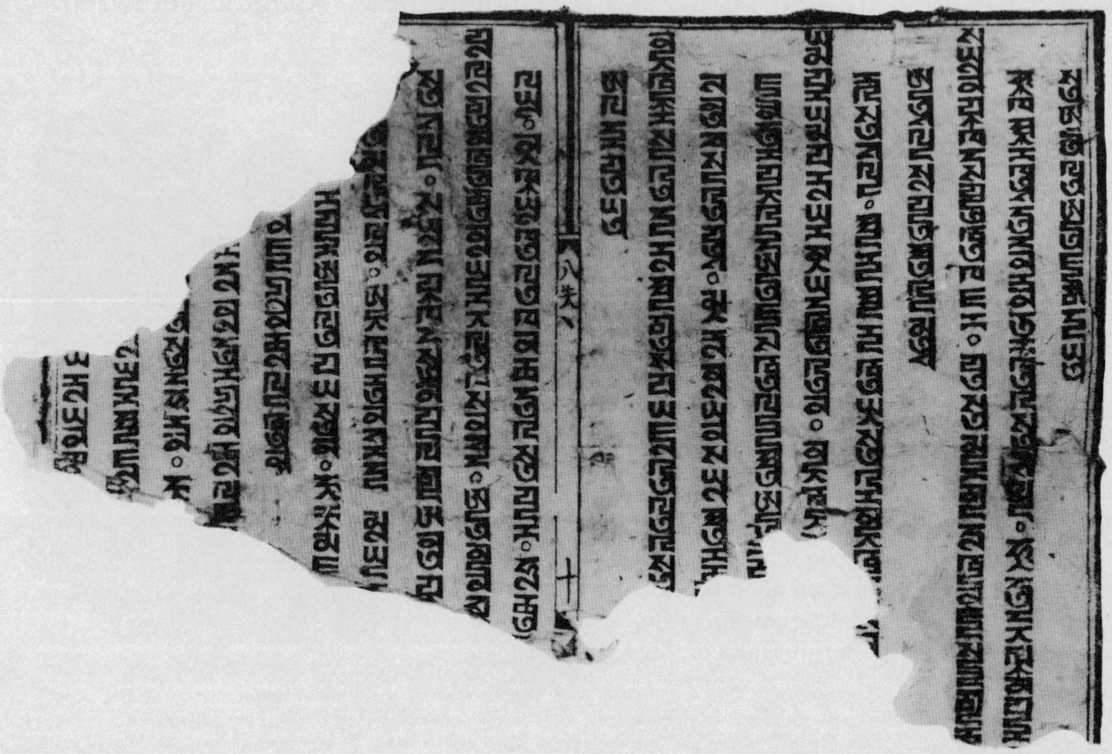

Phags-pa-Schrift, für Mongolisch, publiziert E. Haenisch, Mongolica der Berliner Turfan-Sammlung II, ADAW Berlin 1959, S. 56.

Die Mongolen haben anfangs die uighurische Schrift zur lautlichen Umschrift ihrer Sprache verwendet, danach, 1269 die mit der tibetischen verwandte „phags-pa Schrift[47], später sogar auch die chinesische Schrift. Übrigens gerieten damit die Uighuren philologisch unter mongolischen Einfluß, so daß in ihren Handschriften und Drucken der Unterschied zwischen stimmlosen und stimmhaften Konsonanten schwankend wurde.

In Turfan und in Tunhuang sind in geringer Zahl mongolische Handschriften und Blockdrucke gefunden worden, die zumal aus dem 13. und 14. Jh. stammen dürften, ihr Inhalt ist meist buddhistisch; daneben fand man einige Dokumente. Die erwähnte Torinschrift von Juyung-guan enthält auch eine mongolische Version.

Qitai = Qitan

In der Mandschurei, also östlich des Huang-he-Bogens, bestand von 907 (bzw. 937) bis 1125 der Staat der Qitan oder Qitai, der sich nach dem Fluß ihrer Heimat auch Liao nannte. Der Staat umfaßte Nord-China, die Mandschurei und die Mongolei. Dank den Leistungen seines Reiterheeres hatte Apaoki (872–926) im Jahre 916 den Kaisertitel annehmen können. Er führte eine eigene Jahresdevise ein, was ein Symbol von Souveränität besagt. Der Staat hatte ein so großes Ansehen, daß sogar die fern wohnenden Kansu-Uighuren ihm Tribut sandten. Seit 1005 mußten auch die chinesischen Sung Tribut zahlen, jährlich 200.000 Ballen Seide und 100.000 Unzen Silber. Von diesen Qitai gedrängt ziehen jetzt viele Türkstämme aus der Mongolei nach dem Südwesten ab. Die Sprache der Qitai ist noch umstritten, nach chinesischem Vorbild schufen sie sich im Jahre 917 eine eigene Schrift, die man nicht außerhalb des Landes anwenden durfte. Deswegen fanden sich wohl im Tarim-Becken keine Zeugen davon. Die Verwaltungssprache des Landes war das Chinesische. Ein Mausoleum dieser Dynastie in Qing-lin (Innere Mongolei) existiert noch heute: Es hat wunderschöne Wandmalereien.

Die Kin oder Dschurtschen, die nördlich von Korea lebten, verdrängten schließlich die Qitai, so daß ein Teil von ihnen nach dem Westen zog. 1128 stehen die Qitai schon vor Kaschgar und bekämpften erfolgreich die Qara-haniden. Hier, im Westen, nennt sich der Herrscher dieses Volkes Gur-han, und sein Staat heißt nun der der Qara-Qitai. Sie herrschen seit 1130 auch in Teilen des Tarim-Beckens zumal auf dem Südweg. Ihre Residenz ist Kuz-Ordu = Balasaghun. Die Qara-Qitai sind keine Muslime, sie bringen chinesische Kulturelemente bis hier in den Westen. Ihre Münzen sind arabisch und chinesisch beschriftet. Im Jahre 1211 wird der Gur-han von Kütschlük, dem Fürsten der Naiman, gestürzt.

Im Jahre 1211 unterwarf sich Arslan, der Fürst der türksprachigen Qarluqen, dem Dschingis Khan. Danach stand manche bedeutende Familie dieses Volks mit Hingabe und Erfolg im Dienst der Mongolen-Herrscher, wie etwa die von Dašman (verstorben 1317). Diese Familie kann über mehrere Generationen hin gut verfolgt werden: Sie ist nicht sinisiert, sondern fügte sich dem Mongolentum.

Schließlich sei auf ein charakteristisches Beispiel des kulturellen Zusammenwirkens von Chinesen, Uighuren und Mongolen in buddhistischem Reich hingewiesen: In Turfan wurden Fragmente von mehreren Abzügen eines Holzschnittes gefunden (Signatur III 4633a usw.).[48] Der darauf folgende Text in Blockdruck ist verloren. In der anbetenden Haltung gläubiger Buddhisten ist eine ganze Familie (47 Personen) dargestellt. Es sind in der hintersten Reihe 10 Mönche und Nonnen, davor 19 Herren und 18 Damen in der Tracht der späten Uighuren oder der frühen Mongolen. So klein auch die Personen dargestellt sind, so ist doch Haltung und Gesicht jedes einzelnen individuell porträtiert, alt oder jung, nachdenklich oder streng u. a., eine Feinheit, die auf chinesischen Gemälden nicht gezeigt wird, sondern die typisch für das psychische Unterscheidungsvermögen der Uighuren ist. Zu jeder Person ist ihr Name, zuweilen auch ein Attribut wie „Vater“, „Mutter“ u. a. angegeben. Diese Namen und die wenigen beigefügten Wörter sind uighurisch, aber in chinesischer Umschreibung gegeben. Wie H. Franke[49] entdeckte, handelte es sich bei dieser Darstellung um die Familie eines bedeutenden Uighuren namens Mungsuz, der 1206–1267 gelebt hat. Er stammte aus Beshbalik, seine Biographie auf Chinesisch ist bekannt. Schon als Knabe war er von Dschingis Khan bemerkt worden, später diente er den Khanen Tolui und Kublai als hochgeschätzter Berater. Es fällt auf, daß die Form von mehreren der hier verzeichneten Namen von denen abweichen, die die chinesischen Historiker angeben. Die Form der chinesischen Zeichen war also nicht geregelt: in Peking umschrieb man die türkischen Silben anders als in Turfan, wo dieser Holzschnitt vielleicht geschaffen worden ist.

Die begrenzten Seidenstraßen verloren etwas an Bedeutung, als der Seeweg nach Ostasien entdeckt wurde, und zumal als die Macht der mongolischen Regierung Grenzen einriß und Völker verband. Manche der einstigen Völker im Tarim-Becken verschwanden; übrig blieb der stets latente Einfluß Chinas, die Macht der Mongolen und die Vitalität der Türken.

* Herrn Prof. Dr. Herbert Franke, München, danke ich für mehrere Hinweise.

ANMERKUNGEN

1 HERRMANN, A.: Die alten Seidenstraßen zwischen China und Syrien. Berlin 1910.
2 Ders.: Atlas of China, Cambridge/Mass. 1935; Karte 26/27: Asia ca. 100 n. Chr.
3 PELLIOT, P.: Une bibliothèque médiévale, retrouvée au Kan-su. BEFEO 1908.
4 Ders.: Les grottes de Touen-houang, 6 vols., Paris 1920–24.
5 STEIN, M. A.: Serindia, 5 Bde., Oxford 1921.
6 GRÜNWEDEL, A.: Altbuddhistische Kultstätten in Chinesisch-Turkistan. Berlin 1912.
7 Le COQ, A. V.: Auf Hellas Spuren in Ostturkistan. Leipzig 1926.
8 Ders.: Buddhistische Spätantike, 6 Bde. 7.: E. Waldschmidt. Berlin 1922–33.
9 HAUSSIG, H. W.: Die Geschichte Zentralasiens und der Seidenstraße in vorislamischer Zeit. Darmstadt 1983.
10 Fischer Weltgeschichte: Zentralasien. Frankfurt 1966.
11 NANJIO, B.: A Catalogue of the Chinese translation of the Buddhist Tripiṭaka. Oxford 1883: II. Appendix.
12 FLEMING, P.: News from Tartary. A journey from Peking to Kashmir. London, Sydney (1935) 1980.
13 BEAL, S.: The life of Hiuen-tsang (601–664), by the shaman Hwui Li. London 1911.
14 FRANKE, O.: Geschichte des chinesischen Reiches; 5 Bde. Berlin – Leipzig 1930–1952.
15 BUSSAGLI, M.: La peinture de l'Asie Centrale. Genf 1978: 25.

16 EMMERICK, R. E.: A guide to the literature of Khotan. Tokyo 1979.
17 HANSEN, O.: Die buddhistische Literatur der Chotansaken. Handbuch der Or., IV, 2. Leiden – Köln 1968: 77.
18 UTZ D. A.: Buddhist Sogdian Literature; An inquiry into its origins, o. O., o. J.
19 Ders.: India and Sogdiana, o. O., o. J.
20 HANSEN, O.: Die buddhistische Literatur der Sogdier; Handbuch d. Or. IV, 2. Leiden – Köln 1968: 83ff.
21 HANSEN, O.: Die christliche Literatur der Sogdier; Handbuch d. Or., IV, 2. Leiden – Köln 1968: 91ff.
22 BOYCE, M.: The Manichean Literature in middle Iranien; Handbuch d. Or. IV, 2. Leiden – Köln 1968: 67ff.
23 GÖBL, R.: Dokumente zur Geschichte der iranischen Hunnen in Baktrien und Indien. 4 Bde. Wiesbaden 1967.
24 HINÜBER, O. von: Sanskrit und Gāndhārī in Zentralasien. Sprachen des Buddhismus in Zentralasien. Veröff. der Soc. Uralo-Altaica; Wiesbaden 1983.
25 LÜDERS, H.: Zur Geschichte und Geographie von Ostturkestan. SBAW 1922; 243ff. Weitere Beiträge zur Geschichte und Geographie von Ostturkestan. SBAW 1930: 7ff.
26 MÜLLER, F. W. K.: Beitrag zur genaueren Bestimmung der unbekannten Sprachen Mittelasiens. SBAW 1907: 958ff.
27 KRAUSE, W.: Tocharisch. Handbuch d. Or. IV, 3. Leiden – Köln 1971.
28 SIEG, E. und SIEGLING, W.: Tocharisch, die Sprache der Indoskythen. SBAW 1908: 915ff.
29 GABAIN, A. v. und WINTER, W.: Türkische Turfantexte IX: Ein Hymnus an den Vater Mani auf „Tocharisch B" mit alttürkischer Übersetzung. ADAW 1956.
30 KYCANOV, J.: Monuments of Tangut legislation. 12.–13. c.: Études Tibetaines, hg. v. Ariane MAC DONALD. Paris 1976: 29–42.
31 Chü-yung-kuan, The Buddhist arch of the fourteenth century A. D. at the Pass of the Great Wall northwest of Peking (1345); 1343. J. MURATA (Ed.) Kyoto 1957; 2 Bde.
32 THILO, TH,: Fragmente chinesischer Haushaltsregister der Tang-Zeit in der Berliner Turfan-Sammlung. DAWB, Inst. f. Orientforschung. Berlin 1970: 84ff.
33 The peoples of China, Cartographic Division, National Geographic Society, „National Geographic Magazine". G.M. GROSVENOR (Ed.) Washington 1980.
34 (Offizielle chinesische Geschichtsschreibung): JIU TANGSHU Kap. 148; Tang-shu, Kap. 221.
35 ROUX, J. P.: La Religion des Turcs et des Mongols. Paris 1984.
36 CHAVANNES, E.: Documents sur les Turcs (Tou-Kiue) occidentaux, Paris 1903.
37 MACKERRAS, G.: The Uighur Empire, according to the T'ang Dynastic Histories. Canberra 1972.
38 PINKS, E.: Die Uiguren von Kan-chou in der Frühen Sung-Zeit (960–1028). Wiesbaden 1968.
39 RADLOFF, W.: Uigurische Sprachdenkmäler. Hg. von S. MALOV. Leningrad 1928.
40 KLJAŠTORNYJ, S. und LIVŠIC, V. A.: The Sogdian inscription of Bugut revised; Acta Or. Hung., Bd. 26. Budapest 1972: 69ff.
41 Le COQ, A. v.: Chotscho. Berlin 1913.
42 GABAIN, A. v.: Türkische Turfantexte VIII: Texte in Brāhmīschrift. ADAW 1952.
43 ZIEME, P.: Ein Hochzeitssegen uigurischer Christen. Scholia, Wiesbaden 1981: 221ff.
44 MAUE, D. und RÖHRBORN, K.: Ein „buddhistischer Katechismus" in alttürkischer Sprache und tibetischer Schrift, ZDMG 1984/85: 286ff., 68ff.
45 MORIYASU, T.: Étude sur un catéchisme buddhique ouigour en écriture tibétaine (P. t. 1292). Osaka 1985.
46 RÖHRBORN, K.: Zur Frage des „transponierenden Lesens" von chinesischen Texten in spätuigurischer Zeit. CAJ 1985: 87ff.
47 HUNG, W.: The transmission of the book known as the sacred history of the Mongols. Harvard Journal of Asiatic Studies, 14, 1951: 433–492.
48 GABAIN, A. v.: Ein chinesisch-uigurischer Blockdruck. Tractata Altaica. Festschrift SINOR. Wiesbaden 1976: 203ff.
49 FRANKE, H.: A Sino-Uighur family portrait: Notes on a Woodcut from Turfan. The Canada-Mongolia Review Bd. 4. Univ. Saskatchewan, Saskatoon, Canada 1978: 33ff.

Dynastien

Han: 206 v. Chr.–220 n. Chr.
Tang: 618–906.
Sung: 960–1280.
Yuan, Mongolen-Zeit: 1260–1367.
Qing, Mandschu-Zeit: 1644–1911.

71 – Kirgisen-Familie in Jurte.

72 – „Kirgisen“ mit ihren charakteristischen Fellmützen.

73 – Kasachische Männer vor einer Jurte.

74 – Tarantschen-Frauen. Ihre Tracht ist im Schnitt stark chinesisch geprägt.

71

72

73

74

Sinkiang, das „Neue Gebiet“, um 1900
Ethnographische Splitter

Wir wissen um die Vielzahl von Sprachen, die in vorislamischer Zeit in Sinkiang gesprochen und in etlichen Schriften geschrieben wurden. Die überlieferten Texte zeugen von religiöser Vielfalt (sagen aber wenig über den Glauben des Volkes aus). Frühe europäische Reisende vermitteln Beeindruckendes, aber auch das nur andeutungsweise. Europäische Forscher, um die Wende vom 19. zum 20. Jahrhundert, waren vor allem naturwissenschaftlich ausgerichtet: sie füllten weiße Flecke auf den Landkarten – auf den geographischen, geologischen, klimatologischen; sie erfaßten Fauna und Flora. Die Blüte der Schöpfung, in der Ausprägung des Homo sapiens erectus im zeitgenössischen Sinkiang, erscheint nur episodisch oder anekdotisch in wenigen populär abgefaßten Artikeln und Büchern einzelner Expeditionsteilnehmer (und mancher Großwildjäger).

Systematisch wurden dann in den ersten Jahrzehnten unseres Jahrhunderts die Kunst- und Schriftdenkmäler zusammengescharrt und tonnenweise in die Museen und Bibliotheken, vor allem von St. Petersburg, Berlin, Paris, London und New Delhi verbracht. Sie lösten eine Flut von kunsthistorischen, religionsgeschichtlichen und sprachwissenschaftlichen Veröffentlichungen aus. Manche der damaligen Prachtausgaben sind heute schier unbezahlbar, man begnügt sich mit Nachdrucken, die teuer genug sind. Das Bild des ostturkestanischen Zeitgenossen bleibt nebulos. Wenige Ausnahmen bestätigen die Regel: neben flüchtigen Skizzen aus den Oasen mit ihren Städten, Märkten und chinesischen Beamten nahm sich der Chef einer archäologischen Mission auch einmal die Zeit, Volkskundliches zu erfassen und darüber auch zu berichten. Sprachwissenschaftler, angelockt durch die vormittelalterliche Sprachenvielfalt, sammelten auch Legenden, Lieder und andere mündliche Überlieferungen. Missionare, geschockt durch finstere Praktiken des Aberglaubens, informieren uns indirekt über Ängste und Nöte der Menschen Sinkiangs und über die Methoden, damit fertig zu werden. Einer von ihnen, undogmatisch, verfaßte eine Monographie über „Die Bodenkultur in Ost-Turkestan“.[1] Er war Angehöriger der Societas Verbi Divini, die ihren Mitbrüdern eine sorgfältige sprachwissenschaftliche und völkerkundliche Ausbildung angedeihen ließ.

Ethnologen waren keine in Sinkiang, weder vor noch nach der Revolution. Im China Mao Tse Tungs war Völkerkunde verpönt. Die Diskussion um ihre Wiederbelebung – nach der Verdammung der „Viererbande“ in Gang gekommen – scheint wieder in der Takla Makan zu versanden. Wir haben also auch keine modernen Berichte zur Ethnographie des Tarim-Beckens und seiner Ränder. Die folgenden Schilderungen sind daher notgedrungen „ethnographische

Splitter". Es sei konzidiert, daß bei sorgfältiger Analyse der Reiseliteratur und der Berichte aus den Nachbarwissenschaften, vor allem jener in russischer Sprache, die hier unberücksichtigt bleiben, noch manche Splitter hinzugefügt werden könnten. Ein abgerundetes Bild der Ethnographie Ostturkestans vor dem großen Kulturwandel des 20. Jahrhunderts werden wir wohl kaum mehr rekonstruieren können.

Uighuren und andere

„Ein gemeinsamer politischer Landesname ist nicht im Gebrauch, wenn wir etwa das vage Kaschgarlik (Kaschgarer) oder Altischehrlik (Sechsstädtemann) ausnehmen, denn der Ostturkestaner nennt sich nur nach dem Bezirke in welchem er wohnt."[2]

Über Auftreten, frühe Geschichte und sprachliche Einordnung der Uighuren wird in diesem Band aus kompetenter Feder berichtet. Mit 75% der Gesamtbevölkerung der Sinkiang-Uighurischen Region der VR China dominieren sie heute absolut. Im hier allein abgehandelten Tarim-Becken mit seinen Randgebirgen ist sogar mit 90% Uighuren zu rechnen, da Kasachen, Dunganen (Hui = muslimische Chinesen), Mongolen und andere Minoritäten mehrheitlich, wenn nicht ausschließlich, in der Dsungarei siedeln. Die nach 1950 geschaffenen autonomen Bezirke (*zhon*) der Minoritäten liegen mit Ausnahme jenes der Kirgisen (*Ke-tsu-le-su-K'o-erh-ke-tzu Tzu-chih zhon*) ganz oder teilweise (*Pa-yin-ko-leng Meng-ku Tzu-chih zhon* – Autonomer Bezirk der Bayon Gol-Mongolen) in der Dsungarei. Auch der Anteil des Han-chinesischen Bevölkerungselements dürfte in der Dsungarei größer sein als im eigentlichen Sinkiang.

Wir können nicht nachweisen, was mit den iranischen Bevölkerungsgruppen der vorislamischen Zeit geschehen ist – wohin sie verschwunden sind – aber die Schlußfolgerung liegt nahe: so wie ein Großteil der iranischen Oasenbevölkerung Westturkestans „uzbekisiert" wurde, gingen die Iranier Ostturkestans in den Uighuren auf. Sie wurden sprachlich von den politisch dominierenden Uighuren assimiliert, vermittelten diese an wesentliche Züge ihrer älteren bäuerlichen Oasen- und ihrer Stadtkultur. „Ohne leeren Phantasien nachzujagen, können wir uns in den Uighuren des Alterthums solche Türken vorstellen, die schon früh entweder ganz oder theilweise ein seßhaftes Leben führten, die Städteindustrie, Handel und einen gewissen Grad von Cultur hatten . . ."[3].

Noch im 19. Jahrhundert unterschied der Sprachgebrauch in West- wie Ostturkestan die türkisierte iranische Altbevölkerung der Dörfer und Städte als *Sarten* von den Uzbeken und Uighuren. Iranische Bodenbau- und Handwerkstradition wirken bis heute in stärkerem Maße nach als – ebenfalls bereits alte – chinesische Einflüsse. Darauf wird später noch zurückzukommen sein.

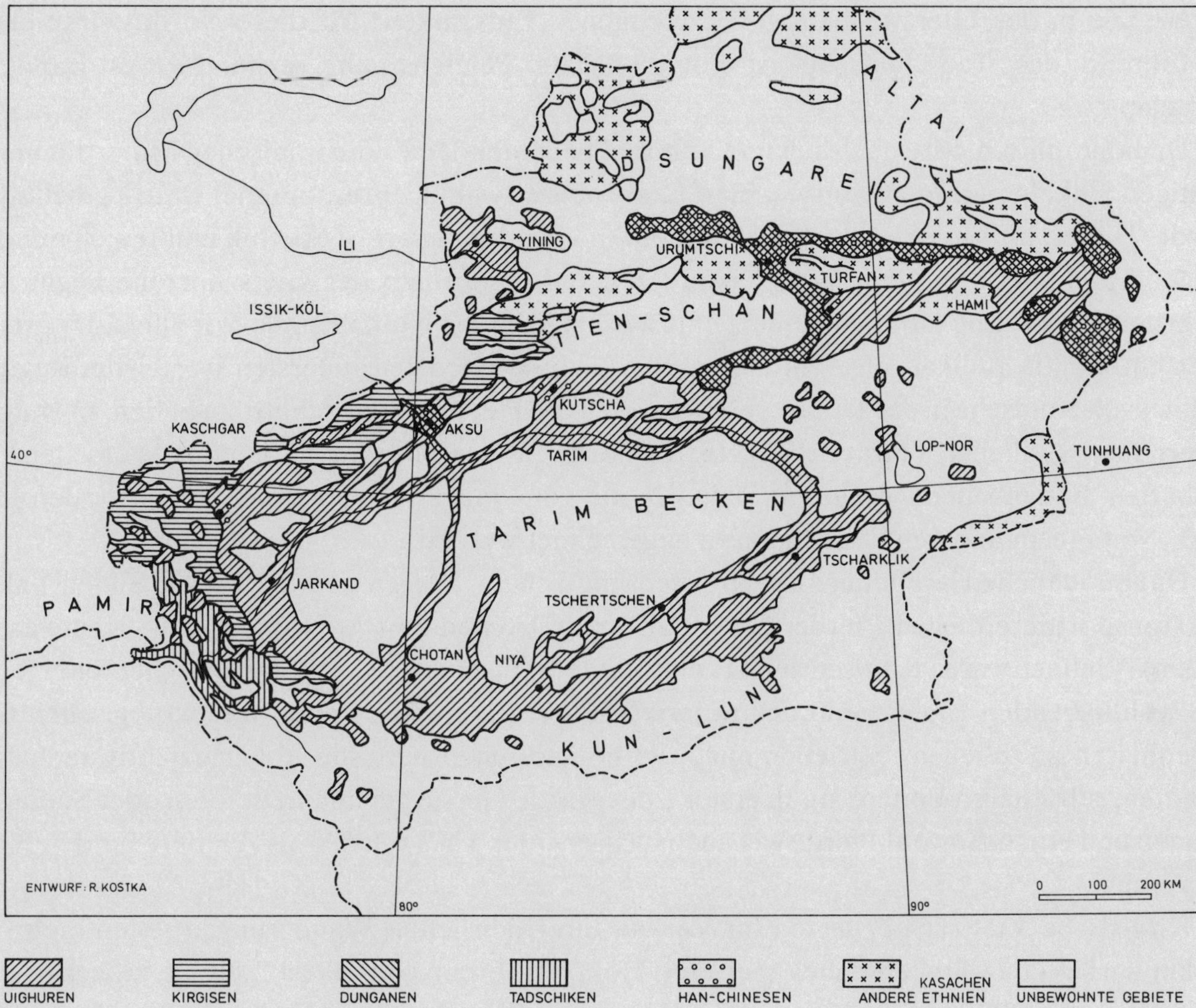

Bevölkerungsverteilung Ostturkestans im 19. Jahrhundert.

Zusammenfassend lassen sich die heutigen Uighuren als Stadt- und Oasenbevölkerung Sinkiangs charakterisieren. Einige Oasen haben nahezu rein uighurische Bevölkerung, wie die sechs, nach anderen sieben, alten Fürstentümer „Kaschgariens": Chotan, Jarkand, Kaschgar, Kutscha, Aksu, Turfan und Hami. Sie sind das östlichste Turkvolk, eine abgewanderte Splittergruppe im dsungarischen Becken des Ili-Flusses ist als Tarantschi in die Literatur eingegangen. Halbnomadische Uighuren, Taghlik, bewegen sich in den Nordhängen des Kun-Lun-Gebirges.

Im äußersten Westen Sinkiangs, mit dem Zentrum Taschkurghan, wird heute noch von ca. 15.000 Menschen eine nordost-iranische Sprache gesprochen, das Sarikoli. Etwa ein Dutzend verwandter Sprachen wird bzw. wurde bis ins 19. Jahrhundert im angrenzenden Afghanistan und in Gorno-Badachschan (Tadschikische SSR) gesprochen. In Dafdar, südlich Taschkurghan, lebt eine kleine Kolonie aus Afghanistan zugewanderter Wachis, die derselben Sprachgruppe zugehören. Die in der Literatur häufige Bezeichnung „Tadschiken“ für diese Nordost-Iranier ist irreführend: das „Tadschikische“ ist eine dem Farsi Persiens nahe verwandte west-iranische Sprache.

Demographisch, wirtschaftlich und kulturell bedeutender als die iranischen Minoritäten des heutigen Sinkiang sind die Kirgisen, für die, wie oben erwähnt, ein autonomer Bezirk geschaffen wurde. Dieses, im Vergleich zu den Uighuren, spät eingewanderte Turkvolk mußte sich mit den kargen Hochtälern und den Sommerweiden gerade unterhalb der Gletscherzone begnügen. Mehrheitlich sind sie bis heute Viehzüchter, wenn auch ihr Nomadismus, vor allem der grenzüberschreitende, radikal eingeschränkt wurde. Sie bewohnen den äußersten Westen der Region, südlich von Kuldscha in der Dsungarei bis nahe an die Pässe nach Kaschmir im Süden. In einigen Tälern ihres südlichen Verbreitungsgebietes, so im Tal von Jarkand, berichten die Quellen von seßhaften, bodenbauenden *Dolon* (Dulanis), die von einem Teil der Berichterstatter den Kirgisen, von einem anderen den Uighuren zugerechnet werden.

Hauptsächliche Herdentiere der Kirgisen sind Schafe, Ziegen und Rinder (im Süden Yaks), als Transporttiere dienen Pferde, Esel, Yaks und Dromedare (im Norden) bzw. Kamele (im Süden). Vielfach waren Kirgisen auch Lohnhirten für die Herden ihrer Stammeschefs oder jener von wohlhabenden Uighuren in den tiefergelegenen Oasen. Wo immer die ökologischen Gegebenheiten es zuließen, betrieben auch die nomadischen Kirgisen, die ganzjährig in Jurten wohnten, subsidiären Bodenbau. In erster Linie wurde Gerste gebaut, in tieferen oder Südlagen Weizen und Hirse. Sowohl Pferde wie auch Ochsen oder Yaks wurden als Zugtiere für den Pflug verwendet.

Kirgisische Viehzüchter legten im Verlauf ihrer jährlichen Wanderungen selten mehr als 15 km zurück, bewältigten dabei aber eine Höhendifferenz von bis zu 2000 m, zwischen den Hochtälern um 2000 m Seehöhe und den Almen am Fuße der Gletscher in 4000 m Höhe. Den Frauen der Kirgisen obliegt nicht nur, wie in anderen nomadischen Gesellschaften auch, die Obsorge für den kinderreichen Haushalt, sondern auch die Verarbeitung von Milch und Wolle und das Auf- und Abschlagen der Jurte. Die Männer sind verantwortlich für das Gedeihen der Herden am Weidegang und sie bestellen die Felder. Wenn auch von allen Beobachtern die „emanzipierte“ Stellung der kirgisischen Frau betont wird, so sind es doch die Männer allein, die Lokalpolitik machen und letzte Entscheidungen für den Familienhaushalt treffen. Die Selbstgenügsamkeit der kirgisischen Nomadenwirtschaft hat ihre klaren Grenzen: Güter wie Baumwollstoffe, Salz, Metallarbeiten und anderes mehr muß aus den Überschüssen der Viehwirtschaft auf den Märkten erstanden werden.

Eine der Minoritäten Sinkiangs hat ganz besonderes Interesse hervorgerufen: die Abdal. Sie lebten in kleinen Kolonien in den Oasen am West- und Südrand des Tarim-Beckens. Kamen sie aus ihren Dörfern, so nur mit Bettelsack und Bettelstab. Von Uighuren und anderen „Etablierten“ wurden sie gering geachtet, Zwischenheiraten waren ausgeschlossen. Neben ihrer religiös motivierten Bettelei nährten sie sich von Herstellung und Verkauf von Besen, Sieben, Löffeln, Teppichen, Säcken u. a., vorwiegend Produkte, die an das Angebot von Zigeunern und zigeunerartigen Gruppen viel weiter im Westen erinnern. Zusammen mit dem europäischen Aussehen der Abdal vermutet man daher eine westliche Herkunft dieser Ethnie. Dies wird durch die Legende gestützt, sie seien schuldtragend am Tod Hussains (Schlacht bei Kerbela, 680 n. Chr.) gewesen und deshalb verflucht und verbannt worden.

In den Städten Sinkiangs, noch zu Beginn unseres Jahrhunderts wichtige Handelsknotenpunkte, gab es neben der lokalen Bevölkerung eine geradezu unwahrscheinliche ethnische und sprachliche Vielfalt, die Skrine[4] für Jarkand beschreibt:

„Andidschanis (muselmanische russische Untertanen aus Ferghana); Badachschis (aus dem afghanischen Badachschan); Baltis (aus den südlichen Tälern des Karakorum); Bucharer; Chinesen; Tschitrali; Dulani (Einheimische aus dem Tal des Jarkand-Flusses); Gilgitis (meist freigelassene Sklaven oder deren Kinder); Kandschutis (Leute aus Hunza und Nagar); Kaschmiris; Kirgisen; Ladakhis (aus Klein-Tibet); Pathanen, Afghanen und Briten; Hindus aus dem Pandschab; Muselmanen aus dem Pandschab; Schughnis (aus Roschan und Schughnan, Oberer Oxus); Sindhis (Geldverleiher aus Shikarpur); Tadschiken (aus dem chinesischen Pamir); Dunganen (chinesische Muselmanen aus Nord-Sinkiang und Kansu); Türken [= Uighuren]; Wachis (aus dem Wachan und den Tälern des Hindukusch)."

„Davon bilden die Türken die Hauptbevölkerung; die Chinesen sind verhältnismäßig wenige und beschränken sich auf Beamte und deren Entourage, einige Händler aus Tientsin und einige Besitzer kleiner Läden; die Dunganen sind hauptsächlich Händler; Kirgisen und Tadschiken kommen aus den Bergen und die Dulanis aus den Sümpfen der Flußniederung. All diese sind chinesische Bürger. Die übrigen sind „Reisende" oder „Leute von jenseits der Berge", i. e. Fremde, von denen Andidschanis und Bucharer russische Untertanen sind und gegenüber den Chinesen durch ihren eigenen Repräsentanten (Aqsaqal) vertreten sind. Die Badachschis, Baltis, Tschitralis, Gilgitis, Kandschutis, Kaschmiris, Ladakhis, Pathanen, Pandschabi Hindus und Moslems und Sindhis wenden sich an den britischen Aqsaqal und an dessen Assistenten für jede Gemeinde."

Kareze – die Lebensadern

„Es muß hier besonders hervorgehoben werden, daß (der Ostturkestaner) in Bearbeitung des Bodens und in manchen Zweigen der Hausindustrie nicht nur über Özbegen, Kazaner, Nogaier und Baschkiren, sondern auch über Azerbaidschaner und Osmanen sich erhebt."[5]

„Die Landschaft rund um Jarkand ist ergötzlich, obgleich vollkommen flach und nicht durch Flüsse zerrissen und mit hohen Lößklippen, wie in der Kaschgar-Oase. Bauernhöfe, Mühlen,

Schreine am Weg und dörfliche Märkte sind nahezu gänzlich aus Holz erbaut, aber die Häuser und Scheunen wirken nicht wie schwächliche Kartenhäuser, wie ihre Gegenstücke im Kaschmirtal. Sie sind solide, sehen bequem und zulänglich aus, wie alte englische Bauernhöfe. Alles ist alt, ehrwürdig, friedlich und wohlhabend. Die reichlich mit Bäumen bestandene Landschaft mit den weiten Feldern, übervollen Kanälen und Wirtschaften, in denen Rinder, Pferde, Schafe, Ziegen, Esel, Geflügel und rotwangige Kinder wimmeln, erinnern an eine Art asiatisches Holland".[6]

Vereinfacht könnte man sagen, in diesem „asiatischen Holland" verlaufen viele der Kanäle nicht oberirdisch, sondern unter der Erde, man nennt sie nicht Gracht sondern Karez: eine persische Erfindung aus der Mitte des ersten vorchristlichen Jahrtausends, die bis Marokko im Westen und Sinkiang im Osten in niederschlagsarmen Gebieten meist auch dann erfolgreichen Feld- und Gartenbau ermöglicht, wenn der Regen ausbleibt und das Oberflächenwasser verdunstet ist. Besser als eine langwierige Beschreibung verdeutlicht Abb. 1 das System.

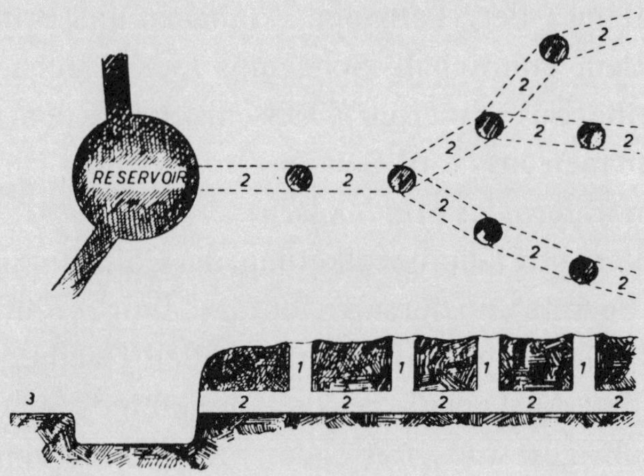

1. Brunnenschächte, 2. Kanalstollen, 3. Sammelbecken (vgl. S. 22).

Spezialisten – für asiatische Produktionsverhältnisse hoch bezahlt – graben Schächte, schlagen Stollen dazwischen und riskieren dabei ihr Leben. Durch den Stollen, mit minimalem Gefälle, rinnt das Wasser unterirdisch bis nahe an Felder und Gärten mit ausreichender Lößschicht, kilometerweit, in Extremfällen bis zu 40 km. Das Wasser läuft auf der Lehmschichte, die ein Versickern verhindert, es läuft unterirdisch und verdunstet daher auch nicht: das kostbare Naß garantiert üppige Ernten, ermöglicht den Anbau von Früchten und Obst, die eisgekühlt, bis in die chinesischen Kernlande verhandelt wurden.

Wenn die Flüsse, die das Schmelzwasser der Gletscher ins Tal bringen, in extremen Sommern versiegt sind, führt der Karez noch immer Wasser. Investierte man Kapital in Errichtung und Instandsetzung eines Karez, so war man binnen weniger Jahre ein reicher Mann. Amortisierungsrate und Höhe der Rendite, die ein „Wasserherr" erwarten konnte, lassen jeden westlichen Unternehmer vor Neid erblassen.

Natürlich liegen die Oasen an den Gebirgsrändern, dort, wo die Flüsse in die Ebene brechen. Auch das Oberflächenwasser wird genützt, aber schon im Frühsommer, auch nach einem Winter mit reichlichem Schneefall im Gebirge, ist das Flußbett am Ausgang der Oase vertrocknet. Die Grenze zwischen Ackerland und Steppe, mitunter Sandwüste, ist scharf, wie mit einem Messer gezogen. Die geringe Bodenfläche mit Ackerkrume (Löß) und das wenige zur Verfügung stehende Wasser erlauben zwar intensiven Acker- und Gartenbau und die Produktion von Überschüssen, die eine Stadtbevölkerung ernähren, Exporte ermöglichen; vor dem Kommen des Islam ernährte sie auch Tausende von wirtschaftlich unproduktiven Mönchen. Viehhaltung in nennenswertem Ausmaß war und ist ausgeschlossen. Die bleibt den Nomaden im Hochgebirge überlassen. Die Oasenbauern waren daher genauso wie die Nomaden auf eine Symbiose angewiesen, sei es, daß wohlhabende Nomaden tierische Produkte (und Transportleistungen) käuflich oder im Tausch gegen Bodenbauprodukte, vor allem Körnerfrüchte, ertauschten, sei es, daß ärmeren Nomaden die Viehherden Seßhafter zur Hütung anvertraut wurden. Pferde, Rinder, Schafe waren ebenso nomadische Handelsgüter wie Wolle und Felle, die auf den Märkten der Oasen gegen Getreide und Gebrauchsgüter wie z. B. Kleidung oder Stoffe und Garne dafür eingehandelt wurden.

Die Ackerböden Sinkiangs liegen ausnahmslos auf den lößbedeckten Terrassen am Rand der Gebirge. Nur 0,7% des Bodens sind landwirtschaftlich genützt, oder in absoluten Zahlen 10.000 km^2 von 1,5 Mill. Die Oasen mit größter Bevölkerungskonzentration, die schon allein wegen des erforderlichen Arbeitskraftpotentials für Errichtung und Instandhaltung der Bewässerungsanlagen erforderlich ist, liegen an den Nord- und Südrändern der Takla Makan, entsprechend den Südabhang des Tien-Schan und dem Nordabhang des Kun-Lun. Das Zentrum einer Oase bilden Dorf oder Stadt mit Markt, Festung und Sitz der Verwaltung, mit religiösem Zentrum, Bädern und anderen sozio-kulturellen Einrichtungen, wie z. B. dem freien Platz, auf dem Gaukler und Akrobaten ihre Kunststücke feilboten. Wichtigste Kommunikationszentren waren und sind die Teehäuser, in denen Nachrichten ausgetauscht werden und wo – auch unter Mao Tse Tung und danach – Lokalpolitik gemacht wird.

Der Grundbesitz in den Oasen war Ende des 18. Jahrhunderts nach chinesischen Gesetzen geregelt worden: Eigentümer war der Kaiser, Besitzer die Bauernfamilie. Erst mit Beginn der Republik, 1912, wurden Urkunden ausgestellt, die die bisherigen Besitzer zu Eigentümern machten. Es gab kaum Großgrundbesitz, aber von Farmen mittlerer Größe, von 3 bis 6 ha, selbst von jenen 50% Kleinfarmen von nur 1,5 bis 3 ha konnte der Bauer im Tarim-Becken mit den dort möglichen zwei jährlichen Ernten gut leben, und, wie schon gesagt, sogar Überschüsse produzieren.

Hauptsächliche Produkte des Feldbaus waren Weizen, Reis und Rispenhirse, von denen letztere als Tauschmittel für Nomaden produziert wurde. Mohrenhirse, Gerste und Mais wurden als Zusatzfutter für Zuchtvieh gebaut, Luzerne in großen Mengen als Winterfutter. Raps und

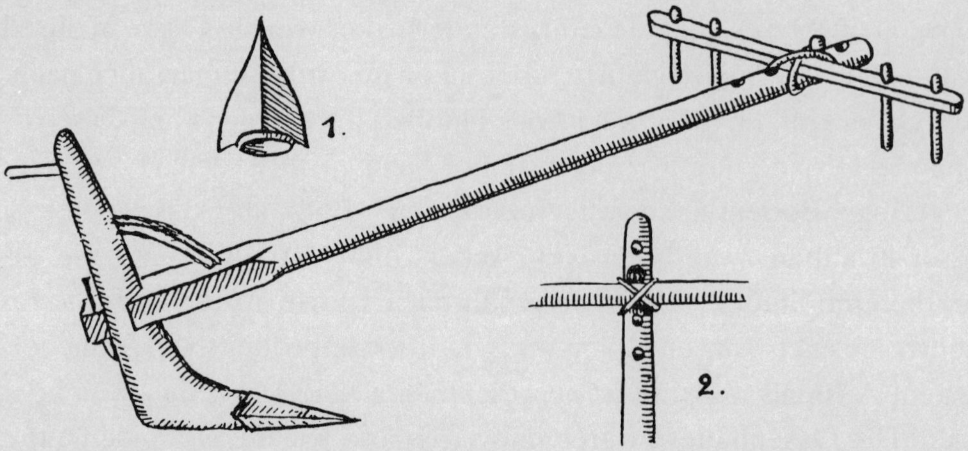

Pflug mit Joch. 1. Gußeiserne Pflugschar, 2. Jochverbindung (nach Golomb).

Sesam waren die wichtigsten Ölpflanzen, Baumwolle und Hanf essentielle Faserpflanzen. Das Hanfprodukt Haschisch, als „joint“ bei festlichen Anlässen inhaliert bzw. geraucht, ist in ganz Turkestan so alt, wie die ältesten historischen Quellen, z. B. Herodot. „Süchtige“ gab es jedoch nie, die kamen erst mit dem Opium, das ursprünglich für den ausschließlichen Gebrauch der chinesischen Neusiedler hergestellt wurde. Exportfähige Anbauprodukte kamen vor allem aus den Obstgärten: Weintrauben, Melonen, Äpfel, Birnen, Quitten, Marillen, Pfirsiche, Granatäpfel, Maulbeeren, Walnüsse, Pistazien. Zusammen mit Melonen baute man kleinere und größere Flaschenkürbisse an, die als Behälter für Schnupftabak, als Gefäß für Wasserpfeifen und als Flaschen ganz allgemein verwendet wurden. Tabak, der in seinem Siegeszug aus Amerika auch Sinkiang wohl schon im 17. Jahrhundert erreicht hatte, wurde zum Rauchen (als Schnitttabak) und zum Pulverisieren und Veredeln als Schnupf- und Mundtabak angebaut.

75 – Markt vor der Moschee auf dem Hauptplatz von Kaschgar.

76 – Freitagsgebet in der Großen Moschee in Kaschgar.

77 – Bazarstraße in Kaschgar.

75

76

77

Tiermühle (nach Golomb).

„Gebäckröllchen. Teig aus Weizenmehl, in Öl gebraten. Tang-Dynastie, 8. oder 9. Jh. Ausgegr. 1960 im Bezirk Turfan . . ."[7] sind die frühesten Zeugnisse von Teigwaren, die späterhin, u. a. als Ravioli, weltweite Anerkennung unter Gourmets und Gourmands gefunden haben. Die essentiellen Ingredientien der „Wan-tan-soup" in China-Restaurants rund um die Welt sind durch diese Funde präformiert, und sie mögen ebenso auf einer ostturkestanischen Erfindung basieren, wie die spektakulären turkestanischen Seidenikats, von denen Belegstücke aus der Zeit vor 900 v. Chr. im kaiserlichen Schatzhaus von Nara in Japan aufbewahrt sind, und die bis in die jüngste Vergangenheit hinein in der Volkskultur ganz Turkestans von eminenter Bedeutung waren[8]. Aus Sinkiang wurden auch die kostbarsten Qualitäten von Jade schon in früher Zeit nach China exportiert (ein Armreif, grün, für unsereinen schön, 1977: DM 100,–, ein anderer Armreif, grün, auch schön, 1977: DM 5.000,–). In Sinkiang wurde auch schon Papier zu einer Zeit produziert, als man in unseren Breiten noch Runen in Rinde schnitt. Die Karawanen, die von den Küsten des chinesischen Meeres ausgingen, transportierten nicht nur Seide entlang der Seidenstraße bis zu den östlichen Gestaden des Mittelmeeres, Spezialisten in ihrem Gefolge vermittelten, als antike „Industriespione", auf deren Wirken die Todesstrafe stand, die Zucht von Seidenraupen auch in den Westen, von Samarkand und Herat bis Damaskus („Seidendamast").

Auch die Technik des Eisengusses, eine chinesische Errungenschaft des 5.–4. Jh. v. Chr.[9], gelangte über Sinkiang nach Westturkestan und dem heutigen Afghanistan, eineinhalb Jahrtausende früher, als zur Zeit der Gotik in Europa die ersten Eisengüsse produziert wurden. Wie weit in historische Tiefe die Teppichknüpferei in Sinkiang zurückreicht, weiß man nicht. Fest steht jedenfalls, daß auf diesem Gebiet Sinkiang die Brücke vom Westen nach Osten war, daß „Chotan-Teppiche" (1914 bereits fast alle mit Anilinfarben gefärbt[10]) und Knüpfarbeiten anderer ostturkestanischer Zentren Bindeglieder waren zu den Herstellungsorten chinesischer Teppiche, wenn auch das Erscheinungsbild der relativ rezenten erhaltenen Teppiche aus Ostturkestan u. a. gerade durch die Mischung türkisch-zentralasiatischer mit chinesischen Motiven charakterisiert ist.

Als Epilog zu Aspekten traditioneller Sachkultur zitiere ich A. von Le Coq[11]: „. . . die geringen Reste perso-türkischer Kunstindustrie – Knüpfteppich und Stickerei, getriebene und ziselierte Tee- und Kochgeschirre u. dgl. – die wir im Jahre 1906 noch vorfanden – [sind] selten geworden oder vielmehr ganz durch europäische Schmuckware verdrängt worden."

Geburt – Hochzeit – Tod

„Was im Familienleben der Ostturkestaner am meisten befremden mag, das ist die gesellschaftliche Stellung der Frauen, indem das weibliche Geschlecht hier viel größere Freiheiten genießt als anderswo unter moslimischen Türken. . . . man findet häufig Frauen an der Spitze von geschäftlichen Unternehmungen . . . nichts beweist die Selbständigkeit ihres Charakters mehr als die Episode während der letzten Kämpfe in Chotan, wo die gewaltsam an die Sieger verheiratheten Frauen in einer Nacht ihre Männer ermordeten."[12]

„Wir", so sagt Qasim Akhun, „betrachten Kinder als den größten Segen des Allerhöchsten. Sogar der ärmste Mann betrachtet sich als reich, wenn er einen neuen Magen in seinem Haus zu füllen hat. Wenn daher eine unserer Frauen ein Kind erwartet, zieht sie sich nicht von den anderen zurück, sie betrachtet sich vielmehr als eine, die besonders zu achten ist, und sie erzählt mit Freuden, daß sie ‚Doppelt' wurde. Wie sollte sie auch nicht? Wie unser Prophet einst sagte: ‚Das Paradies liegt zu Füßen der Mütter'. Das erste Anzeichen eines herannahenden glücklichen Ereignisses offenbarte sich mir eines Tages, als ich meine Schwester ertappte, wie sie an einem Lehmklumpen nagte. Bald darauf war ich ganz sicher, als sie mir sagte, sie wage nicht mehr, das Dach zu besteigen aus Angst vor den Dschinn (Dämonen, bösen Geistern). Damals begann sie auch, viele Granatäpfel zu essen und deren Saft zu trinken, damit deren lebhafte rote Farbe sich mit dem Blut des erwarteten Kindes mische. Die Hilfe, die unseren armen Frauen in ihrer schwierigsten Stunde zuteil wird, besteht darin, daß ihr ein oder zwei andere Frauen in ihren Wehen beistehen. Ist das Kind geboren, so wird es gewaschen, aber danach bekommt es kein Bad, ehe nicht 40 Tage vergangen sind. Gleichzeitig nimmt seine Mutter ein Reinigungsbad. Beide sind vor bösen Geistern durch einen Koran geschützt, der über ihrem Bett hängt. Gleich am zweiten Tag nach der Geburt wird das Baby mit Walnüssen, Zucker und Brot gefüttert. Es werden auch neue Kleider für das Kleine angefertigt. Das kann nicht früher geschehen, weil man ja nicht weiß, ob es ein Bub oder ein Mädchen wird. Man weiß ja nicht einmal, ob Allah seine Gnade verwirklicht und das Kind am Leben läßt. Die ersten Kleider dürfen keine Säume haben. Kleider mit Säumen würden das Wachstum hemmen und das Kind könnte nicht zum normalen Zeitpunkt zu gehen beginnen. Erst als 40 Tage vergangen waren, wurde mein kleiner Neffe in eine Wiege gelegt. Darin liegt er, mit einer Unmenge von Amuletten an seiner Mütze, an seinem Hemd und an der Tragstange der Wiege, meist gewickelt und an die Wiege gebunden. Nicht einmal, wenn er gefüttert wird, darf er aus der Wiege. Seine Mutter beugt sich über ihn. Während ihrer ersten Lebensjahre sind die Kinder dieses Landes die wahren Haustyrannen, die über alles und über jeden herrschen. Aber kaum sind die Kinder drei oder vier Jahre alt, ändert sich das Bild: wenn die Eltern schlechter Laune sind, beschimpfen und bestrafen sie sie. Im Alter von vier bis sechs beginnen die Kinder, in die Schule zu gehen. Mit acht oder zwölf Jahren werden die Mädchen als heiratsfähig betrachtet. Buben können zwischen 14 und 16 heiraten, wenn sie zu den Reichen gehören".[13]

Einen eher ungewöhnlichen Fall der Eheanbahnung, in dem die Initiative von der Frau ausging, beschreibt Albert von Le Coq[14]:

„Üsüp [ist] ein gutaussehender, gescheiter Jüngling von etwa 24 Jahren, der sich schnell das Herz einer sehr hübschen Frau, der Tochter eines reichen Bauern in Kirisch, gewann. Eines Tages erhielt er einen „Liebesbrief" von dieser Frau. Es war ein kleines Säckchen aus gemustertem Baumwollstoff, in dem sich folgende Gegenstände befanden:

1. Ein Stückchen Ziegeltee = *čai ičalmaimän* (Tee kann ich nicht trinken),
2. ein Strohhalm = *sarghardim* (ich bin bleich geworden [aus Liebe zu dir]);
3. eine rote Jujubenfrucht = *qizardim* (ich bin errötet [als ich an dich dachte]);
4. eine getrocknete Aprikose = *ōruq boldum* (ich bin mager [trocken] geworden, wie diese Frucht);
5. ein Stück Holzkohle = *köyüp kül boldum* ([von Liebesflammen] brennend, bin ich (ist mein Herz) Kohle geworden);
6. eine getrocknete Blume = *sän čirailiq* (du bist schön);
7. ein Stück Zuckerkandis = *sän tatligh* (du bist süß);
8. ein kleiner Kiesel = *säning baghring qatighmu* (ist dein Herz [wörtlich Leber] hart (wie Stein)?;
9. eine Feder vom Falken = *qanāt bolsa učimän* (hätte ich Flügel ich flöge [zu dir]!);
10. ein Stück Walnußkern = *sanga bärimän* (ich [er]gebe (mich) dir).

Üsüp war nicht geneigt, dieser Einladung zu folgen."

Üblicherweise geht es auch in Sinkiang konventioneller zu, und es sind keineswegs die Frauen, die generell die Initiative zu einer Eheschließung ergreifen, wenn auch Vámbéry schon 1885 deren „größere Freiheiten" hervorgehoben hat (s. Anm. 12). Das berichtet auch Qasim Akhun, den wir bereits oben zitiert haben. Er traf seine große Liebe bei einem Heiligengrab und „erinnert sich ihrer Gazellenaugen und ihrer Wangen, so rot wie reife Granatäpfel. Aber er fürchtete die Opposition seiner Familie gegen eine Heirat, den Zohra Khan (seine Liebe) war nicht einmal seinen fernen Verwandten verwandt"[15]. Dennoch gab es ein glückliches Ende, denn die Familie stellte fest, daß Qasim Akhuns Angebetete, wenn nicht verwandt, doch wohlhabend genug war. Es gab eine „große Hochzeit“ (Heiraten mit Konkubinen werden im Stillen abgeschlossen), und das Paar wurde glücklich, wie Prinz und Prinzessin im Märchen, wenn man dem Chronisten Glauben schenken darf. Geschenkt wird allerdings keine Braut: Die Familie des Bräutigams hat einen beachtlichen Brautpreis zu bezahlen, der bei den nomadischen Kirgisen noch weit höher lag, als bei den seßhaften Uighuren (deshalb waren die auch so scharf darauf, das Geld in der Familie zu halten). Wir lassen wieder Qasim Akhun, diesmal zum Tod eines Onkels zu Wort kommen: „Unser Freund ist nicht mehr“ – alle nahmen den Ruf auf, Männer, Frauen, Kinder, mit lautem Weinen und mit verzweifelten Schreien, die man weit und breit hören konnte. Sie stützten sich gegenseitig oder umarmten sich, in Gruppen von zwei und zwei oder drei und drei . . . Am nächsten Morgen wurde der Verstorbene in Wasser gewaschen, dem man Kampher beimengte. Der Leichnam wurde rasiert, in ein Totengewand gekleidet und auf die Bahre gelegt. Der Trauerzug männlicher Anverwandter und Freunde bewegte sich zum Friedhof. Angesehene Verstorbene wurden nahe dem Grab eines „Heiligen“ bestattet, im übrigen „genauso, wie in den meisten muslimischen Ländern“, mit dem Kopf gegen Mekka. Frauen durften erst am Freitag nach dem Begräbnis dem Toten ihre Ehre erweisen, auch Ehefrau, Mutter, Tochter und Schwester: die Gleichberechtigung der Geschlechter hatte auch in Sinkiang ihre deutlichen Grenzen[16].

Der Prophet, die Heiligen und die Bigotten

„Die modernen Osttürken sind insgesamt sunnitische Muhammedaner (Hanefiten); sie sind jedoch frei von Fanatismus und schenken den Vorschriften des Koran nur wenig Beachtung.“[17]

Die guten Muselmanen Sinkiangs holten sich einen Schamanen zur Krankenheilung, zum Wahrsagen, zum Regenmachen, auch wenn sie über ihn lachten.[18] Es überrascht daher auch nicht weiter, wenn Mystizismus und das, was wir als „Aberglauben“ abqualifizieren, in Ostturkestan besondere Blüten trieben. „Zu den religiösen Einrichtungen des Landes gehören die *dīwānä* genannten Bettler. Sie ziehen mit dem Rasselstab, der Almosenschale, dem Rosenkranz und dem Flickenrock und der Derwischkappe ganz nach der Weise der buddhistischen Bettelmönche im Lande herum“.[19] Sie erregten das besondere Interesse früher Reisender und waren eines der beliebtesten Sujets für den Fotografen.

Abgesehen von diesen Bettlern gab es noch eine ganze Reihe anderer Kultfunktionäre, die von Männern, die gekommen waren um das Christentum zu verbreiten, natürlich besonders aufmerksam beobachtet wurden. Schwedischen Missionaren verdanken wir lebhafte Schilderungen, die wieder Gunnar Jarring[20] zusammengestellt hat. Natürlich gab es auch in Sinkiang Kultfunktionäre des Islam, unterschiedlichen Bildungsgrads, wie in Marokko oder im Iraq auch. Die gebildeten Freitagsprediger, mitunter in Konstantinopel ausgebildet, und die Dorfpriester interessieren – zumindest in dieser kurzen Zusammenstellung – den Ethnographen weniger, als jene Phänomene und deren Träger, die mitunter vorislamisches Glaubensgut weiter tradieren, wenn auch meist unter dem Mäntelchen des Islam.

Die Angst vor dem Bösen Blick und vor Geistern, von denen es eine Legion gibt, ist groß und allgemein verbreitet. Einfachster und zugleich wirksamster Schutz sind Amulette. Spezialisten, in der Kunst Amulette zu schreiben, können sehr reich werden – ihr Ruhm verbreitet sich im ganzen Land, und Kundschaft kommt von weit her zum *duakhon* (etwa „Gebetschreiber"). „Schutz gegen Geister (*alwasta*) erreicht man, indem der *duakhon* einen Vers des Koran niederschreibt, der in die Mütze eingenäht wird". „Ein Amulett aus einem Hasenherz zu tragen, bedeutet, daß der Träger weder durch Geschoße noch durch Pfeile verwundbar ist."

Träume ließ man immer deuten, natürlich beim Spezialisten dafür, der Spezialliteratur konsultiert, u. a. das Werk des Jusuf, Sohn des Propheten Jakob: „Siehst du die Sterne, werden all deine Wünsche in Erfüllung gehen. Siehst du dich krank, wirst du gesund und stark sein. Siehst du einen Toten, wirst du lange leben. Weinst du im Traum, wirst du sehr glücklich sein."

Bei anderen Spezialisten, männlich und weiblich, konnte man seine Zukunft erfahren. Sie boten an den Markttagen ihre Künste feil, deuteten die Zukunft aus bunten Kieseln oder mit Hilfe von vier Würfeln. So konnte man erfahren, ob der eine Ehepartner, während der andere auf Reisen war, treu sein würde, ob die Reise geschäftlichen Erfolg brächte u. a. m. Als Patron der Wahrsager gilt der Prophet Daniel.

In den Bereich des Schamanismus gehört der Regenmacher (*jadači*), der jedoch Islamisches in seine Praktiken aufgenommen hat: in völliger Einsamkeit oder bei einem Heiligtum muß er nicht weniger als 70.000 lange Gebete während 41 Tagen aufsagen. Dann wird ein Bezoar (ein Stein, den man in den Eingeweiden eines Vierbeiners gefunden hat) in Blut eines Vierbeiners getaucht und die ausschlaggebenden Inkantationen beginnen. Der Regenmacher läßt sich gut bezahlen und bezieht Prügel, wenn es dennoch nicht regnet. Wächst sich der Regen zu einem verheerenden Unwetter aus, kann es passieren, daß der Regenmacher vor den Richter zitiert wird und schwerste Strafe erhält: „einige hundert Peitschenschläge und wochenlanges Einschließen in den Schandblock."

Um böse Geister auszutreiben, wendet man sich an einen anderen Fachmann, der ekstatische Tänze aufführt (*pir ojnatmaq*). Der Besessene muß bei ohrenbetäubender Musik um ein Seil tanzen, das zwischen Decke und Erdboden gespannt ist. Die Anwesenden singen, schütteln Rasseln, stoßen Beschwörungsformeln aus und sprechen Gebete. Das Tempo steigert sich, bis der Besessene zu Boden fällt – und der böse Geist ihn verlassen hat.

Ekstatisch-schamanistische Praktiken wirken auch bei den Derwischorden nach, besonders in Turkestan. Die Mitglieder versammeln sich in der *khaneka* und singen zunächst zur Begleitung von Saiteninstrumenten. Rhythmusinstrumente fallen ein und auch schrille Schalmeien und alle beginnen zu tanzen, „in einer unbeschreiblich wilden Art. Sie springen und rennen wie wahrhaft Verrückte. Viele fallen ob der Anstrengung bewußtlos zu Boden."

Auch Frauen versammeln sich in ihren eigenen *khaneka* unter der Anleitung einer *ayem* oder *bua*. Wenn auch Koranverse bei den Sitzungen rezitiert werden und islamische Gebetsketten, mit Perlen groß wie Walnüsse, verwendet werden, ist auch hier der ekstatisch-schamanistische Charakter der Sessionen unübersehbar.

Schließlich gab und gibt es in Sinkiang, wie überall in der (islamischen) Welt, Schreine, zu denen man pilgert. Die dort Bestatteten haben sich den Ruf erworben, Wunder zu wirken. Man erwartet Heilung, Kindersegen, Reichtum oder doch zumindest Mehrung von religiösem Verdienst und damit Aufnahme ins Heer der Seligen am letzten Tag.

ANMERKUNGEN

1 GOLOMB 1959.
2 VÁMBÉRY 1885:335.
3 VÁMBÉRY 1885:319.
4 SKRINE 1926:108.
5 VÁMBÉRY 1885:336.
6 SKRINE 1926: 108.
7 FUX & JANATA 1974:123/260.
8 JANATA 1978.
9 FUX & JANATA 1974:80f.
10 LE COQ 1928:52.
11 LE COQ 1928:30ff.
12 VÁMBÉRY 1885:340f.
13 JARRING 1975/76:22f.
14 LE COQ 1928: 90f.
15 JARRING 1975/76:23.
16 JARRING 1975/76:21f.
17 LE COQ 1916:1.
18 JARRING 1961:1f.
19 LE COQ 1916:1.
20 JARRING 1979/80.

BIBLIOGRAPHIE:

BRUK, S. I.
Etničeskii sostaw i rasmeščenie naseleniya w Sin'zyanskom Uigurskom aftomnon rayone Kitaiskov Narodnoi Respubliki. Sowjetskaya Etnografya 2 (1956): 89–94.

FUX, Herbert und Alfred JANATA
Ausstellung Archäologische Funde der VR China. Katalog, Wien 1974.

HILDEN, Kaarlo
The Abdals in Eastern Turkestan. Royal Central Asian Journal XXXVI/1 (1949): 72–81.

GOLOMB, Ludwig SVD
Die Bodenkultur in Ost-Turkestan. Oasenwirtschaft und Nomadentum. Studia Instituti Anthropos 14, Freiburg 1959.

JANATA, Alfred
Ikat in Afghanistan. Afghanistan Journal 5/4, Graz 1978: 130–139.

JARRING, Gunnar
A Note on Shamanism in Eastern Turkestan. Ethnos 26/1–2 (1961): 1–4.
Gustaf Raquette and Qasim Akhun's Letters to Kamil Effendi. Scripta minora. Regiae Societatis Humaniorum Litterarum Lundensis. Studier utg. av Kungl. Humanistiska Vetenskapssamgundet i Lund 1975–1976: 1.
Matters of Ethnological Interest in Swedish Missionary Reports from Southern Sinkiang. Scripta minora. Regiae Societatis Humaniorum Litterarum Lundensis. Studier utg. av Kungl. Humanistisca Vetenskapssamgundet i Lund 1979–1980: 4

LE COQ, Albert von
Die Abdāl. Baessler Archiv II (1912): 221–234.
Volkskundliches aus Ost-Turkistan. Berlin 1916.
Von Land und Leuten in Ostturkistan. Leipzig 1928.

PELLIOT, M.
Les Âbdâl den Païnâp. Journal Asiatique IX (1907): 115–138.

SKRINE, C. P.
Chinese Central Asia. New York & London 1926.

VÁMBÉRY, Hermann
Das Türkenvolk in seinen ethnologischen und ethnographischen Beziehungen. Leipzig 1885.

Die Kunst Zentralasiens – Sinkiang

I. Die Grundlagen der Kunst Zentralasiens (Sinkiang).

Die Handelswege der Seidenstraßen: Geschichtliche Voraussetzungen der Kunst Zentralasiens.

„In dieser Wüste gibt es viele böse Dämonen und heiße Winde . . . Es gibt keine fliegenden Vögel über uns, keine Tiere auf der Erde . . . Dem Auge wäre es unmöglich, den Weg zu erkennen, wenn nicht die ausgeblichenen Gerippe der hier Verendeten die Richtung anzeigen würden". (Aus dem Bericht des Pilgermönchs Fa'hsien.) †

Als im 19. Jahrhundert die ersten europäischen Reisenden und Forscher daran gingen, die unwirtlichen Wüstenländer Innerasiens planmäßig zu erforschen, waren sie überrascht, in den Oasen ausgedehnte Ruinenstätten zu finden, in denen sie überall den Resten einer verschütteten und versunkenen, einst hochentwickelten Kunst begegneten. Es erhob sich die Frage, wie es zur Entfaltung einer derart blühenden und ausgebreiteten Kunst in diesem wüstenhaften Land zwischen dem Tien-Schan-Gebirge im Norden und dem Kun-Lun-Gebirge im Süden kommen konnte. Auf diese Frage soll auf den folgenden Seiten nach einer Antwort gesucht werden.

Zum Verständnis muß die geschichtliche und wirtschaftliche Konstellation vor Augen gestellt werden, wie sie in den ersten nachchristlichen Jahrhunderten unserer Zeitrechnung in den Ländern Innerasiens bestand. Sie war die Grundlage für die Blüte von Kultur und Kunst, die sich damals in einer seither nicht mehr erreichten Weise in Zentralasien entfalten konnte. Die vorwiegend wüstenhaften Landstriche der heutigen chinesischen Provinz Sinkiang, die von Natur einer menschlichen Besiedlung eher feindlich erscheinen mußten, gewannen dadurch eine hohe wirtschaftliche, aber auch politische Bedeutung, daß alle Handelsstraßen von China nach Westen durch dieses Zentralasien, durch das Tarim-Becken führten. Der Karawanenhandel mußte diesen Weg nehmen. Er mußte dabei die unwirtlichsten Wüstenregionen durchqueren, die es wohl überhaupt in den Ländern Asiens gibt, die berüchtigte Takla Makan, wo nach Meinung der Zeitgenossen Dämonen und Ungeheuer den Reisenden auflauerten und eine feindliche Natur mit plötzlich hereinbrechenden tödlichen Sandstürmen eine Durchquerung fast unmöglich erscheinen ließ. Der Seeweg über Indien war noch nicht erschlossen und bekannt, außerdem viel langwieriger, so daß nur dieser Landweg vorhanden war, wenn man den Waren- und Reiseverkehr nach Mittelasien und Indien und darüber hinaus nach Westen, zu den Mittelmeerländern und dem Vorderen Orient aufrechterhalten wollte. Man bediente sich der verstreuten Oasenregionen als Etappen, und diese gelangten zu Reichtum und Blüte.

Die günstige geschichtliche Konstellation bestand darin, daß in den ersten nachchristlichen Jahrhunderten eine Kette von vier Großreichen vom Mittelmeer bis Ostasien reichte, die als Handels-, aber ebenso auch als Kulturbrücke fungierten. Die Routen der „Seidenstraßen" führten auf dem Wege von China nach der Mittelmeerküste durch das Territorium dieser vier Großreiche, die alle in gleicher Weise an der Aufrechterhaltung des Handelsverkehrs und den damit verbundenen wirtschaftlichen Vorteilen interessiert waren und die deshalb alles taten, um die Sicherheit der Verkehrswege von China nach Westen aufrecht zu erhalten. Das Chinesische Reich war weit nach Westen vorgeschoben. So wie auch heute, kontrollierte es Zentralasien bis zum Pamir- und Altai-Gebirge. An China grenzte westlich das Großreich der Kuschan, das sich von Mittelasien bis nach Zentralindien erstreckte und das erstmals in der Geschichte die Ausläufer der Steppengebiete Innerasiens nördlich des Oxus-Flusses mit den nördlichen Landesteilen Indiens vereinte, wo es bis südlich des heutigen Mathura (Muttra) reichte. Der weiter westlich anschließende Iran, das iranische Hochland, war vom Reich der Parther eingenommen, die 226 n. Chr. von den Sassaniden abgelöst wurden, die dann nach vier Jahrhunderten 641 vom Islam gestürzt wurden. In Mesopotamien, im Zweistromland, stieß das parthische mit dem römischen Reich zusammen, dessen Grenzen in den ersten nachchristlichen Jahrhunderten über Syrien hinaus nach Osten bis an den Euphrat vorgeschoben waren.

China hatte immer wieder versucht, sich Zentralasien, das wie ein ausgestreckter Arm von China nach Westen weist, einzuverleiben oder wenigstens die an den Oasenstädten gegründeten Fürstentümer tributpflichtig zu halten, die ebenfalls am reibungslosen Ablauf des Handels auf den Seidenstraßen interessiert waren. Die Seide Chinas bezeichnete eine der Handelswaren, die in Rom hoch begehrt und auch entsprechend hoch bezahlt waren. Während die Handelsgüter bevorzugt von Ost nach West reisten, bewegte sich in west-östlicher Richtung ein Kulturstrom, der vor allem von der missionarischen Tätigkeit der großen Religionen getragen war. Die Handelswege hatten zu einer Verbindung verschiedener Kulturzonen geführt und damit auch die Entwicklung geistiger, kultureller und künstlerischer Elemente begünstigt.

In den ersten Jahrhunderten waren mehrere nach Expansion und Missionierung drängende Großreligionen entstanden, denen auf dem Weg von Westen nach Osten die gesicherten Handelswege die Ausbreitung erleichterten. Am meisten hat dabei die von Indien vorgedrungene Religion des Buddhismus profitiert, die bereits in Mittelasien festen Fuß gefaßt hatte und die sich von da ausgehend in den ersten drei Jahrhunderten unserer Zeitrechnung mit bemerkens-

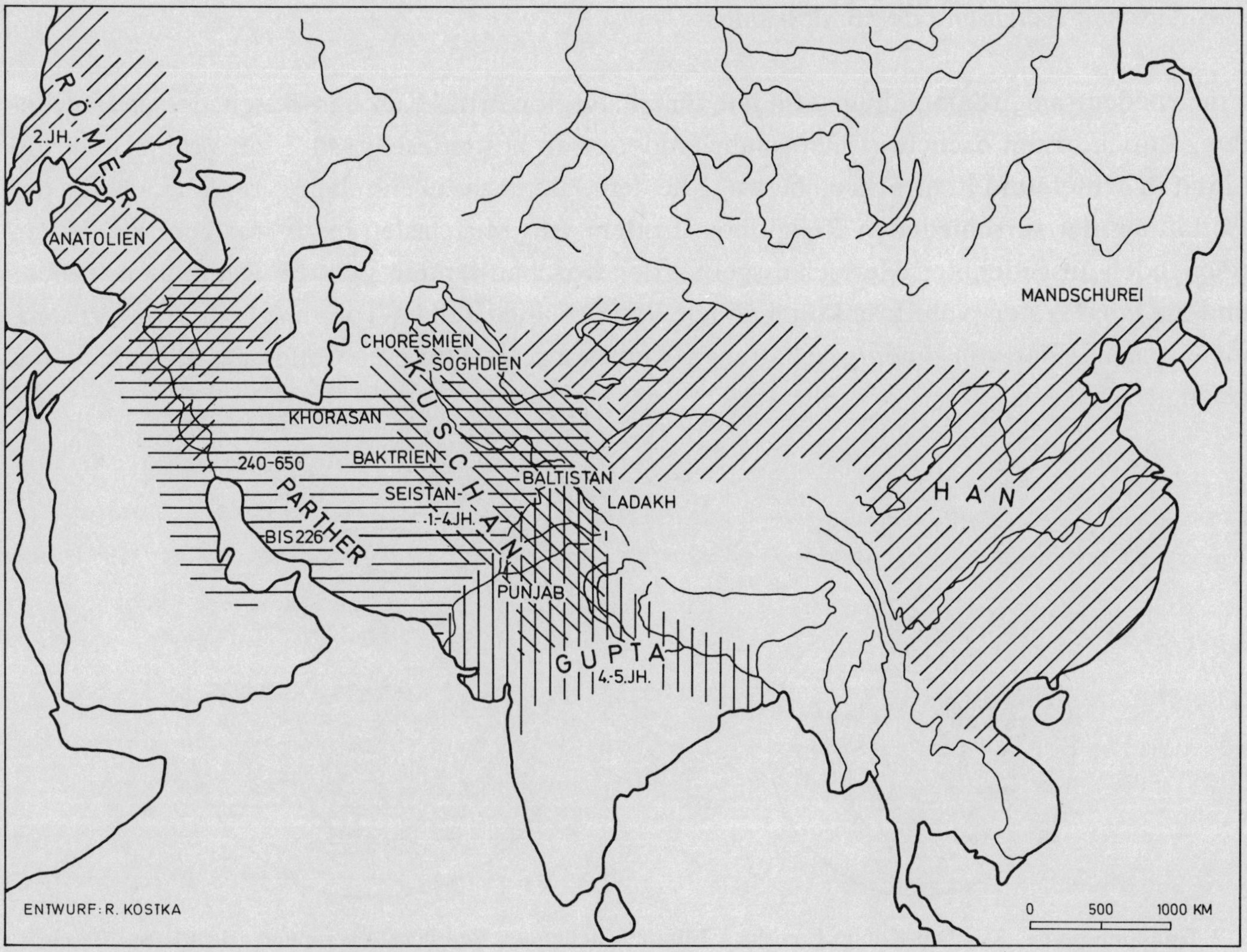

Eurasiens Großreiche um das 2. Jahrhundert n. Chr.

werter Schnelligkeit bis nach Ostasien ausbreiten konnte. Während ihr nach Westen die Missionierung in größerem Umfang nicht gelungen ist, fielen die buddhistischen Lehren in Zentralasien und in China auf außerordentlich fruchtbaren Boden. Zentralasien wurde zum buddhistischen Durchzugsland nach China und Ostasien, und in den Oasenstädten, die sich längs der Handelswege inmitten weiter Wüstenlandschaften erstreckten, hat der Buddhismus Niederlassungen von unerhörter Ausdehnung, Klöster und Tempel gegründet, die als Ausgangspunkt für die buddhistische Erschließung Chinas dienten.

Einen bedeutsamen Sammelpunkt bildete für alle Regionen das Kuschan-Reich, dessen Begründung in den ersten nachchristlichen Jahrhunderten in besonderem Maße zur politischen Stabilität in Mittel- und Zentralasien beitrug, die dem Handelsverkehr ebenso zugute kam wie der Entfaltung der verschiedenen Religionen. In dem von Mittelasien bis in das zentrale Indien reichenden ausgedehnten Herrschaftsgebiet der Kuschan fanden sich die Religionen Indiens und die von Westen, vom Iran kommenden, von der allgemeinen Toleranz begünstigt, zusammen, und mit der von ihnen geschaffenen Kunst sind sie von hier weiter nach Zentralasien gelangt.

1

2

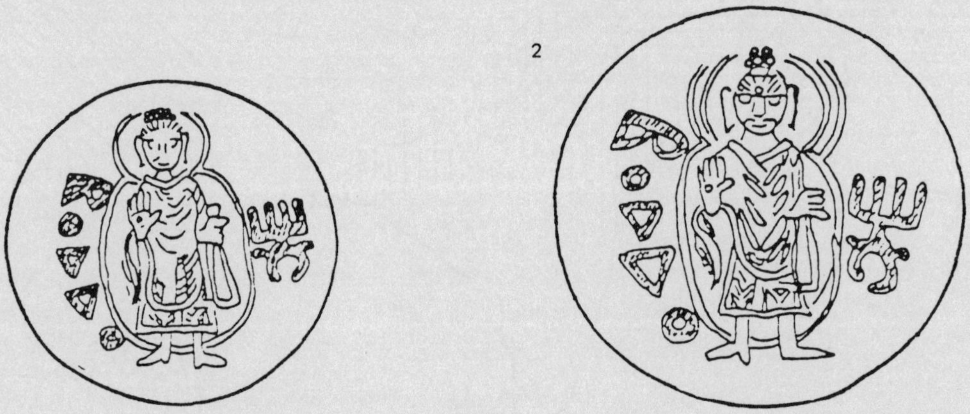

1. 2. Goldmünzen des Kuschan-Königs Kaniska I. Mit dem stehenden Buddha (Revers) und griechischer Beschriftung. 1. Gold-Stater, London, Britisches Museum, 2. Gold-Viertel-Stater, Paris, Louvre.

Am intensivsten konnte der Buddhismus wirken, der den Handelswegen folgend nach Osten vordrang. Hier haben wir zweifellos das Ergebnis einer von verschiedenen Kuschan-Herrschern geförderten Missionsarbeit zu sehen. Vermutlich waren die westlichen Teile des Tarim-Beckens durch die Vorstöße des Königs Kaniska I. im 1. und frühen 2. Jh. n. Chr. zeitweilig unter die Oberhoheit des Kuschan-Reiches gelangt, das damit unmittelbar an das nach Westen ausgreifende chinesische Reich der östlichen Han-Dynastie (25–220 n. Chr.) angrenzte. In Mittelasien hatten sich buddhistische Kunst und Klosterkultur in den ersten drei bis vier nachchristlichen Jahrhunderten dank der liberalen Förderung durch die Kuschan sehr frei entwickeln können. Sie bildete die Basis für die Ausbreitung buddhistischer Kunst und Kultur in Zentralasien und auch in China, wo der Buddhismus wie auch seine Kunst zunächst als Fremdkultur eingedrungen war, die erst allmählich mit chinesischem Gedanken- und Formengut verschmolz.

Neben dem Buddhismus sind auch die iranische Religion des Manichäismus und das Christentum in der Form des nestorianischen Glaubens in die Oasen-Städte des Tarim-Beckens eingedrungen, aber keine Religion hat in auch nur vergleichbarer Weise das Bild der Oasen-Städte und ihre Kunst so stark geprägt wie der Buddhismus. Seine Heiligtümer und Monumente treten zahlenmäßig so stark hervor, und die zu ihrer Ausstattung gefertigten Skulpturen, Reliefs und Malereien sind, mehr oder weniger fragmentarisch zwar, aber in so großer Zahl erhalten und ausgegraben, daß sie ganz wesentlich die Kunst von Sinkiang vom 1.–8. Jh. n. Chr. bestimmen. Die in Indien entwickelte Buddha-Lehre hatte mit der Ausbreitung nach Nordwesten in die Länder des heutigen Pakistan und Afghanistan zur Zeit der Herrschaft der Kuschan tiefgreifende Wandlungen erfahren. Ebenso hatte auch seine Kunst unter der Berührung mit den künstlerischen Strömungen, die der Hellenismus in Zentralasien hinterlassen hatte, und mit iranisch-orientalischen Kunstauffassungen ein ganz neues Gesicht erhalten.

Die Gandhara-Kunst

Seit dem ersten nachchristlichen Jahrhundert hatte sich in den Hindukusch-Ländern und dem oberen Indus-Gebiet eine Kunst entwickelt, vor allem als Plastik- und Reliefkunst hervortretend, aber auch in Malerei und Baukunst, die eine der eigentümlichsten Kultursynthesen darstellt, zu denen es im Ausstrahlungsfeld der antiken Kultur gekommen ist. Indische, vorderasiatisch-orientalische und iranische Formen fanden sich mit hellenistisch-römischen zusammen und verschmolzen zu einer Einheit. Im Dienste des Buddhismus gelangte diese „graeco-buddhistische“ oder „Gandhara-Kunst“ zu einer außerordentlichen Blüte und gelangte auch zahlenmäßig zu einem solchen Aufschwung, daß der überquellende Reichtum an erhaltenen Werken immer wieder das Staunen der Ausgräber erregte, die diese Kunst um die Jahrhundertwende wiederentdeckt hatten.

Mit dem sich nach Osten ausbreitenden Buddhismus gelangte diese Kunst auf den Handelswegen der „Seidenstraßen“ von Mittelasien, dem „Wegekreuz Asiens“ zur Ausschmückung der buddhistischen Kultstätten nach Zentralasien, lange als „Ostturkestan“ bezeichnet, geographisch in das Tarim-Becken, die heutige Provinz Sinkiang und von dort nach China und Ostasien. Der Buddhismus war aber nicht, wenigstens nicht ausschließlich, der Urheber und der alleinige Initiator dieser „Mischkunst“, zu der sich lange Zeit keine Vorstufen erkennen ließen, deren Entstehung und Vorgeschichte unklar waren und deren Entwicklungsphasen sich erst mit den archäologischen Entdeckungen der letzten Jahrzehnte zu klären beginnen. Diese iranisch-hellenistische Mischkunst gewann dann nochmals geschichtliche Bedeutung dadurch, daß sie mit dem Buddhismus nach China und Ostasien vordringen konnte.

Die Gandhara-Kunst wanderte so mit dem Buddhismus auf den Handelswegen der „Seidenstraßen" zunächst nach Zentralasien, wo sie sich in den buddhistischen Niederlassungen der Oasenstädte entfaltete, und von da weiter nach China. Erstaunlicherweise sind neben dem Buddhismus die anderen Religionen, die gleichfalls eine weite Ausdehnung und Entfaltung erlebten, künstlerisch in nicht annähernd vergleichbarer Weise hervorgetreten. Sie haben nicht die gleiche missionierende Kraft entwickeln können. So ist es vorwiegend die buddhistische Kunst, die sich in den ersten nachchristlichen Jahrhunderten in Zentralasien entfaltet hat.

78 – Kutscha/Subaschi, Terrassenstupa in Lehmziegelbauweise.

79 – Kutscha/Subaschi, Terrassenstupa, Weststadt.

80 – Kutscha/Subaschi, sog. „West-Stupa", Terrassenanlage mit Anfangsrampe und bekrönendem Turmtempel (?).

81 – Kutscha-Subaschi, Nord-Stupa, Turm-Stupa mit Umgangshof.

82 – Yar-Khoto/Turfan-Oase, „Hundert-Stupa-Tempel". Foto der Preußischen Turfanexpedition. Negativ im Museum für Indische Kunst, Berlin (West).

83 – Kyzil/Kutscha, Kulthöhle in Umgangsform. Blick auf die Wand mit der Kultbildnische (2. Anlage, Ajataśatru-Höhle).

84 – Buddhistischer Umgangstempel mit mittlerem „Turm-Nischen-Stupa", Tempel β, Chotscho. Turm restauriert, Foto aus dem Jahre 1979.

85 – Kyzil/Kutscha, Kulthöhle in Umgangsform. Blick auf die Wand mit der Kultbildnische (2. Anlage, Ajataśatru-Höhle).

86 – Chotscho. Turmstupa im (Umgangs-)Tempel. Der bekrönende Kleinstupa ist nur noch im Ansatz erhalten. Foto der Preußischen Turfanexpedition. Negativ im Museum für Indische Kunst, Berlin (West).

87 – Kyzil/Kutscha, Einblick in den Umgangskorridor mit Wandmalereien. Im Hintergrund Mahakaśyapa neben dem (im Bild verdeckten) entschlafenen Buddha.

88 – Kyzil/Kutscha, Einblick in eine Kulthöhle. Die Eingangswand ist eingebrochen und die Kultbildwand einem Turm-Nischen-Stupa nachgebildet.

89 – Syrkip, Großer Turmnischen-Stupa. Die Umgangskorridore sind verschwunden. Die abgetreppten Nischengeschosse enthalten Buddhabilder. Foto der Preußischen Turfanexpedition. Negativ B 961 im Museum für Indische Kunst, Berlin (West).

90 – Yün-kang. Chinesische Nischenpagode auf einem Felsrelief in der buddhistischen Kulthöhle Nr. 11.

91 – Kleinformatige Nachbildung einer chinesischen Nischenpagode, an den vier Ecken Kleinstupas in Form des „Stupa mit Kultnische".

92 – Steinernes Modell eines Turmnischenstupa aus der Turfan-Oase. Stark beschädigt, die ausspringenden Dächer abgebrochen. Am ausgeführten Bau dient er als Mittelpfeiler eines Umgangstempels. Museum für Indische Kunst, Berlin (West).

93 und **95** – Quadratischer Umgangstempel mit mittlerem Pfeiler mit Buddha-Bild-Nischen, die Innenwände vielgeschossig in Kleinnischen mit Buddhabildern ausgehöhlt. Stein. China, um 550. New York, The Metropolitan Museum of Art. Leihgabe in Erinnerung an Jorg Trubner und Edgar Worch. Als oberer Abschluß diente vermutlich ein gestufter Oberbau mit bekrönendem Zwergstupa, wie er in dem quadratischen Kultbildtempel in Abb. 92 und 94 auftritt.

94 – Lung-men. Felsrelief mit Nachbildung eines quadratischen Kultbildtempels in Form einer Klein-Pagode. Um 550 n. Chr.

78
79

80
81

82

92
93

94
95

Es ist eine Kunst der Wanderwege, deren Formen, Motive und deren künstlerische Einstellung mit der tragenden Religion von Westen, von Indien und von Mittelasien aus den Weg nach Osten genommen hat, wobei sich die dort vorgeprägten Modelle und Formen kontinuierlich ausgebreitet, verwandelt und weitergebildet haben. Man kann von einer Kunst der „Seidenstraßen" sprechen, die von den buddhistischen Ländern des nördlichen Innerasiens ausging und alle Territorien, die die beiden „Seidenstraßen" im Norden und Süden berührten, mit ihrem unwiderstehlichen Einfluß durchdrang. Es ist von hohem Reiz, heute rückblickend die Wanderungen nachzuvollziehen, welche die im Dienst des Buddhismus stehenden Künste, die Bildkünste, Skulptur und Malerei, wie auch die Baukunst auf dem Wege nach China durchliefen. Dabei läßt sich verfolgen, wie die im Raum von Afghanistan und Pakistan, in der antiken Landschaft Gandhara geschaffenen Formen ihren Weg durch die Länder des Tarim-Beckens nach China genommen haben, dabei zahlreiche Wandlungen durchstanden und durchliefen, bis sie schließlich in China völlig in die chinesische Kunst integriert wurden.

Wir dürfen in Zentralasien keine primären Kulturen und keine fundamentalen künstlerischen Neuschöpfungen erwarten, vielmehr ist alles Kunstgut hier tradiert, von seinen Ursprungsländern herkommend weitergereicht worden. Für Religion und Kunst gilt, daß in den ersten Jahrhunderten n. Chr. die Richtung von Westen nach Osten die vorherrschende gewesen ist. Das hat sich schlagartig mit dem Zeitpunkt geändert, als im späten 6. und 7. Jahrhundert die Kaiser der Sui- und vor allem der Tang-Dynastie (618–906) wieder von Sinkiang Besitz ergriffen. Seitdem ist in Kunst, Mode und Kleidung ein durchgreifender Wandel zugunsten chinesischer Vorbilder eingetreten. Vorher waren aber eindeutig die westlich des Tarim-Beckens gelegenen Landschaften die entscheidenden künstlerischen, geistigen und religiösen Quellen.

Nach der Auflösung der chinesischen Han-Dynastie im 3. Jh. n. Chr. konnten in den Oasenstädten, die den Karawanen als Stützpunkte dienten, selbständige Fürstentümer entstehen, die nach dem Schwinden der chinesischen Macht sich für mehrere Jahrhunderte einer Autonomie erfreuten, gleichzeitig aber immer der Gefahr ausgesetzt waren, von den andrängenden Steppenvölkern überrannt zu werden. Der Buddhismus hatte bereits in den ersten Jahrhunderten n. Chr. hier Fuß gefaßt und ausgedehnte Klosteranlagen und Kultstätten errichtet. Zur ihrer Ausschmückung und Ausgestaltung entfaltete sich eine reiche Bildkunst in Skulptur und Malerei, deren Formenbestand wie die Lehre des Buddhismus selbst den westlichen Ursprungsländern entstammte, von denen der Buddhismus ausgegangen war, das sind die Länder Mittelasiens, von den Steppengebieten nördlich des Oxus, von Transoxanien, bis in das Gandhara-Gebiet im heutigen Nordpakistan und Afghanistan sich erstreckend.

In diese Länder war die Buddha-Lehre von Indien bereits zu Ende des ersten vorchristlichen Jahrhunderts eingedrungen, hatte hier Fuß gefaßt und durch die Berührung mit den Nachfahren der hellenistisch-baktrischen Kultur und der Kultur des Iran eine eigene Kunst wie auch eine neuartige Religionsauffasung entwickelt. Diese wurde die Grundlage für das Auftreten des

Buddhismus in Zentralasien, der, von hier ausgehend, in den ersten nachchristlichen Jahrhunderten eine rasche und erfolgreiche Missionsarbeit entfalten konnte, die ihn auf den Handelswegen der „Seidenstraßen" in die Oasenstädte von Zentralasien und weiter nach China führte. Ihn begleitete dabei die buddhistische Kunst, die einen wichtigen Bestandteil für sein erfolgreiches Auftreten darstellte. Die Klosteranlagen als Zentren buddhistischer Lebensauffassung wurden in ihrer Grundform ebenso wie die Kultbauten nach den Modellen errichtet, die sich dafür in den Ausgangsländern Mittelasiens herausgebildet hatten. Diese wanderten mit dem Buddhismus als Bild- und Baukunst schließlich auch in das dem Buddhaglauben erschlossene China.

Die Bauten des Buddhismus sind in Zentralasien nur noch als Ruinen auf uns gekommen, von der Bildkunst haben sich aber noch bedeutende Komplexe erhalten. Dies ist einmal dem wüstenhaft trockenen Klima zu verdanken, das Malerei und Skulptur konserviert hat, die sich vorwiegend in den Kulthöhlen erhalten haben, deren Anlage für den Buddhismus ein besonderes Charakteristikum darstellt. Höhlen wurden, wo sie verfügbar waren, mit besonderer Vorliebe zu Kultstätten ausgebaut und mit Skulpturen und Malereien ausgestattet, ein Brauch den auch das buddhistische China übernommen hat. Auch dort hat sich die frühe buddhistische Kunst vorwiegend oder fast ausschließlich in den reich ausgestatteten buddhistischen Kulthöhlen erhalten.

Das Problem der „Stil-Schübe"

Die einleitenden Betrachtungen lassen bereits deutlich werden, daß es sich bei der Kunst, die der Buddhismus in Zentralasien ins Leben gerufen hat, um eine sekundäre Kunst handelt, um eine Importkunst, die von außen eingedrungen ist und zugleich um eine Kunst, die hier keinen Endpunkt gefunden hat, sondern mit dem Buddhismus weiter nach Osten sich ausbreitete. Solche Überlegungen bestimmen methodisch die Betrachtungsweisen, die sich für die kunstgeschichtliche Untersuchung ergeben. Diese Kunst erscheint dem geschichtlich Denkenden und Fragenden eingespannt zwischen ihre Ursprungsgebiete, die in Mittelasien zu suchen sind, und ihre äußersten östlichen Ausläufer, die sie in China und darüber hinaus im übrigen Ostasien erreicht und gefunden hat. Ihre Entfaltung erstreckt sich über ein knappes Jahrtausend und ihr Bestand ist als das Ergebnis von verschiedenen kontinuierlich einander folgenden „Schüben" anzusehen, die zunächst mit dem nach Osten wandernden Buddhismus bis nach China und Japan vordrangen. Mit der Konsolidierung einer eigenen chinesisch-buddhistischen Kunst und mit der politischen Festigung Chinas unter der Dynastie der Tang (618–906) führten dann seit dem 7. Jh. wieder von China ausgehende künstlerische Einflüsse in umgekehrter ostwestlicher Richtung nach Zentralasien.

Bis ins 7. Jh. war aber für die buddhistische Kunst Zentralasiens die westöstliche Ausbreitung bestimmend gewesen, und in dieser Zeit läßt sich deutlich das etappenweise Vordringen bestimmter „Stilphasen“, bestimmter künstlerischer Stile, von Mittelasien nach China verfolgen. Die Endpunkte im chinesischen Bereich sind dabei von großer Bedeutung, da sie, häufig durch Inschriften und chinesische Quellen zeitlich genau fixiert, in ihrer Entstehungszeit festzulegen sind und damit ein wertvolles zeitliches Gerüst liefern, in das die buddhistische Kunst Zentralasiens, für die es so gut wie keine genauen zeitlichen Anhaltspunkte gibt, einordnen läßt.

II. Bauten des Buddhismus in Sinkiang

Der Stupa

Der Buddhismus hat in Zentralasien nicht nur Skulptur und Malerei aus den Heimatländern des Buddhismus, aus Indien und Mittelasien mitgebracht und in seine Dienste gestellt, er hat auch eine Architektur mit festgelegten Bautypen eingeführt und weitergebildet. Die Bauten des Buddhismus haben sich stellenweise noch als hochaufragende Ruinen erhalten. Die Klosteranlagen waren mit Kultbauten verbunden, unter denen der Stupa eine beherrschende Stellung einnahm. Daneben gewannen Tempel für Kultbilder zunehmend an Bedeutung. Die großen Klöster, die der Buddhismus in den Oasenstädten gründete, waren um größere oder kleinere Stupas und Kultschreine angelegt, die als sakrale Mittelpunkte dienten. Die Klosteranlagen mit ihren Wohntrakten sind meist verschwunden, und nur die markant aufragenden Kultbauten sind als Ruinen geblieben.

Die Vorbilder dieser Monumente, ihre Grundform, kamen von Westen, von Mittelasien, und die Phasen ihres Eindringens nach Zentralasien sind an den Oasenstätten noch gut zu verfolgen. Sie zeigen, wie der buddhistische Sakralbau etappenweise fortschreitend in noch klar sich abhebenden „Schüben“ vorgedrungen ist. Im Wandel der Zeit sind laufend neue Grundformen aufgetreten, die in Mittelasien vorgebildet waren, dann aber selbst Wandlungen erlebten, bei denen sich als Ergebnis von Umbildungen neue Formen und Typen herauskristallisiert haben. In den frühesten Monumenten ist die Anlehnung an mittelasiatische Vorbilder noch am ausgeprägtesten. Diese treten in den westlichen Oasenstädten auf, die Mittelasien am nächsten lagen, während nach Osten die neuen und veränderten Bautypen allmählich die Oberhand gewonnen haben. Mit den spätesten „Stilschüben“ haben sich schließlich jene Bautypen entwickelt, die nach China Eingang gefunden haben und dort entscheidend zur Ausbildung einer chinesischen buddhistischen Baukunst beigetragen haben. Die buddhistische Baukunst Ostasiens hat ebenso wie die Werke der übrigen Kunstgattungen, von Skulptur und Malerei, ihre wesentlichen Ursprünge in Zentralasien, das der Buddhismus zusammen mit seiner Kunst auf einem langen Wanderweg auf verschiedenen Etappen duchquert hat, mit einer Kunst, die ihre letzten Ursprünge schließlich in Indien besitzt.

Die Klöster lagen oft weit entfernt von den Siedlungen, bevorzugt an isolierten Stellen innerhalb des Gebirgslandes. In die umliegenden Felsen wurden Höhlen als Kultstätten ausgeschlagen, die, in Gruppen nebeneinander liegend, oft auch an schwer zugänglichen Stellen angelegt, infolge des wüstenhaften Trockenklimas bis in unsere Zeit große Teile ihrer reichen Ausmalung und ihrer skulpturalen Ausstattung bewahrt haben. Sie stellen ein besonderes Merkmal der Klosterkultur des Buddhismus dar, der hier Stätten der Meditation und der klösterlichen Zurückgezogenheit angelegt hat. Dieser Brauch der Anlage von Kulthöhlen hat sich auch in China verbreitet. Die Ursprünge und ersten Anfänge lagen in Mittelasien, wo sich im Bereich des heutigen Afghanistan in Bamiyan und nördlich des Oxus in Kara-Tepe bei Termez (USSR) noch ausgedehnte buddhistische Höhlenanlagen als Reste von Klosterniederlassungen erhalten haben.[1] Die Anlage von Kulthöhlen hatte der Buddhismus bereits in Indien in den gebirgigen Landesteilen entwickelt.[2] Auch hier waren Tempelbauten, vorwiegend dreischiffige Hallen mit apsidalen Abschluß, in den Höhlen nachgebildet worden. Im Inneren dieser Höhlen fehlte allerdings zunächst noch der bildliche Schmuck. Das Objekt der Verehrung war der bildlose Stupa, der im Scheitel der Höhle aufgestellt war.

Entstehung und Bedeutung des Stupa

Der Stupa war schon in der Frühzeit des Buddhismus zum dominierenden Kultbau bzw. Kultmal geworden, das besonders mit der staatlichen Anerkennung der Buddha-Lehre unter der Dynastie der Maurya im 3. vorchristlichen Jahrhundert monumentale Formen angenommen hatte. Der Stupa war seitdem als große kreisrunde Tumulusanlage allen Klosteranlagen beigegeben worden, oft zu mehreren nebeneinander im gleichen Klosterkomplex. Er war ursprünglich als Grabbau entstanden, der als künstlich aufgeschütteter Grabhügel über dem Grab bedeutender Herrscher errichtet worden war. Der buddhistische Stupa war zunächst für die Beisetzung der sterblichen Überreste des Buddha angelegt worden, die bei dessen Leichenverbrennung verblieben waren, die dann durch andere Reliquien ersetzt wurden. Der Stupa wurde von den Gläubigen im Uhrzeigersinn umwandert, um diese Reliquien zu verehren. Gedanklich sollte der Stupa als Totenmal an das Hinscheiden des Buddha erinnern, der damit aus dem Kreislauf der

Existenzen ausgeschieden und ins Nirvāṇa eingegangen war. Der Buddha-Verehrer wurde damit an das letzte Ziel jedes Gläubigen erinnert, dem Buddha auf dem Wege der Erlösung ins Nirvāṇa zu folgen.[3]

Der Stupa im Bereich der Gandhara-Kunst

Der in Indien aus dem Grabtumulus entwickelte, auf kreisrundem Grundriß errichtete Stupa war im nordöstlichen Indien, in der Heimatlandschaft des Buddha und der Buddhalehre entstanden. Mit deren Ausbreitung in die nordwestlichen Gebirgsländer und nach Mittelasien, nach „Turkestan“, in die Industalländer nach Gandhara und in die Hindukusch-Länder, ist er unter dem Eindruck hellenistischer und westasiatischer Tempelanlagen zum Terrassenbau weitergebildet worden. Die Stupakuppel wurde auf einen hohen quadratischen Sockel, ein Postament, einen Unterbau gesetzt, der nach hellenistisch-römischem Vorbild mit Pilastern, Säulen, Gebälk und Nischen geschmückt war. Damit entstand der „klassische Stupatypus“, der in der Folgezeit mit der Ausbreitung des Buddhismus in die nord-östlichen Gebirgsländer, ins heutige Pakistan und Afghanistan, die ursprüngliche Form des Stupa grundlegend verändert hat. Unter dem Einfluß hellenistischer und iranisch-parthischer Traditionen, die hier seit dem Auftreten der baktrischen Griechenherrscher im 3. und 2. Jh. v. Chr. wirksam waren, wurde der Stupa wie ein hellenistisch-römischer Podiumstempel auf eine mit Pilastern und Säulen gegliederte Terrasse gehoben, die durch Freitreppen zugänglich war, und in einer weiteren Phase der Entwicklung nahm er durch die Vermehrung der abgetreppt übereinander angeordneten Terrassen turmartig gestreckte Form an.[4] So hat sich in den Stupas, die in den ersten nachchristlichen Jahrhunderten im Land Gandhara, im heutigen nördlichen Pakistan und in den Ländern des heutigen Afghanistan, errichtet wurden, die ursprünglich indische Grundform des Tumulus total geändert. Der tumulusförmige Stupa ist in den Bergländern des Nord-Westens in den ersten nachchristlichen Jahrhunderten zu einem hochaufragenden Bauwerk umgestaltet worden, indem ein hoher quadratischer Sockel, der mit den Gliederungsformen der antiken Baukunst mit Pilastern, Säulen und Gebälk versehen wurde, und dazu ein hoher zylindrischer Sockel der Kuppel untergeschoben wurde, über der dann der hohe Schirmmast (*yasti*) ebenfalls hochaufragend aufgesetzt wurde. Er war mit zahllosen Schirmen (*cattra*) versehen, die oft mit diesen zu einem hohen kegelartigen Gebilde zusammengezogen wurden. Über der Stupa-Kuppel war er von einem kleinen quadratischen Steinzaun eingefaßt. Die Verbindung von Stupa und quadratischem Podium wurde entscheidend und schicksalhaft für die weitere Entwicklung des buddhistischen Kultbaues.

Die Wandlungen, die der Stupa in den Nordwestländern erfuhr, wurden von grundlegender

Bedeutung für seine weitere Entfaltung in den Ausbreitungsgebieten des Buddhismus in Zentralasien bis hin nach Ostasien, aber auch für den Stupa im nördlichen und nordöstlichen Indien. Diese Wandlungen vollzogen sich in dem Großreich, das die Nomaden-Dynastie der Kuschan, vom Oxus-Gebiet über Afghanistan und Pakistan bis nach Indien reichend, in der Zeit des 1.–3. Jh.s n. Chr. errichtet hatte und vollzogen sich Hand in Hand mit der neuen „graeco-buddhistischen" Gandhara-Kunst auf dem Gebiet der Plastik. Von dem neuen Terrassenstupa haben sich in den nördlichen Teilen des Kuschan-Reiches im nördlichen Pakistan, im Swat-Tal und besonders auch in Afghanistan häufig noch imposante Reste erhalten, die auch die architektonische Gliederung durch Pilaster, Säulen und Nischen am Oberbau teilweise bewahrt haben. Es sind riesige Steinbauten, die man sich ursprünglich noch mit färbig getöntem Stuckbewurf und mit reichem plastischem Schmuck, mit Reliefs und angesetzten Stuckfiguren verziert, vorstellen muß. Eine Gruppe von eindrucksvollen Großstupas hat sich in Afghanistan im Bereich von Jelalabad erhalten, eine weitere in Schevaki und südlich von Kabul, die Stupas von Top-darrah und Gul-darrah.[5] Nach den Münzfunden zu urteilen, reichen die großen Terrassenstupas in Afghanistan zeitlich bis ins 2., vielleicht ins späte 1. Jahrhundert n. Chr. zurück. Ihre Ausbildung erfolgte jedenfalls gleichzeitig mit dem Auftreten der Kuschan-Herrschaft. Die spätesten Stupas fallen in die Zeit des 5. Jahrhunderts. Der neue „klassische" Terrassenstupa tritt im Gandhara-Gebiet an die Stelle der in älteren Anlagen noch vorhandenen kreisrunden Stupaform, wie sie im Dharmarajika-Stupa in Taxila, im Stupa von Manikyala, im Bhallar-Stupa bei Taxila,[6] im großen Stupa von Butkara im Swat-Tal[7] und in Jamalghari[8] erhalten ist. Der neue Stupatypus hat sich im 1. und 2. Jh. n. Chr. im Gandhara-Gebiet gleichzeitig mit der Entfaltung der Gandhara-Plastik in „klassischen" Formen entwickelt. Die Großstupas in Terrassenform dürften in Chinesisch-Zentralasien ab dem 2./3. Jh. n. Chr. entstanden sein.

Der Stupa in Zentralasien

Mit dem Vordringen des Buddhismus in die Oasen-Städte des Tarim-Beckens in den ersten nachchristlichen Jahrhunderten zur Zeit der Kuschan-Herrschaft sind diese neuen Formen des Stupa in Zentralasien eingeführt worden. In den westlichsten Ruinenstätten begegnet der Terrassenstupa in markanten Beispielen an der nördlichen Route der Seidenstraße im Bereich von Kutscha als Teil buddhistischer Klosteranlagen. Hier hatte sich der Buddhismus offenbar schon früh zu einer dominierenden Rolle entfaltet. Die Stadt wurde zu einem Zentrum buddhistischer Gelehrsamkeit, von dem entscheidende Anregungen ausstrahlten, die für die weitere Ausbreitung nach China von grundlegender Bedeutung wurden. In der Siedlung von Subaschi vertritt der sog. „Südwest-Stupa" im „östlichen Ensemble" (ensemble oriental) diesen Stupatypus.[9] Ein monumentaler Terrassenstupa hat sich dann auf dem weiteren Weg von Kutscha nach

Osten in Mori-tim in der Region Kaschgar (Stupa A) in voller Kuppelhöhe erhalten. Die Stupakuppel erhebt sich hier aber bereits über einem dreistufigen quadratischen Unterbau. Der Terrassenstupa ist damit bereits umgeformt, stärker in die Höhe entwickelt und hat ein gestreckteres Aussehen gewonnen.

Der Steinbau ist, den Gegebenheiten des Landes entsprechend, in den Lehmziegelbau übertragen. Die „hellenistische" Gliederung des Gandhara-Stupa mit Säulen und Pilastern fehlt hier. Die heute kahlen Lehmziegelwände waren aber ursprünglich zweifellos mit Stuck verkleidet, bemalt und vielleicht auch mit Figuren aus Lehmstuck, die ebenfalls reich bemalt vorzustellen sind, geschmückt. Ansatzlöcher im Mauerwerk deuten darauf, daß auch hölzerne Dekorationselemente angebracht waren. Funde hölzerner Konsolen lassen erkennen, daß für die Gliederung Holz als ergänzendes Baumaterial Verwendung fand.

In Subaschi bei Kutscha zeigen zwei weitere Großstupas ebenfalls Abwandlungen des „klassischen" Typus des Terrassenstupa. Im Stupa in der „Großen Umwallung" („grande enceinte", auf dem Plan mit „D" bezeichnet) sind über der quadratischen Terrasse pyramidal sich verjüngende Terrassenstufen eingeschaltet. Im sog. „West-Stupa" „H" sind die Wände der hohen Terrasse geböscht.[10] Anstelle einer Freitreppe führt auf einer Seite eine weit ausgreifende Rampe auf die Terrasse, auf der aber offenbar kein einfacher Stupa, sondern eine große damit verbundene Tempelcella stand. Drei Seitenwände sind noch im Mauerwerk sichtbar, die Außenwände sind auch hier geböscht. Hinter dem Tempelraum erhebt sich das Mauermassiv eines Stupas, dessen Kuppelrundung auf den erhaltenen Fotos noch in Ansätzen zu erkennen ist.

Mit Kultbildtempeln war in Subaschi auch der Nordstupa,[11] im Plan als „A" bezeichnet, nach drei Seiten, verbunden, über die er sich als turmartig steil gestreckter, durch Gesimse in mehrere Geschosse unterteilter Bau erhob. Hier findet sich der Turmstupa vorgebildet, der an anderen Orten Zentralasiens dann führende Bedeutung erlangte.

Möglicherweise haben die Vorstöße der Kuschan nach Osten im 1. oder 2. Jh. n. Chr. auch Kutscha erreicht. Die Verbindung mit der Kunst im Kuschan-Reich hat aber auf jeden Fall der Buddhismus in der Oasenregion von Kutscha schon sehr früh hergestellt, so daß wir hier noch dem Großstupa in der ursprünglichen „klassischen" Form des Terrassenbaues, wie er in Gandhara und in den Hindukusch-Ländern auftritt, begegnen.

Der sternförmige Stupa

Der mehrstufige Terrassenstupa tritt auch an der südlichen Route der Seidenstraße in monumentaler Gestalt auf. Im Umkreis der Oasenstadt Chotan im Klosterbezirk von Rawak ist er als Ruine erhalten geblieben.[12] Hier ist aber bereits eine erweiterte Form der mehrstufigen Anlage geschaffen. Nach vier Seiten sind getreppt vortretende Risalite mit Freitreppen angefügt, so daß ein „sternförmiger" Grundriß entsteht. Der Stupa war von einem Mauergeviert eingefaßt. Aurel Stein hat zwei Umfassungsmauern feststellen können, so daß vermutlich ein geschlossener und mit hölzerner Eindeckung versehener Korridor um den Stupahof herumgeführt war. Das Eingangstor war von zwei Torwächtern (*Dvārapālas*) flankiert, fast lebensgroß und im Lokalkostüm gekleidet, die Wände waren mit buddhistischen Stuckfiguren geschmückt. Chinesische Münzen aus der späteren Han-Zeit (25–220 n. Chr.), die allerdings lange, bis zum Ende des 4. Jahrhunderts, in Umlauf waren, ergeben für den Bau wenigstens einen ungefähren chronologischen Anhaltspunkt: vermutlich 3./4. Jahrhundert. Dem entspricht auch der Stil der Stuckfiguren.

Aus dem zwei- und mehrstufigen Terrassenstupa mit vier Freitreppen, wie er in dem großen Stupa von Rawak bei Chotan vorliegt, ist durch Einfügen von weiteren abgetreppten Risaliten ein Stupatypus geschaffen worden, der große Verbreitung in Zentralasien einschließlich Tibets gefunden hat, der „sternförmige" Stupa.[13] Einen Stupa mit „sternförmigem" Sockel hat A. Grünwedel in der Turfan-Oase bei Sängim Aghiz gegenüber Kloster Nr. 9 zeichnerisch festgehalten.[14] Es fällt auf, daß hier auf die Anlage von Freitreppen verzichtet ist. Dies kennzeichnet auch die „sternförmigen" Stupas bei Tempel Z in Chotscho und in Kitschik-Hasan-Schäri, ebenfalls in der Turfan-Oase[15]. Im „sternförmigen" Stupa bei Sängim ist die Kuppel abgeflacht und dient dem hohen konischen Mast als Auflager, dessen kompakter Ansatz noch sichtbar ist. Vielleicht waren die beiden anderen Beispiele im Oberbau in gleicher Weise gestaltet. Auch in Tibet tritt der „sternförmige" Stupa ohne Freitreppen auf. Aurel Stein hat einen kleinen zweistufigen Stupa mit sternförmigem Sockel bei Chotan ausgegraben, der offenbar vier Freitreppen besaß – der Bildwiedergabe nach zu urteilen –[16] und der sich damit mit den am Tepe-i-Sardar in Afghanistan ausgegrabenen zwei kleinen „sternförmigen" Stupas vergleichen läßt. Diese lassen erkennen, daß sich bereits im Bereich der Gandhara-Kunst der sternförmige Stupa aus dem Terrassenstupa mit vier Freitreppen entwickelt hat.[17] Auf die Bedeutung und Verbreitung dieses sternförmigen Stupas in den zentralasiatischen Ländern weist seine häufige Wiedergabe auf Tonplaketten und in kleinen Tonmodellen hin, in denen als Pilgerandenken oder Votivgaben bedeutende, uns nicht mehr erhaltene Stupaheiligtümer nachgebildet sind.

In der Turfan-Oase waren zu Anfang unseres Jh.s noch zwei abgetreppte Terrassenstupas mit Nischen erhalten, im Monument „Y" in Chotscho und im Tai-san in Astana.[18] Ob die erhaltenen Terrassensockel einen Stupa trugen oder eine Tempelcella, ließ sich nicht mehr ermitteln. In die Nischen waren Buddha-Figuren eingestellt, die in ihrer Vielzahl auf die neuen Anschauungen der Mahāyāna-Lehre zurückgehen.

Zusammenfassend wird man nochmals hervorheben, daß das Auftreten des Terrassenstupa mit griechisch-römischen Architekturformen im Gandhara-Bereich mit der Entstehung der „griechisch-buddhistischen" Plastik zusammenfällt. Beides findet in einem gemeinsamen „Stilschub" in Zentralasien Eingang, – man kann vermuten, im Laufe des 2. Jh. n. Chr. Die zeitliche Ansetzung und Einordnung hängt vom chronologischen System der Gandhara-Kunst ab, deren

Anfänge eng mit der Geschichte der Kuschan-Dynastie verbunden sind. Hier schwankt der Zeitansatz des Hauptherrschers Kaniska I. noch immer zwischen dem 1. und 2. Jh. n. Chr., und damit sind auch Datierungsschwierigkeiten für die buddhistische Gandhara-Plastik gegeben, für die auch sonst keine gesicherten Zeitangaben vorhanden sind. Ungesichert erscheinen der Anfang wie das „Entwicklungstempo" der Gandhara-Kunst, so daß die Zeitabfolge nur durch stilistische Vergleiche erschlossen werden kann.

Turmstupa und Umgangstempel

Dem Auftreten des Terrassenstupa geht die Stilphase voraus, auf der der Stupa noch ohne quadratischen Terrassensockel auftrat. Sie entspricht der frühesten Phase der Gandhara-Kunst. In Zentralasien ist diese Stilstufe nur an einem Platz sichtbar vertreten, in Miran an der südlichen Seidenstraße. Erstaunlich ist, daß diese Zeugnisse einer ersten und frühesten buddhistischen Kunst des Tarim-Beckens nicht an einem westlichen Punkt der Karawanenstraße erhalten sind, nahe den Ausgangsländern dieser buddhistischen Kunst in Mittelasien, sondern an diesem östlichen Punkt der südlichen Seidenstraße. Die buddhistische „Welle" muß schon früh, im 1. oder 2. Jh. n. Chr. eingesetzt haben. Daß ihre künstlerischen Zeugnisse in Miran noch so gut erhalten gelieben sind, liegt daran, daß die Siedlung vermutlich schon im 3. oder 4. Jh., verlassen und aufgegeben wurde, vermutlich wegen der zunehmenden Austrocknung. Die Versandung zwang die Bewohner zur Aufgabe des Platzes, und der Sand hat die Monumente der 1. buddhistischen Stilphase bewahrt, während an anderen Plätzen diese Monumente durch Neubauten ersetzt wurden oder die gemalte Ausschmückung durch Übermalung und Erneuerung verlorenging.

Der weitere Formwandel hat dazu geführt, daß in Zentralasien neben dem monumentalen Terrassenstupa neue Kultbauten auftreten, es sind vor allem der Turmstupa und der Umgangstempel. Das Auftreten des Turmstupa kann wieder als das Ergebnis eines neuen „Stilschubes" angesehen werden, der vom Gandhara-Gebiet und von Mittelasien seinen Ausgang genommen hat und schließlich mit dem Buddhismus bis nach China vorgedrungen ist. Er hat aus dem mehrstufigen Terrassenstupa einen vielgeschossigen Turmbau entwickelt.

Eine eigene Gestalt hat er durch das Einsetzen von Nischen mit Buddha-Figuren gewonnen, durch die der feste Mauerkern vollständig aufgelöst erscheint.[19] Dieser Turmnischenbau bedeutet die Freisetzung neuer künstlerischer Werte, nachdem der Stupa zunächst als geschlossener Blockbau konzipiert war. Mit der Ausnischung der Wand bzw. durch ihre Auflösung durch eingesetzte Reliefs oder Skulpturen ergibt sich eine Umkehr der ästhetischen Vorstellung, indem die ausgehöhlte Wand, der negierte Mauerkörper den Eindruck entscheidet. Es erfolgt eine Abkehr von den „haptischen" und plastischen Prinzipien zum „optischen" Gestalten, um

3. Chotscho, Terrassenstupa Y. Über dem Nischenbau ist eine Stupakuppel mit aufgesetztem Schirmmast zu ergänzen.

4. Chotscho, Terrassenstupa mit Nischen Tai-San in Astana, die Stupakuppel ist zerstört.

5. Sternförmiger Stupa.

6. Sternförmiger Stupa.

7. Chotscho, „Pfeilertempelchen", mit Umgang.

8. Chotscho, Turmstupa aus der „großen nördlichen Stupaanlage".

9. Chotscho, Tempel, Umgangstempel mit mittlerem gestuftem Stupapfeiler.

10. Chotscho, Tempel ϱ, Turmstupa mit Nischengliederung.

11. Chotscho, „Pfeilertempel W", Umgangstempel mit innerem Turmnischenstupa.

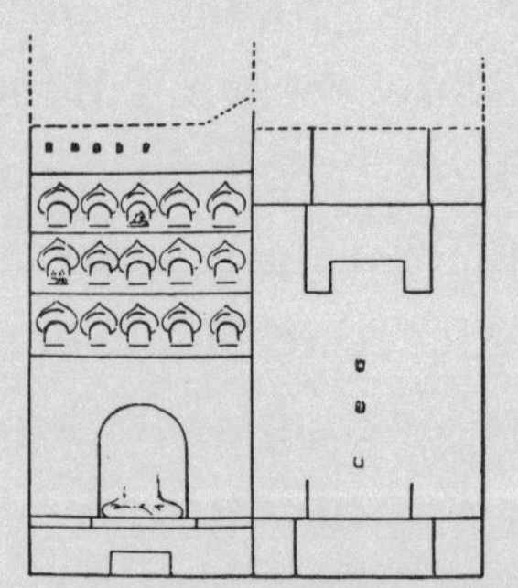

12. Chotscho, klarer Stupapfeiler in Ruine R: A. Nordseite mit Nischengliederung, B. Südwest- und Ostseite.

die Terminologie A. Riegls zu verwenden. In Zentralasien werden dazu die hellenistisch-römischen Gliederformen zurückgedrängt und die von Indien eingeführten unstatischen und untektonischen, aus dem kielbogigen *Caitya*-Bogen entwickelten Bogenmotive verwendet.

In China ist dieser Turmstupa in der zweiten Hälfte des 5. Jh.s zur „Nischenpagode" geworden. Der Turmstupa gehört damit zu einer Stilwelle, die in der Malerei iranische Stilelemente vordringen ließ und zu einer Linearisierung und stilistischen Differenzierung geführt hat. In China erscheint das aus Zentralasien eingeführte Vorbild in der Pagode „sinisiert", durch ausspringende Dächer dem chinesischen Formempfinden angepaßt. Den gleichen Vorgang der Integration, der „Sinisierung", durchlaufen zur gleichen Zeit um 500 in China auch die vom Buddhismus eingeführten Bildkünste, Plastik und Malerei.

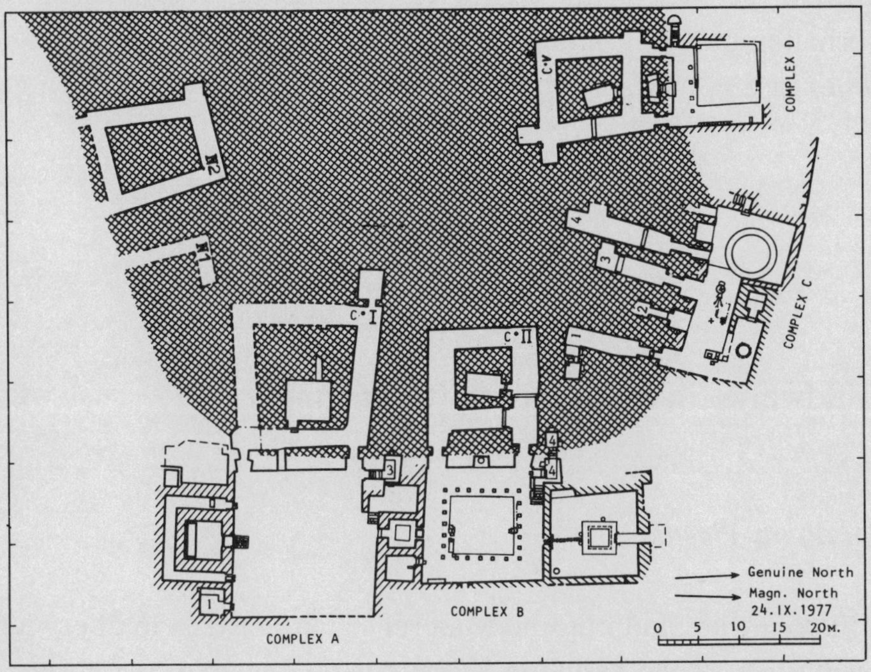

13. Kara-tepe bei Termez (USSR), buddhistische Umgangstempel als Umgangshöhlen und Freitempel. 2./3. Jahrhundert n. Chr. Nach B. Stavisky.

Die genau datierten chinesischen Monumente liefern für die Ausbildung des turmförmigen Nischenstupa in Zentralasien einen terminus ante quem in der 2. Hälfte des 5. Jahrhunderts. Von hier ausgehend läßt sich für den Stupa in Zentralasien eine relative Chronologie entwerfen. Im 2./3. Jahrhundert herrscht der „klassische" Stupatypus mit quadratischem Sockel. Anschließend entwickelt sich nach unserer relativen Zeitfolge im 4. und frühen 5. Jahrhundert auf der Grundlage von aus dem Gandhara-Bereich gekommenen Anregungen der Turmstupa: als ungegliederter Pfeilerstupa, als Nischenstupa, als Turmstupagruppe.

Es muß auffallen, daß der Turm-Nischen-Stupa kaum als Einzelbau erscheint. Fast immer ist er von einem Umgangskorridor oder Umgangsschrein umgeben, den er überragt.[20] Der Turmstupa tritt hier mit dem Umgangstempel verbunden auf, der sich als eigener buddhistischer Bautypus entwickelt hatte. Für diese Anlage sind im Gandhara-Gebiet keine unmittelbaren Vorbilder namhaft zu machen, diese sind im iranischen Bereich und Mittelasien zu suchen. Im Umgangstempel hat der Buddhismus im Raum des ehemaligen baktrischen Griechenreiches einen dort bereits eingeführten und bekannten Bautypus iranischer Provenienz für seine Zwecke adaptiert und übernommen. Der Bautypus besitzt im Iran eine lange Vorgeschichte, die mit dem Feuerkult bis in achämenidische Zeit (5. Jh. v. Chr.) zurückreicht.

Die Form des Umgangstempels ist dann auch in China für die buddhistischen Höhlentempel übernommen worden, die sich aus der Zeit der nördlichen Wei-Dynastie aus der Zeit um 480/500 n. Chr. erhalten haben (Tunhuang, Höhle 427 u. a.; Yün-kang, Höhle 11, Höhle 5 u. a.). Der Mittelpfeiler ist hier häufig in vier schreinartige Großnischen für eingesetzte Kultbilder ausgehöhlt.

III. Plastische Bildwerke in Zentralasien (Sinkiang)

Die Rolle der Gandhara-Plastik

Auch das, was in Sinkiang an Skulptur und Malerei erhalten ist, ist in überwiegendem Maße als eine vom Buddhismus ins Leben gerufene Kunst entstanden. Wenn wir die reichen Zeugnisse dieser Kunst beurteilen wollen, muß wieder die Feststellung vorangestellt werden, daß es sich ebenso wie in der Architektur um eine abgeleitete und sekundäre Kunst handelt, die nicht ursprünglich schöpferisch auftritt, sondern ein importiertes Kunstgut darstellt, dessen Ausgangsformen im Umkreis der Kunst zu suchen sind, die sich in Mittelasien – vom Oxusfluß im Norden bis ins heutige Pakistan im Süden – als sog. „griechisch-buddhistische" Kunst seit dem 1./2. nachchristlichen Jahrhundert entfaltet hatte, für die großen buddhistischen Klöster geschaffen, die sich dort eingerichtet hatten. Diese sog. „Gandhara-Kunst" war mit der Ausbreitung des Buddhismus von Indien in die Bergländer des Nordwestens aus der Synthese verschiedener Kulturbereiche entstanden, und diese Kunst hat den Buddhismus auf seinem Wege nach Osten zusammen mit den vom Buddhismus entwickelten Architekturtypen bei der weitgespannten Missionstätigkeit begleitet, die ihn quer durch Zentralasien nach China geführt hat.

Es sind die künstlerischen Innovationen, die der Buddhismus in Gandhara und Mittelasien entwickelt hatte, die über die „Seidenstraßen" nach Osten vorgedrungen sind. Die Schaffung eines Buddha-Bildes kann als die hervorstechende Leistung dieser Kunst bezeichnet werden. In Indien war der Kunst bis dahin die bildliche Wiedergabe des Buddha untersagt, und erst im Zusammenhang mit den Umbildungen, die die religiösen Anschauungen zu Beginn unserer Zeitrechnung erlebten, kam es zur Schaffung eines Buddha-Bildes, das in der Form, wie es jetzt entstand, grundlegend wurde für alle Länder, in die der Buddhismus Eingang fand, für Zentralasien ebenso wie für Süd-, Südost und Ostasien. Es war schon gesagt worden, daß die neue Kunst im Rahmen des Großreiches erwuchs, das die Nomadendynastie der Kuschan in den ersten Jahrhunderten unserer Zeitrechnung, von Innerasien bis Indien reichend, geschaffen hat. Der Buddhismus konnte sich hier zur führenden Religion und zur führenden künstlerischen Kraft entwickeln.

Im Norden und im Süden des Kuschan-Reiches kristallisierten sich zwei unterschiedliche künstlerische Zentren heraus, im Süden um die südliche Hauptstadt Mathura gruppiert, im Norden um die historische Landschaft Gandhara am oberen Induslauf. Im Süden entstand das Bild des Buddha in Anlehnung an das indische Yakṣa-Bild, des heimisch-indischen Naturgottes, im Norden an Bildtypen, die auf dem Boden des baktrischen Griechenreiches die griechisch-hellenistische Plastik geprägt hatte, wobei formal auch das antike Herrscherbild als Vorbild diente.[21] Mit dem Buddha-Bild entstand auch eine reiche buddhistische Bildkunst, vor allem als Reliefkunst und unter der Verbindung von indischen und westlichen Formen. In dieser höchst eigenartigen Mischkunst fanden sich indisches, aber auch vorderasiatisch-orientalisches und iranisches Formengut mit hellenistischem zusammen und verschmolz zu einer Einheit, wobei auch die gleichzeitige römisch-kaiserzeitliche Kunst eingewirkt hat.

Man kann sagen, daß die antike Kunst mit dieser buddhistischen Bildkunst ihre weiteste Ausdehnung nach Osten gefunden hat, denn mit dem Buddhismus hat sie sich auf den westöstlichen Handelswegen durch Zentralasien nach Ostasien ausgebreitet und hat die bildlichen Grundlagen für die Ausgestaltung einer buddhistischen Figuralkunst in China, Korea und Japan geliefert. In den Oasenstädten der zentralasiatischen Wüstenländer, der heutigen chinesischen Provinz Sinkiang, sind die Zwischenstufen erhalten, in denen die Vorbilder der Gandhara-Kunst übernommen und an China weitervermittelt wurden.

Entstehung und Ursprung der Gandhara-Plastik

Die „griechisch-buddhistische" Gandhara-Plastik hat die Forschung seit ihrer Entdeckung und Erschließung am Ende des vergangenen Jahrhunderts immer wieder vor scheinbar unlösbare Rätsel gestellt. Vorstufen, aus denen sie abzuleiten wäre, ließen sich nicht erkennen. Die Ursachen ihrer Entstehung wie auch ihre zeitlichen Grenzen lagen im Dunkeln, so daß diese

Kunst scheinbar unvermittelt aus dem Boden gewachsen schien. Frappierend erschien vor allem ihr Mühen um eine optimale Erfassung der Grundelemente der antik-mittelmeerischen Plastik. Durch ihre künstlerischen Qualitäten in der Körper- und Gewandwiedergabe wie in der Durchbildung der Köpfe hebt sich diese im innersten Punkt Asiens ins Leben getretene Plastik scharf ab von den westlich anschließenden Kunstlandschaften, in denen es im Iran und im Vorderen Orient seit dem Hellenismus immer wieder zur Verschmelzung der hellenistisch-römischen Kunst mit orientalisch-asiatischen Kunstprinzipien gekommen ist, wie das für die sog. „parthische Kunst" gilt, unter der wir die Kunst zusammenzufassen pflegen, die in den östlichen Randländern der mittelmeerischen Antike in den nachchristlichen Jahrhunderten, zur gleichen Zeit also wie die buddhistische Gandhara-Kunst, zur Zeit des römischen Kaiserreiches, als lokale Umformung der römischen antiken Kunst hervorgetreten ist. Daniel Schlumberger hat von der „Kunst des hellenisierten Orients" gesprochen. In dieser treten die orientalisch-asiatischen Umbildungen der griechischen Kunst weit unvermittelter in Erscheinung als es in den um eine direkte Anlehnung an die griechisch-römische, klassisch-antike Formenwelt bemühten Werken der Gandhara-Kunst der Fall ist.[22]

Es kann heute als unwidersprochen angesehen werden, daß die buddhistische Gandhara-Kunst ihr Entstehen und ihre Blüte der Existenz des Reiches der Kuschan verdankt, das zu Anfang unserer Zeitrechnung von einer nomadischen Steppenvölkerdynastie in Mittelasien begründet wurde und das sich vom Oxusfluß und dem heutigen Afghanistan nach Süden bis Nordindien ausdehnte, wo Mathura als südliche Residenzstadt fungierte. Das Zentrum der Kuschan-Herrschaft lag auf dem Boden des Griechenreiches, das nach Alexander dem Großen in Baktrien entstanden war, dann aber im 2. Jh. v. Chr. dem Ansturm nomadischer Steppenvölker zum Opfer fiel, zu denen als letzte und späteste Welle auch die von den Kuschan geführten Stämme gehörten. Aus Münzen, die sie prägen ließen, läßt sich eine Abfolge der Kuschan-Herrscher aufstellen und eine relative Chronologie aufbauen, deren Daten aber unterschiedlich angesetzt werden und die vor allem im Datum des Regierungsantritts des 2. Großherrschers der Kuschan, von Kaniṣka I. um mehr als 100 Jahre schwanken, zwischen 78 n. Chr., 144 und 232 n. Chr.

Die Kuschan-Herrscher haben den Buddhismus begünstigt. Auf dem Revers einer Münze des genannten Kaniṣka I. ist das Bild eines stehenden Buddha angebracht mit griechischer Aufschrift „BOΔΔO".[23] Allerdings haben die Kuschan-Herrscher nicht nur – und wohl nicht einmal bevorzugt – dem Buddhismus gehuldigt, sondern ebenso auch anderen Kulten, unter denen ein wohl dynastischer Feuerkult eine bedeutsame Rolle spielte, wie die Ausgrabung des riesigen Bergheiligtums des Kaniska auf dem Surkh Kotal in Afghanistan erkennen läßt.[24] Die dort ausgegrabenen überdimensionalen Herrscherfiguren in Stein sind nicht in einem antikisierenden Gandhara-Stil, sondern in einem derben und klobigen Stil gehalten, der keinerlei Anlehnung an griechisch-römische Formen aufzuweisen hat.

Eine unübersehbare Fülle von Denkmälern der Gandhara-Plastik tritt unvermittelt mit der Kuschan Herrschaft auf, ohne daß Vorstufen zu erkennen wären. Diese Denkmäler sind ohne jeden sicheren Datierungsanhalt überliefert und erscheinen so homogen im Stil, daß nur schwer eine Stilentwicklung zu konstatieren ist. Verbindungen mit dem Griechenreich, das in Baktrien, dem Land um den Oxus-Fluß, als Nachfolgestaat Alexanders des Großen im 4./3. Jh. v. Chr. entstanden war, lassen sich nicht nachweisen, denn dieses baktrische Reich war bereits fast 2 Jahrhunderte (im 2. Jh. v. Chr.) zusammengebrochen, als das Kuschan-Reich einsetzte, und bisher fehlten überhaupt alle künstlerischen Zeugnisse aus dem baktrischen Reich. Man mußte zu der Schlußfolgerung kommen, daß in den baktrischen Griechenstädten keine monumentale Bildkunst bestand.

Als künstlerische Zeugnisse dieses griechisch-baktrischen Reiches waren bis zur Mitte unseres Jahrhunderts lediglich die Münzen ihrer Herrscher bekannt, Prägungen von höchster Qualität, die sich als Schöpfungen von Münzschneidern allerersten Ranges erwiesen, aber irgendwelche Werke der hohen Kunst waren nicht überliefert.[25] Dies führte zur Annahme, daß es keine große Kunst im baktrischen Reich gegeben hat und damit auch keine, auf die die Gandhara-Kunst zurückgeführt werden und in der ihr Ausgangspunkt gesucht werden könnte. Die Forschung kam zwangsläufig zu dem Schluß, daß die Gandhara-Kunst zu Anfang unserer Zeitrechnung einen künstlerischen Neubeginn darstellt und als Ergebnis eines künstlerischen Importes aus dem Westen angesehen werden muß. Man hat sie daher als das Ergebnis eines plötzlichen Einstromes römischer Kunst von Westen her zu erklären versucht (Rowland),[26] hat in den Reliefs der Gandhara-Kunst Parallelen zur Entwicklung des kaiserzeitlich-römischen Reliefs gesehen (Ackerman), die in der Zeit des Augustus im 1. Jh. n. Chr. einsetzen und bis in die Spätantike, ins 4. Jh. n. Chr. reichen.[27] Die Gandhara-Plastik erschien so als Ableger römisch-kaiserzeitlicher Kunst.

Die Frage nach den Quellen der „graeco-buddhistischen“ Kunst hat eine neue Grundlage gewonnen, seitdem als wichtige archäologische Entdeckung die Auffindung einer Griechenstadt des baktrischen Reiches gelang, die von französischen Archäologen in Aï Khanum auf dem Boden des nördlichen Afghanistan freigelegt werden konnte. Wenn bisher in Ermangelung von Fundstücken die Vermutung aufkommen konnte, daß es keine griechische Kunst von Bedeutung im Baktrischen Reich gegeben habe, die als Ausgangspunkt für die buddhistische Gandhara-Plastik hätte dienen können, so zeigt sich jetzt, daß Baktrien in Wirklichkeit keineswegs ein kunstleeres Land war, wie es die archäologische Situation zunächst erscheinen ließ. Die Griechen haben nicht nur die griechische Urbanistik in der Stadtanlage in vollendeter Form zur Geltung gebracht, sie haben auch eine vollendete griechisch-hellenistische Bildkunst besessen. Beides ist durch die Grabungen bezeugt. Die gefundene Plastik repräsentiert eine rein helle-

96 – Thronender Buddha, die Hände im Meditationsgestus. Schiefer. Gandhara-Kunst. 2./3. Jahrhundert n. Chr. Lahore, Archäologisches Museum.

97 – Buddha im Lotossitz, China. Hände im Meditationsgestus. Bronze, vergoldet, datiert 338 n. Chr. San Francisco, Asian Art Museum, Avery Brundage-Sammlung.

98 – Sitzende Buddhas in den Nischen eines Votivstupa über achteckigem Sockel. Roter Sandstein, Höhe 66 cm. Aus Chotscho, Ruine „E" („Khan's Palast"). Um 450 n. Chr. Berlin (West), Museum für Indische Kunst (vgl. Le Coq, Spätantike I, Taf. 60).

99 – Sitzender Buddha, Lehmstuck bemalt. Höhe 43,3 cm. Aus Chotscho, Pfeiler-Tempel „W". Berlin (West), Museum für Indische Kunst.

100 – Stehender Buddha, Gipsstuck bemalt. Aus Schortschuk, Nakṣatra-Höhle, Höhe 121 cm. Berlin (West), Museum für Indische Kunst.

101 – Stehender Buddha, Maitreya. Buddhistische Stele, Stein, China. Datiert 495 n. Chr. New York, The Metropolitan Museum of Art, The Sackler Fund, 1965 (65.29.3).

102 – Thronender Buddha mit gekreuzten Beinen, flankiert von „Stupas mit Kultnische". Yün-kang, Felsrelief in Höhle 11. Um 470–480 n. Chr.

103 – Thronender Buddha mit gekreuzten Beinen, Sandstein. Durch Inschrift datiert 478 n. Chr. Xi'an (Schansi) Provincial Museum.

104 – Thronender Buddha am Mittelpfeiler von Höhle 432 (C. 215, P. Pelliot 127) in Tunhuang mit erhobener rechter Hand in der Geste der Furchtlosigkeit. Ton, rot bemalt.

105 – Buddha-Verehrer, Gipsstuck. Aus Kutscha. Berlin (West), Museum für Indische Kunst. 1. indoiranischer Stil. Die in die Stirn fallende gerundete Locke tritt auch in der Malerei an Figuren der gleichen Zeit (4. Jh. n. Chr.) auf.

106 – Fragment einer Wandmalerei aus der „Statuenhöhle" in Kyzil/Kutscha. Predigt des Buddha mit Zuhörern. Der geschwungene Doppel-Linien-Stil in den Gewandfalten tritt in China in der 478 n. Chr. datierten steinernen Stele auf (Abb. 103). 1. indoiranischer Stil. Berlin (West), Museum für Indische Kunst.

107 – Fragment einer Wandmalerei aus der „Statuen-Höhle" in Kyzil/Kutscha. 60 x 33 cm. Der Rinderhirte Nanda lauscht einer Predigt des Buddha. 1. indo-iranischer Stil. Rot-ocker-Stil mit nachträglicher Übermalung durch schwarze Linien. Berlin (West), Museum für Indische Kunst.

108 – Fragment eines Baumwolltuches von einem Grab in der Turfan-Oase. Um 200 n. Chr. Urumtschi, Nationalmuseum.

109 und **110** – Wandmalerei aus dem Stupa-Tempel M. V. in Miran. Girlande mit Stifterbüsten (Höhe der Büsten ca. 45 cm). Um 200 n. Chr. New Delhi, Museum of Central Asian Antiquities.

111 – Fragment einer Wandmalerei aus der „Statuen-Höhle" in Kyzil/Kutscha. Gelagerte Gottheiten und Musikanten. 2. indo-iranischer Stil, 1. Stufe. Berlin (West), Museum für Indische Kunst.

112 und **115** – Wandmalerei aus der „Seefahrer-Höhle" in Kyzil/ Kutscha. Aus dem Fries mit der Geschichte des Sroṇakotikarna. 2. indo-iranischer Stil, 1. Stufe. Berlin (West), Museum für Indische Kunst.

113 – Fragment einer Wandmalerei aus der „Maya-Höhle" in Kyzil/Kutscha. Brahmanen und Begleiter als Zuhörer einer Predigt des Buddha. Tönung der Körper in Rot-Ocker und dazu Grün-Blau-Flächen. Berlin (West), Museum für Indische Kunst.

114 – Fragment einer Wandmalerei aus der „Gebetsmühlen-Höhle" in Kyzil/Kutscha. Rechts oben „Blauer Kopf". Übergang vom 1. zum 2. indoiranischen Stil. 2. Hälfte 5. Jahrhundert (?). Berlin (West), Museum für Indische Kunst.

116 – Fragment einer Wandmalerei aus der 2. (kleinen) Schlucht-Höhle (zweitletzte Höhle). Thronende Buddhas mit Predigt-Gestus von Zuhörern umgeben, Ausschnitt. 2. Stufe des 2. indo-iranischen Stiles. Linearer Stil mit schematischen Körpertönungen in Rot-Ocker. 6. Jh. (?). Berlin (West), Museum für Indische Kunst.

117 – Fragment einer Wandmalerei aus dem Bogenfeld oberhalb des Eingangs zur Cella der Apsara-Höhle in Kumtura bei Kutscha. Der thronende Bodhisattva Maitreya im Tuṣita-Himmel. Chinesisch beeinflußter Stil, 7./8. Jahrhundert. 63,5 x 111 cm. Berlin (West), Museum für Indische Kunst.

96
97
98

99
101

100

112

113

114

115

116

117

nistische Kunst – wie etwa das Bildnis einer Herme zeigt – andererseits folgt sie aber auch „iranischen" Vorbildern.

Eine weitere Stadt, die auf griechisch-baktrische Zeit zurückgeht, ist in Dilberdschin im nördlichen Afghanistan von sowjetischen Archäologen unter Leitung von Frau Kruglikova ausgegraben worden, mit einem Dioskuren- und einem Heraklestempel,[28] und eine weitere wurde nördlich des Oxus in allerjüngster Zeit von B. Litvinskij in Takht-i-Sangim freigelegt, mit einem Feuertempel auf der Zitadelle, in dem Werke griechischer Kunst zutage traten, Funde die ins späte 3. und in den Anfang des 2. Jh.s v. Chr. datiert werden können.[29]

Griechische Kunst im nomadischen Milieu

Die griechisch-baktrische Kunst verlor mit dem Zusammenbruch der griechischen Städteherrschaft in Baktrien zunächst ihre Grundlage. Die Annahme, daß sie damit im 2. Jh. v. Chr. völlig zum Erliegen gekommen sei, konnte durch neue Entdeckungen entkräftet werden. Offensichtlich fand sie im nomadischen Milieu ein Weiterleben, indem sie von der nomadischen Aristokratie in ihre Dienste genommen wurde. Dies geschah einmal auf dem Sektor der Schmuckkunst, wo die Grabbeigaben ein lebendiges Bild von der Weiterbildung des griechischen Goldschmiedhandwerks vermitteln, das sich auf den Geschmack der neuen „barbarischen" Besteller und Abnehmer einstellen mußte. Dazu gehörte eine Steigerung der „Buntheit" durch den Besatz mit färbigen Steinen, die sich mit den griechischen Goldschmiedefiguren verband.

Das von dem Archäologen Sarianidi ausgegrabene Fürstengrab von Tillia-tepe in Afghanistan mit seinen unübersehbar reichen Goldfunden ist hier der bedeutendste Grabungsfund.[30] Auch in der Plastik hat die nomadische Herrenschicht das griechische Erbe in ihren Dienst gestellt, so in dem prunkhaft mit Nischenskulpturen ausgestatteten Palast in Toprak-kale, und als Familiengedenkstätte der herrschenden Schicht ist auch der von sowjetischen Archäologen ausgegrabene Prunkpalast in Chaltschajan anzusprechen.[31]

Mit dem Aufgreifen hellenistisch-antiker Formen und dem hellenistischen bzw. römischen Herrscherporträt haben die nomadischen Stammesfürsten zweifellos eine Art Legitimationsanspruch geltend zu machen gesucht. In diesem Zusammenhang ist der Palast von Chaltschajan von großer Bedeutung, weil hier ein Beispiel für die bewußte Adaptierung des hellenistischen Herrscherbildes durch eine nomadische (?) Herrenschicht, durch ein Fürstenhaus, eine Dynastie vorliegt. Es dürfte sich hier um eine Art Familien- oder Ahnengedächtnishalle gehandelt haben, in Choresmien im Oxus-Delta gelegen. Das Herrscherbild gewinnt mit seiner Adaptierung für die Stammesverbände symbolische Bedeutung, es steigert den Macht- und Legitimitätsanspruch des Fürsten. Chronologisch gehört die Anlage vermutlich in die Vor-Kuschan-Zeit.

Der fürstliche Ahnenkult kann als Vorstufe zur Adaptierung der hellenistischen Kunst durch den Buddhismus angesehen werden, der dann seine „Heroen“ ebenfalls in griechisch-römischer Gewandstatuarik darstellt. Damit ist hier die Stufe der Gandhara-Kunst unmittelbar vorbereitet. Der intensive Einstrom des Buddhismus auf der einen Seite und die künstlerische Aktivierung hellenistisch-baktrischer Tradition haben hier, zusammen mit neuen Anregungen aus dem römischen Reichsgebiet von Westen her, zur Entstehung einer antikisierenden buddhistischen Plastik geführt. Die Ausgrabungen der letzten Jahrzehnte haben in Mittelasien ein völlig neues Geschichtsbild ergeben. Für die Periode der Griechenherrschaft in Baktrien stehen jetzt monumentale künstlerische Zeugnisse zur Verfügung, und auch für die nachfolgende nomadische Periode ist ein, wenn auch sporadisches Bild gewonnen, das erkennen läßt, wie die künstlerischen Traditionen der Griechenstädte in das darauffolgende Zeitalter weitergeführt werden.[32] Dieses Zeitalter war ab dem 2. Jh. v. Chr. nicht nur in Mittelasien, sondern auch in Indien von der Auseinandersetzung zwischen den Nomaden, die nach Indien drängten, und den Kulturen der Seßhaften bestimmt. Als Abschluß dieser Völker- und Nomadenbewegungen war Indien – wenigstens das nördliche Indien – durch die Eroberungen der Kuschan seit dem 1. Jh. n. Chr. mit Mittelasien zu einem einheitlichen, politischen wie auch wirtschaftlich gesicherten Geschichtsraum zusammengeschlossen, in dem ein Austausch der Kulturen von Nord und Süd stattfinden konnte. Die Situation kam der Ausbreitung der Buddha-Lehre außerordentlich zugute. Der Buddhismus konnte sich ohne Schwierigkeiten weit nach Norden ausdehnen und in Mittelasien Fuß fassen, und er fand in den Kuschan eine wohlwollend gesonnene Herrscherschicht. Diese dürften den Buddhismus auch deshalb begünstigt haben, weil er eine von Natur aus übernational und kosmopolitisch eingestellte Glaubenslehre war, die allen Völkerschaften in gleichem Maße zugänglich war, im Gegensatz zu der exklusiven Haltung, die die „brahmanistischen“ Religionen und Kultverbände in Indien nichtindischen Völkern gegenüber an den Tag legten.

Griechisch-buddhistische Kunst im Dienst der Kuschan

Offensichtlich waren es auch politische Motive, die zur Schaffung eines Buddha-Bildes nach griechisch-römischen Modellen führten und damit zur Erneuerung der griechisch-baktrischen künstlerischen Traditionen und zur Entstehung der Gandhara-Kunst. Wahrscheinlich erlebte hier der monumentale Herrscherkult eine Vereinigung mit den vom Buddhismus in dieser Zeit ausgeprägten Lehren. Die hellenistische Kunst Mittelasiens wurde über den Buddhismus in den Dienst des neuen nomadischen Königtums gestellt. Ein doppelter Integrationsprozeß hat sich damit vollzogen, indem das nomadische Herrschertum sich auf der einen Seite religiös mit dem Buddhismus und künstlerisch formal mit der Kunst des Hellenismus zu identifizieren suchte.

Andererseits hat der Buddhismus mit der Einbeziehung der Kuschan-Herrscher in sein religiöses Programm diese als Förderer gewonnen, die seine Ausbreitung begünstigten. Die riesige Zahl buddhistischer Klosteranlagen und deren reiche künstlerische Ausschmückung läßt sich nur verstehen, wenn die politische Bedeutung für die Kuschan-Herrschaft berücksichtigt wird.

Dabei stellt sich natürlich die Frage, welcher Seite die entscheidende Initiative bei der Schöpfung und Ausgestaltung dieser „griechisch-buddhistischen" Kunst zukam, der „weltlichen" Seite oder der religiösen. Im ersten Falle wäre denkbar, daß die neue Dynastie das hellenistisch-römische Herrscherbildnis zum Vorbild nahm und damit das baktrisch-griechische Königtum so wie das römische Cäsarentum als Herrschaftsmodell beschwor. Das würde voraussetzen, daß das Bewußtsein bzw. das Andenken der griechischen Herrschaft beim Einsetzen der Kuschan in den Hindukuschländern bzw. den oberen Indus-Ländern noch durchaus lebendig war. Oder hat umgekehrt der Buddhismus mit der Adaptierung des antikisierenden Buddha-Bildes die Initiative gehabt? Hat er den Buddha als den wahren Weltherrscher und Weltenherren, den wahren *Cakravartin,* dem Kuschan-Herrscher gegenübergestellt? In diesem Zusammenhang muß man sich fragen, was es bedeutet, wenn auf der Rückseite der Münze des Kuschan-Herrschers Kaniṣka I. der Buddha erscheint. Handelt es sich dabei um einen Identifizierungsversuch, der den auf der Vorderseite wiedergegebenen Herrscher in unmittelbarer Verbindung mit dem „Erleuchteten" erscheinen lassen soll, als dessen Stellvertreter oder im Falle des Buddhismus sogar als eine Art Emanation oder Inkarnation des Buddha, oder als auf dem Wege zur Buddhaschaft befindlich, als zukünftigen Buddha, als also Bodhisattva? Oder ist es eine Art Verehrungsgestus des Herrschers, wenn er den „Gott" auf der Münze wiedergibt, eine Gebetsgeste, eine Adorationsgeste? Wir können nur konstatieren, daß hier noch viele offene Fragen der Beantwortung harren.

Das Bild des Buddha

Im Münzbild des Kaniṣka I. spiegelt sich jedenfalls das neugeschaffene Buddhabild, das gleichzeitig auch in Mathura, im Süden des Kuschan-Reiches in einer eigenen Version auftritt.[33] Gegenüber dem alten „anikonischen" Buddhismus bedeutet die Schaffung eines Buddha-Bildes eine absolute Neuerung und eine Umgestaltung der Vorstellung vom Wirken des Buddha für die Welt, das mit seinem Eingehen in das höchste Nirvāna kein definitives Ende findet.

Im lebensgroßen Kultbild konnte der Buddha ausgerufen werden. Es war eingestellt in einen Schrein, in eine Kultkapelle oder es war in Nischen eingesetzt, die in die großen Stupas eingelassen waren. Als stehender und als sitzender Buddha erscheint er auch in den ungezählten Reliefs, mit denen die Kultbauten geschmückt waren. Die Skulpturen waren meist nicht vollrund, sondern in die Rückwand des Schreines oder des Stupa eingelassen oder an diese angelehnt, so daß nur ein Teil des Körpers vollrund augearbeitet war. Der Buddha erscheint in einem Gewand mit antikisierendem Faltenwurf in einem fixierten Grundtypus. Im allgemeinen sind beide Schultern von der Mönchsrobe bedeckt.

Das Haar ist in die Stirn gestrichen und bedeckt auf dem Kopf den für den Buddha charakteristischen Kopfauswuchs, die sog. *uṣniśa*, während auf der Stirn die sog. *ūrnā* punktförmig aufgesetzt ist. Bestimmte Handgesten sind mit der Buddhafigur verbunden. Der stehende Buddha ist meist mit ausgestreckter Rechter und die Hand, dem Betrachter zugewendet, erhoben dargestellt, in der Predigtgeste (*abhayamudrā*). Die linke Hand hält meist die Falten des Gewandes. Der Kopf ist häufig von einem Nimbus umgeben, der später so vergrößert erscheint, daß er die gesamte Gestalt umfängt. In Sitzhaltung erscheint der Buddha mit gekreuzten Beinen mit verschiedenen Handgesten ausgestattet: die beiden Arme gesenkt und die Hände ineinandergelegt im Meditationsgestus (*dhyānimudrā*), oder die Rechte den Boden berührend (*bhūmisparśamudra*): hier wird die Erde zum Zeugen für die Buddhaschaft angerufen, oder beide Hände vor der Brust (*dharmacakramudra*): hier wird das Rad der Lehre in Bewegung gesetzt. Als Begleitfiguren des Buddha erscheinen der getreue Gefolgsmann Vajrapāṇi sowie Mönche, Verehrer und dann auch verehrende *devatās,* himmlische Wesen.

Auch im Relief und dann auch in der Wandmalerei tritt der Buddha in dieser typisierten Form auf. Hier wird bevorzugt die Lebensgeschichte des historischen Buddha, des Buddha Śākyamuni dargestellt. Meist sind die vier großen Etappen seines Lebens- und Erlösungsweges dargestellt: Die Geburt, die Erleuchtung, die erste Predigt und der Tod mit dem Eingehen ins *Nirvāṇa,* das *Parinirvāṇa.* Die Erleuchtung verbindet sich besonders in Zentralasien in der Malerei häufig mit dem Angriff des *Māra,* dem Beherrscher der bösen Mächte, der seine Heerscharen aufgeboten hat, um das Erreichen der Erleuchtung des unter dem Bodhi-Baum, dem Baum der Erleuchtung, Sitzenden zu verhindern. Die Todesszene zeigt den Aufgebahrten oder auch die Szene der Einäscherung. Eine besondere Rolle spielt in der Lebensgeschichte die Darstellung des Wunders von Śrāvastī, in dem das Wunder der Auflösung des Buddha in eine Flammenkorona dargestellt wird, mit dem der Buddha sich in weitere transzendente Buddhafiguren vervielfältigt. Es wird mit der Weiterentwicklung der Buddha-Lehre erweitert zu einer Darstellung des kosmischen Buddha, der von einer unübersehbaren Vielzahl kleiner Buddhagestalten umgeben erscheint, als Ausdruck der unendlichen Vielzahl der Welten, die alle von einem Erlöser-Buddha dominiert sind.

Das Bild des Bodhisattva

Eine steigende Bedeutung hat in der Gandhara-Kunst neben dem Bild des Buddha auch die Figur des Bodhisattva gefunden, des zukünftigen Buddha, der seine endgültige Wiedergeburt als Buddha erwartet. Er erscheint in der Gestalt eines Kuschan-Fürsten mit reichem Goldschmuck behängt, mit Turban, Ohrringen und einem Diadem sowie mit eleganter geringelter Lockenfrisur und einer reich um die Hüften geschlungenen Robe. Er repräsentiert entweder den Prinzen Siḍḍhārtha, d. h. den Buddha, der vor seinem „Auszug" noch als Fürstensohn im väterlichen Palast lebt, oder er stellt den Maitreya dar, der im Tuṣita-Himmel seine Wiedergeburt als Buddha in dem nächsten Weltalter (Kalpa) erwartet. Mit der Wandlung des „Kleinen Fahrzeuges" (*Hīnayāna*) zum „Großen Fahrzeug" (*Mahāyāna*) kommt den Bodhisattvas eine neuartige Rolle als „Erlöser" zu.

Der Kult des Boddhisattva, der in der Gestalt eines Kuschan-Fürsten oder Kuschan-Prinzen dargestellt wird, spielte offenbar eine wichtige Rolle. Hier wird deutlich hervorgehoben, daß der Buddha als Prinz Siḍḍhārtha von einem Status ausgegangen ist, der dem des Kuschan-Herrschers bzw. des Kuschan-Fürsten entsprochen hat. Sollte damit die Aufforderung oder Anspielung verbunden gewesen sein, daß dem Kuschan-Herrscher der gleiche Weg offensteht, wie sie der Bodhisattva gegangen ist, bzw. in Zukunft gehen sollte? Diese Fragen wird man überdenken müssen, wenn man die tieferen Zusammenhänge erschließen will, die der Ausgestaltung der buddhistischen Gandhara-Kunst zugrundelagen.

Von den verschiedenartigen Vorstufen und Nachfolgern des historischen Buddha wurde die Gestalt des Bodhisattva, vor allem des Maitreya, offenbar in das politische Gesamtkonzept einbezogen. Sicher ist dieser auf dem Wege zur Buddhaschaft befindliche, anstelle des in *Nirvāṇa* eingegangenen historischen Buddha, als Erlöser-Heros kommender Zeiten auftretende Bodhisattva nicht ohne tiefere Bedeutung als nomadischer Reiterfürst, reich mit dem Schmuck und der Reitertracht des Nomadenfürsten (mit Reiterhosen und weitem langen Reitermantel) dargestellt. Die Gleichsetzung des Bodhisattva mit dem Kuschan-Herrscher bot eine Grundlage, um diesen in das neue System der Erlösungslehren des „Großen Fahrzeuges" einzubeziehen. Als Inkarnation eines zukünftigen Buddha und auf dem Wege zur Buddhaschaft befindlich, war der nomadische Herrscher in die buddhistische Ideologie und Ikonologie aufgenommen.

Die Konzeption des Bodhisattva zeigt sehr deutlich, wie zu Beginn unserer Zeitrechnung innerhalb des Buddhismus mit dem Schritt zum „Großen Fahrzeug", zum Mahāyāna, aus der alten Weisheitslehre des „Kleinen Fahrzeugs" eine neue Erlösungsbewegung entstand, eine Heilslehre mit einer „universellen, aktivistischen Ethik". Als Ideal tritt neben den vollendeten Buddha der Bodhisattva, der erst nach Erleuchtung und Buddhaschaft strebt und der als Heilbringer imstande ist, mit seinen Wunderkräften denen, die ihn anrufen, bei ihrem Mühen auf dem Wege um sittliche Vervollkommnung beizustehen. In den Gestalten der verschiedenen Bodhisattvas, des Maitreya, des Avalokiteśvara, Mañjusrī und unzähliger anderer, schuf sich der Buddhismus jetzt „überirdische Gnadenspender, die den Bedürfnissen weitester Kreise entsprachen". Offensichtlich verband sich im Herrschaftsbereich der Kuschan diese neue buddhistische Vorstellungswelt mit dem Herrscherkult, vielleicht auch mit einem Ahnenkult, in dessen Dienst die hellenistische Kunst des griechisch-baktrischen Reiches in das nomadische Fürstenmilieu Eingang gefunden hat. Die „Ahnengalerie“ in dem Prunksaal von Chaltschajan kann dafür als Beispiel dienen.

Das Bild des sitzenden Buddha in der Gandhara-Plastik

Die von der Gandhara-Plastik entwickelten Bildtypen hat der Buddhismus mit seiner Ausbreitung nach Osten nach Zentralasien transferiert. Wie für die Architektur lassen sich auch für die Plastik verschiedene „Stilschübe“ unterscheiden, mit denen diese Vorbilder der graeco-buddhistischen Kunst nach Zentralasien eingedrungen sind. Am Bild des Buddha läßt sich der Weg verfolgen, der vom Gandhara-Gebiet über Zentralasien schließlich nach China geführt hat. Für das Bild des sitzenden bzw. thronenden Buddha können wir von zwei Bildwerken der Gandhara-Kunst ausgehen, die sich im Museum für Indische Kunst in Berlin befinden und die die beiden großen Entwicklungsphasen der buddhistischen Plastik im Gandhara-Bereich vertreten. Im ersten, dem Buddha auf dem Löwenthron, zeigt sich der Bildkünstler noch voll dem plastischen Formengefühl der antik-mittelmeerischen Kunst aufgeschlossen.[34] Zeitlich dürften wir uns hier in der 2. Hälfte des 1. Jahrhunderts n. Chr. befinden. Im zweiten Bildwerk setzt sich ein abstrahierendes, der körperlichen Erscheinung indifferent gegenüberstehendes Formempfinden durch.[35] Die Gewandfalten erscheinen nicht mehr von den Formen des sich wölbenden Körpers bedingt, von ihnen erzeugt und verursacht, sondern als ein abstraktes Gerüst von geometrisch aufgesetzten Faltenstegen, die keine körperlichen Vorstellungen mehr aufkommen lassen. Auch bei der Gestaltung des Kopfes hat sich in der späteren Entwicklungsstufe der Gandhara-Kunst – vermutlich um 200 n. Chr. einsetzend, in unverkennbarer Parallele zur Entwicklung der Spätantiken in den östlichen Mittelmeerländern – eine neue künstlerische Strömung, eine neue Auffassung von Skulptur durchgesetzt, hinter der wir die Tendenzen der iranischen Kunst, der „parthischen“ Kunst als Anreger sehen dürfen, wenn wir den Begriff des Iran in einem weitesten Sinne fassen und den die mittelasiatischen Steppenlandschaften übergreifenden äußeren Iran, den „Iran extérieur“ einbeziehen. Hier wirken auf die Gandhara-Kunst bereits jene Kräfte ein, die dann ethnisch auch in Zentralasien von tragender Bedeutung geworden sind, Volkstümer, die in den nordöstlichen Randzonen des Iran beheimatet waren. Auch für den Kopf der Figur gilt ähnliches, wenn wir die stilistische Analyse fortsetzen. Die physiognomischen Formen erscheinen nicht aus der körperlichen Gesamterscheinung des Kopfes heraus gestaltet, sondern eher auf einen abstrakt vorgestellten kugeligen „ballonförmigen“ Kopf aufgesetzt bzw. linear aufgetragen. Das gilt für die Augen, Nase wie für die Angabe des Mundes ebenso wie für die Gestalt der Haare, die jetzt ornamental gekräuselte Form angenommen haben.

Auch aus der Stuckplastik lassen sich für die reife Stufe der Gandhara-Kunst Figuren des sitzenden Buddha anführen, mit plastisch empfundenen Stoffmassen, die sich frei vor dem Körper entfalten und als Gewandbausch locker herabhängend dargestellt werden.[36] Ein sitzender Bodhisattva Maitreya im Museum zu Taxila gehört der gleichen Stilstufe an.[37]

Das Bild des sitzenden Buddha in Zentralasien und China

Wie das Gandhara-Vorbild in Zentralasien Aufnahme gefunden hat, zeigt die Figur des sitzenden Buddha, aus Lehmstuck geformt und bemalt, die sich als Kultbild an den Mittelpfeiler gelehnt in einer Kulthöhle, der Kirin-Höhle in Schortschuk, erhalten hat (Berlin, Museum für Indische Kunst).[38] Das Gandhara-Vorbild ist hier in einer rezeptiven Form übernommen. Der Plastiker, der möglicherweise aus den mittelasiatischen Ursprungsländern eingewandert ist, hat sich bemüht, wie sich deutlich erkennen läßt, die differenzierte Faltenbildung des Gandhara-Vorbildes zu wahren. Die Figur wird man um 250/300 datieren, wenn man sie als das Ergebnis eines künstlerischen „Schubes" betrachtet, der die Gandhara-Formen der zweiten zu einer abstrahierten Vereinfachung der Falten tendierenden Stufe nach Zentralasien überführt hat. Auch der Kopf zeigt die Nähe zu Köpfen der zweiten Stilstufe der Gandhara-Kunst. Am Sockel treten bereits geschwungene Ornamentbildungen auf, wie sie in den Wandmalereien der Höhlen von Kyzil als Blattranken auftreten, die einen Vergleich mit der Fiederblattornamentik, wie sie sich in Indien mit dem Aufkommen der Gupta durchsetzte, erlauben. Auch die aufgemalten Ornamente am Sockel fügen sich dem gleichen Stil ein.

Gegenüber dem gandharischen Vorbild haben sich in der Körperbildung etliche Umgestaltungen vollzogen. Jeder Versuch, unter dem Gewand die Körperformen plastisch fühlbar werden zu lassen, ist aufgegeben. Das umhüllende Gewand ist zu einem amorphen Block geworden, dem die Falten ornamental aufgetragen sind. Der gleiche Verzicht auf plastische Modellierung und Differenzierung zeigt sich in der Gestaltung des vollrunden Kopfes. In der Haar-Kalotte ist das Haar durch ein Voluten-Ornament ersetzt. Die Umbildung der antikisch empfundenen differenzierten Figur zu einem blockhaft geschlossenen Gebilde, auf dessen Oberfläche die Faltenbildungen des Gewandes in ornamentaler Weise aufgetragen sind, bildet dann die Vorstufe für die buddhistische Plastik, die sich aufgrund der zentralasiatischen Modelle in China entwickelt hat. Die Etappen, die sich für den Übergang der verschiedenen Typen des Buddha-Bildes in der Plastik von Gandhara über Zentralasien nach China ergeben, lassen sich dann in analoger Weise in der Wandmalerei verfolgen.

Wie das Gandhara-Vorbild des thronenden Buddha in China Eingang gefunden hat, lassen in China gefundene, meist aus vergoldeter Bronze gefertigte Statuetten erkennen, die zum Teil mit Inschrift versehen sind, die eine genaue Datierung ermöglichen. So hat sich in der Sammlung

Brundage im Museum von San Francisco (USA) die in das Jahr 338 datierende vergoldete Bronzefigur eines sitzenden Buddha erhalten, die sich sehr deutlich anschließen läßt an die Gandhara-Bildwerke des gleichen Typus, dessen Vorbild unverkennbar zur Grundlage genommen wurde.[39] Das Faltenschema des herabfallenden Gewandes ist zu linearen Motiven umstilisiert. Mit dem Datum 338 ist zugleich ein terminus gegeben, der den Zeitraum abschätzen läßt, in dem die Schöpfungen der Gandhara-Plastik ihren Weg durch Zentralasien nach Osten gefunden haben.

In Zentralasien führte eine neue Stilphase, die wir in die Zeit um 350/400 ansetzen dürfen, in der Skulptur zu einem noch extremeren Linearstil. In dieser Stilwelle dürfen wir, wie schon angedeutet wurde, Einwirkungen aus dem iranischen Bereich erblicken, als deren Träger die im 4. und 5. Jh. neu eindringende Völkerschaften fungierten. An der Figur des sitzenden Buddha kann dieser lineare Stil an der nördlichen Seidenstraße von Kutscha bis nach Turfan verfolgt werden. Die Falten sind hier zu einem System gleichlaufender, eingeschnittener bzw. eingeritzter Linien geworden. Im Raum von Kutscha können als Beispiel holzgeschnitzte kleinfigurige Buddhafiguren angeführt werden, die sich in der „Pfauenhöhle“ in Kyzil gefunden haben, einer Höhle, in der sich auch eine reiche Wandmalerei erhalten hat, die ebenfalls einer „iranischen“ Stilphase in der Zeit des 5. Jh.s zuzurechnen ist.[40] In der Turfan-Oase begegnet dieser Kerblinienstil ebenfalls. Ihn zeigen die Buddhas, die kleinfigurig in die Nischen zweier Votivstupas über achteckigem Sockel eingestellt sind (Berlin, Museum für Indische Kunst)[41]: Sie tragen chinesische Inschrifttexte, und Soper konnte für sie ein Datum um 420/430 erschließen. Sie stammen aus Chotscho. In der Turfan-Oase zeigen auch in der Stadt Yar-Khoto die sitzenden Buddhafiguren, die in die Nischen des Turmstupa des „Großen Heiligtums“ eingesetzt waren,[42] den gleichen Linienstil. Für das Bauwerk kann damit ebenfalls eine Entstehung in der Zeit um 400 angenommen werden. Dieses Datum konnte für die Architektur des „Turmnischenstupa“ bereits daraus erschlossen werden, daß dieser Architekturtypus in der zweiten Hälfte des 5. Jh.s sich in China nachweisen ließ. In Chotscho sind auch die aus Lehm-Stuck gefertigten, hockenden, in Meditationshaltung wiedergegebenen Buddhafiguren, die in die Nischen des sog. „Pfeilertempels W“ eingestellt waren, im gleichen linearen Parallelfaltenteil gehalten. Damit ist auch für den Turmstupa des „Pfeilertempels W“ eine Entstehung im 5. Jh. erwiesen.[43]

Über Turfan hinaus ist auch der lineare Parallelfaltenstil nach China gelangt. Er begegnet wiederum an kleinformatigen Bronze-Bildwerken, deren mit genauem Datum versehene Inschriften es ermöglichen, für die zentralasiatischen Vorbilder einen Terminus ante quem anzugeben.

Das „sinisierte" Buddha-Bild: der sitzende Buddha

So wie der buddhistische Turmstupa mit seiner Übernahme nach China in chinesische Formen übersetzt worden ist und „sinisiert" seit dem endenden 5. Jh. als Nischenpagode erscheint, hat auch das Buddha-Bild um 500 eine Umgestaltung in chinesische Formen im nördlichen China unter der Herrschaft der Dynastie der nördlichen Wei erlebt. Das Gandhara-Vorbild des sitzenden und thronenden Buddha verwandelte sich im chinesischen Bereich in einen ornamentalisierten, reich ausschwingenden Faltenstil. Die Körper werden elegant gestreckt und gelängt, was ebenso für den Gesichtstypus gilt. Auch hier können durch Inschrift datierte Bronzebildwerke in Kleinformat als Zeugnis angeführt werden. Ein schönes Beispiel bietet die Gruppe der beiden Buddhas Śākyamuni und Prabhūtharatna in einem aus vergoldeter Bronze gefertigten Hausaltärchen im Guimet-Museum in Paris, durch Inschrift ins Jahr 518 datiert.[44] Der ornamental ausschwingende chinesische Formenstil kommt schon in dem flammig ausfahrenden Umriß der Aureolen zum Ausdruck, die die Figuren umgeben. Hier hat das chinesische Formengefühl die Gandhara-Vorbilder völlig in eigenem Sinne umgebildet, „sinisiert", vergleichbar der Umbildung, die der zentralasiatische Turmnischenstupa in China zur gleichen Zeit durch Anfügen ausschwingender chinesischer Dächer erfuhr. Für den bewegten Figurenstil hat Zentralasien die Vorbilder und Anregungen geliefert, in den vom indischen Gupta-Stil beeinflußten szenischen Reliefs und mehr noch in den Wandmalereien mit indischen Stileinflüssen.

Wie in Zentralasien die nach Gandhara-Vorbild geformte Kultbild-Skulptur des sitzenden Buddha in Kulthöhlen eingestellt war, ist das auch in den in China gestalteten buddhistischen Kulthöhlen der Fall. In Tunhuang erscheint in Höhle 248 der sitzende Buddha mit untergeschlagenen Beinen als bemalte Tonfigur an dem Mittelpfeiler der als Umgangstempel gestalteten Höhle.[45] Der verfeinerte Kopftypus läßt hier bereits die beginnende Umbildung des Gandhara-Typus ins Chinesische erkennen. Im Ganzen der Gestalt hat sich aber der sinisierende Stil der Spätzeit der nördlichen Wei-Dynastie noch nicht durchgesetzt. Das gilt auch für die begleitenden Figuren, die an den Ecken des Mittelpfeilers angeordnet sind, die für eine Datierung um 500 sprechen. Am thronenden Buddha, der in Höhle 432 in Tunhuang am Mittelpfeiler, aus Ton gefertigt und rot bemalt, angebracht ist, beginnen dann die Gewänder in sinisierter Form auszuschwingen.[46] Der Gandhara-Stil erscheint in ornamentale Formen überführt, was in den beiden begleitenden Seiten- und Eckfiguren noch stärker ausgeprägt ist. Der Kopf ist aber noch nicht in der verfeinerten schmalen Gestalt gehalten, sondern zeigt noch gerundete Formen. Die Wandmalerei im Hintergrund der Figur zeigt in der dominierenden Rolle von Lapislazuli-Blau und Grün wie auch im Figurenstil deutlich den Einfluß der zentralasiatischen Wandmalerei des indo-iranischen Stils. Eine Datierung um 520/30 kann angenommen werden.

Das Bild des stehenden Buddha

Auch für den stehenden Buddha läßt sich anhand erhaltener Bildwerke verfolgen, wie der Gandhara-Typus über Zentralasien nach China gelangte. Eine farbig bemalte Gips-Stuck-Figur hatte sich in Schortschuk als Kultbild in der Nakṣatra-Höhle erhalten und ist durch die deutschen Expeditionen nach Berlin gelangt (Museum für Indische Kunst).[47] In ihrer ungewöhnlich guten Erhaltung bietet sie ein besonders gutes Beispiel für die nach Zentralasien übertragene Gandhara-Plastik. Die Falten des langen Gewandes sind als Stege aufgetragen, die in einem noch lebendig empfundenen Faltenspiel dargestellt sind. Dies unterscheidet von der Faltenwiedergabe des sitzenden Buddha aus Schortschuk, wo die Falten in die Gewandmasse eingeschnitten erscheinen. Die stilistische Nähe zur reifen Gandhara-Kunst, für die ein stehender Buddha aus Schiefer im Museum für Indische Kunst in Berlin[48] zum Vergleich angeführt werden kann, erlaubt eine Datierung in die Zeit um 300. Aus China hat sich die Bronzefigur eines stehenden Buddha Maitreya, auf einem Lotossockel angeordnet, erhalten, der durch Inschrift in das Jahr 477 zu datieren ist, heute im Metropolitan Museum of Art in New York.[49] Das Faltensystem der Gandhara-Plastik erscheint hier getreu übernommen, lediglich ins Lineare übersetzt, ohne daß der Versuch einer selbständigen Umsetzung in chinesische Formen hier erkennbar wäre. Diese läßt eine kleinfigurige Bronzeplastik, durch Inschrift 536 datiert, (vergoldet, 61,7 cm hoch) hingegen deutlich erkennen. (Philadelphia, USA, The University Museum, University of Pennsylvania).[50] Auch hier läßt das Datum deutlich werden, wie sich im frühen 6. Jahrhundert ein eigener sinisierter Stil durchgesetzt hat, der das Gandhara-Vorbild in bewegt ornamental schwingende Formen umgesetzt zeigt.

Der thronende Buddha mit untergeschlagenen Beinen – die Folge eines indischen Stil-Schubes!?

Die steinerne Stele mit lebensgroßem Buddha in thronender Haltung von einem großen Nimbus umgeben, aus Sandstein, im Archäologischen Museum von Xi'an (Schansi) zeigt einen besonderen Typus des Buddha. Er ist thronend mit übergeschlagenen Beinen dargestellt. Die formale Ausgestaltung, besonders des Gewandes, stellt ihn neben die 477 datierten Bronzefiguren eines stehenden Buddha im Metropolitan Museum in New York.[51] Die formalen Indizien, etwa die Führung der Gewandfalten, machen ein Gandhara-Vorbild unverkennbar und lassen vermuten, daß auch dieser Buddha-Typus das Ergebnis eines „Stilschubes" aus Zentralasien war. Tatsächlich erweist sich, daß auch das Sitzmotiv mit gekreuzten Beinen keine chinesische Neuerfindung ist, vielmehr lag auch hier offensichtlich ein Vorbild zugrunde, das über Zentralasien gekommen war.

In einer der Höhlen von Kumtura bei Kutscha hat sich die reich bemalte Sitzfigur eines Buddha oder vielleicht auch eines Bodhisattva – der Kopf ist verlorengegangen, – aus Lehmstuck erhalten, die von den deutschen Expeditionen nach Berlin gebracht wurde (Berlin, Museum für Indische Kunst, 61 cm hoch).[52] Die Gestalt ist von einem bunt gemusterten Gewand umhüllt, das ebenso wie die Sitzhaltung auf motivische Herkunft aus dem Bereich der indischen Kunst verweist. Die Sitzhaltung mit überkreuzten Beinen kann als eine charakteristische Pose des „bewegten Stiles" der indischen Kunst angesehen werden und ist zweifellos mit dem „indischen Stilschub" nach Zentralasien gelangt.

In der Wandmalerei Zentralasiens tritt auch das Standmotiv mit gekreuzten Beinen, verbunden mit einer *tribhanga*-artigen Drehung des Körpers, als spezifisch tänzerische Pose deutlich im Zusammenhang mit der indischen Stilwelle auf. Das Bruchstück einer Wandmalerei aus der sog. „Freskoboden-Höhle" in Kyzil (Berlin, Museum für Indische Kunst)[53] kann als eindrucksvolles Beispiel angeführt werden. Es ist die Darstellung einer Göttin in Begleitung einer himmlischen Musikantin, die in einer tänzerisch schwebenden Haltung mit übergeschlagenen Beinen wiedergegeben ist.

In der buddhistischen Plastik Chinas tritt der mit gekreuzten Beinen sitzende Buddha mit auffallender Häufigkeit in buddhistischen Kulthöhlen der Zeit um 500 auf. In Höhle 275 in Tunhuang thront er in dieser Form als Maitreya auf einem von zwei Löwen flankierten Sitz.[54] Die Wandmalereien im Hintergrund zeigen einen formal aufgelösten Stil (schwingende Umrisse, ausgefranste Gewandenden) mit stark „sinisierten" Elementen, wie er sich im Laufe des frühen 6. Jh.s im nördlichen China herausgebildet hat. In der Skulptur der Höhle tritt diese Formensprache noch nicht auf. Die einfache lineare Wiedergabe des gandharischen Faltensystems erscheint hier in einer noch strengen Ausformung, so daß für die Plastik eine Entstehungszeit um 500 angenommen werden kann. Aus der gleichen Zeit der nördlichen Wei-Dynastie stammen auch die Maitreya-Figuren mit gekreuzten Beinen in den Höhlen 275 und 254 in Tunhuang, und in den Jahren um 480/490 tritt das Sitzmotiv auch in den Höhlen von Yün-kang auf.[55] Vier Buddhas sind in dieser Form in Höhle 11 in die vier Nischen des quadratischen Mittelpfeilers eingesetzt, um den die Höhle einen Umgang bildet.

Der indische „Stilschub" in der Plastik

Der thronende Buddha mit untergeschlagenen Beinen bietet ein sichtbares Beispiel für den indischen „Stilschub", der in der Spätphase der Gandhara-Kunst allgemein als neuer indischer Einschlag spürbar wird. Die „hellenistische" Orientierung, die in der ersten Phase der Gandhara-Kunst dominierte, wird durch indische Formideale abgelöst. Eine Bevorzugung bewegter Umrißlinien von schwingender Körperbewegung, elegante Drehung der Gestalten kennzeichnen die neuen Formideale des indischen Künstlers ebenso wie die voll ausgerundeten Köpfe der Figuren. Die neuen Körperhaltungen kommen weniger bei den Kultstatuen des Buddha und der Bodhisattvas zur Anwendung, die einem festgelegten hierarchischen Formentypus folgen, als in den Begleitfiguren, mit denen in Relief und Malerei die buddhistischen Szenen ausgestattet sind.

Ein sehr schöner Kopf, der in Miran an der südlichen Seidenstraße gefunden wurde, und vermutlich zu einer Bodhisattva-Figur gehörte (New Delhi, Museum of Central Asian Antiquities)[56] kann sehr gut zeigen, in welcher Weise das klassische Gandhara-Ideal hier durch eine weichere und mildere Gesichtsbildung ersetzt wird, und spezifisch indisch erscheint auch die Haarbildung, die aus großen, in die Stirn fallenden Locken besteht und in der gleichen Form auch in der Wandmalerei in indisch beeinflußten Figuren auftritt, etwa in der Darstellung eines hockenden Asketen aus der „2. Kuppelhöhle" in Kumtura bei Kutscha, in einem Fragment, das noch zu besprechen sein wird.[57]

Von Indien kommen auch die himmlischen Genien, die in Begleitung des Buddha auftreten (*devatās*) und die in ihrer tänzerisch bewegten und gedrehten Körperhaltung ganz unverkennbar auf indische Posen zurückgehen. Zahlreiche aus Stuck gefertigte Köpfe solcher *devatās* haben sich in Kyzil und an anderen Plätzen gefunden, aus Stuck gefertigt und bemalt, deren vollrunde Physiognomie mit mandelförmig geschwungenen Augen und hochgezogenen Augenbrauen unverkennbar das neue Schönheitsideal repräsentiert, das in dem auf die Gandhara-Phase folgenden „Stilschub" unter dem Eindruck der indischen Kunst zur Vorherrschaft gelangte.[58]

Dieser unmittelbar an die späteste Phase der Gandhara-Kunst anschließende indische Einflußstrom ist im Bereich der Skulptur nur noch an wenigen zusammenhängenden Bildwerken zu konstatieren, da von der Stuckplastik Zentralasiens im allgemeinen nur Bruchstücke, Fragmente oder die Sockel erhalten geblieben sind. Ein einzigartiges Beispiel bilden die Stuckreliefs, die bei den Ausgrabungen französischer Forscher unter Pelliot im Kloster von Toqqouz-Sarai in Tumschuk, westlich von der Kutscha-Oase an der nördlichen Seidenstraße gelegen, ausgegraben wurden. Im Musée Guimet in Paris wurden sie aus Bruchstücken wieder zusammengesetzt.[59] Sie gehörten zu einer quadratischen Einfassung. Das besonders gut erhalten gebliebene Relief mit einer Gruppe von Bodhisattvas zeigt in den leicht gedrehten und schwingenden Standmotiven der Figuren, wie hier ein neues indisches Formgefühl die Gandhara-Skulptur durchzieht und sie umgestaltet hat, die dabei in einer eigenen Weise verändert und differenziert worden ist. Grazile Gestalten, die Köpfe mit hohem Kopfputz in Form von Diademen, die voll sich rundenden Gesichtsformen mit relativ klein eingesetzten Augen-, Mund- und Nasenmotiven sowie die schwingende und labile Haltung der Gestalten zeigt, daß ein internationaler indisch-buddhistischer Kulturstrom hier Eingang gefunden hat, mit einem Figurenideal, das sich in der Nach-Kuschan-Zeit in Indien – um 300 – herausgebildet hatte. Dieser Stil hat in Mathura ebenso wie im südlichen Indien der von Gandhara her bestimmten künstlerischen Haltung eine völlig neue Orientierung gegeben.[60]

In Mathura, dem entscheidenden indischen Kunstzentrum unter der Dynastie der Kuschan, sind nur noch wenige Monumente nachweisbar, an denen sich dieser Stilwandel der Zeit um 300 – nach der Auflösung und dem Zusammenbruch der Kuschan-Herrschaft – ablesen läßt, und der einsetzt, nachdem die buddhistische Kunst der Kuschan-Zeit erloschen und untergegangen war. Seitdem tritt die heimisch indische Kunstauffassung wieder mit neuer eigener Intensität hervor. Man kann auf die Schwebefiguren verweisen, die den Stupa auf dem Holi-Relief begleiten.[61]

Sehr deutlich ist der neue Stil aber im südindischen Ausbreitungsgebiet des Buddhismus und der buddhistischen Kunst zu erkennen. Hier lassen ihn etwa die aus Amaravati stammenden Reliefs vom Großen Stupa erkennen, der an den reich bewegten Figuren, besonders an der Vielzahl von schwebenden Himmelswesen in Erscheinung tritt. Man wird dabei besonders auf die Stupa-Reliefs aus der „mittleren Phase" hinweisen (im Britischen Museum in London erhalten), die ins 3. Jh. datiert werden, wie auch auf die Medaillonreliefs mit szenischen Darstellungen.[62] In diesen herrschen die S-förmig bewegten und gedrehten und in unstatischen, labilen Posen dargestellten Figuren vor, bevorzugt in der sog. *tribhanga*-Stellung wiedergegeben und so im Blickfeld verteilt, daß ein gleichsam schaukelnder endloser Bewegungsrhythmus die figürlichen Szenen durchzieht. Auf feste und sichere Bodenlinien wird bewußt verzichtet. Die figürlichen Szenen sind ebenso wie die auf den Reliefs wiedergegebenen Stupas von fliegenden und schwebenden Himmelswesen umgeben, die reich geschmückt sind. Als Kopfschmuck tragen sie eine Art Perlendiadem, das über der Stirn aufragt, eine Einzelheit, die als Charakteristikum immer wieder auftritt. Eine Fortsetzung und Weiterbildung erlebt dieser flexible Figurenstil in den Reliefs, die sich aus Nagarjunakonda erhalten haben.[63]Diese knüpfen an die „späte Phase" von Amaravati (um 300) an. In Mathura wie auch im südlichen Indien, in Andhra, dürfte der Stil seine Ausbildung in der Zeit des späten 3./4. Jh.s erfahren haben, und er ist vermutlich um 300 in Zentralasien als neue Stilwelle eingedrungen.

So wie sich der neue buddhistische „fließende", bewegte Stil, von Zentralindien und von Mathura ausgehend, bis in den Süden Indiens ausgebreitet hat, hat er seinen Weg mit dem Buddhismus auch nach Norden gefunden und ist bis Zentralasien vorgedrungen, wo wir ihn sowohl in der erwähnten Reliefplastik von Tumschuk, aber noch weit umfassender in der Wandmalerei werden auftreten sehen, wo er besonders in Kyzil/Kutscha in der Ausmalung der Höhlen greifbar wird. In Begram in Afghanistan sind als Teil eines um 250 n. Chr. im Boden vergrabenen Hortfundes große Bestände aus Indien stammender Elfenbeingravierungen und -schnitzereien gefunden worden, die Meisterwerke des „bewegten" Stiles sind.[64] Eine Elfenbeingravierung ist von besonderem Interesse, da hier als Randborte die gleichen lockeren Akanthusranken mit eingesetzten Tiermotiven auftreten wie in dem Stuckrelief aus Tumschuk.[65]

Der indische „Stilschub" hat in Zentralasien die antikisierenden Tendenzen des „gandharischen Stilschubes" völlig verdrängt. Aus dieser Phase haben sich nur wenige bemalte Stuckfiguren in Kulthöhlen Zentralasiens erhalten, als letzte Ausläufer der mit der Gandhara-Kunst eingedrungenen antikisierenden Plastik. Dieser entstammen die beiden aus bemaltem Lehmstuck gefertigten Figuren sitzender Brahmanen, die aus der Kirin-Höhle in Schortschuk nach Berlin gelangt sind und die ursprünglich vermutlich im Zusammenhang mit Verehrer-Gruppen des Buddha angebracht waren.[66] Die Köpfe sind nach dem Vorbild hellenistischer Bacchus/Dionysos-Köpfe oder von Silen-Köpfen gestaltet, wie sie auch in der buddhistischen Gandhara-Plastik von Hadda (Afghanistan) Verwendung fanden, wo vergleichbare Stuckköpfe ausgegraben wurden. Aber auch das Bemühen, eine lebendige Modellierung des Körpers zu erreichen – das trotz des reliefartig flachen Charakters der Figuren deutlich hervortritt – weist bei aller Unbeholfenheit des zentralasiatischen Modelleurs auf antikisierende Gandhara-Vorbilder. Es ist eine fast „realistisch" naturnah modellierende Stuckplastik hier in Schortschuk praktiziert worden. Die beiden sitzenden Brahmanen können in der frappierenden Unmittelbarkeit der Bewegung wie vor allem in der Gestaltung der Köpfe unmittelbar an griechisch-baktrische Köpfe erinnern (Kopf aus Aï Khanum in Afghanistan).[67] Die lebendige Bewegung und die „realistisch" durchmodellierte Fältelung des Gewandes wie auch der „griechisch-baktrisch-hellenistisch" wirkende Kopf (vgl. den stehenden Buddha aus Schortschuk) zeigen hier im 2./3. Jh. eine Skulpturenwerkstatt tätig, die in unmittelbarer Verbindung mit mittelasiatischen Werkstätten gestanden haben muß.[68] Stilistisch können auch die Halbfiguren weiblicher *devatās* aus bemaltem Lehmstuck aus der Nakṣatra-Höhle in Schortschuk (Museum für Indische Kunst, Berlin) angeschlossen werden.[69]

In der Region von Kutscha läßt sich die in Lehmstuck modellierte kleinformatige Figur eines Lastträgers an die Seite stellen, der aus der „dritten Höhle der ersten Anlage" von Kyzil stammt und dort als Verehrer des Buddha dargestellt war (Berlin, Museum für Indische Kunst).[70] Er wirkt geradezu überraschend in der lebendig empfundenen Körperbewegung, in der Durchmodellierung des Körpers wie auch in der realistischen Fassung des Kopfes und seiner Physiognomie. Die aus bemaltem Lehmstuck geformte Büste einer *devatā* aus Höhle 13 in Kumtura bei Kutscha steht hingegen unter dem Eindruck einer auf den „indischen Stilschub" folgenden neuen, iranischen Stilströmung.[71] Sie bewirkt eine „Deformierung" bzw. Abstrahierung der plastischen Motive der Gandhara-Kunst.

Dieser Stilwandel ist in der Wandmalerei von Kutscha noch deutlicher zu verfolgen, auf die hier vielleicht vorausschauend schon verwiesen werden darf. Hier folgt auf den „indischen" ein linearer Stil, in dem die noch plastisch empfundenen indischen Formen in einen Stil starrer Umrißlinien umgesetzt worden sind, denen jeder schwellend modellierende Zug abgeht. Man darf annehmen, daß dieser „lineare Stil“ in der Malerei von Kyzil seine Entstehung im 5. Jh. erlebt hat, in der Zeit, als auch im plastischen Buddha-Bild das Gandhara-Vorbild in ein lineares Faltenschema umgeformt worden ist (vgl. Holzfigur eines Buddha in Berlin[72], und vor allem die Holzfiguren mit eingekerbten Faltenangaben aus der „Pfauen-Höhle“ in Kyzil im Museum zu Berlin).[73]

Der plastische Kopf einer *devatā* aus Chotscho im Museum indischer Kunst in Berlin[74], aus Lehm-Stuck gefertigt, kann zeigen, in welcher Weise der „lineare Stil“ seinen Weg durch Zentralasien bis in die Turfan-Oase genommen hat. Der Kopf dürfte nicht im 7. Jh. entstanden sein, wie bisher angenommen wurde, sondern im unmittelbaren Anschluß an die Skulptur, die in der Region von Kutscha im 5. Jh. auftritt, und an deren Vorbild sich in China die buddhistische Plastik um 500 orientiert hat.

Buddhistische Skulptur des 6. und 7. Jh.s

Alle diese Skulpturen stammen zum überwiegenden Teil aus buddhistischen Kulthöhlen, die in Form von Umgangshöhlen angelegt waren. Die Form dieser Anlagen ist ebenfalls von Zentralasien nach China gewandert. Die Gestalt des Umgangstempels ist hier auf die Höhle übertragen, zunächst wie in den Kulthöhlen von Kyzil-Kutscha, mit einfachen Pfeilern mit nur einer frontalen Statuennische. In dem vierseitigen Statuenpfeiler ist dann der Umgangstempel mit turmartig erhöhtem Mittelbau auf die Kulthöhle übertragen. In Tunhuang findet sich dieser Mittelpfeiler mit vier Statuennischen in Höhle 428.[75] Als Freibau und in Stein übertragen erscheint der Umgangsschrein mit mittlerem Statuenpfeiler in China an einer ursprünglich aus dem anstehenden Felsen gemeißelten Kapelle aus der Zeit der zweiten Hälfte des 6. Jh.s stammend, die abgebaut wurde, und mit der Sammlung Trübner in das Metropolitan Museum of Art in New York gelangt ist.[76] In den quadratischen Umgangstempel führen hier von allen vier Seiten Durchgänge. Im Inneren sind die Wände mit kleinformatigen Buddha-Nischen bedeckt, die symbolisch die kosmischen „1000 Buddhas“ der verschiedenen Weltalter repräsentieren. Die Kultfiguren sind in einem Stil gehalten, der aus dem „sinisierten“ bewegten Stil der 1. Hälfte des 6. Jh.s in einen klassisch strengen Stil überführt ist – eine Stilentwicklung, die sich ganz wesentlich mit dem Einsetzen der Sui-Dynastie (581–618) durchgesetzt hat. Ein auffallendes Phänomen ist der intensive indische Einfluß, der sich in der ornamentalen Dekoration im Inneren zeigt. In dem Fries mit ornamentalen Ketten und Girlandengehängen sind indische Vorbilder guptazeitlicher Dekoration unmittelbar kopiert.

Unter der Tang-Dynastie (618–906) ist in China im 7. Jh. in der Plastik eine Rückkehr zu vereinfachten, strengen, konservativen Formen zu konstatieren, unter Aufgabe der extrem bewegten ornamentalisierten Motive der Zeit der nördlichen Wei-Dynastie in der 1. Hälfte des

6. Jh.s. Unter der Dynastie der Tang hat sich die gefestigte chinesische Macht – das geteilte China ist unter den Sui bereits wieder zu einem geschlossenen Einheitsstaat zusammengefaßt worden – in weit ausgreifenden Kriegszügen wieder des Tarim-Beckens, der zentralasiatischen Oasenstaaten in Sinkiang bemächtigt. Deren Selbständigkeit hat damit ein Ende gefunden, und seitdem hat auch in der Kunst, in der Plastik wie in der Wandmalerei, der vom Tang-zeitlichen China geprägte Stil in Zentralasien Eingang gefunden, wobei die Wandmalerei dominiert, in der die Ausbildung des „chinesischen Stiles" deutlich zu verfolgen ist, der sich von den vorausgehenden, von den Westländern beeinflußten Stilen scharf abhebt. Im Bereich von Kutscha ist die Ablöse der indisch-iranischen durch die neuen chinesischen Kunstströmungen in der Wandmalerei der Höhlen von Kumtura zu verfolgen. Allerdings bleibt als offene Frage, inwieweit der neue buddhistische „strenge Stil" der Sui-Zeit in China vielleicht letztlich auch wieder auf Wandlungen zurückgeht, die sich in der Kunst Zentralasiens vollzogen haben. Sind vielleicht die Wandmalereien von Kumtura in ihrem chinesischen Habitus das Ergebnis eines in Zentralasien sich im 6. Jh. ausbildenden Stiles, der eine Regeneration der buddhistischen Vorbilder zum Ziel hatte? Die Wandlungen der Sui-Kunst und der Tang-Kunst wären dann in China wiederum das Ergebnis eines aus Zentralasien gekommenen neuen „Stilschubes". Diese Frage wird sich aber erst bei der Behandlung der Wandmalerei stellen. Im Bereich der Skulptur fehlen in Zentralasien mit Sicherheit in diese Zeit zu setzende Monumente. An der buddhistischen Plastik Chinas läßt sich auch verfolgen, wie der ornamental bewegte, „sinisierte" Figurenstil des 6. Jh.s mit dem Buddhismus nach Korea und nach Japan transferiert worden ist, das 538 bzw. 553 für den Buddhismus gewonnen wurde.

118 – Sitzender Buddha auf Sockel im Predigt-Gestus (mit zwei Rosettenmedaillons verziert, die geflügelte Tiere enthalten). Gipsstuck, bemalt. Höhe des Sockels: 32,5 cm, Höhe der Figur: 66 cm. Aus Schortschuk, Kirin-Höhle. Berlin (West), Museum für Indische Kunst. Le Coq, Spätantike I, Taf. 40.

119 – Sitzender Buddha auf Löwenthron. Aus Takht-i-Bahi (Pakistan). Schiefer, Höhe: ca. 52 cm. Gandhara-Kunst, 2. Jahrhundert n. Chr. Berlin (West), Museum für Indische Kunst. Le Coq, Spätantike I, Taf. 4.

120 – Sitzende Figur (eines Bodhisattva?) in reicher Tracht. Lehmstuck bemalt. Höhe: 61 cm. Kopf zerstört. Aus Kumtura, Hauptanlage. Von Le Coq als „Eckfigur von einem Balkon" angesehen. 4. Jahrhundert n. Chr. (?). Berlin (West), Museum für Indische Kunst. Le Coq, Spätantike I, Taf. 41.

121 – Stehender Bodhisattva, Fragment, Lehmstuck bemalt. Höhe: 1,50 m. Aus Chotscho, Tempel „Russisch B". 4. Jahrhundert n. Chr. (?). Berlin (West), Museum für Indische Kunst. Le Coq, Spätantike I, Taf. 38.

IV. Die Wandmalerei

Die Wandmalereien in Mittelasien, Zentralasien (Sinkiang) und China

Weit umfangreicher als die Plastik ist unter den Bildkünsten in Zentralasien die Wandmalerei vertreten. Sie hat sich vor allem in den zahlreichen buddhistischen Kulthöhlen erhalten, die an vielen Stellen der Oasenlandschaften Sinkiangs als Teile buddhistischer Klosteranlagen in die felsigen Bergwände eingelassen waren. Man kann überhaupt sagen, daß an keiner zweiten Stelle in der buddhistischen Welt sich ein vergleichbarer Reichtum an Resten von Wandmalerei erhalten hat, wie in Sinkiang, wo das trockene Wüstenklima die Erhaltung der Malereien außerordentlich begünstigt hat. Während anderswo nur gelegentliche Fragmente erhalten blieben, sind in Sinkiang noch geschlossene Partien der Ausmalung erhalten geblieben. Zerstörerisch hat vor allem der bilderfeindliche Islam gewirkt, der seit dem 10. Jh. Sinkiang in Besitz genommen und den Buddhismus wie auch die übrigen Religionen völlig verdrängt hat. Ein Gutteil der Beschädigungen und Zerstörungen an den Höhlenmalereien geht auf das Konto der fanatischen Glaubensanhänger des Islam zurück.

Das Verbliebene ist aber immer noch so reich und vielfältig, daß eine lebendig anschauliche Vorstellung von der Gesamtausmalung der Kultstätten vermittelt werden kann und davon, in welchem Umfang der Buddhismus die Malerei in seinen Dienst gestellt hat, um die Kulthöhlen mit den großen buddhistischen Bildprogrammen auszumalen. Allerdings handelt es sich bei den Schöpfungen der Malerei wie schon bei der Skulptur keineswegs um eine stilistisch homogene Kunst, vielmehr greifen auch hier verschiedene „Stilschübe“ ineinander, die auf den ersten Blick nur schwer zu trennen sind. Auch in der Wandmalerei handelt es sich um eine Kunst, die nicht isoliert auf dem Boden Zentralasiens, sondern als Ableger der in den Ursprungsländern des Buddhismus entwickelten Bildkünste entstanden ist. Die Vorbilder dort aufzuspüren, ist aber meist verwickelter als im Bereich der Plastik. Die Schwierigkeit beruht darin, daß im Gegensatz zum Reichtum der Gandhara-Plastik in Gandhara und Mittelasien nur geringe Reste an buddhistischer Malerei übrig geblieben sind, die zum Vergleich herangezogen werden können. In Indien selbst sind buddhistische Wandmalereien eigentlich nur an einer Stelle, in Ajanta, in großem Umfang als Ausmalung buddhistischer Kulthöhlen überliefert.

Wie Architektur und Plastik ist auch die Wandmalerei mit dem Buddhismus nach China gewandert und dort aufgenommen worden. Hier ist vor allem der große Höhlenkomplex von Tunhuang im äußersten Westen Chinas zu nennen, unweit der Grenzen zu Sinkiang, der seit 366 n. Chr. angelegt wurde. Die Höhlen sind, wie schon erwähnt, reich mit Malereien ausgestattet, die in den Jahrhunderten, in denen der Buddhismus in China Fuß faßte, auf der Grundlage der buddhistischen Wandmalerei Zentralasiens geschaffen wurden, so daß in den frühen Höhlen die Malstile Zentralasiens wiederzuerkennen sind.[77] Sie haben dann sehr schnell ihre Weiterbildung ins Chinesische gefunden. Jahrhundertelang wurden hier immer neue Höhlen angelegt und mit Malerei und Plastik ausgestattet, deren zeitliche Abfolge sich noch mehr oder weniger genau bestimmen läßt. Wie in der Plastik und in der Architektur lassen sich somit auch für die Wandmalerei auf chinesischem Boden chronologische Stützen und Anhaltspunkte gewinnen, die einen gewissen terminus ante quem für die zentralasiatischen Vorbilder abgeben.

Für die Malerei bietet damit ebenso wie für Architektur und Plastik auch die buddhistische Malerei, die in China entwickelt wurde, chronologische Fixpunkte, von denen ausgehend die Zeitfolge der in Zentralasien auftretenden Stile aufgegliedert werden kann. Auch in der Malerei haben die Stilphasen, die in Zentralasien auftreten, nach China weitergewirkt und unverkennbar die Grundlage der in China sich entfaltenden buddhistischen Malerei geliefert, für die chronologische Anhaltspunkte vorliegen. Von diesen Monumenten Chinas kann ausgegangen werden, wenn versucht werden soll, für die Wandmalerei in Zentralasien eine zeitliche Ordnung zu finden. Es grenzen sich dabei deutlich die gleichen großen Perioden wie in der Plastik ab. Als tief eingreifender Einschnitt müssen die Eroberungen unter der Tang-Dynastie (618–906) im 7. Jh. angesehen werden, die die Rückwirkung der buddhistischen Kunst Chinas nach Westen nach Zentralasien ergeben.

14. Kara-tepe bei Termez (USSR), Fragment einer Wandmalerei mit thronendem Buddha in Strahlengloriole. 2./3. Jahrhundert n. Chr. Stilphase der Gandhara-Kunst. B. Stavisky.

Die Blüte der eigenständig in Zentralasien entfalteten Malerei erlischt mit diesem Zeitpunkt, und eine von chinesischen Vorbildern geprägte Kunst hat seitdem in den Oasenstädten des Tarim-Beckens Eingang gefunden und die künstlerische Entwicklung bestimmt.

Malereien in Miran

Die ältesten Wandmalereien haben sich in Sinkiang aber nicht als Höhlenmalereien, sondern in einem buddhistischen Stupatempel in Miran erhalten, von dem bereits im Zusammenhang mit der Architektur die Rede war. Sie gehören dem frühesten „Stilschub" an, der aus dem Bereich der antikisierenden Gandhara-Kunst mit dem Buddhismus nach Zentralasien gelangt ist. Es ist das einzige Zeugnis, das sich von dieser ersten und frühesten Welle künstlerischen Importes in Sinkiang erhalten hat. Auffallend ist, daß man diese frühesten Malereien keineswegs an einem westlichen, Mittelasien als Ursprungsland nahegelegenen Platz findet, sondern in einer weit östlich gelegenen Stadt der südlichen Handelsroute. Die Stadt muß frühzeitig verlassen worden sein, so daß keine Erneuerungen und Veränderungen vorgenommen wurden. Die buddhistischen Stupatempel zeigten bereits eine altertümliche Form, indem ein kreisrunder zylindrischer Stupa verwendet wird, ohne quadratische Terrasse.[78] Um den Stupa läuft ein kreisrunder Umgang, und in diesem sind die Reste der Ausmalung erhalten, deren Stil an die frühesten Formen der buddhistischen Kunst im Gandhara-Bereich und in Mittelasien anschließt. Zwei der zylindrischen Stupatempel enthalten im Umgangskorridor noch beträchtliche Teile der Ausmalung.

Den Sockel umzieht in dem einen Stupatempel eine Girlande, von Eroten gestützt, wie sie in der Gandhara-Plastik häufig als römisch-orientalisches Motiv auftritt, das an die kleinasiatischen Girlandensarkophage gemahnt. Den herabhängenden Girlanden sind Büsten eingesetzt, in denen besonders deutlich der „hellenistisch-buddhistische" Malstil spätantiker Prägung zum Ausdruck kommt, ein Stil, der seine Ableitung aus dem Kunstkreis des Vorderen Orients bzw. aus der koptischen Kunst Ägyptens der Zeit um 200 nicht verleugnen kann. Eine Inschrift nennt als Maler einen Tita. Sie besagt: „Diese Malerei ist das Werk des Tita, der dafür 3000 Bhamakas erhalten hat." Die Kharoṣṭhi-Schrift weist in die Zeit des 2./3. Jh. n. Chr. Hinter dem Namen könnte ein aus dem Westen gekommener Wanderkünstler „Titus" stecken.

Die Figurenbildung ist stark von der orientalisch-römischen Kunst bestimmt, die im Bereich der „parthischen" Kunst, wie in Palmyra oder Hatra im 2. Jh. n. Chr. beheimatet war. Ihre Ursprünge hatte sie vielleicht aber auch in der koptischen Malerei der gleichen Zeit (Mumienporträts). Parallelen zu einer derartigen, der spätantiken Kunst nahestehenden Malerei haben sich im Umkreis der Kunst von Gandhara bei den in den letzten Jahrzehnten durchgeführten sowjetischen Ausgrabungen nördlich des Oxus in Mittelasien gefunden. Hier wurden in Tadschikistan und Uzbekistan buddhistische Klosteranlagen mit Resten von Wandmalereien freigelegt, die als unmittelbare Parallelen zur Malerei von Miran angesehen werden können, wie etwa die Reste von Wandmalerei aus Fajas-tepe[79], oder die Fragmente mit der Darstellung des Buddha im Kreise von Mönchen aus Kara-Tepe[80], die von dem Ausgräber Stavisky ins 2. Jh. n. Chr. datiert werden. Diese können als zeitgleiche Parallelen angeführt werden.

Schließlich ist in Miran auch auf die Darstellung des Buddha mit einem Gefolge von Schülern hinzuweisen, die sich oberhalb des Sockels im Stupatempel M. 3 erhalten hat. Der Buddha trägt einen Oberlippenbart, wie er in der Gandhara-Plastik nur in ganz wenigen sehr frühen Buddhafiguren auftritt (etwa in einem Relief des Museums für Indische Kunst in Berlin mit dem Buddha in Begleitung des wedeltragenden Vajrapani aus der Zeit des 1. Jh.s n. Chr.).[81] Damit ist für die Malereien in Miran ebenfalls eine frühe Entstehungszeit gesichert. Die Stilphase von Miran ist an anderen Plätzen in Sinkiang nicht mehr vertreten.

Im übrigen Sinkiang haben sich aus dieser frühen Phase keine Reste an Wandmalerei erhalten. Als versprengten Zeugen für die Ausbreitung der ersten westöstlichen Stilwelle in Zentralasien in der Malerei läßt sich noch ein Grabfund aus der Turfan-Region anführen, der heute im uighurischen Nationalmuseum in Urumtschi ausgestellt ist. Es ist das Fragment eines Baumwollgewebes mit einem bildlichen Muster, das sich jedenfalls an Stilformen der Spätantike anlehnt. Genaueres Zusehen läßt aber den indisch-„hellenistischen“ Mischstil deutlich werden, der sich vor allen Dingen an der Büste mit Füllhorn ablesen läßt, die in der linken unteren Ecke eingesetzt ist. Man kann vermuten, daß es sich hier um einen von vier Jahreszeiteneroten handelt, die auf die vier Eckfelder verteilt waren. Zum Vergleich können etwa spätantike Mosaikfußböden herangezogen werden, wie sie sich in Antiochia erhalten haben. An dem Kopf zeigt sich deutlich, daß das spätantike Motiv von indischer Formauffassung durchdrungen ist. Die Mischform erinnert unverkennbar an die Skulpturen im indischen Mathura-Stil der Spät- oder Nach-Kuschan-Zeit, der hier eingewirkt hat. In Butkara (Swat/Pakistan) ausgegrabene Köpfe können zum Vergleich herangezogen werden. Hier lag zweifellos eine Etappe auf dem Wege von Indien durch die Bergländer des Nordens nach Zentralasien. Auch das große mittlere Bildfeld enthielt ein antikes Motiv. Es war von einem Herkules eingenommen, von dessen Löwenfell nur noch die herabhängende Schwanzquaste sichtbar ist und von dem selbst nur der rechte Fuß erhalten geblieben ist. Hier zeigt sich wieder die weite Ausbreitung des Herkules nach Osten. Mit dem Gewebefund dürfte der östlichste Punkt bezeichnet sein, an dem ein Bild des Herkules nachweisbar ist. In der indischen Kunst sind hingegen die Vorbilder für das Motiv der Schlangengirlanden zu suchen, die die Randbordüren füllen. Sie werden jeweils von kleinen gnomenhaften Wesen ausgespien, die mit den indischen *makara* verglichen werden können, von denen Blattranken und Girlanden ausgespien werden, und die geläufige ornamentale Motive in der indischen Kunst der Spät-Kuschan- und der Gupta-Zeit darstellen. Für eine Datierung der das Füllhorn tragenden Gestalt können zum Vergleich die Figuren auf den Elfenbeinen von Begram herangezogen werden, mit denen sich ein Zeitansatz um die Mitte des 3. Jh.s n. Chr. ergibt.

Die Stilfolge der Wandmalerei in Zentralasien

Die frühesten Zeugnisse der Wandmalerei, die sich an der nördlichen Seidenstraße erhalten haben, zeigen einen Stil und eine Malweise, die bereits eine Überlagerung des „hellenistischen" Gandhara-Stils durch indische Vorbilder erkennen läßt. Sie treten in den Kulthöhlen im Umkreis von Kutscha, vor allem in Kyzil und Kumtura auf, aber auch in Schortschuk und der Turfan-Oase. Hier läßt sich auch die weitere Entwicklung der Wandmalerei ablesen, für die aber sichere Datierungen fehlen, so daß über die Stilabfolge unterschiedliche Meinungen bestehen. Außer Zweifel stand schon für die ersten Erforscher und Entdecker, daß der antikisierende Stil der Gandhara-Kunst die Grundlage und den Ausgangspunkt bilden. Albert Grünwedel und Albert von Le Coq hatten aber auch erkannt, daß dazu neue Einflüsse hinzugetreten sind, die auf Indien und die Kunst des Iran verweisen. Diese haben einen Stil und eine Malweise entstehen lassen, die sich von der Stufe der Gandhara-Kunst, die die Malerei in Miran vertritt, deutlich abhebt. Schon A. Grünwedel hat die Bezeichnung „indo-iranischer Stil" geprägt, der aber keinen stilistisch einheitlichen Komplex bildet, sondern unterschiedliche Stilgruppen repräsentiert. Er hat bereits einen ersten älteren von einem zweiten jüngeren „indo-iranischen Stil" unterschieden. A. von Le Coq ist ihm hier gefolgt. Ernst Waldschmidt hat schließlich 1933 versucht, aufgrund der stilistischen Unterschiede, die sich in den Wandmalereien der Kulthöhlen an der nördlichen Seidenstraße abzeichnen, Stilgruppen auszusondern und eine Stilabfolge zu rekonstruieren.[82]

In Zentralasien lassen sich zunächst zwei prinzipiell unterschiedene Formbereiche unterscheiden. Der eine ist „stärker nach dem Westen – Indien und Persien, der andere stärkere nach dem Osten – China – orientiert". Für die erste Gruppe bieten die Höhlen aus der Umgebung von Kutscha in Kyzil und Kumtura ein reiches Material. Hier finden sich, nach Ernst Waldschmidts Meinung, im Bereich der nördliche Seidenstraße die Werke einer älteren, um 500 bis 700 tätigen westlichen Malerschule, die vor allem durch die zahllosen Wandmalereien aus den Klosterhöhlen von Kyzil vertreten sind. Hingegen sieht man seit Le Coq und Waldschmidt in der Region der Turfan-Oase eine unter östlichem Einfluß stehende Schule wirksam, deren Werke zwischen 650 und 950 entstanden sein sollen. Der chinesische Einfluß erweist sich als vorherrschend, besonders deutlich in der Physiognomie der dargestellten Personen, in der Kleidung und anderem. Daneben gibt es auch eine deutliche Einwirkung von türkischen und uighurischen Elementen.

An die Aufgliederung Ernst Waldschmidts hat sich im wesentlichen auch Herbert Härtel gehalten, dem zusammen mit Marianne Yaldiz die jüngsten zusammenfassenden Untersuchungen der buddhistischen Wandmalerei Zentralasiens im Zusammenhang mit der Wiederaufstellung der Berliner Sammlungen nach dem letzten Krieg, zu danken sind.[83]

Die beiden Stilgruppen Ernst Waldschmidts erweisen sich allerdings bei genauerer Betrachtung heute keineswegs mehr als scharf abgrenzbare Einheiten, und auch das daraus erschlossene chronologische System für die zeitliche Abfolge der Malereien bedarf der Überprüfung und Diskussion. Sicher fixierte zeitliche Anhaltspunkte fehlen, so daß wir darauf angewiesen sind, eine relative Stilfolge zu erschließen.

Nach Ernst Waldschmidts Datierungssystem lassen sich in den Fundplätzen an der nördlichen Seidenstraße zwei Phasen des „indo-iranischen Stiles" unterscheiden. Die ganz auf die Antike hin orientierte Phase der Zeit der Gandhara-Kunst ist in der Wandmalerei der Kulthöhlen nicht vertreten. Die frühesten Reste gehören einer auf die Gandhara-Kunst folgenden Stilphase an, die vom Einfluß der buddhistischen Kunst Indiens, wie sie sich nach der Gandhara-Zeit entwickelt hatte, geprägt wird.

Der indische „Stilschub" in der Wandmalerei (der 1. indo-iranische Stil E. Waldschmidts)

Dem sog. „1. indo-iranischen Stil" hat Ernst Waldschmidt eine Reihe von Wandmalereien zugewiesen, die bezeichnenderweise nur als Fragmente erhalten sind und die noch einen geringen Bestand bilden gegenüber dem zahlenmäßig weit überwiegenden Gros der Wandmalereien, die dem „2. indo-iranischen Stil" zugewiesen wurden. Die Malerei des 1. indo-iranischen Stiles ist gekennzeichnet durch eine Weiterführung der plastisch modellierenden Körperwiedergabe der Gandhara-Kunst, die mit den sich rundenden und wölbenden Körperumrissen der indischen Kunst verbunden sind. Der 1. indo-iranische Stil muß daher als indischer Stil gesehen werden, der als Ergebnis einer indischen Stilwelle, die sich im Anschluß an die Gandhara-Kunst und deren Zurücktreten als „Stilschub" von Westen nach Osten geltend gemacht hat und Zentralasien duchzogen hat. Ihre Zeugnisse sind im westlichen Teil, um Kutscha, ebenso wie im östlichen, in der Turfan-Oase nachgewiesen. Daß sich von diesem „Stilschub" nur wenig erhalten hat, liegt daran, daß die Kulthöhlen von Zeit zu Zeit neu ausgemalt und die Wände übermalt wurden. In einer Höhle haben sich in Kyzil noch die übereinanderliegenden Malschichten auf der Wand erhalten, die sog. „übermalte Höhle", von der eine Wand in das Museum für Indische Kunst in Berlin überführt wurde. Leider ist bisher noch nie der Versuch gemacht worden, die Schichten abzulösen. Damit könnte ein guter Überblick über die Stilfolgen und „Stilschübe" gewonnen werden, die in der Kunst Zentralasiens wirksam waren.

Als Beispiel für den „1. indo-iranischen Stil“, der – wie gesagt – ein „indischer Stilschub“ war, wird von Ernst Waldschmidt ein Bruchstück der Ausmalung der sog. „2. Kuppelhöhle“ in Kumtura bei Kutscha mit der Darstellung eines Asketen angeführt[84], dazu eine Malerei aus der „Malerhöhle“ in Kyzil: mit dem Fragment einer Predigtszene.[85] In den weiter angeführten Beispielen wird dann aber deutlich, daß Waldschmidt hier verschiedene Stilerscheinungen miteinander vermengt hat, denn einmal hebt er als Stilcharakteristika die Anwendung „fein abgestufter gleichartiger Farbtöne in einer abwechslungsreichen Skala von Weiß-Gelb über Rot bis Tiefbraun“ hervor. „Als einzige Kontrastfarbe tritt ein frisches leuchtendes Grün in Erscheinung.“ „Bei der Darstellung des nackten Körpers fallen die schattierten Flächen auf. Diese sind bald etwas dunkler, bald etwas lichter als der Grundton gehalten und werden in diesen ohne harte Grenzen übergeleitet. Am klarsten wird das bei der Durchbildung der Gesichter.“ E. Waldschmidt gerät dann in Widersprüche, wenn er auch die Rolle der Linie als „Ausdrucksmittel dieser Malerei“ zu charakterisieren sucht. „Feine Pinselstriche umrahmen die farbigen Flächen.“ „Bei der Darstellung der faltenreichen Kleidung hat die Linie als Gliederungsmittel erhöhte Bedeutung.“ „Die Falten weißer Gewänder sind gelblich, die hellbraunen von kräftigerem Braun.“ Waldschmidt führt dazu ein Beispiel an.[86]

Waldschmidts für den „1. Stil“ angeführte Beispiele weisen somit starke stilistische Divergenzen auf. Härtel hat daher versucht, den „1. Stil“ stärker einzugrenzen. Dem Fragment mit dem Asketen aus Kumtura hat er ein Fragment in der sog. „Statuenhöhle“ in Kyzil mit dem Kuhhirten Nanda an die Seite gestellt.[87] Stehend, auf einen Stock gestützt, hört der Hirte hier einer Predigt des Buddha zu.

Die Gestalt des hockenden Asketen bzw. Brahmanen aus der sog. „Zweiten Kuppelhöhle“ in Kumtura zeigt in den wohllautend geschwungenen Linien der Körperumrisse ein Formgefühl, in dem sich Hellenistisches und Indisches verbinden.[88] Sie stammt von der Bemalung der Decke und zeigt einen bärtigen Brahmanen in der typischen Kleidung eines Asketen, der in der Unterredung mit dem thronenden Buddha, von dem nur noch Teile des linken Armes und Knies und der Mandorla, des Nimbus, erhalten sind. Der Brahmane gehörte also zu den Begleitern eines thronenden Buddha, von dem nur noch ein Teil des großen Nimbus sichtbar ist. Er trägt die typische Asketenkleidung, Lendengürtel und Umhang um die Schultern, er war in einem Rot-Ocker-Ton gemalt, mit roten Konturen und weichen Binnenmodellierungen unter Zuhilfenahme von Weißtönungen. Einzelne Teile sind nachträglich in schwarzen Linien nachgezogen worden, was vor allem für die Haarsträhnen gilt.

Augen und Augenbrauen sind nicht nachgezogen, die Finger und Zehen sind, ebenso wie die Füße, die von einer oberhalb des Asketen schwebenden *devatā* sichtbar werden, voll im älteren Rot-Ocker-Ton und in dessen modellierender Malweise gehalten. Schwarze Linien sind nur für Haar und Bart verwendet. So haben wir auch hier ein sehr gut erhaltenes Beispiel des ersten buddhistischen Stiles, der sich in der Region von Kutscha entfaltet hat, der noch der reifen

Gandhara-Stufe nahesteht, die aber durch spezifisch indische Formelemente umgebildet erscheint. Die Figur ist deutlich in dem Stil gehalten, in den sich zu Ende der Kuschan- und zu Beginn der Gupta-Herrschaft um 300 in Indien der Stil von Mathura umgebildet hat. Er setzte in Indien vermutlich im späten 3. und frühen 4. Jh. ein und hat sehr rasch eine weite Verbreitung nach Süden und Norden gefunden. Die Vorliebe für schwingend bewegte Körperbildungen mit S- und C-förmigen Drehungen und Biegungen der Gestalt sind charakteristische Elemente des indischen Formenstiles, der hier ganz offensichtlich um 300 in Zentralasien eingewirkt hat. Der indische Stil der Zeit um 300/350 verkörpert sich auch in dem Blattrankenornament, das den Bildrand seitlich abschließt. Zu dem weich modellierenden Charakter der Malweise in Rot-Ocker paßt gut der Charakter der ornamentalen Ranke, deren Blätter sich in weicher Biegung in die Rankenschwünge einlegen. Die fleischig lappigen Blätter fügen sich voll den Rankenschlingen ein und füllen sie aus. Dieser Ornamentstil hat in Indien dann im 4.–6. Jh. noch eine weitere Steigerung zu unruhig gedrehten und gekurvten Blattbildungen erlebt. Mit dem Buddhismus ist die indische Kunstströmung seit etwa 300 in die Länder Zentralasiens vorgedrungen.

Plastisch-modellierender und „linearer" Stil in der Wandmalerei

Die Übermalung der modellierenden Rot-Ocker-Formen mit schwarzen Linien tritt in Kyzil auch an anderen Werken des 1. Stiles auf, am ausgeprägtesten an dem Fragment aus der „Statuenhöhle" mit dem Kuhhirten Nanda.[89] Die lebhaft bewegten Körperhaltungen und Körperumrisse und das Bemühen, die Wölbungen sichtbar zu machen und auch durch Binnenmodellierungen und leichte Schattengebung zu ergänzen, zeigen ebenso die reich sich wölbenden Körperumrisse der liegenden Rinder im Hintergrund des Hirten. Hier zeigt sich, daß noch die körperlichen Vorstellungen der spätantiken Kunst in einer letzten Nachwirkung lebendig sind, die auf griechisch-baktrischem Boden zur Entfaltung der Gandhara-Kunst geführt haben. In der Gestalt des Kuhhirten ist deutlich, daß lineare mit plastischen Formvorstellungen im Widerstreit liegen. Die in Ockertönen gehaltenen Umrißlinien sowie die gleichfalls ocker-rot und rotbraun gehaltenen Schattierungen und Binnenzeichnungen sind ergänzt durch scharf gezogene dünne schwarze Linien, die deutlich als nachträglich hinzugefügt erkennbar, von einer zweiten Hand gezeichnet worden sind, um an den verschiedensten Stellen den sich ausrundenden Umrissen eine graphische, fast abstrahierende Schärfe zu geben. Die schwarzen Linien sind dabei von einem völlig anderen Formgefühl getragen als der mit Schattierungen arbeitende ockerfarbige Malstil, in dem das Fresko ursprünglich einheitlich gemalt war. Die schwarzen Linien sind als Ergebnis einer Überarbeitung und Übermalung später hinzugetreten, als ein gewandeltes Formgefühl eingesetzt hatte. Der ockerfarbene Malstil entstammte einem Maler, der indische Einflüsse mit der graeco-baktrisch-buddhistischen Kunst zu verbinden wußte. Die

Nähe zum Gandhara-Stil wird besonders in dem Gefältel des Lendentuches des Kuhhirten Nanda spürbar, in dem sich der Maler bemüht, in Sinne der Gandhara-Kunst durch aufgesetzte weiße Lichter den natürlichen und überzeugenden Fall des Stoffes durch Lichter und Schatten sichtbar zu machen.

In der Skulptur begegneten wir dem plastisch modellierenden Stil in den Lehmstuckfiguren von der Kirin-Höhle in Schortschuk (Schikschim)[90], die in den lebendigen Köpfen auf der Grundlage von hellenistisch-baktrisch geformten Figuren geschaffen waren – man konnte etwa an das Vorbild von Satyrköpfen hellenistischer Provenienz denken – man kann aber auch die große dreihenkelige Tonvase zum Vergleich anführen (Berlin, Museum für Indische Kunst), die angeblich in der Nähe von Chotan an der südlichen Seidenstraße gefunden worden ist, mit deutlich auf antike Vorbilder zurückgreifendem Palmettenschmuck.[91] Die Medaillonfelder enthalten bewegte Figuren, deren plastische Durchmodellierung deutlich an Vorbildern des reifen Gandhara-Stiles bzw. des baktrisch-hellenistischen Stiles geprägt und beeinflußt ist. Daher ist der Krug vermutlich in die Zeit um 300 zu datieren und nicht, wie es noch allgemein geschieht, ins 5./6. Jh.

Die Übermalung mit schwarzen Linien dürfte bei dem Kuhhirten Nanda mit dem Auftreten eines neuen „Stilschubes" im 5. Jh. erfolgt sein, zu der Zeit, als sich die Tendenz – übrigens auch in der buddhistischen Plastik – zu einem „linearen Stil" durchsetzte. Die schwarzen Linien sind aus einem völlig veränderten, aus einem unplastischen abstrahierenden Formengefühl heraus aufgetragen. Es wird an der Übermalung der rechten Hand des Hirten Nanda und bei der Überzeichnung der Zehen seiner Füße sichtbar. Aber auch im Kopf erweisen sich bei genauem Zusehen die schwarzen Linien als ein später hinzugetretenes Element, das den Augen einen neuen Zuschnitt gibt, die Augenbrauen in einer veränderten Weise hochgezogen erscheinen läßt und auch um Mund, Nase und Bart sowie am Kinn der gesamten Physiognomie eine neue veränderte Note verleiht. Mit den schwarzen Linien sucht der Zeichner die malerisch weiche Erscheinung der Körper in ein schärferes, abstrakteres Formensystem einzubinden.

Die Feststellung zweier aufeinanderfolgender Stile in den Höhlenmalereien von Kyzil erscheint außerordentlich bedeutsam, da damit deutlich wird, wie neue Stiltendenzen in einer nächsten Phase der buddhistischen Kunst Zentralasiens bestimmend wurden. Es zeichnet sich ein „Stilschub" ab, mit dem iranische Kunstweisen vermutlich seit etwa dem 4./5. Jh. n. Chr. in Zentralasien eingedrungen sind.

Ein weiteres Beispiel der modellierenden Rot-Ocker-Malweise bietet ein Fragment aus der „Seefahrerhöhle" im Kyzil mit der Darstellung eines jugendlichen Asketen (Berlin, Museum für Indische Kunst) unter einer Laubhütte, von der der Abschluß noch auf dem Bruckstück sichtbar ist.[92] Die Malerei ist wesentlich in Ockerrot gehalten, das auch für die Binnenmodellierung und die leichte Tönung der Gesichtsflächen verwendet wird – hier mit Weißhöhungen verbunden

– und wieder nachträglich mit schwarzen Linien übergangen. Der Maler hat die idealen Kopf- und Gesichtsformen der reifen Gandhara-Kunst im indischen Sinne verfeinert.

Den östlichen Punkt dieses indischen „Stilschubes", der von Waldschmidt u. a. als „1. indo-iranischer Stil" bezeichnet wurde und der als „Stilwelle" von West nach Ost verlief, vertritt ein Fragment, das in der Turfan-Oase in dem Höhlentempel Nr. 9 in Bäzäklik im Schutt gefunden wurde. Es hatte vermutlich einer Neuausmalung weichen müssen und zeigt wiederum den Kopf eines Brahmanen.[93]

Es war schon darauf hingewiesen worden, daß in den gleichen indischen Formen des „ersten Stiles" auch der plastische Kopf eines Bodhisattva gehalten ist, der in Miran an der südlichen Seidenstraße gefunden wurde (Delhi, Museum für Zentralasiatische Altertümer).[94] Er weist die gleiche Form des in Wellen über die Stirn hereinfallenden Haares auf, wie es die beiden Asketenbilder tragen, und die gleichen mandelförmig geschwungenen Augen und die aufgeschwungenen Augenbrauen. Dieser ungewöhnlich schöne Kopf machte deutlich, daß die „indische Stilwelle" auch auf der südlichen Seidenstraße vorgedrungen war und in Miran die letzten Zeugnisse buddhistischer Kunst hervorgebracht hat, bevor die Siedlung endgültig verlassen worden ist. In den Städten der nördlichen Seidenstraße hat hingegen der „2. indo-iranische Stil" die Spuren der vorausgehenden indisch geprägten Malerei auf weite Strecken hin ausgelöscht. Dem Umstand, daß die buddhistischen Kultanlagen von Zeit zu Zeit neu ausgemalt und die Wände übermalt worden sind, ist es zuzuschreiben, daß von den frühen Malstilen nur wenige Reste erhalten sind.

Die Ausbreitung des indischen Stiles

Wer sich über die Ausbreitung spezifisch indischer Kunstformen in die Gebirgsländer des Nordens wundert, sei nochmals auf den frappierenden Hortfund eines Händlers und Kaufmannes verwiesen, der in Begram in Afghanistan, das zur Zeit der Kuschan als nördliche Verwaltungshauptstadt diente, ausgegraben wurde.[95] Der Schatz dürfte im 3. Jh. vor einbrechenden Eroberern, vermutlich den nach Kabul vordringenden iranischen Sassaniden, vergraben worden sein. Er enthält kostbares Gerät aus den verschiedensten Teilen der damaligen antiken Welt, syrisches Luxusgeschirr, chinesische Kunstgegenstände und dazu in reicher Fülle indische Elfenbeinreliefs und -gravierungen, die als Möbelbeschläge dienten. Vermutlich sind es Arbeiten, die aus Mathura kamen, denn sie zeigen in den verfeinerten Umrissen und Bewegungsmotiven der weiblichen Figuren, die bei der Morgentoilette sich schmückend wiedergegeben sind, die grazilen und schwingenden Bewegungen und Umrißformen der reifen Plastik von Mathura. Mit der Elfenbeinkunst konnte, wie auch mit anderen Gattungen der Kleinkunst, das neueste indische Kunstgut über weite Entfernungen transferiert werden, sofern nicht wandernde indische Künstler und Kunsthandwerker diese Aufgabe selbst übernommen haben.

In Afghanistan selbst haben die indische Nach-Kuschan-Kunst bzw. der frühe Gupta-Stil unverkennbare Einflüsse und Spuren bei der Ausmalung der Höhlenkapellen hinterlassen, die in der Riesennische des großen Buddha in Bamiyan erhalten sind. Hier ist vor allem auf die Ausmalung der Felsnische über dem sitzenden Buddha zu verweisen, in der schwebende und fliegende Himmelswesen mit Blumenschalen in den Händen dargestellt sind.[96] Die Körper und Köpfe zeigen den schwingenden und fließenden Bewegungsstil der indischen Frühgupta-Kunst, der in überraschend reiner Form übernommen und in eine Formensprache von hoher ästhetischer Qualität übertragen ist.

Der Übergang zum „2. indo-iranischen Stil“

Die neuen künstlerischen Qualitäten, die bei der Übermalung mit schwarzen Linien zur Geltung gebracht werden sollten, waren Ausdruck eines neuen „Stilwollens“, bei dem die plastisch-modellierende Malweise, die bewegte, mehransichtige Körperdarstellung durch eine flächig-vorderansichtige, linienbetonte Malerei abgelöst wird. In diesem Sinne läßt sich in den Wandgemälden von Kyzil die Umbildung des „1. Stiles“ der indisch beeinflußten Malkunst verfolgen. Wie die modellierende Rot-Ocker-Malweise stufenweise in eine linear-dekorative Malweise überführt wird, zeigt ein Fragment mit dem Kopf des Mahākaśyapa, des Lieblingsschülers des Buddha, der am Sterbebett des Meisters dargestellt war und den ins *Nirvāṇa* eingegangenen Buddha betrauert. Es stammt aus der „Höhle über der größten Höhle“ in Kyzil (Berlin, Museum für Indische Kunst).[97] In der lebendigen Wiedergabe von Augen, Nase und den schwellend gebogenen Lippen wirkt anschaulich der erste buddhistische Malstil der Kutscha-Region weiter. Unverkennbar hat aber eine Erstarrung der Rot-Ocker-Modellierung eingesetzt. Sie verbindet sich mit dem Hervortreten großfleckiger Farbpartien, die in stark wirkenden Mineralfarben lapislazuli-blau und malachit-grün gehalten sind, Farben, die dann in den zeitlich sich anschließenden Wandgemälden des 2. Stiles bestimmend in Erscheinung treten.

Die weitere Linearisierung und Ornamentalisierung des indischen Stiles kann an dem imposanten Fragment mit zwei stehenden Figuren, als „Gott und Gandharva“ oder als „Himmlische Musikantin mit Begleiter“ interpretiert, aus der „Fresko-Boden-Höhle“ in Kyzil (Berlin, Museum für Indische Kunst) deutlich werden.[98] Die hell getönte weibliche Figur ist in einer spezifisch indischen Haltung dargestellt, in einer eleganten Körperdrehung mit überkreuzten Beinen, so daß ein anmutig bewegtes Linienspiel den Körper umzieht. Bildformeln der indischen Kunst der Gupta-Zeit sind hier zugrunde gelegt. Zusammen mit dem überreichen Schmuckwerk und den flatternden Gewändern, die den nackten Leib umspielen, erscheinen sie zu einem ornamentalen Eigenleben gesteigert, unterstrichen von den stark hervortretenden Farbtönen Malachitgrün und Blau. Auch die schwarzhäutige Begleitfigur erscheint überspielt von dem reichen Schmuckwerk umgehängter Ketten und bekrönter Diademe. Die plastische Modellierung ist hier völlig aufgegeben zugunsten der dekorativen Flächenwirkung und dem Linearismus der Umrisse. Der ornamentalisierte Linienstil hat sich besonders in der Malweise der Köpfe ausgeprägt. Die vollrunden Köpfe sind bestimmt von dem Linienschema, das sich aus der Verbindung von Nasenlinie und geschwungener Augenbrauenlinie ergibt. Die Augen sind klein, halb geschlossen bis zusammengekniffen im Gegensatz zu dem „offenen Auge" des vorausgegangenen 1. Stiles. Analogien zu diesem neuen Kopftypus bietet auch die Plastik, für die ein aus Chotscho stammender Stuckkopf im Museum für Indische Kunst in Berlin bereits im Kapitel über die Plastik als Beispiel angeführt worden ist.[99]

Ein gutes Beispiel für die Weiterbildung des indischen Stiles liefert in Kyzil die sog. „Seefahrer-Höhle" in dem Bilderfries, der die Legende des Sronakotikarna zum Gegenstand hat.[100] Hier wiederholt sich der Figuren- und Gesichtstypus, der im Fragment aus der „Freskoboden-Höhle" in Kyzil auftritt. Eine gesteigerte Unruhe durchzieht alle Gestalten, die in den tänzerischen Stellungen der indischen Figuralkunst gezeigt sind. Ganz gleich, ob es sich um stehende, schwebende oder thronende Figuren handelt, sind sie von S-förmigen Schwüngen durchzogen, dazu überreich mit Schmuck behängt. Preziöse, fast manierierte Handgesten und Armbewegungen und ornamental ausflatternd Gewänder sind für den differenzierten Figurenstil charakteristisch, zu dem auch das komplizierter gewordene Blattrankenornament hinzugehört, das den Bildrand umschloß und von dem sich Bruchstücke erhalten haben. Die einschwingenden Blätter sind ebenso von Unruhe erfaßt wie die Figuren. Ein Bruchstück zeigt einen Totenschädel in die Blattranke eingesetzt. In der Szene mit dem Brahmanen erscheint dieser in der Bildung des bärtigen Kopfes wie in der Sitzhaltung aus dem indischen Formenschatz des 1. Stiles übernommen. Der lebendig gebildete Kopf fällt aus dem manierierten Schema der übrigen Figuren heraus. Aus dem Formenschatz des 1. indischen Stiles ist die bärtige Brahmanengestalt als fertig vorgeprägter Bildtypus übernommen, ein Vorgang, der auch in anderen Beispielen des 2. indo-iranischen Stiles zu finden ist. Mit diesem Rückgriff ist auch die Zeitfolge festgelegt. Der ornamentale lineare Stil muß als Weiterbildung des 1. indischen Stiles angesehen werden.

Der „2. indo-iranische Stil" und seine Datierung

Das Figurenideal des 2. Stiles tritt anschaulich in einem Fragment aus der sog. „Statuen-Höhle" in Kyzil (Berlin, Museum für Indische Kunst) mit schwebenden musizierenden Gottheiten zur Geltung.[101] Die Figuren sind in labilen Diagonalen angeordnet, mit Schmuck überladen, mit differenzierten Diademen bekrönt. Der lineare Stil hat sich hier voll durchgesetzt, wie auch ein anderes Fragment aus der sog. „Seefahrer-Höhle" in Kyzil mit drei Schwimmern in einem Lotosteich zeigen kann.[102] Die schwarze Strichzeichnung ist hier bestimmend für die Manier, in der Augen, Augenbrauen, Nasenpartie und Lippen wiedergegeben sind. Die Vorliebe für ornamental-abstrakte Formen zeigt sich besonders in der Wiedergabe des lotosblütenbedeckten Gewässers, dessen Wellen durch ornamentale Wirbel oder Spiralen dargestellt werden, wie auch in der vereinfachten Darstellung der roten Lotosblüten.

15. Kyzil/Kutscha, „Malerhöhle" mit Predigtszenen des Buddha. 1. Stufe des 2. indo-iranischen Stiles.

Auch hier wird wieder deutlich, daß die in einer Höhle vorgefundenen Wandmalereien nicht immer gleichzeitig entstanden sein müssen. So gehört etwa in der „Statuenhöhle" in Kyzil das Fragment mit dem Kuhhirten Nanda[103] deutlich in eine ältere Periode als die übrige Malerei. Die Malerei einer Höhle kann – oft vielleicht sogar mehrmals – erneuert oder aufgefrischt worden sein, wobei eventuell nur einzelne Teile durch neue ersetzt wurden, so daß die Ausmalung (einer Höhle) das Ergebnis verschiedener Perioden, verschiedener Malerhände und verschiedener Werkstätten sein kann. In einer Höhle in Kyzil, von A. Grünwedel als „übermalte Höhle" bezeichnet, konnte von der 3. und 4. Turfan-Expedition eine Malfläche abgelöst werden, auf der noch verschiedene Malschichten übereinander liegen. Sie ist heute im Depot des Museums für Indische Kunst in Berlin aufgestellt. Leider ist niemals der Versuch gemacht worden, die Malschichten voneinander zu lösen, was nach dem neuesten Stand der Restauriertechnik wahrscheinlich ohne weiteres möglich wäre. Eine Trennung der Malschichten könnte vielleicht eine objektive Auskunft über die Abfolge der Malstile geben. Überhaupt hat sich die Forschung bisher mit dem Problem der Übermalung, die in Kyzil an verschiedenen Stellen nachzuweisen sind, nie ernstlich beschäftigt. Daher bleibt angesichts des Fehlens von gesicherten Anhaltspunkten allein die Aufstellung einer relativen Stilfolge als Weg, um die Stilentwicklung zu rekonstruieren.

Für den „2. indo-iranischen Stil" hat man zur Gewinnung eines zeitlichen Anhaltspunktes die „Malerhöhle" in Kyzil herangezogen, in deren Ausmalung der Figurenstil der „Statuen-Höhle", wie er in der Gruppe der schwebenden musizierenden Gottheiten hervortritt, wiederkehrt. An Wand R der „Malerhöhle" treten sie als Begleitfiguren der in mehrfacher Wiederholung dargestellten thronenden Buddhafiguren in ganz ähnlicher Form auf. Von hier stammt auch das Fragment mit dem Kopf eines *devaputra.*[104] Die „Malerhöhle" hat ihren Namen erhalten, weil sich an einer Stelle vier Maler bei der Arbeit dargestellt haben, mit Beschriftungen. In einer Kartusche ist noch die Inschrift mit dem Namen des Malers lesbar: *citrakâra tutukasya,* „[Bild] des Malers Tutuka". Aus dem Duktus der in Brāhmī geschriebenen Schrift will man auf ein Entstehungsdatum im 5. Jh. (vor 500 n. Chr.) schließen.[105] Damit wäre ein Anhaltspunkt zur Datierung der im 2. indo-iranischen Stil gehaltenen Wandgemälde in der „Malerhöhle" und der „Statuenhöhle" ins 5. Jh. geboten. Für den „1. Stil" könnte dann, wie schon vermutet wurde, ein Entstehungsdatum im 4. Jh. n. Chr. angenommen werden. Es mag dahingestellt bleiben, wie weit man den Argumenten des Epigraphikers hier voll Glauben schenken darf. Das Datum kann aber mit der von uns erschlossenen Stilentwicklung in Einklang gebracht werden.[106]

Die Umbildung des „2. indo-iranischen Stiles"

Um im Rückblick nochmals die Stilfolgen der Wandmalerei zusammenzufassen, die sich bisher ergeben haben, wird man drei Stufen herausstellen: Einen ersten „Stilschub", der nur in Miran faßbar war, mit einer rein westlich orientierten Malerei spätantiker Provenienz, vermutlich gleichzeitig mit der Ausbildung der „graeco-buddhistischen" „Gandhara-Kunst" in Pakistan/Afghanistan/Mittelasien, auf den ein indisch-hellenistischer bzw. ein indisch-gandharischer Stil folgte, der von E. Waldschmidt als „1. indo-iranischer Stil" bezeichnet wurde, mit dem er ungefähr zusammenfällt. Dieser erfährt auf einer nächsten Stilstufe eine Umbildung ins Lineardekorativ-Flächenhafte. Die indisch bewegte und geschwungene Figurendarstellung bleibt noch die Grundlage für einen vereinfachten und schematisierenden Linienstil. Dieser „bewegte" Stil fällt in den Anfang des E. Waldschmidt so genannten „2. indo-iranischen Stiles“. Für unsere Deutung ist er zunächst eine Fortsetzung und Weiterbildung des ersten „indischen Stilschubes“. Dieser zweite bewegte, „reiche“ indische Stil, wie er in den betrachteten Wandgemälden der „Seefahrer-Höhle“, „Statuen-Höhle“ und „Malerhöhle“ in Kyzil vor uns stand, hebt sich deutlich aus dem Gesamtkomplex des Waldschmidtschen „2. indo-iranischen Stiles“ heraus. Dieser Stil ist dann in geradezu radikaler Form von einer neuen Kunstströmung erfaßt worden, die zu einer starren und strengen Formensprache geführt hat. Man kann von einem „manierierten“ Stil sprechen, der als Ergebnis eines neuen künstlerischen „Schubes“ verstanden werden muß, der seine Ursprünge nicht im indischen, sondern im iranischen Bereich hatte. Dieser Figurenstil begegnet in Kyzil in einer großen Zahl von Kulthöhlen. In den „Schluchthöhlen“ tritt er in besonders ausgeprägter Form entgegen, er ist hier gleichsam in höchster Konsequenz zur Durchführung gelangt. Die modellierende Malweise ist hier völlig aufgegeben, wie sie der „1. Stil“, in Rot-Ocker gehalten, aufwies. Die Rot-Ocker-Schattierungen scheinen hier schematisch umgebildet, indem ein linear aufgetragener Rot-Ocker-Schattenstreifen gleichförmig und schematisch die Körperkonturen begleitet. Der Hals erscheint durch eine Doppellinie in Rot-Ocker abgehoben – die Halsfalten sind zu reinen Linien abstrahiert. Die Köpfe werden völlig schematisiert, kugelförmig, und die Augen sind als kleine „Knopfaugen“ gebildet. Die Figuren erscheinen steif aufgerichtet ohne die reiche Biegung und Drehung der indisch inspirierten Malerei. Kennzeichnend ist auch die dicht gedrängte Figurenkomposition, bei der die sich überschneidenden Gestalten mit den starren Umrißformen in mehreren Reihen und Rängen übereinander angeordnet sind, so daß die Bildfläche völlig verstellt erscheint.[107] Als Thema wiederholt sich in den „Schluchthöhlen“ immer wieder die Szene des thronenden Buddha mit Nimbus, den zu beiden Seiten die Verehrer und Anhänger umdrängen, um der Predigt zuzuhören. Auf räumliche Wirkung ist total verzichtet.

Grundzüge des iranisierenden „Linearstiles“

Der neue schematisierte starre Linearstil muß unmittelbar auf den indisch bewegten ornamentalen Stil gefolgt sein. Das zeigt sich an den Übergangsformen und vor allem daran, daß Figuren- und vor allem Kopftypen aus dem vorangegenangen Stil kaum verändert in die iranisierte Malweise übertragen und übernommen sind. So heben sich in einem Fragment aus der „Maya-Höhle“ in Kyzil im Museum für Indische Kunst in Berlin inmitten der dicht gedrängten Figuren, die vielzonig die Bildfläche bedecken, zwischen den starr schematisierten kugelförmigen Köpfen mit „Knopfaugen“, die sich stereotyp über das Bild hinweg wiederholen, zwei bärtige Einsiedler-, Asketen- oder Brahmanenköpfe heraus, in denen eine lebhaftere Durchzeichnung und sogar Durchmodellierung sowie eine stärkere Individualisierung auffallen Die Augen sind im Gegensatz zu den „zugekniffenen" der übrigen Figuren offen blickend dargestellt. Sie sind deutlich übernommen aus Malereien des indischen Stiles, und es hat den Anschein, daß sie von dort kopiert oder nach Modellen oder Schablonen von da her übertragen worden sind. Im übrigen wird hier aber der mit Grün und Blau operierende Malstil weitergeführt und Rot-Ocker-Linien sind in schematischer Weise auf den Körpern verteilt.

Fragmente aus der „Gebetsmühlenhöhle" in Kyzil mit den Köpfen von Mönchen und Asketen zeigen ein Nebeneinander verschiedener Kopftypen, solcher, die noch mit stärkerer Binnenmodellierung der Gesichter ausgestattet sind und mit „offenen Augen", neben schematisierten „Kugelköpfen" mit linear geschwungenen Brauen und klein zusammengekniffenen Augen. Die Fragmente gehören zu einer Versammlung von Zuhörern und Verehrern des Buddha, neben dem sie vielzonig angeordnet sind. In dem neuen schematisierten Linearstil ist in der „Maya-Höhle, 2. Anlage", in Kyzil auch die Leichenverbrennung des Buddha gehalten. Die Szene ist so dargestellt, daß die Flammen des Scheiterhaufens bereits hochschlagen, während gerade der Sargdeckel, der in kreuzweise geführte, farbige Bänder eingehüllt ist, über dem Körper des Entschlafenen geschlossen wird.

Die Klagefiguren in den Bildecken sind in ihren Umrissen und Bewegungen noch dem reichen indischen bewegten Figurenstil entnommen (mit prunkvollen Diademen auf den Köpfen und reichen Schmuckgehängen). Der in der rechten unteren Ecke kniend dargestellte Mönch, der wahrscheinlich den Lieblingsjünger des Buddha Mahākaśyapa darstellt, ist ähnlich wie die Reihen kniender Mönche eines anderen Fragments wiedergegeben. Sie sind hier im losen Nebeneinander gezeigt, während in einer unteren Reihe Mitglieder der aristokratischen oder fürstlichen Oberschicht von Kutscha als Verehrer des Buddha aufgereiht sind.

122 – Sitzender Brahmane. Lehmstuck bemalt. Höhe: 42,4 cm. Aus Schortschuk, Kirin-Höhle. 2./3. Jahrhundert n. Chr. (?). Berlin (West), Museum für Indische Kunst. Le Coq, Spätantike V, Taf. 4a.

123 – Devatā. Lehmstuck bemalt. Höhe: 50 cm. Aus Schortschuk, Nakṣatra-Höhle. 3./4. Jahrhundert n. Chr. Berlin (West), Museum für Indische Kunst. Le Coq, Spätantike I, Taf. 36.

124 – Halbfigur einer Devatā. Lehmstuck bemalt. Höhe: ca. 53 cm. Aus einer Wandnische der Nakṣatra-Höhle in Schortschuk. 4. Jahrhundert n. Chr. (?). Berlin (West), Museum für Indische Kunst. Le Coq, Spätantike I, Taf. 30.

125 – Kopf eines Bodhisattva. Stuck bemalt. Höhe: 38 cm. Aus der „Statuen-Höhle" in Kyzil/Kutscha. Berlin (West), Museum für Indische Kunst. Le Coq, Spätantike I, Taf. 20a.

123

Auch hier ist deutlich, wie die Umbildung des modellierenden Rot-Ocker-Stiles zu einem linearen und flächig empfindenden Malstil zu einer Vereinfachung und schließlich zu einer Deformierung der Körperdarstellung führte. An einer Reihe von stehenden Mönchen auf einem Gemäldefragment aus der „drittletzten Höhle" der „ersten kleinen Bachschlucht" in Kyzil[108] ist die Binnenmodellierung an Arm und Brust zu schematischen und starren Liniengebilden umgeformt. An die Stelle der mandelförmig geschwungenen Augen treten die schon erwähnten kleinen, "knopfförmigen", zugekniffenen Augen. Die starren Konturen, die auch an den Beinen und Füßen hervortreten, bezeugen eine neue Stil- und Formgesinnung, die nicht mehr modellierend körperlich und in plastischen Volumina denkt, sondern in Flächen. Das zeigt sich in einer sehr bezeichnenden Form am Gewand der linken Mönchsgestalt mit einer Öllampe in der Hand. Hier ist zwar das Faltensystem der Gandhara-Kunst linear aufgetragen – die Falten sind als Doppellinien geführt – aber die Stofflicken der Mönchskleidung sind schematisch darübergemalt, so daß sie von der Fältelung des Gewandes völlig unbeeinflußt bleiben. Der Rot-Ocker-Malstil ist in die Hände einer neuen Malergeneration übergegangen, deren künstlerische Vorstellungen von iranischer Kunst geprägt sind. Vielleicht kamen die Einflüsse von Seiten der soghdischen Malerei oder es kamen sogar die Werkstätten, die jetzt tätig waren, von dort. Die neue Kunstgesinnung hatte jedenfalls ihre Wurzeln in den Traditionen der iranischen Kunst und läßt sich letzten Endes auf die sog. parthische Kunst zurückführen.

Noch eine Prozession von Mönchen in Kyzil läßt sich zum Vergleich heranziehen, die aus der „Höhle mit dem Fresko-Fußboden" stammt.[109] Sie zeigt noch nicht den voll „manierierten" Stil, aber auch nicht mehr den modellierenden Stil. Die Köpfe erscheinen bereits im reinen Linienstil ohne Modellierung. Die Mönche stehen in leicht S-förmiger *tribhanga*-Haltung, mit rotbrauner Robe bekleidet, die – am Oberkörper mit Doppellinienfalten – in fest gesichertem Standmotiv. Ein Kennzeichen des neuen starren Stiles ist auch hier das Aufreihen von zwei schematisch durchgezogenen Horizontallinien zur Angabe der Falten des Halses. Über den Mönchen sind Stupas in der Form des „Stupa mit Kultnische" angebracht. Leider sind die Buddhabilder in den Nischen zerstört. Dieser Stupa-Typus tritt dann in China, wie schon oben erwähnt wurde, neben dem Turm-Nischen-Stupa in Nachbildung in buddhistischen Höhlen der 2. Hälfte des 6. Jh.s auf.

Der gleichen „Freskoboden-Höhle" entstammte auch als Werk des indisierenden Gupta-Stiles das imposante Fragment „Gottheit und Gandharva".[110] Dieses Gemälde stammt aber deutlich von anderer Hand wie die Mönchsprozession in dieser Höhle, und sicher besteht auch ein nicht unbeträchtlicher Zeitunterschied.

In dem „linearen Stil" sind auch die Friese und die Reihen von Stifter- und Verehrerfiguren des Buddha in der sog. „Schwertträgerhöhle" in Kyzil gehalten.[111] Dieser „lineare Stil" hat in der Malerei in Kyzil seine Entstehung in der Zeit erlebt, als auch in der plastischen Wiedergabe des Buddha das Gandhara-Vorbild in ein lineares Faltenschema umgeformt worden ist. Beispiele boten die Holzfiguren von Buddhas mit eingekerbter Faltenangabe, besonders die aus der „Pfauen-Höhle“ in Kyzil stammenden (im Museum für Indische Kunst, Berlin).[112]

Der 2. indo-iranische Stil in China

Beide Varianten des „2. indo-iranischen Stiles“ haben in China Eingang gefunden und begegnen in den Höhlen von Tunhuang, das im 5. und frühen 6. Jh. unter dem Eindruck der zentralasiatischen Malstile steht. Es sind die Höhlen 272 (Pelliot 118 J), 257 (P. 110) und 255 (P. 111), die von dem Tunhuang-Institut in die Zeit des 5. Jh.s datiert werden.[113] Sie gehören somit in die Herrschaftszeit der nördlichen Wei. Einen genauen chronologischen Anhaltspunkt besitzen wir jedoch nur für Höhle 289 (P. 120 N), die eine Inschrift aus dem Jahr 538 enthält, ein Datum, das aber vielleicht nur einen terminus ante quem für die Ausstattung angibt.[114] Hier ist auch die Malweise mit grünen und blauen Flächen und Flecken übernommen. Die Ausbildung der beiden indo-iranischen Malstile muß sich demzufolge in Zentralasien vor diesem Zeitpunkt ihres Auftretens in China, vor dem frühen 6. Jh. vollzogen haben.

Diese Einsicht verlangt ein entschiedenes Abrücken von den chronologischen Vorschlägen E. Waldschmidts, der geneigt war, die indisch inspirierten Wandgemälde zeitlich auf die iranisch inspirierten folgen zu lassen und die Entfaltung der beiden Stile ins 6. Jh. und die Zeit 600–650 zu legen. Es deutet alles darauf hin, daß die Bildkunst und besonders die Malerei in Kutscha in der Zeit um 500 ihre entscheidenden stilistischen Ausprägungen gefunden hatten, in der sie als Modelle und Vorbilder ihren Weg nach Osten angetreten haben. Freilich hat in China bei der Aneignung dieser Vorbilder in der Malerei eine ähnliche „Sinisierung“ stattgefunden, wie sie in Plastik und Architektur schon beobachtet wurde, was vor allem in der ornamentalen Steigerung der Bewegungsmotive zum Ausdruck gekommen ist.

Die politische und kulturelle Situation in Kutscha und die Entfaltung der Wandmalerei, 3.–7. Jh.

Die Entfaltung der buddhistischen Wandmalerei fällt in den Höhlen um Kutscha in die Periode, in der nach dem Abzug Chinas mit dem Ende der Han-Dynastie (220 n. Chr.) selbständige Fürstentümer entstanden und Kutscha sich zu einem machtvollen Zentrum entwickelte. Eine aristokratische Oberschicht ritterlicher Prägung hatte sich herausgebildet, die auch als Stifter auf den buddhistischen Wandmalereien ihre Darstellung gefunden hat bzw. sich dort hat darstellen lassen. Ihr Kostüm zeigt, daß sie in Kultur und Lebensführung entscheidend von den Ländern des Iran geprägt war. Eine lange Zeit haben offenbar die als Tocharer bezeichneten Völkerschichten, die mit einer indo-germanischen bzw. indo-arischen Sprache gekommen waren, eine beherrschende Rolle gespielt, die sich auch in einer eigenen Schrift niedergeschlagen hat. Mit dem Hinweis auf die ethnischen Verschiebungen, die sich nach dem Abzug der chinesischen Macht im 3.–6. Jh. n. Chr. in Zentralasien vollzogen haben, werden auch die Initiatoren deutlich, auf deren Konto die tiefgreifenden Stilwandlungen zurückzuführen sind, die im Bereich der Wandmalerei abzulesen sind, wenn nicht geradezu von Stilumbrüchen gesprochen werden muß. Die Blüte von Kultur und Kunst war eng mit dem Buddhismus verbunden, der bereits in den ersten Jahrhunderten n. Chr. Eingang gefunden hatte. Chinesische Quellen berichten davon, daß im 4. Jh. „Tausende" von buddhistischen Klöstern mit Stupas in Kutscha existierten. Die Zahl mag übertrieben sein, aber die archäologischen Forschungen haben gezeigt, wie umfangreich die Niederlassungen des Buddhismus in Kutscha gewesen sind, die sich in den einzelnen Oasenplätzen, in Subaschi, in Kumtura, in Kirisch und vor allem in Kyzil erhalten haben. Aus Kutscha stammende Mönche werden als Übersetzer buddhistischer Schriften ins Chinesische genannt. Der berühmteste unter diesen Übersetzern war Kumārajīva (343–413), er war der Sohn einer heimischen Fürstin und eines Mönches, der ursprünglich dem „Hīnayāna" anhing, dann aber durch die Lehren eines Meisters aus Jarkand zum „Mahāyāna", zum „großen Fahrzeug" übertrat. Er hat die letzten 17 Jahre seines Lebens in China der Übersetzung der Sūtras des Mahāyāna gewidmet.

629 war der chinesische Pilgermönch Hsüan-tsang auf seiner Wanderung von China nach dem Heimatland des Buddhismus Indien nach Kutscha gekommen und hat in eindrucksvoller Weise die blühende Klosterkultur wie auch den ökonomischen Wohlstand geschildert, den er dort vorfand. Diese reiche und blühende Kultur hat offenbar knapp 2 Jahrzehnte später mit der chinesischen Eroberung ein Ende gefunden. Die Feldzüge, mit denen das unter der Dynastie der Tang gefestigte China die Länder Zentralasiens sich erneut untertan machte, bedeuteten 647/648 das Ende der glanzvollen ritterlichen und auch der religiösen Kultur, die das buddhistische Mönchstum entfaltet hatte. China hatte vorwiegend fremdstämmige Söldner eingesetzt, die den Widerstand Kutschas mit grausamen Mitteln zu brechen versuchten. Von der Schreckensherrschaft geben die chinesischen Reichsannalen in ihren Schilderungen eine Vorstellung.

Damit war sicher auch die künstlerische Aktivität im Bereich von Kutscha, wie vielleicht auch an anderen Zentren der nördlichen Seidenstraße erloschen. Wo sich aus den folgenden Jahrhunderten noch künstlerische Zeugnisse gefunden haben, sind diese von der Kunst Chinas geprägt. Seit dem späten 6. Jh. n. Chr. hat China zu einem neuen gefestigten Formenstil zurückgefunden, der rückwirkend auch für Zentralasien Bedeutung gewonnen hat. Oder sind für diesen neuerlichen Stilwandel, der sich seit etwa 570/80 in China erkennen läßt, das schon durch die Herrschaft der Dynastie der Sui 581 wieder zu einem geschlossenen Reich geeint worden war, Umgestaltungen in der buddhistischen Kunst Zentralasiens verantwortlich gewesen, die hier ähnlich auslösend gewirkt haben wie die zentralasiatischen „Stilschübe" der vorausgegangenen Jahrhunderte? Für eine sichere Beantwortung der Frage fehlen noch eindeutige archäologische

Beweise. Allein bis in die Mitte des 6. Jh.s können die „Stilschübe“ erkennbar gemacht werden, mit denen die buddhistische Kunst des Westens ihren Weg nach China gefunden hat. Dabei hat China in den Jahrhunderten der politischen Zerrissenheit (3.–6. Jh.) von der Kultursynthese profitiert, die sich in den Oasen-Zentren der nördlichen Seidenstraße in Sinkiang dank des dort herrschenden Wohlstandes und dank wohl auch der trotz aller Völkerbewegungen im ganzen gesicherten politischen Situation herausbilden konnte.

Die ikonographischen Bildthemen der Wandmalerei

Die Wandmalerei hat in Zentralasien im Bereich der Kunst des Buddhismus die Rolle gespielt, die im Gandhara-Bereich der Reliefkunst zukam. In den Wandbildern hat die reiche buddhistische, religiöse wie auch mythologische Vorstellungswelt ihren Niederschlag gefunden, wie sie sich im Übergang vom älteren Buddhismus des „Hīnayāna“ zum „Mahāyāna“ herausgebildet hatte. Mit Vorliebe erscheint an den Wänden der Felshöhlen von Kyzil der historische Buddha Śākyamuni im Kreis einer mehr oder weniger zahlreichen Mönchsgemeinschaft, wie auch von Laien und dazu von verehrenden Gottheiten, von Bodhisattvas, während darüber Himmelswesen schweben, die Blumen streuen. Der andere bevorzugte Themenkreis ist der, der die vergangenen Existenzen des Buddha behandelt.

Mit dem Vordringen des Buddhismus des „großen Fahrzeugs“, trat gegen die Mitte des 7. Jh.s die Anschauungswelt der alten Weisheitsschule zurück und wurde voll durch die neue Ikonographie des Mahāyāna ersetzt, für die vor allem die Wiedergabe der paradiesischen Welt des Buddha Amitabha in den Vordergrund trat. Diese Thematik wird um 700 in Kutscha in einer Reihe von Wandmalereien sichtbar, die sich vor allem in Kumtura und in Duldur-Akur als Bruchstücke erhalten haben, als Teile großer Kompositionen, in denen das Paradies des Westens dargestellt war. Zugleich treten hier nachhaltig die Einflüsse aus dem chinesischen Kunstbereich hervor, die mit der Eroberung von Kutscha im 7. Jh. durch die Tang-Dynastie von entscheidender Bedeutung für die weitere künstlerische Entwicklung im Tarim-Becken geworden sind.[115]

Die Anlage der Höhlen erfolgte im allgemeinen, wie schon bei der Betrachtung der Plastik gezeigt worden ist, in Form eines Umgangsschreines. Eine mehr oder weniger große Vorhalle oder Cella mit halbrundem Tonnengewölbe enthält das Kultbild des Buddha, das auf einem Sockel und vor einer in den Felsen eingelassenen Nische angeordnet war. Das Felsmassiv war zu einem Pfeiler umgestaltet, um den rechts und links des Kultbildes ein Korridor herumlief, der ebenfalls mit Malereien ausgestattet war und zu einer rückwärtigen, ebenfalls ausgemalten Cella leitete. Man hat dieses Raumschema als „Kutscha-Typus“ bezeichnet. Über dem Eingangsportal war häufig gegenüber dem Buddha Śākyamuni der zukünftige Buddha, Maitreya, thronend

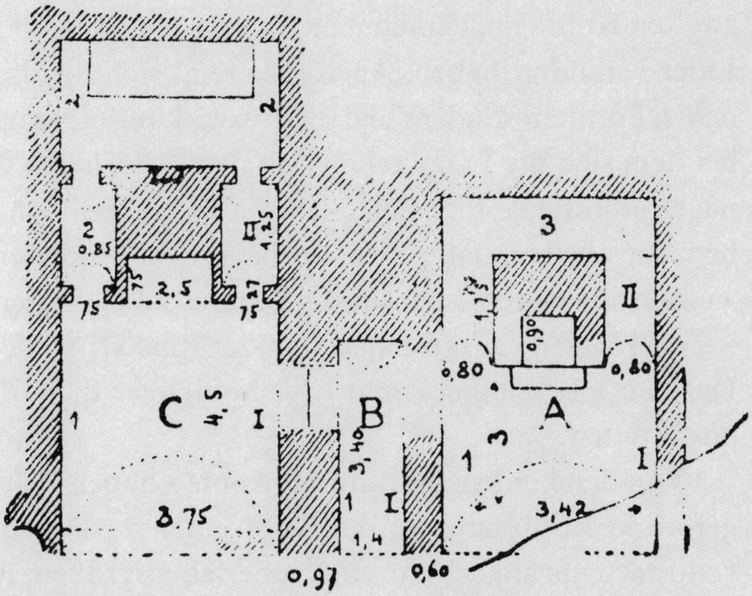

16. Kulthöhle in Kutscha.

dargestellt, im Himmel des höchsten Bewußtseins thronend. Nach der Umwandlung des inneren Pfeilers wurde der Verehrer des Buddha, aus dem Korridor heraustretend, in der Vorhalle des Heilbringers der Zukunft ansichtig, der gleichsam der „Messias“ im buddhistischen Pantheon war, der inmitten von himmlischen Verehrern die Stunde seiner irdischen Wiedergeburt erwartete.

Der „lineare“ Stil in Malerei und Plastik Zentralasiens

Blicken wir nochmals zurück auf das Fragment mit den „Schwimmern im Lotosteich“ in der „Seefahrer-Höhle“ in Kyzil.[116] Dort war der abstrahierende Schwarz-Linien-Stil über eine ältere Malerei in Rot-Ocker darübergezeichnet, die damit „umstilisiert“ wurde. Damit wurde in den Köpfen eine Veränderung der Physiognomie erreicht, die sich vor allem in der Gestalt der Augen zeigt. Das „offen blickende“ Auge (wie es etwa noch der Kopf des Mahākaśyapa aus Kyzil[117] zeigte) wird zum mandelförmigen Schlitzauge umgezeichnet, über dem sich die Augenbrauen hoch hinaufgezogen durch aufgekrümmte Linien angedeutet finden. Stilistisch wie physiognomisch lassen sich zwei in der „Statuenhöhle“ in Kyzil gefundene plastische Stuckköpfe von Bodhisattvas vergleichend heranziehen.[118] Sie zeigen die gleichen vollrunden Gesichtsformen, und auch hier ist offensichtlich durch Überzeichnung mit schwarzen Linien eine Stilisierung der Augenstellung im Sinne einer „mongoliden“ Augenform versucht worden.[119] Im ersten Kopf sind an den Ohren und den Nasenflügeln sowie am Auge noch Linien in Rot-Ocker sichtbar, über die in den Augen und den Lidern schwarze Linien gezogen sind, die in dem zweiten Kopf[120] unverkennbar die ursprüngliche in Rot-Ocker gezeichnete Linienführung der Lider verändert haben. Auch hier zeigt sich deutlich das Eingreifen eines neuen Stiles, eines neuen Formempfindens und die Auswirkung eines neuen Menschenbildes und Menschenideals, bei dem sich die Frage erhebt, ob das Vordringen des Schwarz-Linien-Stiles mit dem Eintritt neuer ethnischer Elemente zu erklären ist. Bei den in Lehm-Stuck modellierten Köpfen muß bedacht werden, daß sie aus vorhandenen Modellen abgeformt wurden, die wiederverwendet wurden und daher leicht älteren Datums sein konnten. Derartige Modelle sind gefunden worden – einige tragen Sanskritnamen auf der Rückseite, die vermutlich auf ihre Verfertiger hinweisen. Durch die Bemalung konnte der Modelleur dann den Kopf in seinem Sinne physiognomisch umgestalten.

Von den beiden angeführten Köpfen heben sich deutlich andere ebenfalls aus Lehm-Stuck geformte Köpfe ab, wie der Kopf einer devatā aus der Statuenhöhle in Kyzil.[121] Der Kopf gehörte ursprünglich zu einer überlebensgroßen Figur und war vollständig bemalt. Er läßt deutlich werden, wie die Gesamtmodellierung hier noch von einer früheren Stilstufe geprägt ist, die der Formauffassung der Rot-Ocker-Malweise näher steht, etwa als Zwischenstufe zwischen dieser und dem Schwarz-Linien-Stil zu charakterisieren. Schon ist die „mondhafte“ Rundform des Kopfes da. Nase, Augen und Lippen sind aber noch in einer weicheren Modellierung belassen.

Wenn wir nochmals auf das Fragment mit den Schwimmern aus der „Seefahrer-Höhle“ in Kyzil[122] zurückblicken, so scheint es, als wäre die grünblaue Wasserfläche ursprünglich im Zusammenhang mit der Rot-Ocker-Malerei ohne Ornamentlinien als glatte grüne Fläche gegeben gewesen, wie sie etwa auch im Wandgemälde mit dem Kopf des Mahākaśyapa aus Kyzil[123] auftritt oder im Fragment mit dem brahmanischen Asketen aus Kumtura.[124]

Im Fragment aus der „Statuen-Höhle“ in Kyzil mit dem Kuhhirten Nanda erscheint in der rechten unteren Ecke eine in gleicher Weise mit schwarzen Linien überzeichnete grüne Wasserfläche mit einer roten Lotosblüte. Die Überzeichnung mit schwarzen Linien ist hier auch in dem grünen Umhang des Hirten zu finden. Besonders ausgeprägt erscheint der schwarzlinige Zeichenstil in den Umrissen der liegenden Rinder.

So zeigt sich in der Wandmalerei deutlich, wie ein von Indien geprägter Stil von einem linearen Stil überlagert wird, dessen Ursprung im Kulturbereich der iranischen Länder zu suchen sind. Damit kann versucht werden, die Stil-Impulse erkennbar zu machen und herauszupräparieren, die in der buddhistischen Kunst Zentralasiens im ersten Jahrtausend n. Chr. wirksam waren. Sie sind ein Spiegelbild der Strömungen, die in der weitgespannten buddhistischen Ökumene sich herausgebildet haben. Es zeigte sich, wie die Stilfolgen, die sich in Indien erkennen lassen, auch auf Zentralasien eingewirkt haben, wo ein starker und nachhaltiger indischer „Stilschub“ auf die Vorherrschaft der antikisierenden Gandhara-Kunst folgt. Das Entwicklungsschema, das sich an der buddhistischen Bildkunst Indiens ablesen läßt, kann als

Grundlage dienen, um auch in anderen Bereichen der buddhistischen Welt die Abfolge der Stilwandlungen zu fixieren, die sich in der gleichen Zeit vollzogen haben. In Zentralasien hat dann die Auseinandersetzung mit den künstlerischen Strömungen der iranischen Welt zu einschneidenden Umbildungen geführt, und schließlich hat sich mit dem Eindringen Chinas seit dem 7. Jahrhundert wiederum eine entscheidende Stilwende vollzogen, die im westlichen Teil Zentralasiens schon in der Malerei der Höhlen von Kumtara bei Kutscha entgegentrat, die dann vor allem in der Turfan-Oase im Osten eine letzte Phase buddhistischer Kunst eingeleitet hat. Hier waren zu dieser Zeit die Uighuren seßhaft geworden, deren Herrscher Chotscho als Regierungssitz und als Hauptstadt eingerichtet hatten. Sie waren im 9. Jahrhundert zum Manichäismus übergetreten, dessen künstlerische Zeugnisse ebenfalls eng an den chinesischen Stil der Zeit der Tang-Dynastie anschließen. Die Ausstattung der in Umgangsform angelegten Tempel in Bäzäklik in der Turfan-Oase zeigt, wie vor allem in der Ausgestaltung des Buddha-Bildes zu einem ikonenhaft strengen Schema jetzt die Malerei chinesischen Vorbildern folgt. Ein Fragment aus dem Tempel 9 in Bäzäklik mit einem knienden, lampenhaltenden Dämon als Begleitfigur eines Buddha, kann den chinesisch geprägten Figurenstil gut charakterisieren, der jetzt die buddhistische Bildkunst in Sinkiang beherrscht. Die Stilschübe des west-östlichen Kulturstromes, die mit dem Buddhismus durch mehr als ein halbes Jahrtausend in Bild- und Baukunst östliches Formen- und Ideengut nach China transferiert hatte, sind jetzt offensichtlich zu einem Stillstand gelangt, und das von China integrierte buddhistische Kunstgut strahlt jetzt nach Westen, nach Zentralasien, zurück.

Derartigen Betrachtungen liegt die These von der Interdependenz der Stilformen zugrunde. Was wir als „Stil" bezeichnen, sind letzten Endes Impulse, die von bestimmten kreativen Punkten oder Zonen ausgehen. Das dort entwickelte Formengut wird aufgegriffen, setzt sich durch, erlebt Wandlungen, Anpassungen. Dabei ist als weiteres Prinzip hervorzuheben, was gleichsam als Grundmaxime für die Vorgänge von Stilentwicklung und Stilentfaltung anzusehen ist: Es gibt „kritische" Formen, die nicht zweimal „erfunden" werden, die vielmehr aus einem schöpferischen Zentrum ausstrahlen und sich ausbreiten, wenn der Boden dafür günstig ist. Für die Ausbreitung bedarf es eines Mediums, das in unserem Falle der Buddhismus ist, der als Träger der künstlerischen Stilformen, mit denen er sich identifiziert, für deren weitgespannte Ausbreitung sorgt. Das, was wir „Stil" nennen, kommt dabei durch Selektion zustande, indem der Auftraggeber bzw. der, der die künstlerische Produktion inspiriert und initiiert, von den sich bietenden Möglichkeiten die ihm optimal erscheinenden und am meisten zusagenden auswählt, sie fördert, sich für sie einsetzt und schließlich zu ihrer Weiterbildung und Differenzierung beiträgt, indem er auf den Verfertiger einwirkt, seine Werke weiter zu entwickeln und zu „verbessern". Ein sich auf diese Weise durchsetzendes Formenideal wird so zum allgemein anerkannten „Stil".

Durch Differenzierung und fortschreitende Sublimierung ergibt sich eine Vereinheitlichung und zugleich auch eine Spezialisierung in formaler Hinsicht. Dieser neue „Stil“ kann aber immer nur eine begrenzte Zeit die Kosumenten und Auftraggeber zufriedenstellen. Eine Wandlung der „Grundvorstellungen“ und „Grundanschauungen“ des oder der Auftraggeber, der Konsumenten und Abnehmer führt zu einer Transformierung des Stilgutes, und es wiederholt sich der Prozeß der Entstehung und des Heranwachsens eines neuen „Stiles“.

126 – Fragment einer Wandmalerei aus der „2. Kuppel-Höhle“ in Kumtura bei Kutscha. Hockender Brahmane neben thronendem und predigendem Buddha. Rot-Ocker-Malerei, 69 x 56,5 cm. Hellenistisch-indische Stilphase (= 1. indo-iranischer Stil). Berlin (West), Museum für Indische Kunst. Le Coq, Spätantike VII, Taf. 5.

127 – Fragment einer Wandmalerei aus der „Größten Höhle“ in Kyzil/Kutscha, 46,5 x 71 cm. Im schematisierten Rot-Ocker-Stil, mit Blau-Grün verbunden. Übergang von der indischen zur 2. indo-iranischen Stilphase. 4./5. Jahrhundert. Berlin (West), Museum für Indische Kunst, Le Coq, Spätantike III. Taf. 2.

128 – Göttin in Begleitung einer himmlischen Musikantin. Bruchstück einer Wandmalerei aus der „Freskoboden-Höhle“ in Kyzil/Kutscha. Breite: 135 cm. 2. indo-iranischer Stil, 1. Stufe. Berlin (West), Museum für Indische Kunst. Le Coq, Spätantike IV, Taf. 7.

129 – Wandmalerei mit Rittergruppe aus dem Durchgangskorridor der „Sechzehn-Schwertträger-Höhle“ in Kyzil/Kutscha. Höhe: 165 cm. 2. indo-iranischer Stil, 2. Stufe. Berlin (West), Museum für Indische Kunst. Le Coq, Spätantike IV, Taf. 4.

130 – Wandmalerei aus der „Freskoboden-Höhle“ in Kyzil/Kutscha. Höhe: 205 cm. Mönche und „Stupas mit Kultnische“. Berlin (West), Museum für Indische Kunst. Le Coq, Spätantike VI, Taf. 9.

131 – Fragment einer Wandmalerei aus der „Drittletzten Höhle“ in der „kleinen Bachschlucht“ in Kyzil/Kutscha. Höhe: 154 cm. Mönche im Flickengewand. Rot-Ocker-Malstil mit schematisierter Binnenmodellierung. 2. indo-iranischer Stil. Berlin (West), Museum für Indische Kunst. Le Coq, Spätantike IV, Taf. 12.

132 – Fragment einer Wandmalerei aus der „Mittleren Höhle der kleinen Schlucht“ in Kyzil/Kutscha. 67 x 53 cm. Von den Begleitern und Zuhörern zweier Buddhas sind nur die Begrenzungen und Aureolen sichtbar. Schematisierter Rot-Ocker-Malstil. Iranischer Stilschub (= 2. indo-iranischer Stil). Rundköpfe mit „Knopfaugen“. Berlin (West), Museum für Indische Kunst. Le Coq, Spätantike VI, Taf. 10.

133 – Fragment einer Wandmalerei aus einer Höhle in Kumtura bei Kutscha. Fliegende Apsara. Chinesischer Stil. 6./7. Jahrhundert Berlin (West), Museum für Indische Kunst. Le Coq, Spätantike V, Taf. 19.

133

Einen besonderen Einfluß auf die Stil- und Formbildung hat der Auftraggeber, indem er das Bildprogramm, seinen Inhalt festlegt, in der Architektur, indem er den Bau- und Raumtypus bestimmt und zu konkretisieren sucht. Es ist somit der ikonologische Faktor, der bei der Frage nach dem Wandel und der Herausbildung eines Stiles neben den formalen Kriterien ins Auge gefaßt werden muß. Inhalt, Thematik auf der einen Seite und gestaltete Form auf der anderen Seite stehen in einem Wechselverhältnis, in einer dialektischen Beziehung zueinander. Die gestellte inhaltliche Aufgabe, das Bedürfnis den ikonographischen „Inhalt" in einer optimalen Weise zu präsentieren, ist ein treibendes Element bei der „Formfindung", die dann die schöpferische Leistung des Malers oder Bildhauers darstellt, im Falle einer architektonischen Aufgabe des Erbauers. Die Darstellungs- und Bildform wird dabei ebenso von dem Verfertiger, dem ausführenden Künstler, bestimmt wie vom Auftraggeber oder von der anonymen Gemeinschaft, in deren Auftrag das Werk ausgeführt wird und an die sich der Kunst-Gegenstand wenden soll, die er „ansprechen" soll. In der Wahl der „Stilmittel" sprechen sich nicht nur die Vorstellungen, Wünsche und Zielsetzungen des Malers und Bildhauers aus, in ihnen spiegeln sich auch die Wandlungen in der Anschauungsweise der Besteller und Auftraggeber, von denen das künstlerische Geschehen in seinem Ablauf entscheidend mitbestimmt wird. Hinter den Stilwandlungen und den sich abzeichnenden „Stilschüben" stehen als treibende Kräfte die Wandlungen, die sich im politischen, ebenso wie im ethnischen, sozialen und allgemeinen kulturellen Bereich vollzogen haben. Dieses reiche Spannungsfeld kommt in der Kunst Zentralasiens in einer faszinierenden Weise zum Ausdruck, in der Periode, als die Handelswege der Seidenstraßen das Tarim-Becken und seine Oasen zu einem Treffpunkt der Kulturen gemacht haben.

ANMERKUNGEN

Nach BEAL, S.: Records of the Western World. London 1906: XXIV.

1 FRANZ 1965: 112ff., Taf. 65–68. STAWISKI 1979: 140–148.
2 FRANZ 1965: Taf. 72–90. FRANZ 1979: 13ff., dort weitere Literatur.
3 FRANZ 1980. In: DALLAPICCOLA: 39ff.
4 FRANZ 1965: Taf. 138–140, 198, 199. FRANZ: Afghanistan Journal 4 (1977): 131–140; 5 (1978): 26–29.
5 FRANZ 1965: Taf. 142. FRANZ: Afghanistan Journal 4 (1977): 132.
6 FRANZ 1965: Taf. 128, 129. FACENNA 1964.
7 FRANZ: Afghanistan Journal 9 (1982): 124–126, dort weitere Literatur.
8 FRANZ 1967: 124, Abb. 82, Taf. 211, 212.
9 HAMBIS 1961. MISSION PELLIOT, III, 1967. MAILLARD 1983, Taf. LXXIV, LXXV. FRANZ: Afghanistan Journal 5 (1978): 27, Abb. 20.
10 HAMBIS 1967: Taf. LI/116, LXIX/138–140, LXXV/154.
11 HAMBIS 1967: Taf. L/155.
12 FRANZ: Afghanistan Journal 5 (1978): 33, Abb. 34.
13 Ebda.: 31ff.
14 MAILLARD 1983: 169, Taf. LXXXIVb.
15 MAILLARD 1983: 169, Taf. LXXXIXa.
16 TADDEI 1978.
17 FRANZ: Afghanistan Journal 5 (1978): 31, Abb. 29, 30.
18 FRANZ 1965: Taf. 286, 287.
19 FRANZ: Pagode 1978.
20 FRANZ 1979. FRANZ: Festschrift für K. Fischer 1984: 127ff.
21 MITTERWALLNER 1984. LOHUIZEN-DE-LEEUW 1949.
22 SCHLUMBERGER 1969. ROSENFIELD 1967.
23 CRIBB 1964.
24 FRANZ 1965: 73–79, Taf. 107–110.
25 FRANZ 1965: Taf. 113.
26 ROWLAND 1970.
27 ACKERMANN 1975.
28 FRANZ: Afghanistan Journal 5 (1978): 116–118.
29 LITVINSKIJ 1981.
30 SARIANIDI: Afghanistan Journal 6 (1979): 121–132. SARIANIDI: Die Kunst des alten Afghanistan. Leipzig 1985.
31 PUGAČENKOVA 1966. STAWISKI 1979: 93–97, Taf. 68–72.
32 BERNARD 1973.
33 GÖBL 1978. MITTERWALLNER 1985. FRANZ 1965: Taf. 111, 112.
34 FRANZ 1965: Taf. 174.
35 FRANZ 1965: Taf. 173. Vgl. auch FRANZ 1965: Taf. 180.
36 FRANZ 1965: Taf. 192, 193.
37 FRANZ 1965: Taf. 187.
38 MM: 139, Nr. 73. BSM I: Taf. 40.
39 DEYDIER 1981: 143, Abb. 111.
40 MM: 119, Nr. 53.
41 MM: 64ff., Nr. 7, 8.
42 FRANZ: Pagan 1979: Taf. III/8. FRANZ: Chotscho 1981: 21ff., Abb. 4–8; 22, Abb. 9, 10.
43 FRANZ 1965: Taf. 281. FRANZ: Pagode 1977: Taf. XI/20.
44 DEYDIER 1981: 152, Abb. 122. WATSON 1980.
45 PENG HUA-SHIH 1982: Taf. 126, 127.
46 PENG HUA-SHIH 1982: Taf. 132, 133.
47 FRANZ 1965: Taf. 175. Vgl. auch Taf. 169, 170, 172.
48 FRANZ 1965: Taf. 171.
49 DEYDIER 1981: 145, Abb. 113. WATSON 1980; die Figur ist 1,385 m hoch.
50 DEYDIER 1981: 144, Abb. 112, Figur von 536.

51 Die Stele befindet sich im Provinzialmuseum in Xi'an.
52 BSM I: Taf. 41.
53 BSM IV: Taf. 7.
54 PENG HUA-SHIH 1982: Taf. 117.
55 PENG HUA-SHIH 1982: Taf. 120, 125. FRANZ: Pagode 1978: Taf. XIX/43. XXI/48.
56 FRANZ 1965: Taf. 289. FRANZ: Pagan 1979: 30–32, Taf. I/3, IV/9. MAILLARD 1983: Taf. LXVI.
57 MM: 80 ff., Nr. 18. BSM VII: Taf. 5 und 35 ff.
58 MM: 130–137, Nr. 66–71.
59 FRANZ 1965: Taf. 296. HAMBIS 1961: Taf. LXVII-LXXIV und Taf. CXXV.
60 Vgl. FRANZ 1978.
61 FRANZ 1965: Taf. 222.
62 FRANZ 1965: Taf. 235–237.
63 FRANZ 1965: Taf. 264, 266–273.
64 HACKIN 1933. FRANZ 1965: Taf. 225, 226.
65 FRANZ 1965: Taf. 225 und Taf. 296.
66 BSM V: Taf. 4a und b; 8 f. MM: 140–142, Nr. 75, 76. Vgl. auch STAWISKI 1979: Taf. 136. Der Kopf eines Silen aus Sirkap/Taxila abgebildet: FRANZ 1965: Taf. 125.
67 BERNARD 1967, 1973, 1974.
68 FRANZ 1965: Abb. 291.
69 MM: 130–136, Nr. 66–69. BSM I: Taf. 33b, 30.
70 FRANZ 1965: Taf. 296.
71 BSM V: Taf. 4a und b.
72 MM: 119, Nr. 53.
73 MM: 117 ff., Nr. 51, 52.
74 MM: 158 ff., Nr. 96.
75 PENG HUA-SHIH 1982: Abb. 11 rechts.
76 Das vermutlich aus dem anstehenden Felsen herausgemeiselte Monument wurde aus dem Stein herausgeschnitten und gelangte in die Sammlung Jörg Trübners und befindet sich heute als Leihgabe in Erinnerung an den bedeutenden Sammler und Kenner (loan in memory) im Metropolitan Museum of Art in New York. Es stammt wahrscheinlich aus Shantung oder aus dem östlichen Honan. Höhe: ca. 2,90 m. Erstmals hat WAI-KAM-HO (Artibus Asiae): 21, Fig. 18; 23, Fig. 21 die Aufmerksamkeit auf dieses einzigartige Monument gelenkt, das in die Zeit der Dynastie der Nördlichen Ch'i, um 570, datiert wird. Zum Vergleich kann man die in ungefähr der gleichen Zeit (544) entstandene Vier-Tor-Pagode (Ssu-men ta) im Kloster shendung ssu daneben stellen: FRANZ: Pagode 1978: Taf. 178.
77 PEN HUA-SHIH 1982.
78 BUSSAGLI 1963: 19–29, Abb. 18, 22, 23, 24, 25. FRANZ 1965: Taf. 289. FRANZ: Pagan 1979: 30–32, Taf. I./3, 4. MAILLARD 1983: Taf. LXV. Zum Motiv der Girlande in Gandhara vgl. FRANZ 1965: Taf. 100–103, 165.
79 STAWISKI 1979: Taf. 102.
80 STAWISKI 1979: Taf. 110, 111.
81 HÄRTEL 1971, Taf. 35.
82 BSM VII: 24 ff.
83 Zu Waldschmidts Chronologie vgl. auch Härtel 1971. Die letzte zusammenfassende Publikation entstand im Zusammenhang mit der großen Ausstellung der Kunst Zentralasiens, die vom Museum für Indische Kunst in Berlin im Metropolitan Museum of Art in New York veranstaltet worden ist. Auf diesen Katalog, der mit ausgezeichneten Farbabbildungen ausgestattet ist, wird hier immer wieder verwiesen (unter der Abkürzung MM).
84 BSM VII: 24, Taf. 5. MM: 80 ff. Nr. 18.
85 Ebda. V: Taf. 3.
86 BSM VI: Taf. 3 c und 66.
87 MM: 66 ff., Nr. 9.
88 Vgl. Anm. 9.
89 Vgl. Anm. 12 und BSM VII: Taf. 5 und 35 ff.
90 MM: 140–142, Nr. 75 und 76.
91 MM: 62, Nr. 6
92 BSM VI: Taf. 3 c und 66. MM: 66, Nr. 9. BSM IV: Taf. 9 b. BUSSAGLI 1963: 74. Berlin IB. 8399, Breite 35 cm.
93 MM: 146, Nr. 80. BSM I: 27, Taf. 34 b.

94 FRANZ 1965: Taf. 290.
95 HACKIN 1933, 1937. FRANZ 1965: Taf. 225, 226.
96 TARZI 1977: Band 2, Taf. 44, B94. FRANZ 1965: Taf. 205, 206.
97 MM: 82 ff. Nr. 20. BSM III: 28, Taf. 2.
98 BSM IV: Taf. 7.
99 FRANZ 1965: Taf. 294.
100 FRANZ 1965: Taf. 330.
101 MM: 68, Nr. 10. BSM VI: Taf. 3b. Zur Statuenhöhle vgl. auch MM: 70 ff., Nr. 11.
102 MM: 75, Nr. 15.
103 MM: 66 ff., Nr. 9
104 MM: 74, Nr. 14.
105 GRÜNWEDEL 1912: 148, Fig. 336–338 (Malerhöhle Nr. 17): 154, Fig. 354. BSM VII: 28.
106 GRÜNWEDEL (Alt-Kutscha 1920: I/31 und Fig. 20) erwähnt noch einen anderen inschriftlichen Malernamen Mitradatta/Mududûka citrakâra und sieht in diesem einen Gesandten bei König La dho dho ri, woraus sich für ihn eine Datierung um 350 n. Chr. ergibt. Der 2. Malstil von Kutscha wäre dann in seinen Anfängen zeitlich schon weit früher anzusetzen.
107 BSM VI: Taf. 58–60. MM: 97, Nr. 32.
108 FRANZ 1965: Taf. 308. BSM IV: Taf. 12.
109 BSM VI: Taf. 9. MM: 94, Nr. 30.
110 BSM IV: Taf. 7.
111 FRANZ 1965: Taf. 308.
112 MM: 118 ff. Nr. 51, 52, 53.
113 PENG HUA-SHIH 1982: Taf.
114 PENG HUA-SHIH 1982: Taf.
115 MM: 124, Nr. 60. HAMBIS 1967: Taf. LVI-LX/121–125.
116 BUSSAGLI 1963: 73. BSM IV: Taf. 9a. MM: 75, Nr. 15.
117 MM: 82 ff., Nr. 20.
118 MM: 70–72, Nr. 11, 12
119 MM: 70 ff., Nr. 11.
120 MM: 72, Nr. 12.
121 MM: 72, Nr. 13.
122 MM: 75, Nr. 15.
123 MM: 82 ff., Nr. 20.
124 MM: 80 ff., Nr. 18.
125 MM: 66 ff., Nr. 9. BSM VI: Taf. 3 c.

Abkürzungen:
MM – Katalog des Metropolitan Museum of Art, New York
BSM – LE COQ, A. v.: Die buddhistische Spätantike in Mittelasien

BIBLIOGRAPHIE

ACKERMAN, H. C.: Narrative Stone Reliefs from Gandhāra in the Victoria and Albert Museum in London. Rom 1975.
ALBAUM, L. I., Brentjes, B.: Wächter des Goldes. Zur Geschichte und Kultur mittelasiatischer Völker vor dem Islam, Berlin 1972.
ANDREWS, F. H.: Catalogue of Wall-Paintings form ancient shrines in Central Asia and Sīstān recovered by Sir Aurel Stein. New Delhi, Delhi 1933.
Descriptive catalogue of antiquities recovered by Sir Aurel Stein during his explorations in Central Asia, Kansu and Eastern Iran. Delhi 1935.
Wall-paintings from ancient shrines in Central Asia recovered by Sir Aurel Stein. London 1948.

BELENICKIJ, A.: Zentralasien. München, Genf, Paris 1968.

BERNARD, P.: Aï Khanum on the Oxus, a Hellenistic city in Central Asia, in: The Proceedings of the British Academy, London 1967: 71–95.

Fouilles d'Ai Khanoum I (campagnes 1965, 1966, 1967, 1968). Mémoires DAFA, 21, Paris 1973.

Fouilles de Ai Khanoum (Afghanistan), campagnes de 1972 et 1973. Académie des Inscriptions et Belles-Lettres. Comptés rendus des séances de l'année 1974, avril-juin, Paris 1974: 280–308.

BSM = Buddhistische Spätantike in Mittelasien. S. LE COQ, A. u. E. WALDSCHMIDT.

BUSSAGLI, M.: L'influsso classico ed iranico sull'arte dell'Asia Centrale. Rivista dell'Instituto Nazionale d'Archeologia e Storia dell'Arte, nuova serie A. II. Roma 1953: 171–262.

La peinture de l'Asie Centrale. Genève 1963.

CRIBB, J.: The origin of the Buddha Image – the numismatic evidence. In: South Asian archaeology 1981. Ed. Bridget Allchin, Cambridge 1984: 231–244.

DEMIEVILLE, P.: Compte-rendu de Basil Gray, Buddhist cave paintings at Tunhuang, T'oung Pao XLVIII (1960): 163–177.

DENWOOD, Ph.: Brackets in the architecture of Buddhist Central Asia. Art and Archaeology Research papers. Jänner 1975: 56–63.

DEYDIER, Ch: Chinesische Bronzen. München 1981.

FACCENA, D.: Sculptures from the sacred area of Butkara I. Reports and Memoirs (Hg. G. TUCCI), 11. 3. Roma 1964.

FOUCHER, A.: L'art gréco-bouddhique au Gandhāra, vol. 1 et 2. Paris 1905–1951.

FRANZ, H. G.: Pagode, Stupa, Turmtempel. Untersuchungen zum Ursprung der Pagode. In: Kunst des Orients 3 (1959): 14–28.

Der Stupa mit Kultnische. In: Artibus Asiae 23 (1960): 239–253.

Die Ausgrabungen in Nalanda und die Baukunst des späten Buddhismus in Indien. In: Ars Orientalis 4 (1961): 187–205.

Die Buddhistische Kunst Indiens. Leipzig 1965.

Hinduistische und islamische Kunst Indiens. Leipzig 1967.

Der indische Terrassentempel. In: Studies in Indian Temple Architecture. Hrsg. von Pramod Chandra, Philadelphia 1975: 166–178.

Buddhistische Kultstätten in Sowjetisch-Zentralasien. Bemerkungen zu neueren Ausgrabungen der sowjetischen Archäologie. In: Afghanistan Journal 4 (1977): 66–73.

Der buddhistische Stupa in Afghanistan. Ursprünge und Entwicklung. In: Afghanistan Journal 4 (1977): 101–120 (Teil 1); 5 (1978): 26–38 (Teil 2).

Das Chakri Minar als Buddhistische Kultsäule. In: Afghanistan Journal 5 (1978): 96–101.

Die buddhistische Kultsäule. In: Kunsthistorisches Jahrbuch Graz 13 (1978): 141–156.

Pagode, Turmtempel, Stupa. Studien zum Kultbau des Buddhismus in Indien und Ostasien. Graz 1978.

Von Gandhara bis Pagán. Kultbauten des Buddhismus und Hinduismus in Süd- und Zentralasien. Graz 1979.

Stupa, Tempel und Umgang. Kultbauten des Buddhismus und Hinduismus in Süd- und Zentralasien. In: Kunsthistorisches Jahrbuch Graz 14 (1979): 1–122.

Buddhistische Kunst und Kultur entlang der „Seidenstraße“. Teil 1: Die „Seidenstraße“ als Kulturbrücke zwischen Mittelasien und China. In: Afghanistan Journal 7 (1980): 23–29.

Kunst im Reich der Kushana. In: Afghanistan Journal 7 (1980): 43–49.

Stupa and Stupa temple in the Gandharan regions and in Central Asia. In: A. L. Dallapiccola, The Stupa. Its religious, historical und architectural relevants, Wiesbaden 1980: 39–58.

Turmstupa-Modell aus Turfan. Zur Herkunft der Pagode in China. In: Pantheon 39 (1981): 169–171.

Buddhistische Steinpfeilerhallen in Sri Lanka (Ceylon). In: Kunsthistorisches Jahrbuch Graz 17 (1981): 21–34.

Chotscho und Yar-khoto, die beiden Ruinenstädte der Turfan-Oase als Zentren buddhistischer Baukunst. In: Albert von Le Coq, Chotscho, Reprint, Graz 1981 (Anhang): 19–24.

Buddhistische Architektur in Abbildung und Nachbildung. In: Pantheon 39 (1981): 358–360.

Buddhistische Kunst und Kultur entlang der „Seidenstraße“. Teil 2: Kultbauten des Buddhismus. 2.1. Vom Stupa zur Pagode. In: Afghanistan Journal 8 (1981): 96–101.

Buddhistische Kunst und Kultur entlang der „Seidenstraße“. Teil 2: Kultbauten des Buddhismus. 2.2. Umgangstempel. In: Afghanistan Journal 8 (1981): 123–131.

Stupa und Umgangstempel in Zentralasien. Die buddhistische Kunst auf dem Weg von Indien nach Ostasien. In: Das Altertum 27 (1981): 156–166.

Tempel und Pagode im buddhistischen China. In: Festschrift Richard Milesi, Klagenfurt 1982: 59–77.

Umgangstempel in Mittelasien und Indien. In: Jakob Ozols/Volker Thewalt (Hg.), Aus dem Osten des Alexanderreichs. Festschrift für Klaus Fischer. Köln 1984: 127–142.

The origins of the tower-temple in India. In: South Asian Archaeology 1981. Proceedings of the Sixth International conference of the Association of South Asian Archaeologists in Western Europe. Edited by Bridget Allchin. Cambridge 1984: 280–284.
Remarks on some Terracotta Models in the M. R. A. H. Collection. In: South Asian Archaeology. Brüssel 1983 (im Druck).
Ursprünge und Vorstufen des indischen Turmtempels, in: Orientalia I. Tucci Memoriae, Rom 1985: 417–444.

FRUMKIN, G.: Archaeology in Soviet Central Asia, in: Handbuch der Orientalistik V: VII Abt. III, 1. Leiden, Köln 1970.

FUSSMAN, G.: Novelles découvertes à Bamiyan. Afghanistan, vol. XXVII, n° 2. (1974): 57–78.

FUSSMAN, G. und M. LE BERRE: Monuments bouddhiques de la région de Caboul. Mém. D. A. F. A. XXII. Paris 1976.

GABAIN, A. von: Der Buddhismus in Zentralasien. Handb. d. Orientalistik 8, 2. Leiden 1961: 469–514.

GAULIER, S., R. JERA-BEZARD u. M. MAILLARD: Iconography of religions XIII, 14. Buddhism in Afghanistan and Central Asia. Leiden 1976.

GHIRSMAN, R.: Begram. Recherches archéologiques et historiques sur les Kushans. Mémoires DAFA, Bd. 20. Le Caire 1946.

GÖBL, R.: Die Münzprägung der Kusana von Vima Kadphises bis Bahram. In: F. Altheim, R. Stiehl: Finanzgeschichte der Spätantike. Frankfurt 1957: 173–284.
System und Chronologie der Münzprägung des Kušān-Reiches. Österreichische Akademie der Wissenschaften, phil. hist. Kl., Veröffentlichungen der numismatischen Kommission (Sonderband). Wien 1984.

GRAY, B.: Buddhist cave paintings at Tun-huang. London 1959.

GROPP, G.: Archäologische Funde aus Khotan/Chinesisch-Ostturkestan. Die Trinkler-Sammlung im Übersee-Museum. Bremen 1974.

GRÜNWEDEL, A.: Bericht über archäologische Arbeiten in Idikutschari und Umgebung im Winter 1902–1903. Abh. der Philosophisch-Philologischen Klasse der Königlich Bayerischen Akademie der Wissenschaften, Bd. XXIV. München 1906.
Altbuddhistische Kultstätten in Chinesisch Turkistan (Bericht über archäologische Arbeiten von 1906 bis 1907 bei Kuca, Qarasahr und der Oase Turfan. Berlin 1912.
Alt-Kutscha. Berlin 1921.

HACKIN, J.: Nouvelles recherches archéologiques à Bāmiyān. Mém. D. A. F. A. III. Paris 1933.
Recherches archéologiques en Asie centrale. Revue des Arts Asiatiques IX (1935): 124–143 und X (1936): 65–72.
Recherches archéologiques à Begram (chantier n° 2, 1937). Mém. D. A. F. A. IX. Paris 1939.

HACKIN, J. u. a.: Nouvelles recherches archéologiques à Begram (1939–1940). Mém. D. A. F. A. XI. Paris 1954.

HAMBIS, L.: Toumchouq, Mission Paul Pelliot, Documents archéologiques, publiés sous les auspices de l'academié des inscrieptions et Belles-Lettres, Band I, Paris 1961.
Enciclopedia universale dell'Arte: Asia Centrale, II, 1–25 (1958); Khotanesi centri, VII: 472–480; Kuca centri, VIII, 498–500 (1963); Nestoriane correnti d'arte, IX, 903–907; Turfan centri d'arte, XIV, 255–264.
Doldour-Aqour et Soubachi, Mission Paul Pelliot, Band III, Paris 1967.
L'Asie Centrale, histoire et civilisation. [Coll. Orientale, dirigée par M. Louis Hambis.] Paris 1977.

HÄRTEL, H. und J. AUBOYER: Indien und Südostasien, Propyläen-Kunstgeschichte, 16. Berlin 1971: 96–102: Härtel, H.: Die Buddhistische Kunst Zentralasiens.

HÄRTEL, H., V. MOELLER, M. SALDIZ: Museum für Indische Kunst Berlin, Katalog 1986. Berlin 1986.

HÄRTEL, H., V. MOELLER, M. GALDIZ: Museum für Indische Kunst Berlin, Katalog 1986. Berlin 1986.

HÄRTEL, H.: siehe MM.

HUANG WENBI: Talimu pendi kaogu ji (Archäologische Aufzeichnungen aus dem Tarim-Becken), Zhongguo tianye kaogu baogao ji, kaoguxue zhuankan (Gesammelte Berichte der Chinesischen Feldarchäologie, Spezialnummer für Archäologie), 4/Nr. 3, Zhongguo kexueyuan kaogu yanjiusuo (Institut für Archäologie der Chinesischen Akademie der Wissenschaften) (Hg.), Peking 1958.

INGHOLT, H.: Gandhāran art in Pakistan. New York 1957.

JERA-BEZARD, R.: Une peinture murale d'un sanctuaire bouddhique d'Asie centrale. Revue du Louvre et des Musées de France 1980: 38–44.

JETTMAR, K.: Felsbilder und Inschriften am Karakorum Highway, Central Asiatic Journal 24 (1980), S. 185–221.

JETTMAR, K. und V. THEWALT: Zwischen Gandhāra und den Seidenstraßen, Felsbilder am Karakorum Highway, Entdeckungen Deutsch-Pakistanischer Expeditionen 1979–1984. Mainz 1985.

KARO, G.: Die Kunst von Ost-Turkestan. Zeitschrift der Deutschen Morgenländischen Gesellschaft, N. F. IV, LXXIX. (1924–1925): 136–149.

KLIMBURG, M.: Die Entwicklung des 2. indo-iranischen Stils von Kutscha. Schriften zur Geschichte und Kultur des alten Orients. 5. Sprache, Geschichte und Kultur altaischer Völker. Berlin 1974.

KRUGLIKOVA, I. T.: Dilberzin (Fouilles 1970–1973). Moskau 1974.

KRUGLIKOVA, I. T. u. G. PUGATCHENKOVA: Dilberzin (Fouilles 1970–1973). Moskau 1977.

LE COQ, A. von: Chotscho. Berlin 1913. Graz 1981.
Die Buddhistische Spätantike in Mittelasien, I–V. Berlin 1922, 1926. Graz 1973–1975.
Die Buddhistische Spätantike in Mittelasien. Neue Bildwerke V, VI u. VII. Berlin 1922–1933. Graz 1975.
Bilderatlas zur Kunst und Kulturgeschichte Mittelasiens. Berlin 1925. Graz 1977.
Auf Hellas Spuren in Ostturkistan. Bericht und Abenteuer der II. und III. Deutschen Turfan-Expedition. Leipzig 1926. Graz 1974.
Von Land und Leuten in Ostturkistan. Berichte und Abenteuer der 4. deutschen Turfan-Expedition. Leipzig 1928.
LE COQ, A. von u. E. WALDSCHMIDT: Die Buddhistische Spätantike in Mittelasien, VI–VII. Berlin 1928–1933.
LITVINSKIJ, B. A. u. T. I. ZEYMAL: Adzina Tepa, Arxitektura, Zivopis, Skul'ptura. Moskau 1971.
LITVINSKIJ, B. A.: Découvertes dans un Sanctuaire du dieu Oxus de la Bactriane Septentrionale, Revue Archéologique 2 (1981): 195–216.
LIU, MAU-TSAI: Kutscha und seine Beziehungen zu China vom 2. Jh. v. bis zum 6. Jh. n. Chr. Wiesbaden 1969.
LOHUIZEN-DE LEEUW, J. E.: The Scythian Period. Leiden 1949.
MAILLARD, M.: Essai sur la vie matérielle dans l'oasis de Tourfan pendant le haut Moyen-Age. Arts Asiatiques, 29 (1973):
Grottes et Monuments d'Asie Centrale. Sur l'Architecture des Monuments civils et Religieux dans l'Asie Centrale Sédentairs. Paris 1983.
MISSION PELLIOT: I, II: Toumchouq von Paul-David, M., Hallade, M., Hambis, L. Paris 1961–1964. III: Koutcha. Paris 1967.
MITTERWALLNER, G. von: Münzen der späten Kuṣāṇas, Teil 1, Tuduv-Studien, Reihe ars indica, 1. München 1983.
MIZUNO, S.: Haibak and Kashmir. Buddhist cave-temples in Afghanistan and Pakistan surveyed in 1960. Kyoto 1962.
MM = Along the Ancient Silk Roads. Central Asian Art from the West Berlin State Museums. The Metropolitan Museum of Art. New York/April 3–June 20, 1982. (Einleitung und Katalog von Herbert Härtel und Marianne Yaldiz).
MONUMENTA Serindica II, V, VI. Kyoto 1959, 1962, 1963.
OLDENBURG, S.: Russkaja Turkestanskaya ekspedicija (Russische archäologische Expedition in Turkistan) (1909–1910). St. Petersburg 1914.
PELLIOT, P.: (Mission Pelliot I): Les Grottes de Touen-houang. Paris 1920.
P'ENG HUA-SHIH. Ein Jahrtausend chinesischer Kunst. Hsg. vom Dun-huang Institute of Cultural Relics. Stuttgart 1982.
PUGAČENKOVA, G. A.: Chalcajan. K probleme chudozestvennoj kul'tury Severnoj Baktrii (Chalcajan. Zum Problem der künstlerischen Kultur in Nordbaktrien). Taschkent 1966.
La Sculpture de Khaltchajan. In: Iranica Antiqua, V, fasc. 2. Leiden 1965.
Die Skulptur von Chaltschayan. In: Bibliotheca Classica Orientalis, H. 2. Berlin 1966.
ROSENFIELD, J. M.: The Dynastic Arts of the Kushans. Berkeley, Los Angeles 1967.
ROWLAND, B.: Art along the Silk Road. A Reappraisal of Central Asian art. (Review of M. Buddagli, Painting of Central Asia.) Harvard Journal of Asian Studies, 25. (1964–1965): 248–264.
Zentralasien. Baden-Baden 1970.
SCHLUMBERGER, D.: Nachkommen der griechischen Kunst außerhalb des Mittelmeerraums. In: Der Hellenismus in Mittelasien (Hg. F. Altheim, J. Rehork). Darmstadt 1969.
Der hellenisierte Orient. Baden-Baden 1969.
STAVISKII, B. J.: Kusanskaya Baktriya. Problemy istorii i kul'tury. Moskau 1977.
Mittelasien/Kunst der Kuschan. Leipzig 1979.
STEIN, M. A.: Ancient Khotan. Detailed report of archaeological exploration in Chinese Turkestan carried out and described under the orders of H. M. Indian Government. Oxford 1907.
Ruins of desert Cathay. Personnal narrative of explorations in Central Asia and Westernmost China. London 1912.
Serindia. Oxford 1921.
Innermost Asia. Detailed report of explorations in Central Asia, Kansu, and Eastern Iran. Oxford 1928.
On Central Asian tracks. Brief narrative of three expeditions in Innermost Asia and Northwestern China. London 1933.
STEIN, R. A.: Architecture et pensée religieuse en Extrême-Orient. Arts Asiatiques, IV, fasc. 3. (1957): 163–186.
TADDEI, M.: Il santuario buddhistico di Tapa Sardār, Afghanistan. Quaderni de „La ricerca scientifica", 100. Roma 1978.
TADDEI, M. u. G. VERARDI: Tapa Sardār. Second preliminary report. East and West 28, 1–4. (1978): 33–135.
TARZI, Z.: L'architecture et le décor rupestre des grottes de Bāmiyān. Paris 1977.
WAI-KAW HO: Notes on Chinese Sculpture from Northern Ch'i to Sui. Part I: Two Seated Stone Buddhas in the Cleveland Museum. Archives of Asian Art 22 (1968/69), S. 7–39.
WALDSCHMIDT, E.: Gandhara, Kutscha, Turfan. Eine Einführung in die frühmittelalterliche Kunst Zentralasiens. Leipzig 1925.
WATSON, W.: China, Kunst und Kultur. Freiburg, Basel, Wien 1980.
YALDIZ, M.: siehe MM.

134–136 – Der Hundert-Stupa-Tempel im Nordwesten Yar-Khotos ist eine Sonderform. Ein mittlerer fünfteiliger Terrassenstupa, der sich turmartig steil erhebt, ist auf einer ausgedehnten quadratischen Terrasse von vier Quadranten mit je 25 kleineren Turmstupas umgeben. Von diesen sind heute nur mehr Sockelreste zu sehen (Abb. 136). Der Stupatempel muß einen überwältigend großartigen Eindruck gemacht haben, als die Anlage noch in voller Höhe stand. Zur Zeit, als Albert Grünwedel und A. v. Le Coq 1904 und als Oldenburg 1909 die Stadt Yar-Khoto besuchten, standen von den umgebenden kleineren Turmstupas noch zwei bis zum Ansatz der Stupa-Zylinder aufrecht (Abb. 143). Heute ragt allein noch das mittlere fünfteilige Großmassiv als Ruine auf und wurde 1982 mit einem hölzernen Stiegenaufgang versehen, um auf diese Weise den Touristen den Zugang zu ermöglichen, nicht bedenkend, daß damit die Zerstörung der letzten Reste buddhistischer Tempelanlagen nur beschleunigt wird. Um wenigstens die vorhandenen Reste zu dokumentieren, wurde eine exakte Vermessung durch österreichische Experten vorgenommen. Abb. 135 zeigt Dr. Kostka bei der Arbeit.

137–142 – Ansichten aus Yar-Khoto. Im Südosten des Hochplateaus haben sich vereinzelt aus dem Löß herausgehauene Räume erhalten, die einsturzgefährdet sind. Die Löcher in den Wänden dienten einst als Auflager für Deckenbalken. Von den ca. 30 m hohen Klippen der Stadt bietet sich der Blick in das von einem Bächlein durchflossene Tal.

143 – Der Hundert-Stupa-Tempel in einer Aufnahme der Preußischen Turfan-Expeditionen zu Beginn des 20. Jahrhunderts. Sie zeigt die Anlage mit dem mittleren fünfteiligen Terrassenstupa und mit zwei in ihrer ursprünglichen Gestalt noch recht gut erkennbaren kleineren Turmstupas. Foto: B 935a Berlin (West), Museum für Indische Kunst.

144 – Der Hundert-Stupa-Tempel in einer Aufnahme aus dem Jahr 1982, vom selben Standpunkt wie obiges Foto. Der Vergleich zeigt die Zerstörung des Objektes im Laufe von 80 Jahren.

134

135

136

138

139
140

141
142

143

144

Über die Vermessung der Tempelruinen in Yar-Khoto

Die Genehmigung, Vermessungsarbeiten an Tempelruinen in Sinkiang durchführen zu dürfen, war nach langem Warten für alle überraschend übermittelt worden. Diese Nachricht der chinesischen Botschaft in Wien erreichte uns im Frühjahr 1982, nachdem ein diesbezüglicher Antrag bereits über zwei Jahre zuvor eingereicht worden war. Innerhalb kürzester Zeit mußte die Forschungsexpedition angetreten werden.

Alle, das betraf neben den Antragstellern viele Chinaexperten, Mitglieder der österreichischen Botschaft in Peking und unsere Freunde des chinesischen Denkmalamtes, die wir im Laufe der Expeditionsreise durch Nordwestchina kennenlernten. Das erste Mal seit der Gründung der Volksrepublik China im Jahre 1949 war Forschern aus dem Westen genehmigt worden, Vermessungsarbeiten, wenn auch nur im beschränkten Maße, an archäologisch, kunstgeschichtlichen Objekten Ostturkestans durchzuführen.

Ein vom Ordinarius für Kunstgeschichte der Universität Graz, o. Prof. Dr. H. G. FRANZ initiiertes Forschungsprojekt stand somit vor der Realisierung. Die Teilnehmer der Forschungsexpedition erhielten die Möglichkeit, in der Turfan-Oase, der abgelegenen, äußerst schwer zugänglichen Depression zwischen asiatischen Hochgebirgsketten, exakte Bestandspläne buddhistischer Kultbauten herzustellen.

Wir, die Teilnehmer, waren Dr. Karl Gratzl von der Akademischen Druck- u. Verlagsanstalt, Graz, Dr. Richard Trappl vom Institut für Sinologie der Universität Wien und der Schreiber dieser Zeilen, Dr. Robert Kostka, vom Institut für Angewandte Geodäsie und Photogrammetrie der Technischen Universität Graz. Innerhalb von drei Wochen, die für sämtliche Vorbereitungsarbeiten zur Verfügung standen, mußte die Abreise erfolgen.

Der Flug ging von Europa über Karachi nach Peking, wo wir von Vertretern des chinesischen Denkmalamtes, dessen Gäste wir waren, zuvorkommendst empfangen wurden. Weiterflug nach Urumtschi und Fahrt im Kleinbus in Begleitung unserer Dolmetscherin und den Vertretern der lokalen Denkmalbehörde nach Turfan. Diese Oase liegt zwischen Gebirgen eingebettet im Zentrum Sinkiangs und weist im Aydinkol mit –154 m den tiefsten Punkt Chinas auf. Überreste von Kulturgut und Ruinenstätten sind im reichen Maß vorhanden. Die beiliegende Übersichtskarte (siehe Karte von Turfan) veranschaulicht die gegenseitige Lage der kunsthistorisch interessanten Stätten, die während des Aufenthaltes besucht werden konnten.

Bereits um die Jahrhundertwende war diese Oase in extremsten naturräumlichen Umweltbedingungen Ziel mehrerer Forschungsreisen. Eine Fülle archäologischen, historischen, kunsthistorischen Materials war z. B. nur im Rahmen der deutschen Turfan-Expeditionen sichergestellt und weiterverarbeitet worden. Studienobjekte befinden sich z. T. in Berlin, Leningrad oder

New York. Studien der Architektur, der aus ungebranntem Lehm erbauten Kultgebäude, wurden aber nicht oder nur sehr flüchtig durchgeführt. Dabei haben sich bei der Ausbreitung des Buddhismus von West nach Ost hier Bautypen entwickelt, die für den buddhistischen Sakralbau dieser Region richtungweisend waren: Schreintempel, Umgangstempel mit Kultcella und Turmstupatempel.

Die Genehmigung der chinesischen Behörden wurde für die Durchführung von Vermessungsarbeiten an drei Objekten nach freier Wahl erteilt. Dies bedeutete ein großes Entgegenkommen bei der in China häufig anzutreffenden Meinung über ausländische Forscher und Entdecker. Nicht ungerechtfertigt wird die Meinung vertreten, daß Kulturgut durch die Tätigkeit der forschenden Experten entweder ins Ausland verschleppt oder durch zu intensive Bearbeitung zerstört wird. Dies sind die Erfahrungen der Vergangenheit, und Spuren hievon sind, wie wir uns selbst überzeugen konnten, noch an vielen Stellen zu erkennen.

Von den archäologisch interessanten Stätten der Turfan-Oase kamen für Architekturvermessungen nur Kultbauten in den Ruinenstädten Yar-Khoto oder Chotscho in Frage. In kunstgeschichtlichen Kreisen sind durch Kleinfunde wie Münzen, Gewebe aus Seide und Leinen oder großer Mengen an Manuskripten allerdings die Höhlensiedlungen von Sängim und Bäzäklik bekannter. Die Kulthöhlen mit ihren Wandgemälden sind von hervorragender Schönheit, für Architekturstudien aber wenig geeignet. Ähnliches kann auch für die Gräberstadt Astana

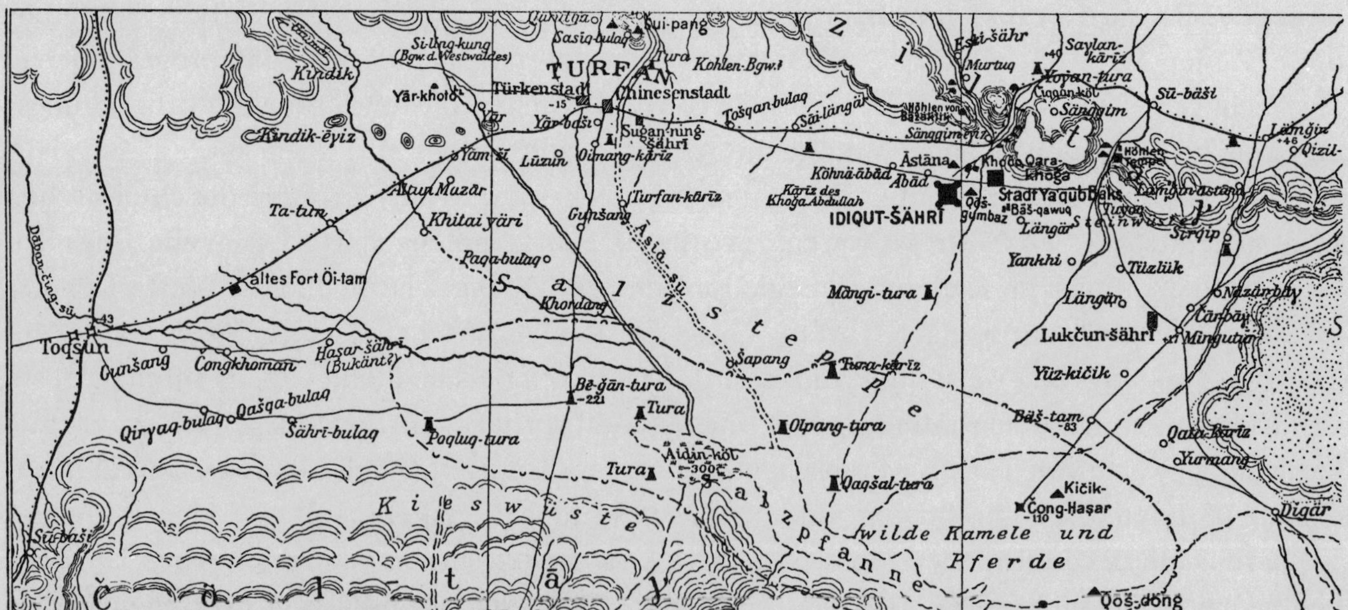

Karte der buddhistischen Ruinenstätten bei Turfan (nach Albert Herrmann)

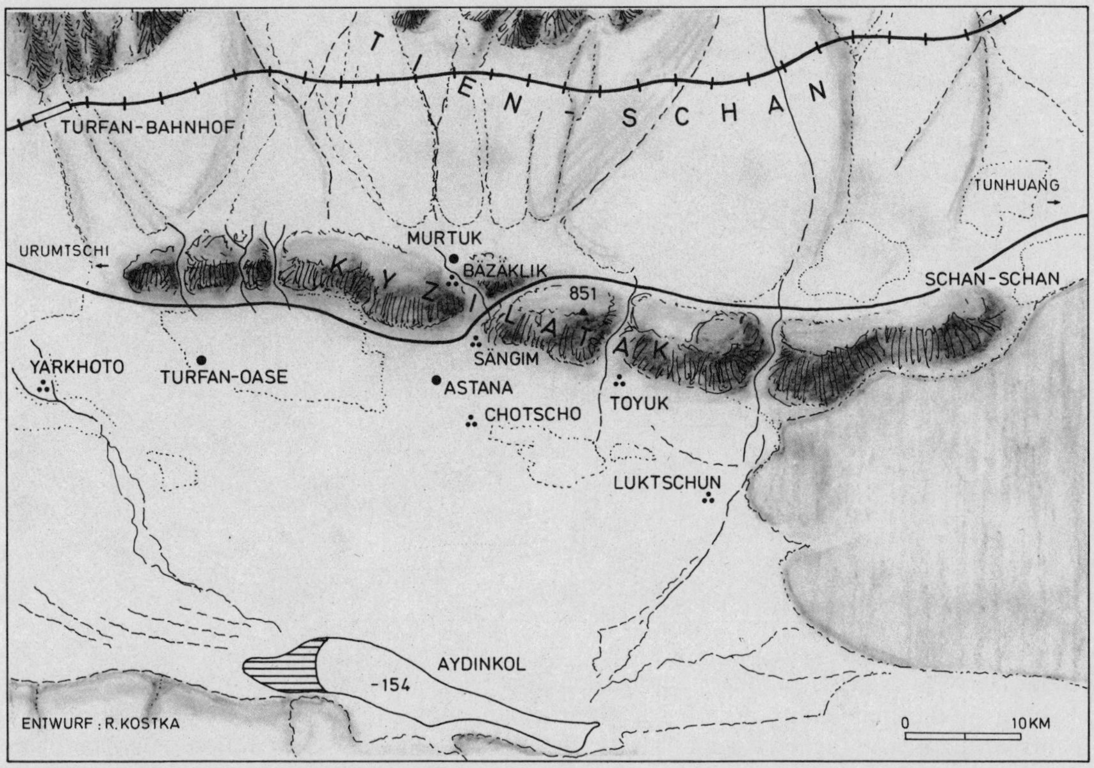

Die Turfan-Oase, heute durch Straße und Schiene mit der Außenwelt in Verbindung, liegt in einer Depression südlich des Tien-Schan-Gebirges.

ausgesagt werden. Le Coq[1] führt übrigens den Namen dieses Ortes auf eine Stufenpyramide, ein speziell ausgebildetes Monument zurück, über das er schreibt: „Vermutlich ist dies die Ursache, weshalb dieser Ort den Namen führt, denn das persische Wort *astana* bedeutet nämlich u. a. einen Ort der Ruhe, des Schlafes, auch ein Heiligengrab." Kein Wort verliert er über Gräberfelder. Heute ist der Name des Ortes leicht verständlich. Die ursprünglich nahezu horizontale Erdoberfläche ist zerfurcht und weist eine Fülle von Ablagerungen auf. Diese stammen von den Grabungsarbeiten auf der Suche nach Grabstätten. Unsere Gewährsleute berichten, daß man in den letzten 10 Jahren 470 Gräber geöffnet hätte und reiche Funde gemacht worden wären.

In den unterirdischen Grabkammern mit Vorkammer sind neben gut erhaltenen Mumien die verschiedensten Gegenstände als Grabbeigaben, Modelle sowie Schutz- und Abwehrfiguren in Tiergestalt gefunden worden.

Drei dieser Grabanlagen, die zwar mit unterschiedlicher Ausstattung, aber nach dem gleichen System angelegt worden waren, konnten wir besichtigen.

Auf der Suche nach geeigneten Objekten für unsere Architekturvermessungen besichtigten wir Chotscho und mußten feststellen, daß es sich für unsere Arbeiten nicht sehr gut eignen würde. Meinem Tagebuch vom 22. April 1982 entnehme ich: „Eine riesige Ruinenstadt liegt vor uns. Nach dem Tee im offiziellen Rasthaus treten wir eine Besichtigungsfahrt und einen Rundgang an, dies mit Unterstützung der Unterlagen Grünwedels. Seit 1902 ist sehr viel verfallen oder

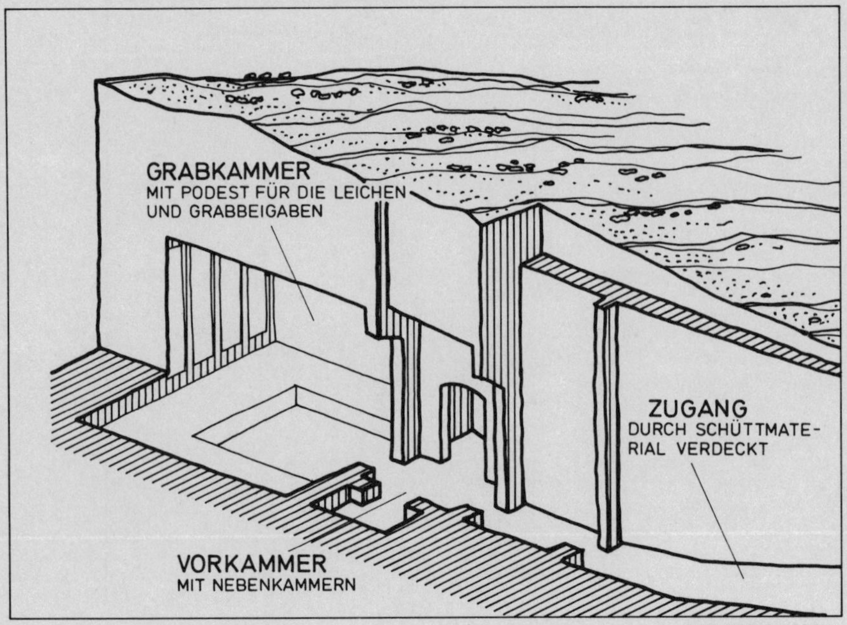

Axonometrische Darstellung eines Schnittes durch eine Grabanlage in Astana.
Über einem schräg abfallenden Gang von ca. 1,2 m Breite erreicht man in ca. 5 m Tiefe das Niveau der Grabanlage. Links und rechts vor dem eigentlichen Zugang zur Grabstätte befinden sich Nebenräume, in denen Fabelwesen für den Schutz des Grabes sorgten. Die eigentliche Grabkammer mit einer Größe von ca. 5 m x 5 m und einer Höhe von 2,5 m bis 3,5 m weist an der Stirnseite Verzierungen auf. Ein Podest diente als letzte Ruhestätte der Mumien und Ablage für Grabbeigaben.

bis zur Unkenntlichkeit zerstört worden. Die von Grünwedel gezeichneten Objekte sind kaum mehr zu identifizieren. Besichtigung einer im Bereich der inneren Mauer gelegenen Tempelanlage – restauriert, vom ursprünglichen Zustand ist kaum mehr etwas zu erkennen. Am besten zu identifizieren ist der von Grünwedel mit Tempel Z bezeichnete Bau, ein Stupa, der an Nepal erinnert. Herr Sabit, einer unserer Begleiter vom Museum in Urumtschi, berichtet, daß die Leute, die ihn errichtet haben, im 8. Jahrhundert aus Tibet gekommen seien. Dort, wo Bauteile gut erhalten sind, erkennt man überall Restaurierungsversuche, ansonsten nur stark verfallene Ruinen." Außer Begehung und Dokumentationsphotographie wird hier also nicht gearbeitet.

Photogrammetrische Aufnahmen konnten somit sinnvollerweise nur in der besser erhaltenen Ruinenstätte Yar-Khoto durchgeführt werden. Es handelt sich um die älteste Stadt der Turfan-Oase, die über die Grenzen dieser Depression hinaus Bedeutung erlangt hat. Auch die besser erhaltenen Objekte, ohne klar erkenntliche menschliche Eingriffe, bestärkten diesen Beschluß.

Diese einstmals befestigte Stadt erhebt sich auf ca. 30 Meter abfallenden Lößabbrüchen, die nahezu unzugänglich sind. In der ausgedehnten Ruinenanlage (siehe Karte von YAR-Khoto) bestehen die Wohnbereiche teils als Gebäude, teils als unterirdische Gemächer. Im höchsten nordwestlichen Teil des von zwei Bächen umflossenen Plateaus der Stadtanlage befinden sich die Überreste buddhistischer Kultbauten. Andeutungen eines Südtores, durch das die heutige Straße führt, und eines Osttores sind noch zu erkennen.

Für die Vermessung fanden sich auf engem Raum charakteristische Tempelbauten, die nach Grünwedel mit I bis IV bezeichnet wurden. Der an und für sich dominierende Schreintempel III, der die sich nach Südosten erstreckenden Wohnbereiche beherrschte, kam für eine photogrammetrische Aufnahme allerdings nicht mehr in Frage, da er aus touristischem Interesse, wie z. B. durch die Anbringung eines neuen Stiegenaufganges und einer Balustrade, zu viele Veränderungen erfahren hat.

Die Wahl, Vermessungsarbeiten durchzuführen, fiel somit auf Tempel IV, den Hundertstupatempel, bei dem bis auf die mittlere Fünfstupagruppe nur mehr Fundamente freistehender Turm-Stupas und einiger Mauereinfriedungen zu erkennen waren. Dieses Objekt stellt aber in seinem Konzept ein interessantes Bauwerk dar, und außerdem existieren Aufnahmen aus den ersten Jahren unseres Jahrhunderts, die aufschlußreiche Vergleiche zulassen. Zudem kommt, daß ihm, ähnlich wie dem dominierenden Schreintempel III im Zentrum der Stadtanlage, zunehmendes Interesse als Touristenattraktion zufällt, so daß sein Bestand in Zukunft im hohen Maß gefährdet ist.

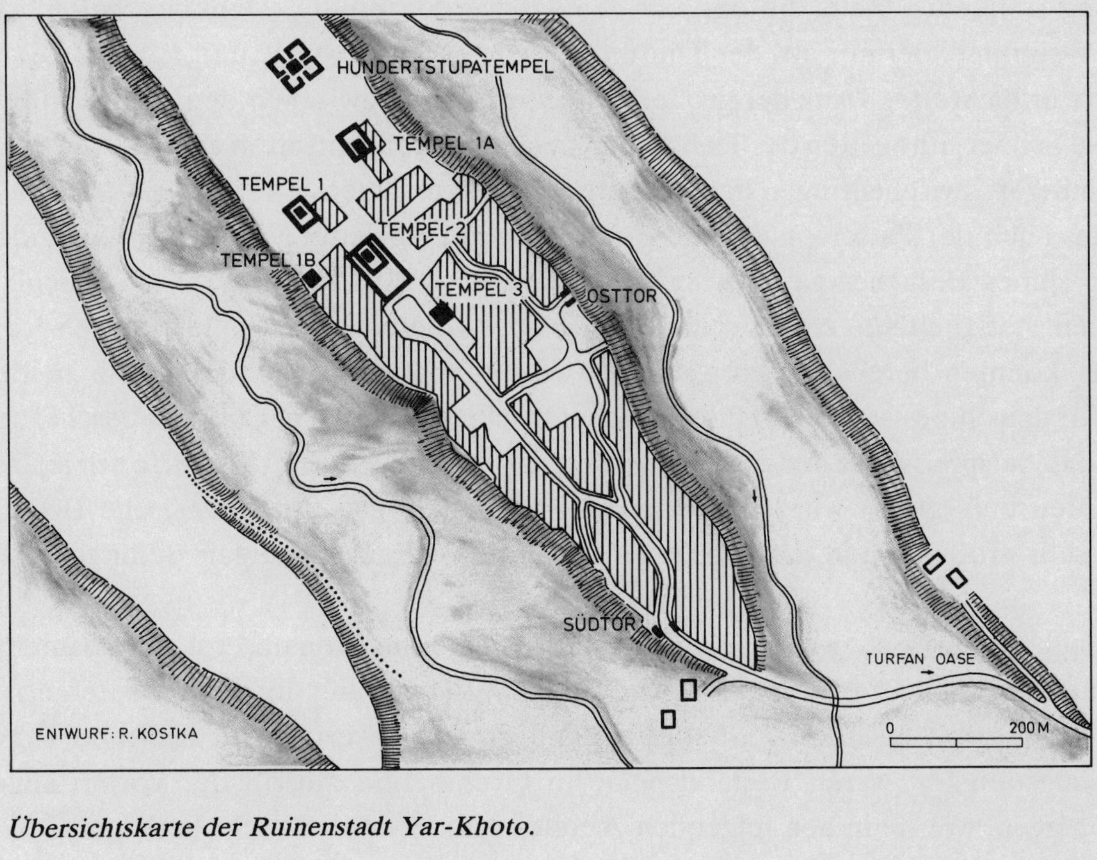

Übersichtskarte der Ruinenstadt Yar-Khoto.

Die zwei weiteren Tempel, die ausgewählt wurden, waren der quadratische Umgangstempel I mit noch gut erhaltenen Cella-Resten und die rechteckige Tempelanlage I A, von der die Nebenobjekte nach Grünwedel leider nicht mehr zu identifizieren waren.

Die Vermessungsarbeiten mußten mit dem mitgeführten Intrumentarium, das möglichst leicht und robust ausgewählt worden war, ausgeführt werden. Die Mitarbeiter bei der Messung waren die Expeditionskameraden. Zu den angewandten Meßverfahren soll lediglich angemerkt werden, daß sich neben der Polaraufnahme und der Stereophotogrammetrie eine polarphotogrammetrische Methode für die Erfassung des nahezu senkrechten, gegliederten Mauerwerkes sehr gut geeignet hat. Über die Errichtung der Lehmbauten berichtet unser Gewährsmann, Herr Sabit: „Prinzipiell wurden drei verschiedene Möglichkeiten beim Bau von Mauern und Bauwerken angewandt. Die Stampflehmmethode in Blöcken mit einer Höhe von einem halben bis zu einem Meter, oder die Stampflehmmauererrichtung in dünnen Schichten von etwa 10 cm Höhe, die durch die Naturrundholzschalung vorgegeben war, und schließlich für kompliziertere Bauwerke und Bauwerkselemente die Ziegelbauweise mit ungebrannten Lehmziegeln, deren Größe häufig geändert wurde." Die letzten zwei dieser traditionellen Bauweisen konnten wir bei der Errichtung moderner Wohnhäuser noch im Frühjahr 1982 in Turfan beobachten.

Die Vermessung der ausgewählten Objekte war anstrengend und erforderte vollste Konzentration, anstrengend zufolge der Temperatur, der stauberfüllten Luft sowie der kurzen zur Verfügung stehenden Zeit, die optimal genützt werden mußte. Dankbar war ich für jeden Schluck Jasmintee, der mir aus der Thermosflasche gereicht wurde und mir das Diktieren der Meßwerte erleichterte. Trotz der großen Hitze leuchteten zwischen den stauberfüllten Lehmruinen die Schneesilhouetten des Tien-Schan herunter. Konzentration erforderten die Arbeiten wegen häufiger Zwischenfragen der Begleiter und Beobachter.

Da uns auch der Parteivorsitzende von Turfan mit Begleitung in seinem Geländefahrzeug die Ehre seines Besuches gab, waren wir zeitweise zwölf Personen. Die Tatsache, daß der Vermessungstätigkeit von chinesischer Seite großes Interesse entgegengebracht wird, ist nicht neu. Dies konnten bereits die europäischen Jesuitenpatres feststellen, als sie zu Beginn des 18. Jh.s für den chinesischen Hof mit kartographischen Arbeiten in Ostasien beschäftigt waren.[2] „Allein, daß beispielsweise nur zur Vermessung der Insel Formosa 15 Schiffe mit je 25 Soldaten den Jesuiten beigegeben wurden, läßt darauf schließen, daß die chinesische Begleitung der Jesuiten sehr groß war und daß die Gelehrten unter überaus günstigen Bedingungen arbeiten konnten."

Angenehm überrascht war unsere chinesische Begleitung von unserer Arbeitsmethode. Die Photogrammetrie ging rasch vor sich. Es war keine Berührung der Lehmbauten erforderlich, und es wurde somit auch kein Schaden an den Objekten verursacht. Ziel und Ergebnis der Vermessungstätigkeit waren Bestandspläne in Grund- und Aufriß der vorhin angegebenen Tempelanlagen, wie sie in den folgenden Abbildungen diesem Bericht beiliegen.

Tempel 1

A Grundriß
B Südwest-Ansicht
C Nordwest-Ansicht
D Nordost-Ansicht
E Südost-Ansicht außen
F Südostansicht innen
G Schnitt
H Ansicht Südecke
I Ansicht Cella

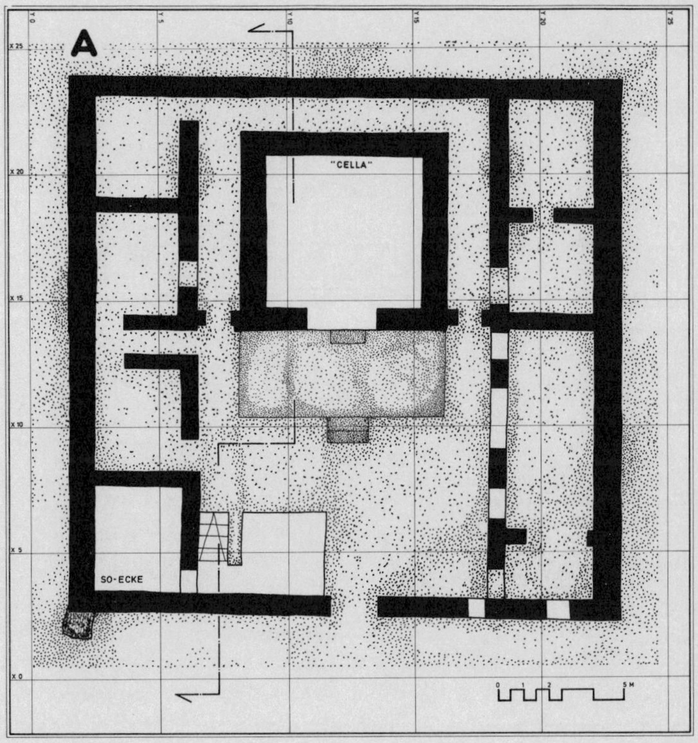

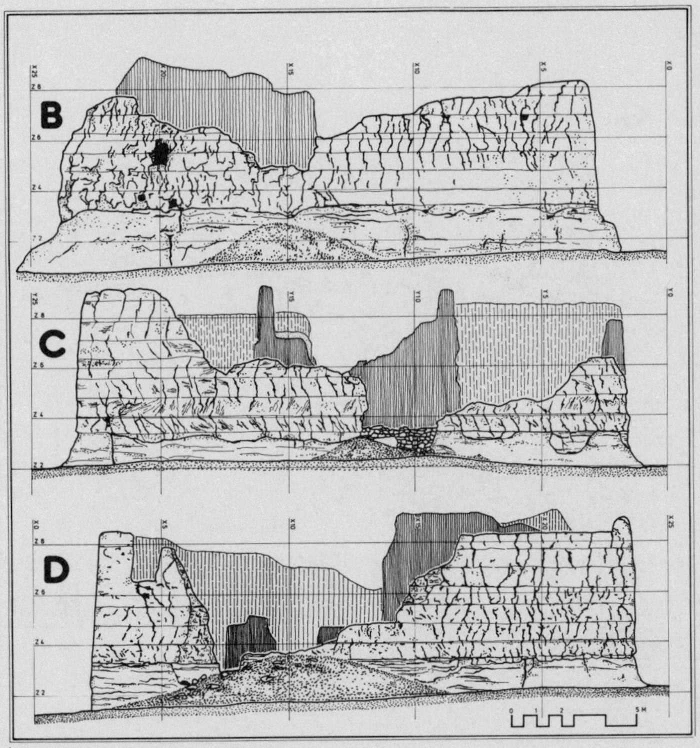

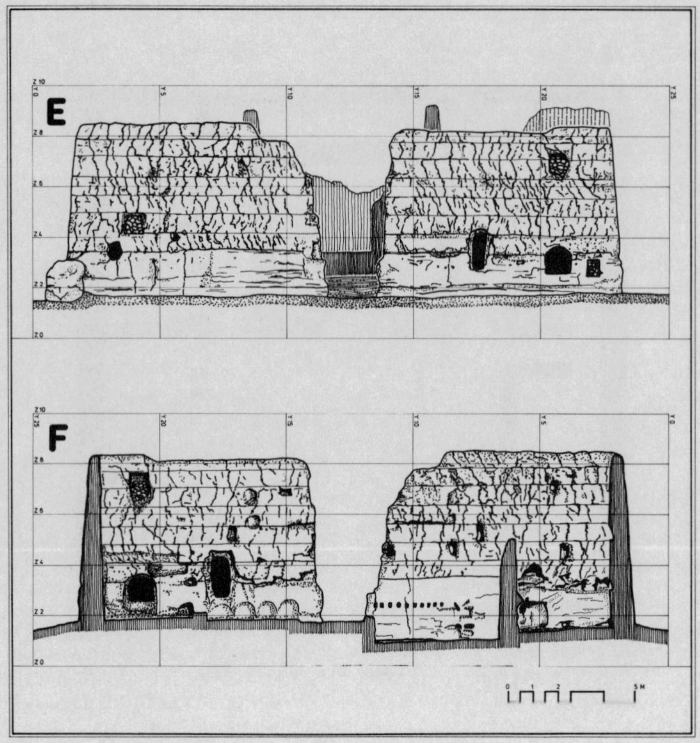

SINKIANG '82

ÖSTERREICHISCHES
FORSCHUNGSUNTERNEHMEN
IN DER AUTONOMEN REGION
XINJIANG - UYGUR
(VOLKSREPUBLIK CHINA)
DES INSTITUTES FÜR KUNSTGESCHICHTE
UNIVERSITÄT GRAZ
DES INSTITUTES FÜR ANGEWANDTE GEODÄSIE
UND PHOTOGRAMMETRIE
TECHNISCHE UNIVERSITÄT GRAZ
DER AKADEMISCHEN
DRUCK- UND VERLAGSANSTALT GRAZ-AUSTRIA
UNTER DER LEITUNG VON:
O. UNIV. PROF. DR. HEINRICH GERHARD FRANZ

YARKHOTO (JIAOHE), TURFAN (TURPAN)
XINJIANG - UYGUR
VOLKSREPUBLIK CHINA

TEMPEL 1

E SO-ANSICHT AUSSEN
F SO-ANSICHT INNEN

ORGINALMASSSTAB DER ZEICHNUNG: 1:50

ÖRTLICHES KOORDINATEN- UND HÖHENSYSTEM
BESTAND: 21. BIS 24. APRIL 1982
AUFNAHME + AUSWERTUNG: ROBERT KOSTKA
GRAPHISCHE GESTALTUNG: WALTER KUSCHEL

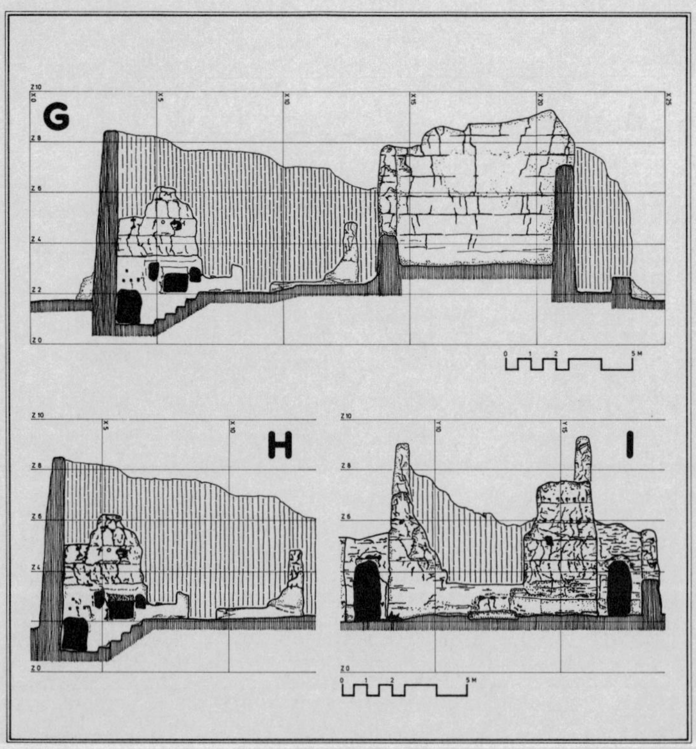

SINKIANG '82

ÖSTERREICHISCHES
FORSCHUNGSUNTERNEHMEN
IN DER AUTONOMEN REGION
XINJIANG - UYGUR
(VOLKSREPUBLIK CHINA)
DES INSTITUTES FÜR KUNSTGESCHICHTE
UNIVERSITÄT GRAZ
DES INSTITUTES FÜR ANGEWANDTE GEODÄSIE
UND PHOTOGRAMMETRIE
TECHNISCHE UNIVERSITÄT GRAZ
DER AKADEMISCHEN
DRUCK- UND VERLAGSANSTALT GRAZ-AUSTRIA
UNTER DER LEITUNG VON:
O. UNIV. PROF. DR. HEINRICH GERHARD FRANZ

YARKHOTO (JIAOHE), TURFAN (TURPAN)
XINJIANG - UYGUR
VOLKSREPUBLIK CHINA

TEMPEL 1

G SCHNITT
H ANSICHT SÜDECKE
I ANSICHT CELLA

ORGINALMASSSTAB DER ZEICHNUNG: 1:50

ÖRTLICHES KOORDINATEN- UND HÖHENSYSTEM
BESTAND: 21. BIS 24. APRIL 1982
AUFNAHME + AUSWERTUNG: ROBERT KOSTKA
GRAPHISCHE GESTALTUNG: WALTER KUSCHEL

Tempel 1 A

A Grundriß
B Schnitt
C Südost-Ansicht
D Südwest-Ansicht
E Nordwest-Ansicht
F Nordost-Ansicht

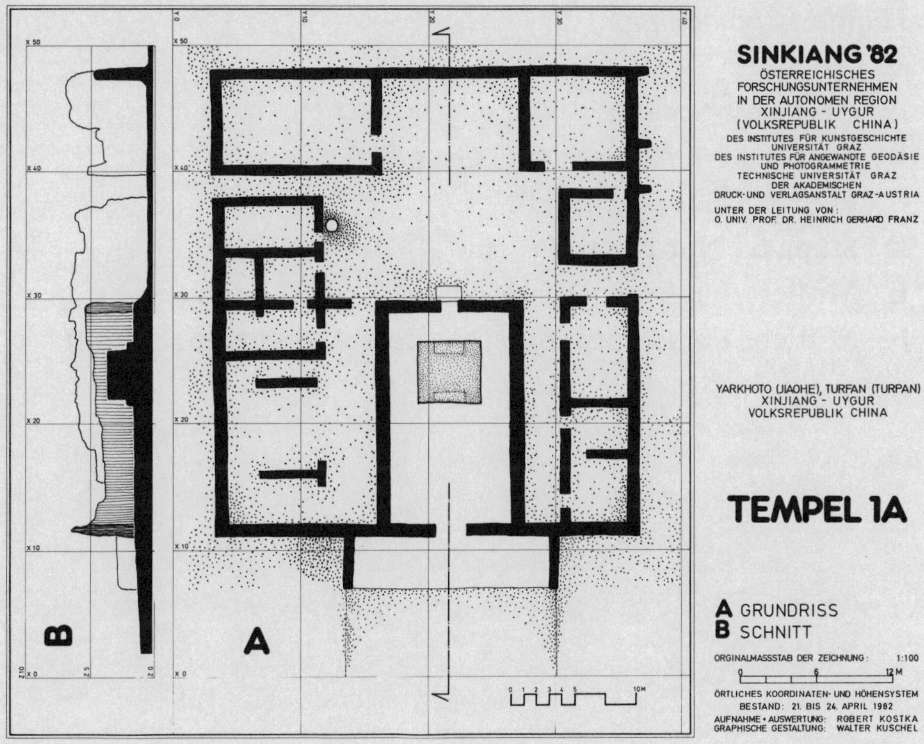

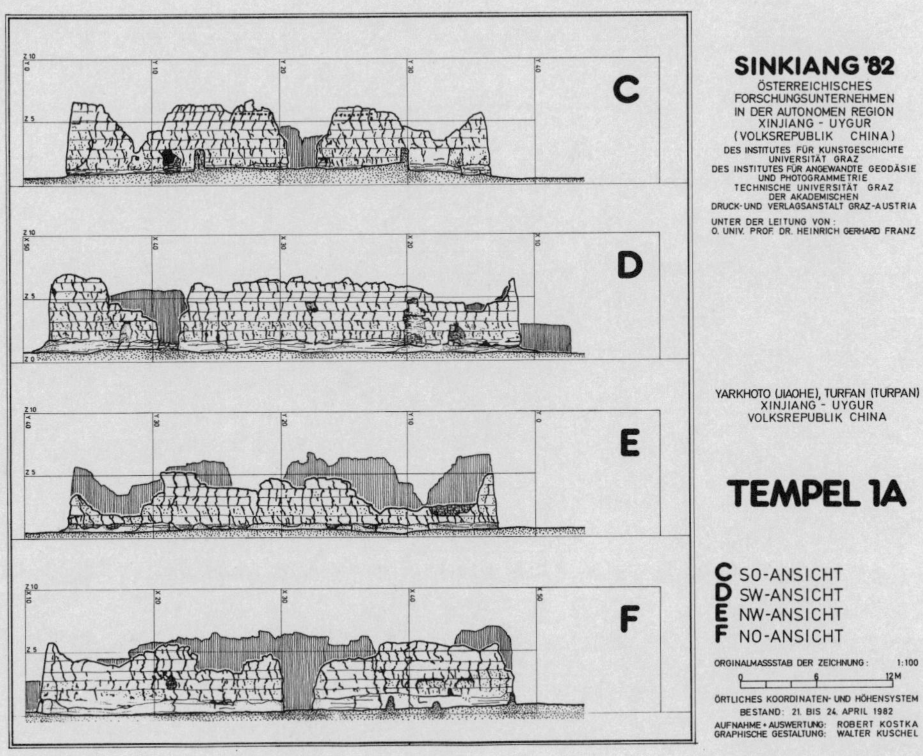

Hundertstupatempel

A Grundriß-Schema
B Mittlere Fünfstupagruppe Grundriß
C Stupa 41 Südost-Ansicht
D Stupa 68 Nordwest-Ansicht
E Mittlere Fünfstupagruppe-Südost-Ansicht und Schnitt
F Mittlere Fünfstupagruppe-Nordost-Ansicht und Schnitt

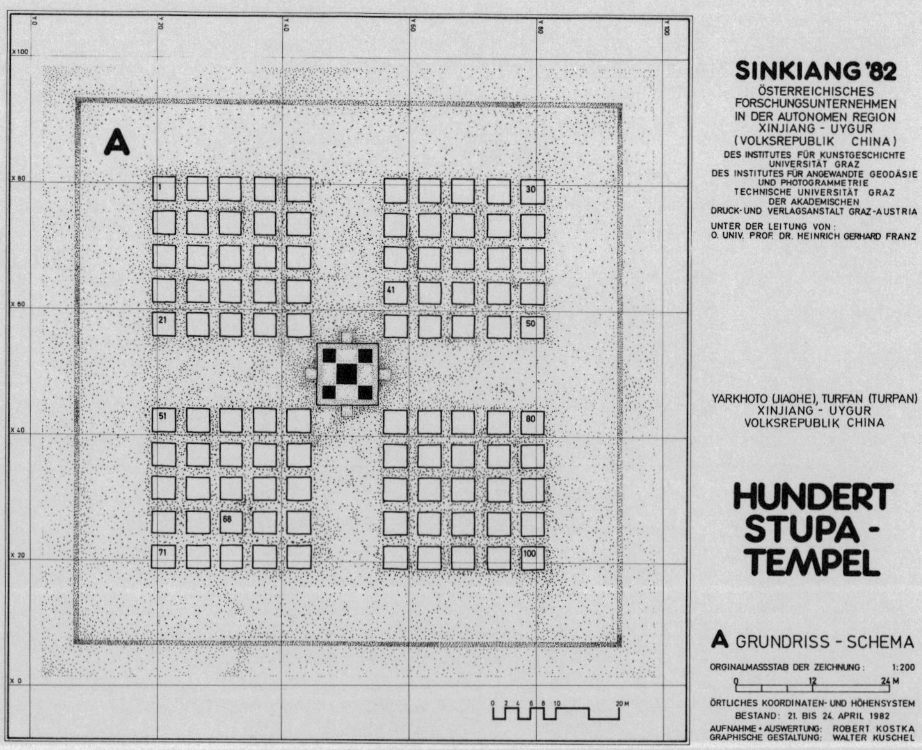

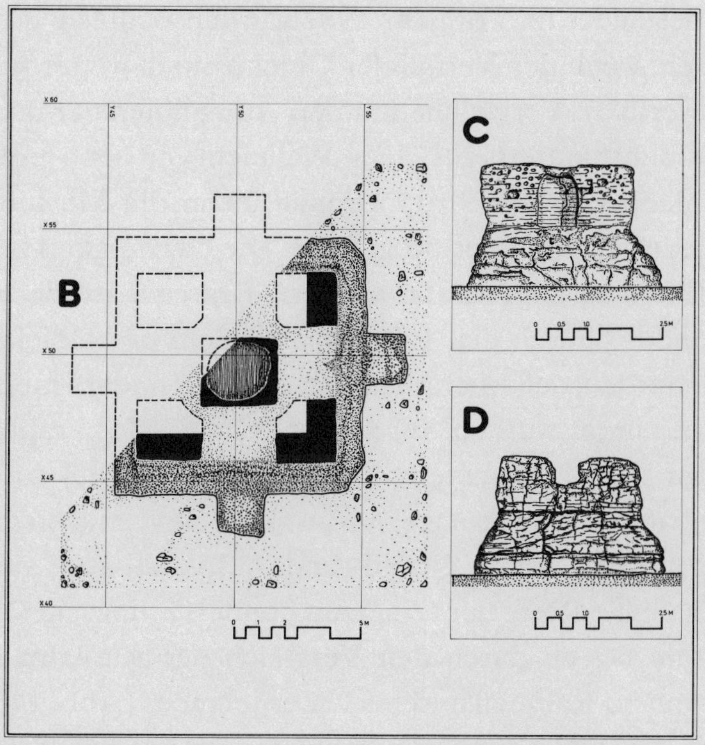

SINKIANG '82
ÖSTERREICHISCHES FORSCHUNGSUNTERNEHMEN IN DER AUTONOMEN REGION XINJIANG - UYGUR (VOLKSREPUBLIK CHINA)
DES INSTITUTES FÜR KUNSTGESCHICHTE UNIVERSITÄT GRAZ
DES INSTITUTES FÜR ANGEWANDTE GEODÄSIE UND PHOTOGRAMMETRIE TECHNISCHE UNIVERSITÄT GRAZ
DER AKADEMISCHEN DRUCK- UND VERLAGSANSTALT GRAZ-AUSTRIA
UNTER DER LEITUNG VON: O. UNIV. PROF. DR. HEINRICH GERHARD FRANZ

YARKHOTO (JIAOHE), TURFAN (TURPAN)
XINJIANG - UYGUR
VOLKSREPUBLIK CHINA

HUNDERT STUPA-TEMPEL

MITTL. FÜNFSTUPAGRUPPE
B GRUNDRISS
C STUPA 41 SO-ANSICHT
D STUPA 68 NW-ANSICHT

ORGINALMASSSTAB DER ZEICHNUNG: 1:25; 1:50

ÖRTLICHES KOORDINATEN- UND HÖHENSYSTEM
BESTAND: 21. BIS 24. APRIL 1982
AUFNAHME + AUSWERTUNG: ROBERT KOSTKA
GRAPHISCHE GESTALTUNG: WALTER KUSCHEL

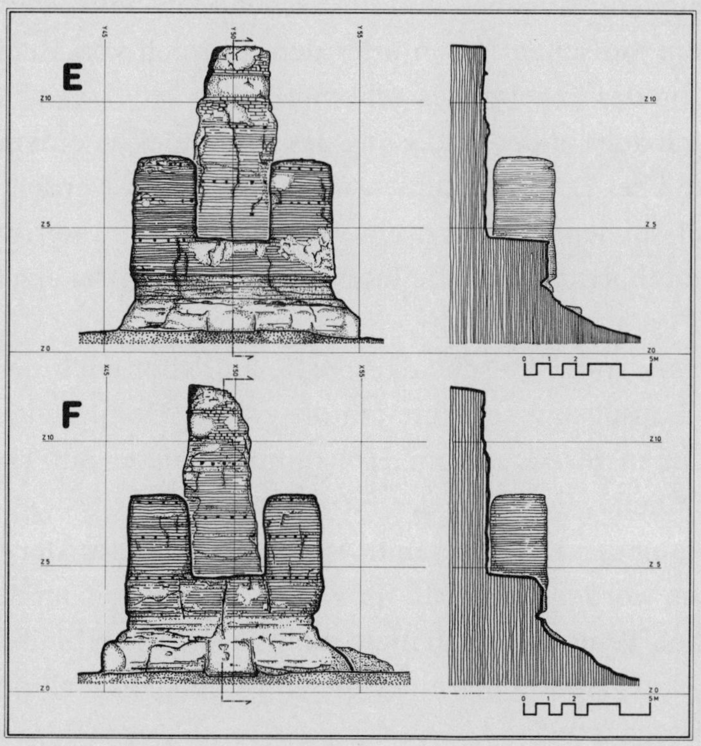

SINKIANG '82
ÖSTERREICHISCHES FORSCHUNGSUNTERNEHMEN IN DER AUTONOMEN REGION XINJIANG - UYGUR (VOLKSREPUBLIK CHINA)
DES INSTITUTES FÜR KUNSTGESCHICHTE UNIVERSITÄT GRAZ
DES INSTITUTES FÜR ANGEWANDTE GEODÄSIE UND PHOTOGRAMMETRIE TECHNISCHE UNIVERSITÄT GRAZ
DER AKADEMISCHEN DRUCK- UND VERLAGSANSTALT GRAZ-AUSTRIA
UNTER DER LEITUNG VON: O. UNIV. PROF. DR. HEINRICH GERHARD FRANZ

YARKHOTO (JIAOHE), TURFAN (TURPAN)
XINJIANG - UYGUR
VOLKSREPUBLIK CHINA

HUNDERT STUPA-TEMPEL

MITTL. FÜNFSTUPAGRUPPE
E SO-ANSICHT + SCHNITT
F NO-ANSICHT + SCHNITT

ORGINALMASSSTAB DER ZEICHNUNG: 1:50

ÖRTLICHES KOORDINATEN- UND HÖHENSYSTEM
BESTAND: 21. BIS 24. APRIL 1982
AUFNAHME + AUSWERTUNG: ROBERT KOSTKA
GRAPHISCHE GESTALTUNG: WALTER KUSCHEL

Durch die Aufnahme des Bestandes im Frühjahr 1982 wurden Baureste dokumentiert, die auch dann noch Studien zulassen, wenn der Verfall der Objekte noch weiter fortschreitet, und darüber hinaus lassen sich auswertbare Vergleiche mit den Aufnahmen der deutschen Turfan-Expeditionen zu Beginn unseres Jahrhunderts anstellen. Vielleicht von noch größerem Interesse sind Überlegungen bezüglich der Maße und Proportionen, denn die Messungen wurden an verschiedenen, z. T. stark gegliederten Objekten ausgeführt. Die Genauigkeit ist begrenzt, kann aber vielfach durch Überbestimmung abgeschätzt werden. Begrenzt ist sie nicht durch das angewandte Meßverfahren, sondern durch den Erhaltungszustand der Objekte. Abgeschätzt kann ihre Genauigkeit dadurch werden, daß Maße nicht nur einmal, sondern mehrmals auftreten und unabhängig voneinander bestimmt wurden. Ihre Werte können den graphischen Darstellungen entnommen werden. Der Hundertstupatempel wurde zum Beispiel durch eine Grundrißdarstellung der noch erkennbaren Gesamtanlage im Ausmaß von 86 mal 86 m dokumentiert. Neben der mittleren Fünfstupagruppe, die in Grund- und Aufrissen, aber auch in Schnitten erfaßt wurde, konnten lediglich einige Reste der seinerzeit hundert Stupas im Detail aufgenommen werden. Der Verfall ist am besten durch den Vergleich der Aufnahmen, die von der deutschen Turfan-Expedition und im Rahmen unseres Unternehmens (Abb. 143, 144) belichtet worden sind, zu studieren. Beim Auftragen der Meßergebnisse zeigte es sich, daß Werte mit 1.70 (Unsicherheit ± 0,15 cm), mit 3.70 (Unsicherheit ± 0,13 cm) und mit 11.58 (Unsicherheit ± 0,32 cm) sehr häufig auftraten.

Auf Grund der mir zur Verfügung stehenden Vergleichsunterlagen über Maß und Messen im 8. Jh. in China, über verschiedene Angaben buddhistischer Maß- und Proportionsverhältnisse oder Maßangaben aus dem indischen Raum oder dem Bereich von Buchara bin ich zu keiner eindeutigen Interpretation des Ergebnisses gekommen.[3]

Den Wert der Arbeit sehe ich aber in der Erfassung des Bestandes zu einem Zeitpunkt, wo aus den Ruinen noch Meßwerte über Bauwerksdimensionen abgeleitet werden konnten. Denn neben dem natürlichen Verfall spielen Faktoren eine Rolle, die in immer größerem Maße wirksam werden, der Einfluß durch wirtschaftliche Interessen, Lagerstättenerschließung, Industrialisierung und Tourismus.

Unter Berücksichtigung dieser vom Menschen geschaffenen, aber auch der von alters her natürlichen Beeinflussung der Bausubstanz erachte ich die exakte Dokumentation – den graphischen Bestandsangaben können Strecken und Höhenunterschiede auf Dezimeter genau entnommen werden – als wesentliches Ergebnis der Forschungsarbeit.

Mag hiedurch der Erforschung der Baukunst und Architektur entlang der Seidenstraße in Zentralasien ein Dienst erwiesen worden sein. Daß für genaue Messungen an den jahrhundertalten Relikten der buddhistischen Tempelanlagen nicht mehr viel Zeit verbleibt, erkennt jeder, der mit Staub gefüllten Augen, Nase und Rachen einen die Umgebung ins Halbdunkel hüllenden Sandsturm über sich ergehen lassen muß.

ANMERKUNGEN:

1 LE COQ, A. von: Auf Hellas Spuren in Ostturkistan (Nachdruck). Graz 1974: 62.

2 Im Abschnitt „Das Reichskartenwerk von China und die wissenschaftliche Leistung Fridellis als Kartograph" wird auf die Unterstützung der Gelehrten durch die chinesischen Stellen hingewiesen. ZERLIK, A.: P. Xaver Ernbert Fridelli, Chinamissionar und Kartograph aus Linz. Linz 1962.

3 Bereits vom chinesischen Wegemaß, der Li, wird berichtet, daß es vielfachen Schwankungen unterworfen war. HERMANN, A.: Die alten Seidenstraßen zwischen China und Syrien. Beiträge zur alten Geographie Asiens. Berlin 1910. Im Lexikon der Münzen, Maße, Gewichte, Zählarten und Zeitgrößen aller Länder derErde (Nachdruck Graz 1972) werden u. a. folgende Längenmaße mitgeteilt: Britisch-indisches Kaiserreich, Längenmaße zwischen 45,7 bis 91,4 cm; Buchara das Haseh 1,067 m und schließlich in China das Tschi – dieses Maß ist je nach Ort und Zweck mit den nämlichen Einteilungen von verschiedener Größe, wobei beim Feldmessen der Wert 31,9 cm angegeben wird.

Zur Schreibweise

Der Herausgeber hat sich entschlossen, die deutsche Schreibweise für Eigennamen zu verwenden, in Anlehnung an HENZE (1975ff.). Für die Schriften jedoch wird die wissenschaftliche Transliteration nach JENSEN (1969[3]) angegeben. Termini technici auf Sanskrit, chinesisch u. a. sind kursiv gedruckt. Im Index sind Personennamen durch * gekennzeichnet. Für indische Ortsnamen wird die heute übliche offizielle englische Transkription beibehalten. Russische Eigennamen werden nach der Eindeutschung durch HENZE geschrieben, was den Vorteil hat, dadurch die russischen Forscher in deutschen Lexika nachschlagen zu können. Die offizielle russische Transliteration ist im Index, in Klammer, angegeben. Ebenso wurden alle verschiedenen Schreibformen, also englische, französische, deutsche (wenn abweichend) Transkriptionen im Index aufgenommen, darunter auch die offizielle chinesische Transliteration.

Dennoch wird es bei einigen Namen immer noch Ungereimtheiten geben, v. a. bei Bezeichnungen weniger bekannter Örtlichkeiten. Es sei aber zu beachten, daß die Vereinheitlichung und Verdeutschung der Eigennamen im Text einzig darauf zielt, dem Leser die Lektüre dieses Buches zu erleichtern.

Fotonachweis

Archiv des Museums für Völkerkunde, Wien 71, 72, 73, 74, 75, 76, 77
Bildarchiv der Österreichischen Nationalbibliothek 29, 30, 31, 33, 36, 38, 39
Bildarchiv der Familie Richthofen 35
Brentjes 63
Bussagli 62
British Library 32, 34, 37
Department of Archaeology, New Delhi, Government of India 110
Fotoarchiv Franz, Institut für Kunstgeschichte der Universität Graz 84, 90, 91, 94, 96, 97, 102, 103, 104, 108, 109
Exhibition of ancient art of Afghanistan 61
Gratzl 1, 2, 3, 4, 5, 6, 7, 8, 9, 10, 11, 12, 13, 14, 15, 16, 17, 18, 20, 21, 22, 24, 25, 26, 27, 28, 134, 135, 136, 137, 138, 139, 140, 141, 142
Kostka 19, 23
Museum für Indische Kunst, Berlin (West) 40, 41, 42, 78, 79, 80, 81, 82, 83, 85, 86, 87, 88, 89, 92, 98, 99, 100, 105, 106, 107, 111, 112, 113, 114, 115, 116, 117, 143, 144
The Metropolitan Museum of Art, New York 93, 95, 101
Le Coq, Chotscho 43, 44, 45, 46, 49, 50, 51, 53, 54, 55, 56, 57, 58, 59
Le Coq, Buddhistische Spätantike 47, 48, 52, 60, 118, 119, 120, 121, 122, 123, 124, 125, 126, 127, 128, 129, 130, 131, 132, 133

Register

* = Personennamen

00912